Ludwig Fischer (Hrsg.)

Unerledigte Einsichten

Der Journalist und Schriftsteller Horst Stern

Beiträge zur Medienästhetik und Mediengeschichte

herausgegeben von

Knut Hickethier

Literaturwissenschaftliches Seminar
Universität Hamburg

Band 4

LIT

Ludwig Fischer (Hrsg.)

Unerledigte Einsichten

Der Journalist und Schriftsteller Horst Stern

LIT

Der Druck des Buches wurde gefördert von Herrn Peter Zühlsdorff, Frankfurt am Main.

Die Deutsche Bibliothek - CIP-Einheitsaufnahme

Unerledigte Einsichten: Der Journalist und Schriftsteller Horst Stern/ Ludwig Fischer (Hrsg.). - Hamburg : LIT, 1997

(Beiträge zur Medienästhetik und Mediengeschichte ; 4.)
ISBN 3-8258-3397-6

NE: GT

Satz und Layout: Ludwig Fischer/Hever Verlag, Westerhever
Umschlagfoto: Herlinde Koelbl

© LIT VERLAG
 Grindelberg 15a, 20144 Hamburg. Tel. 040-44 64 46 Fax 040-44 14 22

Inhalt

Vorwort 7

„Es gibt einen Zusammenhang"
Redigierte Auszüge aus einem Interview mit Horst Stern 9

Ludwig Fischer
Horst Stern - Ein Lebensentwurf 53

Klaas Jarchow
Der Journalist Horst Stern. Ein Berufsweg als kreatürliche Variante .. 79

Horst Ohde
Die Arbeiten Horst Sterns für den Rundfunk 89

Knut Hickethier
'Sterns Stunde' – die Fernsehfilme des Horst Stern. Bemerkungen zu
einem Kapitel deutscher Fernsehprogrammgeschichte 107

Josef Beller
Der wissenschaftliche Blick. Die Sachbücher Horst Sterns 127

Ariane Heimbach
Kein sogenannter Tierfreund 149

Bernhard Pörksen
Der journalistische Denkstil. Horst Sterns Lebensweg im Spiegel der
Medien – in erkenntnistheoretischer Versuch über die Entstehung einer öffentlichen Tatsache 167

Ludwig Fischer
Vom Nutzen einer Begabung. Der Schriftsteller Horst Stern 187

Martina Schweitzer
Sprach-Leib und Natur-Körper. Über die Leib-Seele-Thematik in
Horst Sterns 'Mann aus Apulien' 211

Andreas Fritsch
Vergils 'Arkadien'-Motiv in Horst Sterns 'Klint' 257

Hans Bibelriether
Wild - Wald - Wildnis oder: Horst Stern und der deutsche Wald 267

Berndt Heydemann
Ein Schriftsteller und sein politischer Einfluß auf den Natur- und
Umweltschutz – Ein Zuruf 273

Rudolf L. Schreiber
Lehrjahre bei Horst Stern 289

Anhang

Biographische Daten 295

Bibliographie der Arbeiten Horst Sterns 299

Zu den Autorinnen und Autoren 331

Vorwort

Im Herbst 1997 wird Horst Stern 75 Jahre alt. Immer noch ist er einer der Großen des deutschen Journalismus, auch wenn er sich heute nur noch selten mit Glossen, Essays und Reportagen zu Wort meldet. Unvergessen und in vielem unerreicht bleibt nicht nur die Schärfe und Brillanz seiner Fernsehfilme über das Verhältnis zwischen Menschen und Tieren hierzulande - Filme, die fern jeder bloßen Faszination durch die 'schönen Geschöpfe' unseren zutiefst gestörten Bezug zu Nutz-, Haus- und Wildtier provokativ zur Debatte stellten. Auch viele seiner großen Vorträge, Aufsätze und Zeitschriftenbeiträge setzen nach wie vor Maßstäbe für einen Journalismus, der die Genauigkeit, ja Unerbittlichkeit in der Sache mit der außergewöhnlichen Kraft des sprachlichen Ausdrucks verbindet. Seine Herausgebertätigkeit vor allem für die von ihm begründete Zeitschrift 'natur' machte ihn zu einem gelobten und befehdeten Vordenker und Vorkämpfer für ein weniger gewalttätiges, weniger sentimentales, weniger zynisches und schizophrenes Verhältnis der Menschen zu ihren Mitgeschöpfen, auf die sie doch angewiesen sind.

Mit einer scheinbar abrupten Wendung zog sich Horst Stern Mitte der achtziger Jahre aus der journalistischen Öffentlichkeit, aus der Arena der tausenderlei Kämpfe um mehr Rücksicht für unsere Mitwelt zurück. Es erschienen dann seine gelobten, wiederum erfolgreichen Romane und Erzähltexte.

Horst Stern hat sich spät in seinem Leben entschlossen, 'nur' noch Literat zu sein. Seine bisher drei belletristischen Bücher sind markante Beiträge zur Gegenwartsliteratur, und ihr Ernst, ja ihr moralischer Impetus hebt sie zweifellos ab von den bloß artistischen oder zynischen Varianten der postmodernen Text-Virtuosität wie von den narzißtischen, oft regressiven Verkündungs-Dichtungen. Zugleich sind sie getragen von strenger kunstliterarischer Ambition. Dadurch entsteht eine in unserer aktuellen deutschen Literaturszene seltene Spannung, die zu reflektieren und zu analysieren aller Anlaß besteht.

Der Auftritt Horst Sterns auf den Bühnen unseres Literaturbetriebs war in bezeichnender Weise 'vorbelastet': Von den Mitstreitern und Sympathisanten aus der Zeit seiner erfolgreichen Fernseharbeit und Herausgeberschaft ('natur') wurde der 'Rückzug in die Literatur', ja die 'Flucht von den ökologisch-politischen Kampfarenen' als ein Akt der Resignation, der Verbitterung, des Alterspessimismus gedeutet. Sie vergaßen, daß Horst Stern immer auch 'Literat' war, neben der journalistischen Tagesarbeit und oft in ihr selbst: mit einer Kraft und Eleganz des Formulierens, wie sie selten war und heute immer seltener geworden ist.

Die Beiträge dieses Bandes beschäftigen sich mit den verschiedenen Stationen bzw. Etappen der Laufbahn Horst Sterns: mit seinen frühen journalistischen Tätigkeiten und dem literarischen 'Nebenwerk'; mit seinen Hörfunk-Arbeiten beim Süddeutschen Rundfunk, einschließlich ihrer schriftlichen Fassungen in mehreren Büchern; mit den Fernsehfilmen und ihrer z.T. kontroversen Aufnahme; mit der Konzeptionierung und Herausgeberschaft von 'natur'; mit den Sachbüchern, die im Lauf der Zeit immer wieder auch literarischen Ausdruck zeigen; mit Sterns Einsatz für den Natur- und Landschaftsschutz; schließlich mit der späten, entschiedenen Konzentration auf das belletristische Schreiben.

Aber die Kontinuitäten, die sich durch dieses an Umschwüngen und Zäsuren reiche Lebenswerk ziehen, sind unverkennbar. Es sind Kontinuitäten der Themen, der Absichten und Denkweisen, der Haltungen und Überzeugungen, vor allem aber des ambitionierten und auch lustvollen Umgangs mit der Sprache. Wenn die einzelnen Beiträge des Bandes den Blick auch auf bestimmte Arbeitssektoren, Lebensabschnitte, Themenkomplexe, mediale Produktionen Sterns, auf Wirkungen und Öffentlichkeitsreaktionen richten, so treten doch die Zusammenhänge eines außerordentlich vielfältigen Schaffens überall zutage.

Der Band dokumentiert zum ersten Mal eine eingehende Befassung mit Sterns Medienproduktionen, Veröffentlichungen und Tätigkeiten. Deshalb kann auch nur ein Anfang gesetzt werden zu einläßlicheren Studien über das aufschlußreiche Gesamtwerk. Vieles bleibt weiterem Nachdenken und Forschen überlassen, nicht nur weil noch unmittelbar vor der Drucklegung des Bandes mehrere vorgesehene Beiträge ausfielen - zur Ästhetik und Dramaturgie der Fernsehfilme, zu Sterns Sicht auf Landschaft und Umwelt, zu seinen Wirkungen im praktizierten Journalismus.

Für die Unterstützung beim Fertigstellen des Bandes möchte ich mich bei Martina Schweitzer, Ariane Heimbach und Stefanie Buskotte bedanken und auch an dieser Stelle Herrn Peter Zühlsdorff einen nachdrücklichen Dank für seine Zuwendung zum Druck aussprechen. Ganz besonders zu danken habe ich aber Horst Stern, für sein Interesse, für seine Mithilfe, für seine Geduld beim langwierigen Entstehen dieses Buches. Daß es ihn nicht einfach feiern und würdigen, sondern kritisch-analytische Blicke auf seine Arbeiten werfen soll, war von Beginn an verabredet.

Westerhever, im August 1997

Ludwig Fischer

„Es gibt einen Zusammenhang"

Redigierte Auszüge aus einem Interview mit Horst Stern *

Das Gespräch führten Ludwig Fischer und Martina Schweitzer am 14. Februar 1997 in Hamburg.

LF: Sie haben - aus, wie ich finde, verständlichen Gründen - nie viel Aufhebens von Ihrer Person gemacht. Deswegen weiß man ziemlich wenig über das, was ich mit einem französischen Kultursoziologen [Pierre Bourdieu] Ihre Mitgift nenne, z. B. Ihre familiäre, Ihre schulische und andere Mitgiften. Gibt es so etwas wie eine familiäre Mitgift für Literatur, für kritische Haltung, für Naturbezug?
HS: Nein, überhaupt nicht. Wenn ich auch zurückgehe bis zu meinen Großeltern - meine Großeltern väterlicherseits kenne ich überhaupt gar nicht, weil ich auch meinen Vater nicht kenne -, also: mein Großvater mütterlicherseits war ein Schmied in Hinterpommern, und ich bin dort ja auch geboren worden, in Hinterpommern, in Stettin. Ich habe nichts von dem bekommen, wonach Sie fragen.
  Meinen Vater kenne ich nicht, ich weiß überhaupt nichts von ihm. Meine Mutter hat ihn geheiratet, und sie hat sich, glaube ich, nach ganz kurzer Zeit von ihm wieder scheiden lassen, als er ihr mit einer anderen Frau am Arm, während ich noch im Kinderwagen lag, entgegen kam. Das war damals eine ungeheuer mutige Tat. Sie hat über diesen Mann nie mit mir gesprochen. Meine Mutter war eine schlichte Frau, die mir nichts mitgegeben hat an literarischen Interessen oder dergleichen. Woher das kommt, weiß ich nicht, es gibt in der ganzen Familie nichts, was auch nur ungefähr in meine Richtung gewiesen hätte.
LF: Und wie sah es dann mit der Schule aus? Z. B. muß man vermuten, daß eine - man nennt das ja: humanistische Schulbildung im Hintergrund steht: Latein, Interesse für die Antike und dergleichen.
HS: Ja, aber ob mich das beeinflußt hat, weiß ich nicht. Ich bin natürlich wie alle zur Grundschule gegangen, und dann kam ich auf ein humanistisches Gymnasium in Golno, das ich vor etwa zwei Monaten noch einmal besucht habe, als ich über die untere Oder schrieb. Es war ein sehr anrührendes Erlebnis. Ich habe also mit Griechisch angefangen und mit Latein. Das war aber nach vier Jahren zu Ende. Meine Mutter hatte wieder geheiratet und war nach Berlin gezogen. Dort kam ich auf eine Oberrealschule, wo es Griechisch und Latein nicht gab. Ich bekam dann Französisch und Englisch.

Meine Mutter und mein neuer Vater lebten in nicht sehr guten wirtschaftlichen Verhältnissen, und ich hatte sehr gute Leistungen in der Schule erbracht, deshalb bekam ich ein Stipendium. Ich mußte also keinerlei Schulgeld bezahlen, auch die Bücher wurden mir gestellt.

Aus irgendeinem Grund, den ich heute nicht mehr nachvollziehen kann, erlosch über die Jahre hinweg mein Interesse an Naturwissenschaften, an Physik und Chemie und Mathmatik. Warum, weiß ich nicht. Es hing vielleicht damit zusammen, daß sich in der Zeit zum erstenmal meine sprachliche Begabung geäußert hatte. Es ging damals der Spruch um: „Der Stern schreibt auch seine Deutschlehrer noch an die Wand." Ich habe Aufsätze geschrieben, die weit über dem lagen, was gefordert war. Ich hatte nur an Geschichte und Deutsch ein wirkliches Interesse. Wenn Klassenarbeiten in Mathematik geschrieben wurden, klappte ich, ohne auch nur anzufangen, das Heft zu und nahm in dem Moment meinen Fünfer entgegen. Also kurzum, meine Leistungen waren so, daß eines Tages meine Eltern einen Brief bekamen: Das Nachlassen meiner Leistungen auf dem Gymnasium rechtfertige nicht mehr, daß ich gratis die Schule besuchte, sie möchten bitte schön zahlen. Das wurde schwierig. Ich hatte auch keine Lust mehr, ich war schulmüde geworden, denn ich bildete mir ein: Für das, was mich wirklich interessierte, könne ich nichts mehr lernen, in Deutsch. Da wurde ich mit einer sogenannten Mittleren Reife von der Schule genommen. Ich hatte damals keine Übersicht über mein Leben und wußte nicht, was ich da wegwarf. Später hätte ich dann gerne das Abitur gemacht und hätte wohl auch studiert nach dem Krieg, aber da ging es nicht mehr. Ich kam nach dem Schulabgang in eine Bank. Mein Stiefvater war bei der Versicherung, und der Sohn sollte etwas Besseres werden - und was gab es besseres als die Versicherung? Die Bank. Also wurde ich mit sechzehn Jahren Banklehrling. Das habe ich, glaube ich, zwei Jahre lang gemacht. Dann kam der Krieg 1939, und ich wurde eingezogen zum Reichsarbeitsdienst.

LF: Haben Sie darüber nachgedacht und können Sie sich irgendwie erklären, woher diese sprachliche Begabung, wie Sie es nennen, vielleicht kommt?

HS: Nein, ich kann es nicht erklären. Ich habe mich das oft gefragt, aber ich weiß nicht, wo ich suchen soll. Das war plötzlich da: dieser Impetus zu schreiben, den ich auf der Schule schon entwickelte. Das einzige, was mich wirklich interessierte, war das Schreiben.

LF: Wurde diese Begabung gefördert?

HS: Nein, ich war in Deutsch der Klassenbeste und der Stolz meines Deutschlehrers, und ich bekam immer eine Eins und Zwei. Ich war eben jemand, der gut Deutsch konnte und sich ausdrücken konnte.

LF: Und die Lektüre? Die kann sich ja auch jenseits von Schule und Familie entwickeln.

HS: Ich habe immer nur Geschichtsbücher gelesen. Ich war versessen z.B. auf Sagen. Diese Nibelungen-Geschichten haben mich ungeheuer fasziniert. Als ich lesen konnte, las ich wirklich immer nur Dinge mit geschichtlichem Hintergrund.

[Über die Zeit des Zweiten Weltkriegs]

HS: Ich gehöre zu dem Jahrgang, von dem nicht mehr viel übrig ist.

LF: Ist denn etwas für Sie wichtig gewesen an den Erfahrungen und Erlebnissen während der NS-Zeit und des Krieges, oder ist das eher ein blinder Fleck?

HS: Nein, nein. Ich war natürlich auch bei der Hitler-Jugend. Das ging gar nicht anders, und ich war halt Pimpf, und ich wurde dann auch in die Hitler-Jugend übernommen, aber da flog ich raus. Das hatte nichts mit Widerstand oder dergleichen zu tun. Es ist eine ganz amüsante Geschichte: Ich war zu der Zeit in einem Ruderklub, Brandenburgia, in Berlin-Grünau. Ich saß in einem Jugendvierer. Wir trainierten für die Deutsche Meisterschaft, und wir gewannen die Deutsche Meisterschaft auch, Jugendvierer ohne Steuermann. Dann kam es zur Siegerehrung. Baldur von Schirach wollte dem neuen Jugendmeister im Leichtgewichts-Vierer irgendeinen Pokal überreichen, und wir vier kamen nicht in Uniform daher, sondern in ausgebeulten Trainingshosen. Er weigerte sich, uns auch nur zur Kenntnis zu nehmen. Wir kriegten also den Preis nicht, wir wurden aus der Hitler-Jugend ausgeschlossen - das war meine Karriere als Pimpf und später Oberpimpf. Ich erzähle das nur, um Ihnen zu sagen: Mich hat das nicht interessiert. Mich hat Rudern interessiert und mich hat Deutsch interessiert, und ich machte die Hitler-Jugend mit, weil es eben dazugehörte.

Dann wurde ich, wie gesagt, nach der Banklehre zum Arbeitsdienst gezogen. Das ist eigentlich auch nichts Besonderes, außer daß es für mich zehn Monate dauerte anstatt sechs. Wir lagen in Litauen, und dann brach der Krieg mit Rußland aus, und wir sollten übernommen werden vom Arbeitsdienst zu den Sturmpionieren, eine andere Uniform, ein anderes Soldbuch und gleich dableiben. Das wollte ich auf gar keinen Fall, nicht weil ich unpatriotisch war. Sondern ich wollte einfach nicht in dem russischen Artilleriefeuer Balken schleppen für irgendwelche brückenbauenden Pioniere. Da hatte ich das Glück oder auch das Unglück - wie Sie wollen - , daß zu der Zeit hochdekorierte Fallschirmjäger-Offiziere die Runde machten und Freiwillige suchten. Die Fallschirmtruppen hatten eben in Holland und wohl auch in Kreta ungeheure Verluste, und sie brauchten neues Menschenmaterial. Freiwillige wurden sofort aus dem Arbeitsdienst herausgenommen, konnten erst einmal vier Wochen nach Hause und kamen dann auf die Schule - das würde dauern und dauern, und der Krieg schien vorbei zu sein, wenn man nur unterschrieb. Ich unterschrieb also als Freiwilliger bei der Fallschirm-Truppe. Ich habe darüber nie gesprochen, weil ich zu den merkwürdigen Menschen gehöre, die über den Krieg nicht gerne reden. Ich kam auf die Fallschirmschule in Bidstock an der Dosse und habe da meine sechs Sprünge gemacht, und ich wurde dann Gefreiter oder Obergefreiter, was weiß ich. Wurde auch Hilfsausbilder, machte nochmal sechs Sprünge, und dann kamen wir - ich verkürze das sehr - an den Kanal. Dort lagen wir Wache, und da wäre ich schon beinahe einmal draufgegangen. Die Engländer schickten nachts Stoßtrupps herüber und versuchten Gefangene zu machen, die sie ausquetschen wollten, und wir als Wachposten saßen in Erdlöchern und konnten so eben rausgucken. Ich erinnere mich an eine Nacht, eine dunkle Nacht, wo mir etwas auf den Fuß fiel. Es rollte in das Erdloch und fiel mir auf den Fuß. Und ich weiß nicht, warum ich so schnell reagiert habe. Ich habe mich sofort gebückt und habe das Ding gegriffen - es war eine ausgelöste Handgranate. Ich habe sie zurückgeschmissen, und während sie noch in der Luft war, explodierte sie schon. Da hätte es für mich schon zu Ende sein können. Ich möchte, daß nicht der Eindruck ersteht, ich wolle mich zum reaktionsschnellen Helden machen.

LF: Es gibt ja Schriftsteller, z.B. wie Alfred Andersch, für die diese Kriegserfahrungen eine zentrale Bedeutung haben, etwa Momente der 'existentiellen Entscheidung' wie die Desertion. Da bekommt der Krieg in seiner Zuspitzung auf eine auch individuelle Erfahrung und Entscheidung dann eine wirklich lebenssteuernde Funktion.

HS: Ich will Ihnen was sagen: Ich könnte natürlich meine Erlebnisse auch stilisieren zu lebensentscheidenden Dingen. Ich könnte Ihnen viele solche Beispiele nennen wie mit der Handgranate, ich könnte auch sagen, das habe mir die ungeheuren Lebensgefährdungen klargemacht und wie leicht es zu Ende sein könne - „du mußt dein Leben ändern und kannst es nicht." Es fällt einem wortgewandten Menschen nicht schwer, solche Erfahrungen im Nachhinein aufzuhöhen und ihnen wichtige Entscheidungseigenschaften beizumessen. Ich bin auch geflüchtet. Ich könnte auch die Geschichte mit der Siegerehrung und mit dem Rauswurf als eine Art inneren Widerstand darstellen. Es würde mir überhaupt nicht schwerfallen. Ich will das aber nicht, weil es nicht stimmt.

Ich kenne den Krieg wirklich in seinen schlimmsten Formen - als Fallschirmjäger später in Nordafrika, die Grabenkämpfe, sieben Monate lang, es waren Kämpfe mit dem Messer in der Hand. Ich habe darüber nie geredet, und ich werde es auch heute nicht tun. Was ich sagen will: Man kann leicht im Nachhinein diese Geschehnisse benutzen als faktischen Hintergrund für eine Lebensentscheidung. Mir liegt das völlig fern. Wenn mir dieser Krieg etwas eingetragen hat, dann war es mit Sicherheit ein bis heute anhaltender Horror und eine Abneigung vor Gewalt. Ich bekomme heute noch Ekelgefühle, wenn ich im Fernsehen Gewaltszenen sehe, dann dreht sich mir der Magen um. Ich kann das nicht sehen. Ich kann das nicht einmal über den Kopf regulieren, indem ich mir sage: Die dort totgeschlagen werden, stehen hinterher alle auf, waschen sich und gehen zur Kasse und fragen „Wann werde ich wieder verprügelt?" Das ist natürlich eine Folge des Krieges. Ich habe unglaublich grausame Dinge gesehen, ich habe gesehen, wie Menschen, die mir nahestanden - wie nahe steht man sich in so einer Männergesellschaft? - durch englische Geschosse an den Boden genagelt wurden. Vollgeschosse, die eigentlich zum Panzerkacken gedacht waren, liefen manchmal fehl, und dann passierte es schon mal, daß jemand so ein Ding ins Kreuz bekam und richtig angenagelt wurde. Die explodierten nicht einmal. Ich habe unglaublich grausame Dinge gesehen, Messerkämpfe und derlei. Daher habe ich meinen Abscheu vor Gewalt. Aber ich mag es nicht deuten, wie der Andersch das getan hat.

LF: Sie sind in die USA verfrachtet worden, wie so viele Gefangene. Es gibt ziemlich eingehende Untersuchungen über diese Kultur der amerikanischen Gefangenenlager, die ja zu einem Gutteil an der deutschen Nachkriegsliteratur sozusagen mit schuld ist. Haben Sie in diesen Gefangenenlagern dort an einer Art kultureller Atmosphäre, die sich gebildet hat, teilgehabt?

HS: Nein, das gab es überhaupt noch nicht. Jedenfalls nicht in dem Lager, in dem ich war. Wir bekamen alle Möglichkeiten, uns zu bilden, aber wir wurden niemals demokratisch indoktriniert. Das einzige, das die Amerikaner taten: Sie öffneten Studenten, die des Englischen einigermaßen mächtig waren, ihre Universitäten, und wir konnten Bücher kaufen, wir konnten Schallplatten kaufen, wir durften uns auch Grammophone besorgen. Es gab eine Bibliothek, in der natürlich auch die gesamte amerikanische Literatur stand, aber niemand wurde gezwungen, Hemingway oder Faulkner zu lesen. Wer das tat, tat es freiwillig, und das waren nicht sehr viele.

Ich habe, weil ich ganz gut Englisch konnte, in dieser Zeit als Dolmetscher gearbeitet und habe jahrelang mehr Englisch gesprochen als Deutsch. Daher kommen auch heute noch meine Englischkenntnisse. Ich habe dann an der Universität Chicago ein Fernstudium begonnen, in angelsächsischem Recht, und im Nebenfach noch in angelsächsischer Literatur. Nur hat mich weder das Recht noch die Literatur damals so interessiert, daß ich um der Substanz dieser Fächer willen studierte. Ich wollte mein Englisch vervollkommnen, weil ich mir natürlich sagte, als Gefangener, daß Deutschland nun ja wohl noch sehr lange unter erheblichem amerikanischen Einfluß stehen würde und daß es wohl nicht falsch sein könne, wenn man möglichst perfekt die Sprache derer spreche, mit denen man immer zu tun haben werde. Das Studium lief so ab, daß ein Professor mir die Themen schickte und die Fragen dazu. Ich konnte das Studium mit dem Geld, das ich als Dolmetscher verdiente, bezahlen. Ich saß dann nächtelang und habe die Aufgaben bearbeitet. Die Amerikaner haben sich große Mühe gemacht. Der Professor ließ sich auf mich ein, und es machte ihm offenbar Spaß mit jemandem, der seine Defizite in der Sprache hatte, die nicht ganz einfachen Dinge durchzunehmen. Das habe ich fast drei Jahre lang getrieben mit großer Intensität.

Es half mir dann, als ich zurückkehrte. Ein Freund nahm mich mit zur Militärregierung in Ludwigsburg. Da tagte ein Militärgericht, und sie suchten einen Dolmetscher. Der, den sie hatten, taugte nichts, und ich wurde da vorgestellt. Der Richter - das weiß ich wie heute noch - nahm mich mit. Ich hatte einen alten Staubmantel, ich hatte nicht einmal ein Jackett, ich hatte auch keine Tasche, gar nichts, und so, wie ich war, setzte der Richter mich an den Verhandlungstisch, wo der Dolmetsche sitzt, und dann ging die Verhandlung weiter. Ich sagte halt auf Englisch, was ich auf Deutsch hörte. Der Staatsanwalt und der Richter sahen mich an, als ob sie nicht so ganz wüßten, woher kommt der eigentlich, wer ist das. Ich durfte gar nicht wieder aufstehen, ich mußte gleich sitzen bleiben für die nächste Verhandlung und war sofort engagiert. Dann bin ich drei Jahre lang Gerichtsdolmetscher gewesen.

LF: Wie waren Sie denn in den USA zur Dolmetscherei gekommen?

HS: Das war ganz einfach. Als wir eintrafen in Beckinridge, wurden die aufgereihten Rekruten gefragt - da wurden wirklich Leute gesucht, die vermitteln konnten zwischen den Amerikanern und den Gefangenen - : „Wer kann Englisch?" Ich konnte mit Sicherheit nicht gut Englisch, aber ich konnte eben so viel, daß ich die Frage verstand und mir zutraute, mit ein bißchen Gewöhnung würde ich es schaffen. Ich meldete mich also, und es ging dann auch. Ich war sehr fleißig, ich kriegte sofort Wörterbücher und habe wirklich nächtelang Vokabeln gebüffelt und mich auf's Laufende gebracht in den Bereichen des Straßenbaus, wo ich zu übersetzen hatte.

Mit meinen sogenannten Kameraden hatte ich nicht sehr viel Kontakt. Ich saß nachts - da gab es einen Gemeinschaftsraum, der war leer, die anderen saßen auf der Stube in den Baracken und klopften Skat - mutterseelenallein, und ich hatte ein Grammophon und hörte stundenlang Wagner - Tristan und Isolde -, schlief darüber auch ein, und dann habe ich mich mit Vokabelstudium wieder wach gemacht. Da ich körperlich nicht arbeiten mußte, konnte ich mit wenig Schlaf auskommen. Ich habe also gelernt und gelernt und gelernt und Musik gehört.

LF: Und Sie haben dann auch angefangen zu schreiben?

HS: Ja, da fing ich an zu schreiben. Fragen Sie mich nicht warum. Ich las natürlich Hemingway und Faulkner -

LF: Aber Sie haben einmal gesagt, das Schreiben sei eigentlich aus der Motivation entstanden, die deutsche Sprache nicht zu verlieren.

HS: Ich schrieb ja nur noch Englisch für die Universität, und werktags von morgens bis abends redete ich ganz überwiegend Englisch mit den Wachposten und mit irgendwelchen Ingenieuren, die die Arbeiten beaufsichtigten. Da ich mit meinen Kameraden relativ wenig Kontakt hatte, kam es auch nicht zu längeren Gesprächen. Ich habe dann begonnen, auch deutsche Bücher zu lesen. In der Bibliothek gab es auch deutsche Literatur, die Klassiker standen da, und ich geriet an Lessing, ja, ich glaube, es war Lessing, oder Lichtenberg. Ich kriegte zum erstenmal eigentlich jenseits der Schule ein farbiges und schmiegsames Deutsch vor die Augen. Ich wußte bis dahin nämlich gar nicht so genau, was dieses Deutsch eigentlich ausdrückt. Nun las ich also ein Deutsch, das ganz anders war als die Sprache, über die ich bis dahin verfügt hatte, und ich merkte, daß ich keinen richtigen Zugang dazu hatte, fand es aber ungeheuer schön. Ich entdeckte auf einmal, daß das Deutsche eigentlich sehr viel biegsamer, schmiegsamer und auch nuancenreicher wohl ist als das Englische, und so kam meine Liebe zur Sprache wieder durch. Ich fing dann an zu schreiben, weil ich mich daran versuchen wollte. Da fiel mir wieder ein, daß ich in der Schule eigentlich im Deutschen immer wieder ganz gut gewesen war, und ich dachte, nun wird es Zeit, daß du das mal auf anderem Niveau versuchst. Ja, und dann las ich Hemingway. Wie es so ist, wenn man Hemingway liest und diese Webmuster nicht so ganz durchschaut, sagt man sich: Das kannst du auch. Damals wußte ich noch nicht, daß darin auch ein bißchen mehr literarisches Können steckt. Aus dieser Situation versuchte ich, etwas in der Art solcher Kurzgeschichten zu schreiben, daraus entstand die Geschichte vom Obergefreiten Kuhnke. So einfach ist das. Der Text wurde dann im 'Ruf' abgedruckt.

LF: Es könnte ja eine Vermutung entstehen, das sei ganz typisch gewesen: Horst Stern war in Amerika in den Gefangenenlagern, in denen die Vorstufe des 'Ruf' entstand, und daraus ergab sich die Möglichkeit, in Deutschland im 'Ruf' zu publizieren kurz vor dessen Verbot. Haben Sie denn irgendeinen Kontakt zu Alfred Andersch oder Hans Werner Richter oder anderen gehabt?

HS: Nein, ich habe das getan, was Autoren tun. Ich hatte ein Manuskript, und ich kannte den 'Ruf' - ich war ja auch ein interessierter Zeitungsleser. Nun hatte ich solch eine Geschichte und dachte: Die paßt doch eigentlich sehr gut. Ich habe das Manuskript in einen Umschlag gesteckt und einen Brief beigefügt: „Sehr geehrte Damen und Herren - möchten Sie vielleicht meinen Text abdrucken" und so weiter. Die sagten zu und druckten die Geschichte und fragten, ob ich noch andere Texte hätte. Ich hatte aber nichts, und so schlief die Verbindung wieder ein. So einfach ist das. Ich sah an dem Honorar, daß man wohl vom Kurzgeschichtenschreiben nicht würde leben können. Inzwischen hatte ich ja einen Beruf und war Gerichtsdolmetscher, und später wurde ich Journalist. So versandete die literarische Ambition wieder.

LF: Aber es gibt doch einen befristete Kontakt zu Richter und Andersch und zur Gruppe 47.
HS: Ich habe nie Kontakt gehabt zu denen. Ich habe auch irgendwo gelesen, ich sei bei der Gruppe 47 gewesen, und dachte: Woher haben die denn das? Es ist eine Legende. Ich bin nie bei einer dieser Lesungen gewesen. Ich kannte keinen einzigen der Gruppe. Martin Walser und Günter Grass habe ich erst viel später kennengelernt.

[Über die Anfänge der journalistischen Arbeit nach der Rückkehr aus amerikanischer Kriegsgefangenschaft]

HS: Ich wurde 1948 entlassen, und ich konnte ja nicht dahin zurück, wo ich zuhause war. Ich bin in Stettin geboren, das war polnisch. Ich war kurz in Berlin, aber da war eigentlich niemand mehr, und meine Mutter lebte in Hamburg inzwischen. Ich ging dann nach Süddeutschland, weil ich mit einem Architekten, Fritz Grube, in der Gefangenschaft Kontakt hatte. Der nahm mich mit in die Gegend von Stuttgart und dann nach Ludwigsburg zur Militärregierung.
. . .
Ich habe, als ich Dolmetscher war, überhaupt nicht geschrieben. Die 'Stuttgarter Nachrichten' unterhielten wie jede Zeitung natürlich einen Gerichtskorrespondenten, der die Gerichte abklapperte und darüber berichten mußte. Zu den Gerichtskorrespondenten gehörte übrigens auch Horst Jädicke, der später Fernsehdirektor des Süddeutschen Rundfunks wurde und durch den meine Fernseharbeit in Gang kam.
Da die Reporter nie Zeit hatten, sich stundenlang in die Verhandlungen zu setzen, weil sie, insbesondere der SPIEGEL-Korrespondent, tagsüber auch noch andere Betten aufdecken mußten, so kamen sie dann abends, wenn alles vorbei war, zu mir und sagten: 'Na, was ist denn gelaufen und was hat denn der gekriegt, erzähl mir mal ein bißchen was.' Ich kriegte dafür ein Informationshonorar, das ich gut brauchen konnte. So ging das dann drei Jahre lang. Ich habe überhaupt nicht geschrieben. Und dann passierte es eines Tages, das war im dritten Jahr meiner Dolmetschertätigkeit - 1950 -, daß ein amerikanischer Soldat, der in irgendeinem Zustand der Unzurechnungsfähigkeit in einem offenen Jeep mit einem Karabiner unter dem Arm durch die Gegend fuhr, um sich schoß, und dann lagen drei Deutsche auf dem Pflaster. Es gab eine ungeheure Aufregung. Es kam zu einem Prozeß, Kriegsgericht. Am Kriegsgericht wurde nur das ins Deutsche übersetzt, was deutsche Zeugen betraf. Die Plädoyers, die richterlichen Entscheidungen, die Vernehmung des Angeklagten, die Vernehmung der Ballistiker und dergleichen fanden nur in Englisch statt. Aber der Prozeß erregte natürlich eine sehr große Aufmerksamkeit, und er war öffentlich, die Presse war zu-

gelassen. Nur: die Zeitungen hatten überhaupt niemanden, der nur annähernd in der Lage war, zu begreifen, was da eigentlich ablief. Es gab nur einen einzigen, und der hieß Horst Stern. Da kamen die 'Stuttgarter Nachrichten' als allererste zu mir. Ich hatte natürlich damals auch schon darüber nachgedacht, daß die Tätigkeit als Gerichtsdolmetscher einmal zu Ende gehen würde und keine Lebensaufgabe sei. Da kam also einer dieser berühmten Zufälle auf mich zu. Ich verdanke es letztlich diesem Amerikaner und diesen drei Toten, daß ich Journalist wurde. Die 'Stuttgarter Nachrichten' heuerten mich an, ich ging zu meinem Richter und sagte ihm eben dies: daß das Dolmetschen keine Lebensaufgabe für mich sei. Sie gaben mir für die Dauer des Prozesses Urlaub von meinen Pflichten, bezahlten Urlaub. Und ich setzte mich dann in das Kriegsgericht als Journalist. Die 'Stuttgarter Nachrichten' waren für die ganze Dauer des Prozesses das einzige Blatt, das sich an keinem einzigen Tag jemals berichtigen mußte. Alle anderen Blätter hatten regelmäßig am nächsten Morgen den Presseoffizier im Genick, der ihnen sagte, was sie wieder für einen Unsinn geschrieben hätten, weil sie es nicht verstanden hatten. Ich hatte natürlich den großen Vorzug, daß ich durch mein Fernstudium während der Gefangenschaft angelsächsisches Recht und auch die Prozeßmaterie verstand. Insofern fiel es mir leicht, über diesen Prozeß farbig und fehlerfrei zu berichten. Der Prozeß ging sehr lange. Es sprach sich herum, die Einzigen, die verläßlich sind in der Berichterstattung, sind die 'Stuttgarter Nachrichten'. Die Auflage stieg. Als der Prozeß zu Ende war, haben sie mich gefragt: 'Willst du nicht ganz zu uns kommen?' So ging ich zu den 'Stuttgarter Nachrichten'. Ich habe nie volontiert. Ich bin sofort mit einem vollen Redakteursgehalt eingestiegen, sofort fest angestellt, von heute auf morgen. Seither bin ich Berufsjournalist.

Ich habe in der ersten Zeit nur Gerichtsberichte geschrieben. Dann fing ich an - daraus wurde das Ende meiner Karriere als Tageszeitungsjournalist -, mich auch um Dinge zu kümmern, die noch nicht gerichtsanhängig waren, Geschehnisse und ihre Hintergründe aufzudecken. Ich erfuhr vieles in Juristenkreisen, ich hatte unter den Juristen einige Leute, auch unter den Polizisten hatte ich Leute, die mir schon mal etwas steckten. Was ich tat, nennt man heute investigativen Journalismus. Ein solches Wort kannten wir damals nicht, aber so etwas ähnliches war es de facto. Das war der Anfang vom Ende, denn solange ich nur über Prozesse schrieb, war das Stoff, der gerechtfertigt war und nicht explosiv, alles war abgesichert durch die Justiz. Aber nun fing ich an, Dinge zu schreiben, die Reaktionen auslösten, Proteste, Klagedrohungen und dergleichen mehr. Es kam, wie es heute noch ist: Ich wurde zurückgepfiffen, und es wurde auch manchmal etwas nicht gedruckt, oder es wurde verändert. Das zog sich ein paar Monate hin, und ich verlor mehr und mehr die Lust, weil ich schon damals der Meinung war, daß ein Journalist dazu da ist, das, was er recherchiert und für wahr befunden hat, eben aufzuschreiben, solange es von den Gesetzen gedeckt ist. Ja, und dann passierte diese berühmte Geschichte mit dem Feuerwehrhauptmann, der mit dem Feuerwehrauto im Suff einen Hydranten umfuhr. Ich trug das in der Redaktionskonferenz vor und wollte eine grandiose Geschichte daraus machen. Es kamen aber parteipolitische Rücksichten zum Zuge: Der Feuerwehrhauptmann war ein Genosse, man wollte keinen Ärger. Da habe ich mein Schlüsselbund auf den Tisch geknallt, bin aufgestanden, so daß der Stuhl an die Wand flog, und hab gesagt: „Oh leckt mich doch..." Das war das Ende.

LF: Aber ich habe den Unterlagen, die mir zur Verfügung stehen, entnehmen können, daß Sie schon in dieser Zeit angefangen hatten, für die Wochenendbeilage der 'Stuttgarter Nachrichten' über Tiere zu schreiben.

HS: Ja, das ist richtig. Ich hatte, während ich bei den 'Stuttgarter Nachrichten' Lokalredakteur war, einen Kollegen, der im Laufe der Jahre wirklich mein Freund geworden war, und im Grunde bis heute eigentlich der einzige geblieben ist, mit dem ich wirklich alles geteilt habe, meine Gedanken und auch vieles meiner Alltagssorgen: Wolfgang Bechtle. Er hatte schon als Bub immer Frösche in den Hosentaschen gehabt und derlei, er war mit Tieren großgeworden und besaß immer welche.

Wolfgang Bechtle schrieb über Polizeiliches und ich über Gerichtssachen. Wir teilten uns einen Doppelschreibtisch. Wir spielten uns die Bälle zu. Was er wußte, sagte er mir, und was ich erfuhr auf dem Gericht, sagte ich ihm. So waren wir uns gegenseitig nützlich. Bechtle hatte, wie gesagt, immer Tiere. Wir gingen dann manchmal nach dem Dienst, wie man in Stuttgart sagt, ein Viertele schlotzen. Und da redeten wir natürlich nicht über den Beruf, sondern über das, was uns privat umtrieb. Bechtle mußte dann oft gehen, weil er wieder irgendein Tier einsperren mußte oder abholen mußte oder füttern mußte.

Es gibt ein Schlüsselerlebnis mit ihm. Er nahm mich eines Nachts, spät nachts mit hinauf nach Degerloch - Degerloch liegt oben auf dem Berg, Stuttgart unten im Kessel. Er hatte im Ramsbachtal oben ein Holzhaus und drumherum Gehege mit allerlei Tieren, einheimische nur, exotische hielt er nicht. Er stellte mich in eines dieser Gehege. Da hing ein Kobel, ein Stück Baumstamm, der innen hohl war und an beiden Seiten offen. Ich wußte gar nicht, was das ist, und der Bechtle sagte: „Stell dich mal da hin und tu gar nichts". Wir hatten beide etwas getrunken, und er wollte sich einen Spaß machen. Er wollte, daß ich mal so richtig aufschrie vor Angst. Es war nicht ganz ungefährlich, was er da mit mir vorhatte. Ich stellte mich also dort hin unter dem Kobel. Eine Weile passierte nichts, aber ich hatte dann das Gefühl, daß hinter mir etwas atmete aus dem Kobel heraus. Es dauerte auch nicht lange, dann sprang etwas auf meine Schulter. Viel sehen konnte ich ja nicht, aber ich roch ein Felltier. Ich hatte etwas getrunken, und ich fühlte mich mutig - es war ein Steinmarder. Gut, er war nicht mehr ein völlig wildes Tier, aber sie können einen Marder nie zähmen, und ich war fremd und er kannte mich nicht. Ich machte gar nichts, ermutigt vom Alkohol, hielt ich einfach still. Dann fing er an - ich spürte nur plötzlich Zähnchen an meinem Ohrlappen, tat aber immer noch nichts. Da sagte der Bechtle ganz leise - der stand nämlich draußen und merkte, was er da angerichtet hatte, und kriegte es ein bißchen mit der Angst zu tun, der Marder hätte mir das Ohr abbeißen können: „Beweg dich nicht, nimm jetzt deine Hand ganz langsam von unten hoch, über die Brust, ganz langsam, keine Hast, keine hastige Bewegung und versuche, dieses Tier von unten her am Kopf anzufassen. Das ist er gewöhnt. Ich gebe ihm immer die Hand, und dann kuschelt er seinen Kopf in die Hand, vielleicht verwechselt er dich, wir stinken ja beide nach Alkohol." Mein Gott, das werde ich nie vergessen. Ich tat, was er gesagt hatte, und es funktionierte. Der Marder legte seinen Kopf in meine Hand - und das war's dann auch schon, mehr spielte sich nämlich auch zwischen dem Marder und Bechtle nicht ab. Er sprang dann ab. Nachts hatte er Ausgang. Ich weiß nicht, wie oft der Wolfgang Bechtle einem Bauern den ganzen Hühnerstall bezahlen mußte.

Mich machte das Erlebnis nachdenklich, und Bechtle sagte: „Das hätten wohl nicht viele ausgehalten, was du gerade gemacht hast." Wir waren also beide ziemlich ernüchtert, es war keine so ganz ungefährliche Geschichte. Marder können ungeheure Wunden reißen mit ihrem Gebiß. In mir setzte das Erlebnis etwas in Bewegung. Ich hatte das Gefühl, ich kann mit Tieren umgehen, und es begann mich auch zu interessieren. Ich wollte sofort wissen, was ist da eigentlich abgelaufen, was geht in diesem Tier vor und warum verhält es sich so. Das weckte mein Interesse an Tieren. Ich baute mir dann irgendwann auch ein Holzhaus, wie der Bechtle eines hatte, oben auf dem Frauenkopf. Ich konnte einen Garten mieten, und ich machte genau das, was er auch machte. Ich hatte ein Gehege um das Haus herum, und dann setzte eine Zeit ein, in der ich sehr intensiv mit Tieren und über Tiere gearbeitet habe. Ich schrieb in den Wochenendbeilagen, als ich selber Tiere hatte, über diese Tiere, weil ich ja Geld verdienen mußte, um die Viecher zu ernähren. Ich bekam für diese Geschichten ein gesondertes Honorar bezahlt, weil solche Texte in meinen Vertrag nicht eingeschlossen waren. Ich war angestellt als Lokalredakteur, aber nicht als Feuilletonist mit Tiergeschichten.

Bechtle und ich hatten einen Ruf in Stuttgart, und wir bekamen immer wieder Tiere gebracht. Wenn irgendwo eine Eule aus dem Nest fiel, dann kam der Förster und brachte uns die Eule. Wenn Jäger irgendwo einen Bau aufgruben, um die jungen, kleinen Füchse totzuschlagen, weil sie anders der Fuchsplage nicht mehr Herr wurden, wenn sie die kleinen Scheißer in der Hand hatten, mochten sie sie nicht totschlagen, dann fiel irgendeinem der Jäger ein, da gibt's doch den Stern und den Bechtle, die machen das schon.

Ich bekam allmählich den Ruf, ich sei eine Art heiliger Franziskus, dem die Tiere hinterherlaufen und der mit ihnen redet.

Ich hatte zum Beispiel mal einen Turmfalken. Der war auch irgendwo aus dem Nest gefallen und mir gebracht worden, und ich hatte ihn großgezogen. Er hing natürlich sehr an mir. Kicki hieß er. Der wollte überhaupt nicht mehr in die Freiheit, aber ich wollte ihn auch nicht behalten, und so habe ich ihn mit großer Geduld ausgewöhnt. Er flog dann auch frei, und da er lange freiflog, mußte er auch Beute gemacht haben, aber er blieb immer in der Gegend. Gegenüber wohnte Josef Eberle, der berühmte Humanist, der Herausgeber der 'Stuttgarter Zeitung'. Wir kannten uns. Er war einmal in seinem Garten mit seiner Frau, und ich hatte gesehen, mein Kicki ist irgendwo hier in der Gegend. Ich hatte einen Pfiff, den er kannte. Ich pfiff und hielt die Hand hin, und es dauert nicht lange, da machte es sch..., und da saß mir ein Falke auf der Faust. Eberles brachten den Mund nicht mehr zu, andere Leute blieben stehen, die begriffen überhaupt nicht, was da ablief. Der Stern pfeift, und da kommt aus der Luft ein Falke gesaust - der hatte ja kein Geschirr, es war ja ein wilder Falke - und setzt sich ihm auf die Hand.

Ich hatte mal zwei Kolkraben. Das sind ja große, wehrhafte Vögel. Die versuchte ich auch auszugewöhnen, und es ist mir auch gelungen. Eine Weile aber kreisten, wenn ich spazierenging, über mir die Kolkraben, so wie Wotan immer von seinem Kolkraben begleitet wurde.

LF: Ist es richtig, daß Wolfgang Bechtle zum 'Kosmos' ging und Sie sozusagen mitnahm als Autor?

HS: Ja, so ungefähr. Bechtle ging also auch eines Tages weg von den 'Stuttgarter Nachrichten' und wurde Chefredakteur des 'Kosmos'. Wir hatten immer einen guten Kontakt, und er schickte mich dann eines Tages auf eine große Reise in die Antarktis. Daraus sind mehrere Reportagen entstanden, die im 'Kosmos' erschienen sind. Aber ich hatte schon damals einen literarischen Touch in meiner Schreibe, und auch diese 'Kosmos'-Reportagen waren nicht so, wie der biedere 'Kosmos' gerne gehabt hätte. Bechtle sagte: „Das ist nichts für den Kosmos." Sehr früh eigentlich schon, bevor irgend jemand etwas derartiges bemerkte - ich hatte ja nichts Literarisches mehr geschrieben -, meinte Bechtle nach diesen Reportagen zu mir: „Gib den Journalismus auf, das kannst du, das wissen wir alle. Du bist ein Dichter, du mußt Literatur schreiben. Was willst du hier ewig diese nüchternen, ruhigen Reportagen machen." Ich habe das gerne gehört, aber ich habe mich dann natürlich gefragt: Was ist das, ein Dichter, und was machst du damit, du mußt Geld verdienen.

Bis 1955 arbeitete ich bei den 'Stuttgarter Nachrichten' und wurde dann vom Delius Klasing-Verlag übernommen, wo ich heute noch eine Beraterfunktion habe. Ich hatte angefangen in der 'Guten Fahrt', in dieser VW-

Zeitschrift, auch wieder um Geld für meine Viecher zu verdienen und für Autofahrer eine Art Rechtsberatung zu betreiben. Ich hatte bestimmte Situationen im Leben eines Autofahrers juristisch beurteilt. Das war, weil ich es ganz flott schrieb, ein Erfolg, und ich konnte gar nicht genug davon schreiben. Als ich dann wegging von den 'Stuttgarter Nachrichten', mit diesem berühmten Knall, da sagte der Klaus-Peter Heim, der Chefredakteur der 'Guten Fahrt', zu seinem Verleger: „Der ist zu schade, um auf der Straße herumzuliegen. Wir wissen zwar nicht, wofür wir ihn haben wollen, und er versteht auch von Autos nichts, aber den sollten wir einkaufen." Mein Abgang bei den 'Stuttgarter Nachrichten' ging ja herum wie ein Lauffeuer. Ich hatte einen Namen als Journalist in Stuttgart, ich rieb mich an Gerhard Hermann Mostar, der auch Gerichtsberichte schrieb. Wir saßen Backe an Backe in den Gerichtssälen. Er schrieb für die 'Stuttgarter Zeitung', ich für die 'Stuttgarter Nachrichten'. Wir waren einfach bekannt, und als ich hinschmiß, erfuhr eben auch der Heim davon. Also, die kauften mich für dasselbe Geld, das ich bei den 'Nachrichten' verdient hatte, ein. Ich war höchstens drei Wochen arbeitslos, dann hatte ich einen neuen Job, und keiner wußte, was ich da eigentlich tun sollte. Und daraus entwickelte sich eine Art Feuerwehr-Funktion, die ich bis heute innehabe in diesem Verlag. Der Verlag brachte alle möglichen Blätter heraus, darunter 'Die Yacht', die Segelzeitschrift.

[Über die Auffassung vom Beruf als Journalist bei der Tages- und Fachpresse]

Ich war mit Leib und Seele Journalist und sonst gar nichts. Ich war besessen davon, Journalist zu sein, Dinge zu schreiben, die möglichst keiner sonst herausbekommen hatte, und - das war etwas, was mich schon immer auszeichnete - sie auch sehr viel besser zu schreiben. Den meisten Journalisten genügt es, wenn sie in ihrem schlichten Deutsch einfach das, was sie glauben zu wissen, hinschreiben. Mir hat das nie genügt. Ich hatte immer, was die 'Welt' später einmal im Bezug auf meine Fernseharbeit den Mut zur Sprache genannt hat. Das hat mich von Anfang an ausgezeichnet. Ich wollte immer besser schreiben, als die meisten Journalisten schrieben, aber mit Literatur hatte das alles noch nichts zu tun. Auch was ich im 'Kosmos' über die Antarktis geschrieben habe, war immer noch keine Literatur. Eine Art literarische Reportage, wie immer Sie das nennen wollen. Ich habe mich für Literatur überhaupt nicht interessiert. Ich war so beschäftigt mit Journalismus und mit Recherchen und dem Tagesgeschäft.

Die deutsche Sprache hat mich immer interessiert, und ich las auch damals anderes als Tageszeitungen, den 'Monat' und die 'Frankfurter Hefte' zum Beispiel. Eugen Kogon, einen der Herausgeber, habe ich dann viel später kennengelernt, wir mochten uns sehr. Aber ich habe nie einen Grass gelesen und nie einen Walser. Es hat mich nicht interessiert. Mal hineingeguckt, ja, aber mehr nicht.

LF: Man fragt sich ja schon, wie Sie diese Spannweite im Journalismus ausgehalten haben. Rechtsberatung für Autofahrer, Tiere, dann 'Die Yacht', später der kritische Journalist mit den großen Essays, mit 'Natur - haben Ihnen diese Verschiedenheiten gar nichts ausgemacht?

HS: Also, ich war in dem Verlag Delius Klasing angestellt. Was dort erscheint, sind mehr oder weniger Fachzeitschriften. Und Fachzeitschriften leiden bis heute unter dem Problem, daß dort unter Umständen sehr gute Fachleute sitzen, aber die guten Journalisten sind anderswo. Es gibt selten jemand, der beides in sich vereint. Und als in den Fachzeitschriften dann auch guter Journalismus wichtiger wurde, weil das Kioskgeschäft ohne journalistische Qualität nicht zu machen war, verschärfte sich das Problem. So scheiterten auch im Klasing-Verlag Chefredakteure, sowohl auf dem Auto-Sektor wie dann später auch auf dem Segel-Sektor. Die waren vielleicht sehr gute Ingenieure oder sie waren sehr, sehr gute Segler, aber Journalisten waren sie nicht. Da kam dann meine Stunde. Immer wenn ein Stuhl wackelte und es wurde ein Journalist gebraucht, mußte ich ran. Fachleute waren ja da in der Redaktion, es fehlte nur an jemandem, der diesen Blättern ein Gesicht gab und der neue Leute schulte, es fehlte am Macher. So habe ich da die Autozeitung und die Seglerzeitung gemacht.

MS: Welcher journalistische Ehrgeiz trieb Sie denn dabei an?

HS: Ich hatte überhaupt keinen Ehrgeiz. Ich hatte nur den Wunsch, für das Geld, das ich verdiente, eine anständige Arbeit abzuliefern. Was ich in dieser Zeit machte, hat mich von der Substanz her eigentlich überhaupt nicht interessiert. Bei der Segelei hat es sich dann später geändert. Mich haben Autos eigentlich über die Möglichkeit hinaus, sich mit ihnen fortzubewegen, nie beschäftigt. Ich habe auch in der 'Guten Fahrt', als ich das Blatt damals leitete, nie über Autos geschrieben. Das war auch nicht meine Aufgabe. Ich sollte das Blatt machen.

Ich weiß, das ist für viele, die meine Biographie ansehen, schlicht unverständlich, insbesondere die Segelei. Ich habe darüber auch nie gesprochen. Ein einziges Mal hatte ich es versucht, und da wurde aus der 'Yacht' die Jagd, weil die Leute es sich nicht anders vorstellen konnten. Es war mein Broterwerb, aber ich hatte in der Zeit schon angefangen, anderes zu schreiben. Dieser Job gab mir Gelegenheit zu reisen, in die Antarktis z.B. Ich wurde im Klasing-Verlag nicht immer gebraucht, und da hatte ich Zeit, mich um meine naturwissenschaftlichen Interessen zu kümmern. So konnte ich auch nach Seewiesen fahren, zu Konrad Lorenz. Ich bin diesem Verlag eigentlich bis heute dankbar, daß er mir solche Freiheit gelassen hat. Aber wenn ich dann gebraucht wurde, ging das auch bis an die Grenzen meiner

Kraft, und ich habe manchmal zwei Zeitschriften, manchmal sogar drei nebeneinander her gemacht. Zwei Tage in Stuttgart, zwei Tage Hamburg und dann wieder nach Bielefeld, so ging das rund.

LF: Man hat den Eindruck, daß Sie Ihre journalistische Arbeit immer wieder sozusagen am eigenen Leib erprobt haben. Sie haben Tiere gehalten, als Sie über Tiere geschrieben haben. Sie sind gesegelt, als sie 'Die Yacht' gemacht haben. Sie haben das Reiten von der Pike auf gelernt, um die Reitlehre zu schreiben. Sie sind Naturschutzbeauftragter geworden, als Sie Ihre Fernsehfilme über die uns umgebenden Tiere erarbeitet haben. Das zieht sich, wenn ich es richtig sehe, durch Ihr Leben. Immer wieder die gleichsam existentielle Probe auf die journalistische Arbeit.

HS: Ja, ich konnte nicht anders. In dieser Hinsicht bin ich wohl Journalist durch und durch. Ich kann über nichts schreiben, das ich nicht recherchiert habe, und ich bin nicht wirklich gut, wenn ich nicht Wissen habe. Und ich bin nicht wirklich gut, wenn ich nur angelesenes Wissen habe. Das reicht mir nicht. Ich muß es an mir ausprobieren, wenn es eine Thematik ist, die ich ausprobieren kann.

Es ist immer wieder dasselbe bei mir gewesen. Wenn ich eine Reitlehre schrieb, habe ich mich zum Reiter ausgebildet. Wenn ich die Zeitschrift 'Die Yacht' leitete, wurde ich zum Seesegler. Als ich anfing, über Ökologie zu schreiben, habe ich sieben Jahre lang, für 30,- DM im Monat, die Stelle eines Naturschutzbeauftragten wahrgenommen. Wenn ich die Gutachten, die ich damals mit viel viel Mühe und Recherchen zusammengebracht habe, in Form von Artikeln verkauft hätte, dann hätte ich mir eine goldene Nase verdienen können. Ich hab das nicht getan, weil ich wußte: Ökologie ist mein berufliches Leben, davon werde ich nicht loskommen und davon kann ich nicht genug wissen. Ich hätte sofort Probleme bekommen, wenn ich so wie viele meiner Kollegen - in der Promotionsrede habe ich es ja formuliert: vormittags eine Kläranlage, nachmittags ein neuer Kegelverein oder dergleichen. Zu der Sorte Journalisten habe ich nie gehört. Deshalb auch die Spezialisierung. Es war ja nicht so, daß ich mich halb im Suff mit einem Marder befreundet habe. Es kam natürlich schon noch einiges hinzu. Etwa, daß ich mir sagte: Naturwissenschaft ist die neue Religion. Und ich habe verdammt noch mal Recht behalten damit. Vor über 20 Jahren war das öffentliche Leben noch nicht so von Wissenschaft durchdrungen wie heute, die Politik noch nicht so den wissenschaftlichen Gutachten hörig wie heute. Ich habe mir damals gesagt: Es hat keinen Sinn, solch ein Allerweltsjournalist zu sein, der morgens das macht, mittags etwas anderes und am Abend wieder etwas anderes und im Grunde genommen nichts richtig weiß. Du mußt dich konzentrieren. Du mußt dich spezialisieren. Das mag auch eine Art von Verdummung sein, aber es ist die einzige Art, wie man bestehen kann. Und danach habe ich immer gehandelt. Ich habe immer und immer gesagt: Wenn ich etwas mache, dann richtig.

Und so habe ich eben alle diese Dinge selber gemacht, bevor ich drüber geschrieben habe. Als ich z.b. 'Die Yacht' an den Hals bekam, ich hatte noch nie ein Segelboot aus der Nähe gesehen, ich hatte keine Ahnung, was Backbord und was Steuerbord ist. Ich wußte nur, daß dieses Blatt so desolat gemacht ist, daß es in der heraufkommenden Zeit der Quoten und Auflagen vor die Hunde geht, wenn man nichts unternimmt. Und ich tat dann eben das, was die Auflage voran brachte. Aber ich merkte, daß da etwas daran war, was mich interessieren könnte, und ich merkte vor allen Dingen eines: daß ich mich in diesem Blatt nicht würde halten können, wenn ich nicht selbst das Segeln lernte. Und dann machte ich sehr rasch hintereinander meine Segelscheine und schaffte mir dann auch ein eigenes Boot an. Ich habe vier Boote in meinem Leben gehabt, bis zu einer 12 m-Yacht, die ich im Mittelmeer lange gesegelt bin. Ich konnte mir das leisten, weil das Finanzamt anerkannte, daß ich von Berufs wegen segelte.

LF: Das ist ja ein Stück weit ein Bestandteil Ihres Lebens geworden, das Segeln. Es gibt nur sehr wenige Herausgeber-Texte in der 'Yacht', die diese Seite auch zu erkennen geben. Die Kolumnen sind oft sehr ironisch, sehr spielerisch, aber es gibt einige wenige Texte, an denen Sie etwas zu erkennen geben, Auszüge aus dem Logbuch z.B., das Sie geführt haben. Da finden sich einige fast literarische Passagen, und man bekommt den Eindruck, daß es auf eine ganz andere Weise auch Auseinandersetzung mit dem ist, was 'Natur' genannt wird.

HS: Auch das war ein Motiv für mich, das Segeln zu erlernen, weil Natur etwas ist, was mich, seit ich mich mit Tieren umgab, in der vielfältigsten Form beschäftigt hat. Ich blieb ja nicht bei den Tieren stehen. Ich guckte mir auch ihr Habitat an, ich wollte ja auch wissen, was brauchen sie eigentlich zum Leben, wie sieht ihr Lebensraum aus. Es war nie die naive Liebe zur Natur, die manche Leute so haben.

Zu Anfang einer meiner Reportagen in der ZEIT habe ich jetzt geschrieben, was mich immer an der Natur interessiert hat.(1) Ich konnte nicht einfach eine schöne Blume anschauen und sagen „Ach, wie schön" und dran riechen. Wenn sie mich interessierte, dann wollte ich etwas über sie wissen, ihre Stammesgeschichte und ihre Bedürfnisse. Das kam mir beim Segeln natürlich zupaß, weil ich mich zwangsläufig mit den Elementen auseinandersetzen mußte. Wenn man Seesegeln betreibt, und ich betrieb das ja - Atlantik und Ostsee, Nordsee, Mittelmeer - dann sind Wind und Wetter und Wellen das tägliche Brot des Seglers.

Was 'Die Yacht' angeht, so war mein Verdienst, daß ich dieses Blatt aus dem Fahrwasser des deutschen Seglerverbandes herausmannövriert und sie zu einem eigenständigen, selbständigen Blatt gemacht habe, so wie ich die 'Gute Fahrt', die Autozeitschrift, aus einer absoluten Abhängigkeit von Wolfsburg befreit habe.

[Über den Beginn der Arbeit für das Fernsehen]

LF: Und dann gab es ja wieder so eine Art Zufall: der Beginn der Fernseh-Arbeit, über Horst Jädicke, erneut eine Konstellation, die an Ihnen bekannte Personen gebunden ist. Eine dieser Gelegenheiten, die vielen Leuten vor die Füße fallen, die man dann aber ergreifen muß.

HS: Ich habe sie zunächst erst einmal liegen gelassen. Ich machte ja Schulfunk beim Süddeutschen Rundfunk, wo Jädicke Programmdirektor war. Ich kannte ihn schon, als er noch SPIEGEL-Korrespondent war und ich im Gericht arbeitete als Journalist für die 'Stuttgarter Nachrichten', und auch vorher, als ich noch Dolmetscher war. Jädicke bat mich eines Tages im Funkhaus in sein Büro und sagte zu mir: „Der Hans Hass hat mich hängen gelassen mit einer 13-teiligen Serie. Schafft er nicht, wird nichts. Es ist terminiert, und ich habe da Programmlöcher, die wirst Du mir füllen. Du kennst Dich doch mit Tieren aus, und ich habe schon in Berlin den Zoo requiriert. Du kannst also sofort anfangen, machst eine 13-teilige Serie über Tierverhalten." Wir kannten uns gut, und ich sagte: „Hast Du sie eigentlich noch alle? Tiere im Zoo sind nicht das, was mich an Tieren interessiert, und außerdem ich habe noch nie hinter einer Kamera gestanden, und vor einer Kamera auch nicht. Ich habe keine Ahnung von Eurem Geschäft hier. Du kannst doch nicht im Ernst glauben, daß ich mich ins Abenteuer einer 13-teiligen Serie stürze, die ich eh für völlig hirnrissig halte, weil das, was Du von mir willst, überhaupt nicht machbar ist." „Na ja, wir treffen uns mal wieder, und wenn nicht, dann nicht, und gute Zeit und . . ." Jeder andere wäre doch darauf angesprungen, und die Fachleute waren ja da, aber ich wollte nicht, weil mir das widerstrebte. Ich mochte so nicht arbeiten. Da ging ein Jahr, glaube ich, ins Land. Jedenfalls habe ich mitnichten diese Chance sofort aufgehoben, ich habe sie weggekickt, habe gesagt: „Da, ich brauche sie nicht, nimm sie." Aber er ließ dann nicht locker und kam er wieder auf mich zu. Ich sagte ihm: „Ja, ich bin soweit, ich würde wohl gerne, aber nicht unter diesem ungeheuren Druck". Er sagte: „Was würdest Du denn gerne machen?" Ich war derzeit sehr an Bienen interessiert und habe ihm gesagt: „Also, ich würde gerne einen Film über Bienen machen." Da guckte mich der Jädicke an und sagte: „Ja, sag einmal, hast Du sie noch alle! Bienen, da bräuchten wir ja ein Mikroskop. Wir sind Fernsehen. Wie stellst Du Dir das vor?" Und er sagte den klassischen Satz: „Warum nimmst Du nicht einen Elefanten, der hat doch schon einen Arsch, der so groß ist, daß er den Schirm ausfüllt!"

Das war der Beginn meiner Fernsehkarriere. Es wurde zunächst wieder nichts, es gingen wieder Monate ins Land, und dann bat er mich wieder einmal zu sich. Da ging es eigentlich nur noch darum, daß er immer mehr Unterhaltung wollte und ich mehr Wissenschaft. Deshalb kamen wir nicht so richtig zusammen. Ich habe gesagt: „Ich gebe entweder mein Wissen preis und mache das seriös, wenn auch mit Ironie und mit Scherz und tieferer Bedeutung, oder es wird nichts." Wir näherten uns dann einander an, und er akzeptierte auch die Bienen als meinen ersten, nein: zweiten Film. Es wurde ein großer Erfolg, weil ich es fast kabarettistisch anfaßte. Ich war mir damals meiner Mittel auch noch nicht so ganz sicher. Ich würde heute manche meiner Filme so nicht mehr machen. Aber es war ein Erfolg. Der erste Film waren die 'Bemerkungen über das Pferd' - ein Riesenerfolg, nach dem die Reiter mit Roßäpfeln nach mir schmissen.

Die Verabredung zwischen Jädicke und mir lautete: „Du machst einen Film, und wenn er ein Erfolg wird, dann machst Du einen zweiten, und wenn der auch Erfolg hat, dann machst Du einen dritten und so geht das immer weiter. Ist der erste ein Flop, machst Du auch einen zweiten. Ist der wieder ein Flop, machst Du noch einen dritten. Ist das auch ein Flop, trennen wir uns". Das war die Verabredung. Ich bin ja der einzige Fernsehjournalist bis heute, der nie einen Vertrag mit dem Fernsehen hatte. Bei der Verabredung sind wir eigentlich geblieben. Ich mußte auch nie, so wie es heute ist, Exposés abliefern und große Konferenzen durchstehen. Ich habe gesagt: „Das und das Viech will ich behandeln, für die und die Zeit brauche ich ein Team. Gib mir das." Und dann kriegte ich es automatisch. Keiner interessierte sich dafür, was genau ich zu machen gedachte. Ich führte den Film dann vor, wenn er fertig war. Ich mußte nie irgend etwas nachschneiden oder etwas herausnehmen. Ich hatte goldene Zeiten im Fernsehen. Weil ich Erfolg hatte. Und wenn ein Mann Erfolg hat, darf er eigentlich alles. Heute wohl auch nicht mehr, aber damals war das so.

Aber ganz zufällig hat sich das nicht ergeben. Es ist alles irgendwo verkettet. Ich kannte den Jädicke, und ich kannte den Bechtle, und eines gab das andere. Es ist schon eine gewisse Linearität in meiner Entwicklung, die meistens, weil sie äußerlich so vielfältig aussieht, ganz anders sich ausnimmt. Von der Gefangenschaft an können Sie das sehen. Da setzte mein Ungenügen mit meiner eigenen Sprache ein, und das wiederum hatte zur Folge, daß ich später als Journalist mich immer bemühte, ein bißchen besser zu schreiben als andere. Das ist eine direkte Folge meiner Lektüre von Lessing und Lichtenberg während der Gefangenschaft und von der Erkenntnis, daß Deutsch eine schmiegsame, ungeheuer nuancenreiche Sprache ist. Es hängt alles irgendwo zusammen - daß ich während der Gefangenschaft dieses Fernstudium machte und Juristerei studierte, hatte zur direkten Folge, daß ich mein Englisch vervollkommnete und daß ich Journalist wurde aus Anlaß des Mordes und so weiter. Mein Leben ist nicht so zusammengestückelt, wie es scheinen mag.

LF: Und wie zum Beispiel kamen Sie dazu, nebenher eine Reitlehre zu schreiben?

HS: Die Reitlehre ist eine direkte Folge des Buches 'Lauter Viechereien', in dem meine ersten Tiergeschichten erschienen sind. Das Buch war sehr erfolgreich, und dann bat mich eines Tages, Rolf Keller, der Chef des 'Kosmos'-Verlages, in sein Comptoir - stand draußen noch dran: Comptoire, auf Emaille, und er arbeitete an einem Stehpult, weiß ich noch wie heute, trug eine Brokatweste und, was mich besonders amüsierte, in der Brokatweste, die ja ein altertümliches Kleidungsstück ist, hatte er einen hochmodernen elektronischen Rechner. Für die Prozente. Und Keller sagte etwa: „Lieber Herr Stern, Sie haben einen Namen, als Tierbuchautor, und das bekommt unserem Verlag gut. Wir machen gute Geschäfte miteinander, und Sie kennen unser Programm. Aber wenn Sie das Programm kennen, dann wissen Sie auch, daß wir eigentlich überhaupt keinerlei Reitbücher in unserem Verlag haben." Und dann erzählte er mir, daß er Kavallerieoffizier war, Oberleutnant bei der bespannten Artillerie. Er hatte ein eigenes Pferd, Tello, einen Ostpreußen, den er von dorther mitgebracht hatte. Der stand im Kräherwald im Reitstall, und Keller ritt jeden Morgen. Er sagte: „So geht es nicht weiter. Ich als alter Reiter im eigenen Verlag, als Chef, und keinerlei Reitbücher. Wir gucken zu, wie Parey da seine Geschäfte macht." Dann sah er mich an und sagte zu mir: „Sie werden mir eine Reitlehre schreiben." Reitlehre, ja. Ich hatte noch nie auf einem Pferd gesessen - es war wie später mit dem Segeln. Ich hatte keine Ahnung von Pferden oder Reitertermini. „Na ja", habe ich gesagt, „wenn Sie meinen." Ich war ja immer für so etwas zu haben. Zuerst dachte ich auch, das wird ja eh nichts. Es ist so eine Schnapsidee, und wenn man das näher diskutiert, dann stellt sich es heraus, daß das nicht klappen kann. Man kann nicht, ohne je auf einem Pferd gesessen zu haben, eine Reitlehre schreiben. Das muß in die Hose gehen, in die Reithose. Keller meinte das aber ernst. Er schickte mich - 'Kosmos" war immer schon ein sehr geiziger Verlag - nach Hannover, von Stuttgart, auf seine Kosten. Da gab es einen Stiefelschneider namens Estermann, der hatte seine kleine Reitstiefelwerkstatt genau gegenüber der ehemaligen Kavalleriereitschule Hannover, aus der die großen Spring-reiterasse hervorgegangen sind. Da schickte er mich hin, und ich mußte mir da Maßstiefel machen lassen. Die kosteten damals schon 1200,- DM das Paar. Heute kosten sie schon um die 3000,- DM. Und ich fragte ihn dann, was das eigentlich solle, und er sagte: „Sie müssen nicht meinen, daß ich die kaufe, damit Sie darin gut aussehen, sondern wir müssen das ja alles mal fotografieren. Die richtige Haltung am Pferd, und da kann ich nicht mit irgendwelchen Gurken auftauchen, da müssen gescheite Stiefel her." Er ging mit mir auch zu einem Hosenschneider. Er kam selber mit, der Herr Verleger, und ließ mir ein paar Reithosen anmessen, wieder nur weil das ja fotografiert werden mußte. Das sollte alles seinen Schick haben.

Dann mußte ich das alles anziehen. Er bestellte mich eines Morgens - mein Gott, ich wäre ja am liebsten im Boden versunken, in diesem Faschingskostüm, für mich war das ein Faschingskostüm. Nur Sporen, die durfte ich noch nicht anschnallen. Das wäre wohl eine Nummer zu groß gewesen. Also kurzum, er bestellte mich dann eines Morgens, um sieben Uhr, glaube ich, in den Kräherwald, wo sein Pferd stand. Und da stand ein Reitlehrer names Mellau, das weiß ich noch wie heute. Wir gingen in die Bahn, und ich in meinem Aufzug, und er sagte dann zu dem Herrn Mellau: „Das ist Horst Stern, ein sehr bekannter Buchautor. Er wird mit Ihrer Hilfe eine Reitlehre schreiben." Der Mellau war einer dieser üblichen Reitlehrer, mit Gebrüll, er kam von der Reiter-SS, ein Kommißknochen durch und durch. Nur die Gegenwart vom Verleger, dessen Pferd er ritt, hinderte ihn daran, sich auf der Stelle umzudrehen und wegzugehen. Was soll ich erzählen - ich mußte jeden Morgen um sieben Uhr antraben. Ich bekam Einzelunterricht, auf dem Pferd Tello. Ich bin nie in einer Abteilung, in einer Gruppe geritten. Ich war im Reichsarbeitsdienst, ich habe die Fallschirmtruppe hinter mich gebracht, und ich bin in meinem Leben oft angebrüllt worden, aber nie so wie da auf dem Pferd - ich bin manchmal den Tränen nahe gewesen. Weil ich mir immer gesagt habe: Das mußt Du Dir eigentlich nicht mehr bieten lassen von einem solchen Kommißkopp, der zu blöd ist, auch nur einen gescheiten Satz aufs Papier zu bringen. Aber mich hatte der Ehrgeiz gepackt, und außerdem war es wieder eine Sache mit Tieren. Ich hatte zu dem Tello eine Zuneigung gefaßt, und offenbar er zu mir auch. Wir kamen eigentlich ganz gut miteinander aus, und das bewog mich zu sagen: „Also gut, schluck das." Nicht nur, daß ich manchmal den Tränen nahe war. Ich habe auch manchmal, wenn ich nach Hause kam, in meiner Unterhose Blut gehabt. Weil der mich so geschunden hatte. Das ist das Geheimnis des Erfolges dieses Buches. Der Erfolg hält ja bis heute an. Das Buch ist ja weltweit allem davongelaufen, was je über Reiten geschrieben worden ist. So wie ich aus dem Sattel kam, bin ich nach Hause gefahren, ich habe mich nicht einmal umgezogen. Ich habe mich sofort an die Maschine gesetzt und versucht, erst mal zu Papier zu bringen, was sich da in mir, in meinem Hintern und mit dem Pferd abgespielt hatte. Ich habe also nicht wie die meisten Reitlehrer versucht, den Eindruck eines Obristen zu erwecken, der schon mit der Kavalierie alles geübt hat. Sondern ich habe gesagt: Liebe Leute, ich war so dumm, wie ihr es jetzt seid. In dem Buch stecken ein paar Dinge, die wirklich ganz gut sind. Es wird jetzt neu aufgelegt, es kommt jetzt mit einer neuen Bebilderung heraus. Die Auflagenhöhe ist inzwischen 350.000 oder ähnlich, ich weiß es nicht genau.

Ich habe natürlich, als ich ritt, viel gelesen. Das war ja immer so: Wenn ich ein Tier hatte, las ich alles, was es über dieses Tier gab. Als ich nun das Reiten anfing, fing ich natürlich an, mich für die Geschichte des Pferdes, Dressur und Ethologie zu interessieren, mich zu orientieren. So bekam ich ein gewisses Pferdewissen, und als ich dann später Fernsehfilme machte, habe ich natürlich darauf zurückgegriffen. Und inzwischen kannte ich mich auch im Springreiten einigermaßen aus und sah, was da ablief. Wie diese Tiere geschunden wurden. Sie haben schon recht, es hängt alles miteinander zusammen.

[Über die ehrenamtliche Tätigkeit als Naturschutzbeauftragter des Landkreises Lindau]

LF: Und wie war es später mit der Erfahrung als Naturschutzbeauftragter? Wieder so eine Sache, bei der Sie, worüber Sie schreiben, gewissermaßen am eigenen Leibe erproben? Diesmal die politisch-praktische Arbeit.
HS: Ich wohnte damals mit meiner Familie am Bodensee, Wasserburg gegenüber, dieser italienisch anmutenden, wunderschönen Halbinsel. Das Haus, in dem ich zur Miete wohnte, direkt am See, stand auch an einem kleinen Naturschutzgebietes, der Wasserburger Bucht. Eine verschilfte Bucht, die voll unter Naturschutz stand. Und da ich daneben wohnte, sah ich, was sich dort eigentlich abspielte. All die Paddelbootfahrer und Segelbootfahrer und Motorbootfahrer fuhren bis in die Bucht hinein und ließen ihre Hunde in das Schilf, damit die sich dort entleerten, und abends saßen sie da und brieten ihre Würste. Also, Naturschutzgebiet, da konnte man wirklich nur lachen. Und einmal im Jahr mußte der Naturschutzbeauftragte des Landkreises Lindau, das war ein Oberforstdirektor, einen Rechenschaftsbericht über seine Naturschutzgebiete abliefern. Und als ich zum zweiten oder dritten Mal las - das wurde in der Zeitung veröffentlicht -, daß dieses Juwel Wasserburger Bucht der Pflege zwar bedürftig, aber im Grunde doch sehr schön sei, da konnte ich nicht mehr an mich halten. Es war wieder so eine Situation: Ich habe eine Weile zugeguckt, aber dann dachte ich, nein, so kann es ja wohl nicht gehen. Ich hatte mir auch noch ein paar andere Dinge angesehen in diesem Landkreis, und die stimmten alle auch nicht. Ich wußte so viel von Ökologie und sah, daß es einfach nicht stimmte, was da verlautbart wurde. Da schickte ich einen Leserbrief an die Lindauer Zeitung, wo ich schrieb: 'Mit Verlaub, der Naturschutzbeauftragte weiß entweder nicht oder will nicht wissen, wovon er redet. Diese Wasserburger Bucht ist mitnichten ein Naturschutzgebiet. Das ist sie vielleicht dem Namen nach, in Wahrheit ist sie ein Kloake'. Da gab es Aufruhr. Leserbriefe hin und her. Die einen sagten: 'Na endlich mal einer. Wir haben es schon immer gesagt. Keiner hat auf uns gehört.' Andere sagten: 'Was will der denn? Unser Herr Naturschutzbeauftragter ist doch sachkundig.' Und dann schickte mir der Landrat von Lindau eines Tages einen Oberregierungsrat ins Haus. Landrat Henninger war ein kluger Kopf. Er sah damals die Bedeutung der Ökologie im politischen Feld heraufdämmern. Sein Naturschutzbeauftragte war abgetakelt, den konnte er nicht mehr brauchen, und

er brauchte jetzt einen, der einen Namen hatte, und ich hatte einen Fernsehnamen. Er schickte mir seinen Oberregierungsrat - die nahmen mich beim Portepee. Ich sagte mir: Es kann eigentlich nicht schaden, wenn du mal in die Pflicht genommen wirst. Wenn Du mal gezwungen wirst, Dich mit diesen Problemen so auseinanderzusetzten, daß Du es auch veröffentlichen kannst. Das war eigentlich meine Motivation, ich wollte nicht Politiker werden. Aber ich erkannte sofort, daß hier für mich die Chance bestand, auf einem Gebiet viel zu lernen, auf dem ich schwach war. Damals war der Landkreis Lindau mit seinen Mooren und Hochmooren in mancher Hinsicht noch ein Eldorado. Ich wußte eine ganze Menge über Tiere und Tierverhalten, aber über Botanik und auch Geologie und Landschaftskunde wußte ich nicht sehr viel. Und dann habe ich gesagt: Okay. Da kam es zu einem Wettstreit, zu einem Sängerkrieg auf der Wartburg. Der alte und der neue, in Aussicht genommene Naturschutzbeauftragte mußten vor dem Kreistag erklären, was wir vorhatten. Mein Vorgänger redete und redete und redete. Ich kam dann auch dran und habe bloß gesagt: „Meine Damen und Herren, wenn Sie einen Naturschutzbeauftagten suchen, wie Sie ihn haben, dann lassen Sie die Finger von mir. Mit mir kriegen Sie nichts als Ärger. Ich werde die Dinge beim Namen nennen, und ich werde sie auch dann beim Namen nennen, wenn sie dem einen oder anderen unangenehm sind." Sie haben mich trotzdem gewählt. Nicht aus Überzeugung, sondern weil die CSU natürlich die stärkste Fraktion war, und Landrat Henninger hatte die Fraktion völlig in der Hand. Er hatte sie darauf eingeschworen, mich zu wählen. Also wurde ich gewählt. Das wurde eine lange Geschichte, sie ging im Krach aus. Ich machte acht Jahre lang den Naturschutzbeauftragten für den Landkreis Lindau, 1972 bis 1979.

Ich habe es eigentlich nie bereut, weil ich auf diesem Wege auch mit der Universität München, mit allen meinen späteren Freunden in Verbindung kam, mit den Forstwissenschaftlern und den Wildbiologen. Sie lernte ich in jener Zeit kennen. Ich war gezwungen, mein sehr schwachbrüstiges Wissen abzusichern, und also ging ich nach München, und der eine reichte mich zum anderen weiter. Sie kannten mich ja alle vom Fernsehen her. Sie waren alle neugierig auf diesen bunten Vogel Stern, und daraus wurden Reisen, die wir miteinander machten, jedes Jahr eine, und ich habe ungeheuer viel gelernt - dadurch, daß ich einmal gesagt hatte: Ich mache den Naturschutzbeauftragten. Das Geld war ja nicht der Rede wert. Ich kriegte zuerst 30,- DM im Monat. Das reichte noch nicht einmal für den Sprit, den ich verfuhr, um mir alles anzuschauen, was ich mir anschauen mußte. Später wurde die Aufwandsentschädigung auf 75,- DM erhöht. Ich war in Bayern der letzte ehrenamtliche Naturschutzbeauftragte. In den siebziger Jahren kam das neue Naturschutzgesetz, das den ehrenamtlichen Naturschutzbeauftragten abschaffte und einen Beamten an die Stelle setzte. Damit war natürlich der Job wertlos geworden, denn ein Beamter auf dem Stuhl tut das, was der Chef will. Was ich mitnichten tat. Aber ich war der letzte. Mich wagten sie nicht gleich hinauszuschmeißen. Meine Zeit ragte noch ein bißchen in die neue Ära hinein. Ich habe dann noch das Bodenseeufer vor einer massiven Bebauung gerettet. Es kam dabei zu einem erbitterterten Streit, der bis ins bayerische Kabinett hineingetragen wurde, zum Franz-Josef Strauß. Als ich Naturschutzbeauftragter war, habe ich z.b. unter großen Widerständen Bojen auslegen lassen, weit draußen, als Grenze einer Verbotszone, so daß die Bootsfaher nicht mehr hineindurften, und ich habe auch von der Landseite her alles einzäunen lassen. Wir haben dann eine ökologische Brennung veranstaltet. Das war das Neueste damals, daß man mit Feuer versuchte, der Natur auf die Sprünge zu helfen. Daß man Prozesse nachahmt, die in der Natur auch vorkommen. Brände zum Beispiel. Ich habe auf diese Weise die Wasserburger Bucht, soweit es überhaupt noch möglich war, regeneriert. Aber das ging natürlich nur unter Aussperrung der Öffentlichkeit. Und das wiederum hatte zur Folge, daß die Gehässigkeiten einsetzten. Leserbriefe, in denen ich dann lesen konnte: 'Das tut der Stern nur, weil er nebenan wohnt und seine Ruhe haben will, deshalb sperrt er uns aus.' Kurzum, meine Glaubwürdigkeit stand auf dem Spiel, und ich wollte ohnehin weg von da unten. Das war so ein subtropischer Garten. Mit Tieren konnte ich dort nicht arbeiten. Die Pflanzen waren nicht einheimisch. Das war die Zeit, als ich im Allgäu oben einen Film drehte über die Situation der Bergbauern, die weggingen, und wo dann der Großgrundbesitz alles aufkaufte, Fürst Waldburg zum Beispiel, der seine Fichtenwälder darüberzog, so daß das Allgäu anfing, sich in den Höhenlagen zu verdüstern.

Dort oben drehten wir, da standen die Fichten mannshoch, und ich hatte plötzlich einen Einfall. Ich sagte zu der Frau des Tonmanns Joachim Höfig, die dabei war: „Heben Sie doch mal Ihr Kind so richtig hoch." Sie wußte gar nicht wozu. Sie hob ihr Kind hoch, so daß es über die Fichten hinweggucken konnte, und ich sagte dann später im Film zu den Bildern: „Soweit ist es gekommen, daß die Menschen im Allgäu ihre Kinder über die fürstlichen Fichten hinausheben müssen, damit sie sich noch ihre Heimat anschauen können." Dieser Satz hat den Fürsten Waldburg bis ins Herz getroffen. Er bat mich dann zu sich aufs Schloß. Später ließ er Schneisen in seine Fichtenwälder schlagen. Für hunderttausende von Mark hat er Ahorne hineinpflanzen lassent und jedem einzelnen Ahorn eine Drahthose gestellt, weil das Wild sie natürlich sofort verbissen hätte. Während ich das drehte, war der Landwirtschaftsdirektor von Lindau bei mir, der führte mich dort. Er sagte: „Der Hof da unten steht zum Verkauf." Der war längst von Bauern aufgegeben. Da wohnte ein Autohändler, seine Frau ertrug aber die Einöde nicht mehr. Sechs Monate Schnee im Jahr, und manchmal der Weg überhaupt nicht geräumt, da konnte man nicht hinauf und nicht hinunter, außer mit Skiern. Und ich wollte weg vom Bodensee. Ich habe alles zusammengekratzt, und mit Bankenhilfe usw. habe ich diesen Hof gekauft, der bis heute in unserer Hand ist. Nun wird er verkauft.

LF: Dann beginnt das nächste Experiment am eigenen Leib: mit den Schafen Landschaftspflege betreiben.

HS: Ja, mein Gott, ich arbeitete über Naturschutz und Landschaftspflege. Ich war Gutachter, ich machte Filme darüber und zeigte die Verwaldung und die Verdüsterung und die ästhetische Minderung, ich zeigte, was das Allgäu als Landschaft ausmacht, den Wechsel von Licht und Schatten und Wald und Weide - da dachte ich: Was tue ich auf diesem Hof? Die Bauern hatten eh gewettet, wenn dieser Fernsehstar da oben den Hof kauft, baut er als erstes in dem Kuhstall einen Swimmingpool.

Das erste, was ich einbaute, war ein Schafstall. Dann ging ich nach Garmisch-Partenkirchen und kaufte mir den Kern einer kleinen Herde auf dem Schafmarkt, lauter Bergschafe. So habe ich Schafe gezüchtet und die ganze Arbeit geleistet, zusammen mit meiner Frau, und manchmal haben mir auch die Söhne geholfen, wenn sie zu Besuch kamen. Ich hatte hundert Schafe im Stall, und der Allgäuer Winter dauert sechs bis sieben Monate. Es standen hundert Schafe da oben und wollten fressen, und nicht zu knapp. Wir mußten Heu machen. Im Allgäu ist das Wetter sehr, sehr wechselhaft, und meistens schlägt es dann um, wenn das Heu draußen zum Trocknen liegt. Es gibt Geschichten in den Allgäuer Chroniken, daß im 18. und auch noch im 19. Jahrhundert, wenn den Bauern das Heu zum dritten Mal verregnet war, sich mancher einen Strick griff, auf die Tenne ging und sich aufhängte. Denn mehrfach durchnäßt, ist das Futter nichts mehr wert. Es hat keinerlei Eiweißgehalt mehr, es ist ausgewaschen, ist eigentlich nur noch Füllfutter. Geld hatten sie nicht, sie konnten ihre Tiere nicht mehr ernähren.

Ich habe in diesen fünf Jahren körperlich ungeheuer hart gearbeitet, Heu gemacht in diesem Gelände, wo Bauern nicht mehr arbeiten mochten. Ich bin auf meinem Traktor in Schräglage gefahren, wie ich dann später gesegelt bin. Und hier und dort stand ein Kreuz, wo früher ein Bergbauer an Steillagen zu Tode gekommen war. Ich hab mir mein Wissen schon wirklich sehr hart erarbeitet.

Dann bekam ich einen Forschungsauftrag zusammen mit der Universität Weihenstephan. Ich kannte den damaligen Landwirtschaftsminister ganz gut, Hans Eisenmann. Dem schilderte ich bei Gelegenheit diese Situation, und er sagte dann: „Das untersuchen wir mal näher, ob denn die Landschaftspflege da oben auch mit Schafen auf eine natürliche Weise möglich ist und nicht mit großen Mulchmaschinen." Und er vergab an die Universität Weihenstephan diesen Forschungsauftrag. Die saßen dann bei mir auf dem Hof, ein paar Jahre lang. Daraus sind zwei Doktorarbeiten entstanden. Es war eine interessante Zeit.

LF: War es auch eine Zeit, wo Sie wieder akkumulieren wollten? Ein Stück Rückzug, ein Stück Konzentration, weg von der Geschäftigkeit? Obwohl in dieser Zeit ja auch noch sehr viel lief, die Arbeit für den Nationalpark Bayerischer Wald, für die Fernsehfilme. Die vielen Reden und Vorträge.

HS: Ich war viel fort vom Hof. Ich mußte ja Geld verdienen. Es ist doch undenkbar, mit hundert Schafen seinen Lebensunterhalt verdienen zu wollen. Die Hofbewirtschaftung lief doch nur im Nebenerwerb. Ich war Nebenerwerbslandwirt, ich war im bayerischen Bauernverband, und außerdem saß ich auch noch im Gemeinderat. Aber das ist noch wieder eine andere Geschichte.

LF: In der Zeit zwischen etwa Mitte der sechziger und Mitte der siebziger Jahre muß ein ungeheuer vielfältiges Netz von Kontakten entstanden sein. Haben Sie es bewußt darauf angelegt? Man muß sich das vergegenwärtigen: die Szene der Wissenschaft mit den verschiedenen Disziplinen; die Naturschutzszene - die Bekanntschaft mit Hubert Weinzierl und das Engagement für den Nationalpark Bayerischer Wald; die politische Szene - ihre Funktionen im Natur- und Landschaftsschutz, der Kontakt zum Minister Eisenmann und anderen; die Medienszene, aber auch die literarisch-künstlerische Szene, etwa die Freundschaft mit Dieter Hildebrandt, und vieles mehr. Hat sich dies alles, wie Sie es jetzt darstellen, so ergeben? Weil Sie immer an bestimmten Stellen entweder etwas wissen wollten oder weil die Leute was von Ihnen wollten?

HS: Es war immer dasselbe: Ich hatte Wissensdefizite. Ich habe nie studiert, und als ich mit Tieren arbeitete, fing ich an, mich für Ethologie, also für Tierverhalten, zu interessieren. Ich stellte Erkundungen an, z.B. bei Klaus Zeeb. Er war Haustierethologe beim Tierhygiene-Institut in Freiburg. Und Zeeb gehörte zu dem Kreis um Konrad Lorenz. Die trafen sich immer wieder einmal in Seewiesen, am Max Planck-Institut von Lorenz. Klaus Zeeb nahm mich einmal mit nach Seewiesen, dort lernte ich Lorenz kennen. Und daraus ergab sich im Laufe der Jahre ein enger Kontakt - das kann man Freundschaft nicht nennen, Lorenz war Großvater. Wer war ich und wer war Lorenz? Aber er mochte mich, und weil ich viel von ihm gelernt hatte und er mir auch viel vermittelt hat, gipfelte unser Verhältnis dann darin, daß er mir, als sein Buch 'Die Rückseite des Spiegels' erschien, sein Foto in ein Exemplar klebte und darunterschrieb: „Meinem illegitimen wissenschaftlichen Sohn Horst Stern."

Wir haben dann noch das eine oder andere Mal zusammen diskutiert, im Fernsehen. Im Bayerischen Rundfunk sind wir miteinander aufgetreten. Wir haben miteinander einen Preis bekommen, den Bayerischen Naturschutzpreis. Wir haben miteinander auf Donaudampfern gesessen und gestritten für die Erhaltung der Donauauen. Wir hatten einen guten Kontakt.

Aber meine Verbindungen haben sich immer wieder in ähnlicher Weise ergeben: Ich wollte etwas wissen, und ich hatte dann das Glück, jemanden zu kennen, der mich an eine Quelle führen konnte, aus der zu trinken war. Mit den Universitätsprofessoren in München und anderswo war es ähnlich. Da ging es vorrangig um meine Arbeit als Naturschutzbeauftragter. Ich mußte Gutachten schreiben. Sie können sich vorstellen, wie man in München, im Umweltministerium, dasaß und sich mit der Lupe ansah, was dieser Stern so schrieb. Sie hatten ja alle Angst vor mir, weil ich den großen Knüppel Fernsehen schwingen konnte. Und ich mußte mich ungeheuer absichern. Und auf diese Weise kam ich also nun über Hans Biebelriether, den Chef des Nationalparks Bayerischer Wald, so um 1970 in die Universität München, und dort lernte ich sie alle kennen, die Herren Ordinarien: Richard Plochmann, der hatte den Stuhl für Forstgeschichte und Forstpolitik; Peter Burschel, der saß auf dem Waldbau-Lehrstuhl; Horst Schulz, der saß auf dem Lehrstuhl für Holzkunde; Wolf Schröder hatte den Lehrstuhl für Wildbiologie. Das war wiederum ein Kreis. Wir machten Reisen miteinander, und alles, was ich heute über den Wald weiß und über vieles mehr, das weiß ich von denen. Das Miteinander ging dann soweit, daß ich, wenn die Herren ihre Reden halten mußten, mir die ansah und ein bißchen daran herumbosselte. Damit bezahlte ich für das Wissen, das sie mir vermittelten. Sie sahen sich auch meine Texte an und sagten: Das kannst du so nicht sagen, das stimmt nicht. Das war für mich ungeheuer wichtig.

LF: Bei diesen vielfältigen Kontakten, die Sie schildern, hat man nie den Eindruck, daß Sie strategisch verfahren sind.

HS: Ich habe nie etwas geplant. Ich war natürlich sehr aufmerksam und habe vieles gesehen und in mich aufgenommen. Und wenn ich dann eine Chance sah, um wieder weiter zu kommen - nicht weiter zu kommen im Sinne von Karriere oder dergleichen -, dann habe ich sie genutzt. Sie sehen ja, ich hab mich immer wieder gewehrt gegen verschiedene Möglichkeiten. Ich wollte nicht in den Delius Klasing-Verlag. Ich bin bei den 'Stuttgarter Nachrichten' gegangen, weil ich diese ewigen Kastrationen im Journalismus nicht ertrug. Ich war nie auf der Suche nach etwas. Die Chancen ergaben sich einfach. Ich hab mich beim Fernsehen nie angeboten, im Gegenteil, als man mir eine ungeheure Chance bot, habe ich gesagt: „Ich mache das nicht." So war es fast immer. Ich habe mich eigentlich nie um irgendetwas beworben. Immer sind andere zu mir gekommen, und ich habe mich dann ganz nüchtern gefragt: Kannst du das oder kannst du das nicht? Wenn ich die Sache nicht beherrschte und auch keine Möglichkeit sah, mir das dazugehörige Wissen anzueignen, habe ich die Finger davon gelassen. Zum Beispiel bat mich Dieter Hildebrandt einmal, mit ihm auf der Bühne in seinem 'Scheibenwischer' zu erscheinen, weil er sagte: „Was du weißt - wenn du das preisgibst, stellst du uns Kabarettisten, die meinen, sie übertreiben ständig, völlig in die Ecke. Das wird der Knaller," sagte er. „Ich nehme mir den Rhein-Main-Donau-

Kanal vor und glossiere die Sache auf meine Weise, und dann sagst du, was wirklich läuft. Dann steh ich völlig blöd in der Ecke, weil die Wirklichkeit viel viel schlimmer ist als ein Kabarett." Ich hab gesagt: „Dieter, was soll ich meinem Publikum denn noch zumuten? Ich gehe mit Tieren um und ich mache eine Segelzeitschrift und ich weiß etwas über den Wald und ich schreibe einen Roman über den Stauffer Friedrich II. Jetzt trete ich auch noch im Kabarett - außerdem kann ich das auch gar nicht." Das hat er mir bis heute ein bißchen übel genommen. Also kurzum, wo ich wußte: das kann ich nicht, da habe ich mich auch nie versucht.

[Über die letzten Fernsehfilme und die Rückkehr zu den Printmedien]

LF: Sie haben erzählt, wie es zu den Fernsehfilmen gekommen ist, auch wie sie dort gearbeitet haben, welche Rückendeckung Sie im Sender hatten. Aber nun zum Schluß Ihrer Fernseharbeit - Sie selbst haben mehrfach gesagt, mit dem Film über die Tiere in der Pharmaforschung sei die Grenze des Mediums eigentlich erreicht gewesen. Die Grenze der Möglichkeit, sich diffenziert in einem solchen 'Massenmedium' auszudrücken. Da läge der eigentliche Grund für das Ende der Filmarbeit.

HS: Ich bin diesem Thema 'Tierversuche' acht Jahre lang ausgewichen. Tierversuche. Ich hatte in irgendeinem meiner Filme gesagt: 'So sind sie, die Ethologen. Die Südsee ist ihnen nicht tief genug, kein Urwald ist ihnen dicht genug und gefährlich genug. Aber in einem Saustall, da bringt sie niemand hinein.' Und als Klaus Zeeb mich damals mit zu Konrad Lorenz nach Seewiesen nahm, hatte der auch schon etwas vom mir gehört und kam auf mich zu: „Sie sind also der, der von mir behauptet, ich würde in keinen Stall gehen." Ich hab gesagt: „Herr Professor, ich hab das nicht auf Sie persönlich gemünzt." „Ja, ja", sagte er. „Ja, ja. Und ich will ihnen mal was sagen: Sie haben völlig recht. Das ist eine Sauerei, da wir uns um diese armen Viecherl überhaupt nicht kümmern." Dann fing er an, sich für Legebatterien zu interessieren.

Ja, das Ende meiner Fernseharbeit. Ich war in die Stallungen hineingegangen. Ich war der Erste, der diesem Volk gezeigt hat, wo die Frühstückseier herkommen. Bis dahin wußte das keiner genauer. Als ich anfing mit diesem Thema, habe ich Schienen legen lassen in den Käfighallen, so daß man ungeheuer lange Fahrten ohne Schnitt drehen konnte. Ich wollte dartun: Seht, es ist nicht zusammengeschnitten. So lang sind diese Legebatterien wirklich. Ich habe den Schmutz gezeigt. Habe gezeigt, wie Schweine unter Streß gespritzt werden, damit sie sich nicht auf dem Transport die Schwänze abbeißen. Wie man die Kühe, die schon halb tot sind, von den Transportwagen herunterzieht. Heute sind das wieder Neuigkeiten. Ich war kürzlich in Berlin, da wurde ein Film gefeiert und mit der Goldenen Kamera geehrt, ein Film über Tiertransporte. Das hab ich vor 20 Jahren gezeigt. Und heute wird das wieder so gefeiert, als sei es etwas völlig Neues. Darüber sollten wir nochmal reden, daß heute die junge Generation alles neu entdeckt, was ich ihnen schon vor 20 Jahren gezeigt hab. Also, kurzum, ich hatte die Sauereien eigentlich schon vorgeführt. Aber einem Thema war ich immer ausgewichen: Tierversuche. Ich konnte mich einfach dazu nicht durchringen, aber ich merkte: Irgendwann wirst du das müssen. Wenn du glaubwürdig bleiben willst, mußt du dich diesem Thema nähern. Das ist jetzt eine lange Geschichte. Wie's dazu kam und was daraus wurde.

Ich begann mit den Recherchen und den Vorbereitungen. Überall, wo ich in Deutschland anklopfte, bekam ich entweder gar keine Antwort, oder ich wurde abgewimmelt. Ich hatte ja schon meinen bösen Ruf. Und als ich mich dann dieses Themas bemächtigte, da kannten Sie mich alle. Wo ich anklopfte mit so einem heiklen Thema, gingen natürlich sämtliche Vorhänge runter. Also ging ich in die Schweiz. Ich war bei einer Abendveranstaltung mit Tierärzten. Ein Thema, das ich vergessen hab. Ich hörte mir das an, und beim anschließenden Umtrunk in einem Gasthaus kam ich mit zwei Tierärzten von Ciba-Geigy ins Gespräch. Die schilderten mir in aller Vorsicht einiges, was mein Interesse weckte. Und sie sagten auch: 'Wir haben eine Direktion, die Ihnen unter Umständen entgegenkommen würde. Wollen Sie es nicht mal versuchen.' Ich ging dann die Stufenleiter im Konzern hinauf. Das war natürlich eine Geschichte, die nur ganz oben entschieden werden konnte. Dieses heikle Thema und mit dem vollen Namen und dann ins Fernsehen und mit meinem schlechten Ruf. Es dauerte, ich glaube, anderthalb Jahre, bis ich dann oben angekommen war. Das muß ich den Schweizern hoch anrechnen: Als sie sich von meiner Seriosität überzeugt hatten und durch lange Gespräche wußten, daß ich nicht vorhatte, sie zu diskrimieren, haben sie zugesagt. Ich hatte vorgeschlagen: 'Was immer ich hier drehe, ich komme mit dem Rohschnitt hierher und zeige ihnen den gesamten Rohschnitt. Es kann also nur weniger werden und nicht mehr. Und ich verspreche Ihnen, daß ich mit Bildern nichts anderes machen werde, als was ich ihnen hier zeige. Ich sage ihnen nur eines: Mein Kommentar ist mein Kommentar. Ich werde ihnen auch diesen Kommentar vorlesen. Und ich werde ihn korrigieren, wenn Sie mir einen sachlichen Fehler nachweisen. Meine Meinung werden sie mir nicht nehmen. Sie sollten nicht mal den Versuch machen, eine Meinung, die ich habe und die von Ihrer abweicht, zu korrigieren. Wenn das zwischen uns vereinbart und abgesprochen ist, dann lasse ich mich auf die Sache ein.' Das haben sie akzeptiert und bis zum Schluß eingehalten. Und dann durfte ich drehen. An alle Abteilungen wurde Order ausgegeben: Wo immer Stern hinein will, was er sehen will, wo immer er filmen will, zeigen Sie ihm, was er sehen will.

Dann hab ich zwei Jahre lang bei Ciba-Geigy gedreht. Was ich zuerst sah, war eigentlich gar nicht so schrecklich. Es wirkte trotzdem so schockierend, daß ich nichts mehr essen konnte. Ich hab mich wieder und wieder übergeben, ich konnte nicht schlafen. Aber der Mensch gewöhnt sich an alles, und ich merkte natürlich auch mehr und mehr, daß dort mitnichten die Sadisten im weißen Kittel herumstanden, die aus privater Lust am Quälen die Versuche mit den Tieren anstellen. Ich habe die Menschen, die Experimentatoren auch privat kennengelernt. Ich hab das in meinem Film auch eingespielt, ich habe auch ihre private Seite gezeigt. Ich war mit vielem nicht einverstanden, aber ich konnte nicht sagen: „Dieses Schwein . . ." Das hatten natürlich alle von mir erwartet. Daß ich erkläre: „Diese Sadisten, seht sie Euch an." Ich differenzierte. Und dennoch war die Wucht meiner Bilder so groß, daß mein Kommentar davon einfach überschwemmt wurde. Die Leute hörten bloß: So ganz ist der Stern wohl nicht dagegen, so ein bißchen kann er das sogar nachvollziehen. Und dann beging ich einen ganz schrecklichen Fehler. Ich schnitt gegen das Tierelend Menschenelend, zeigte, wie man an einer Katze eine bestimmte Operationstechnik entwickelte, und zeigte danach ein spastisches Kind, an dem diese Operationstechnik mit Erfolg angewandt werden konnte. Ich ließ einen Chirurgen sagen: „Was glauben Sie, hier sind 80 Katzen draufgegangen, aber woran hätte ich's denn lernen sollen?" Das hat man mir übelgenommen. Man wollte, daß ich mit dem großen Hammer auf diese Menschen, auf diese Wissenschaftler einschlage, und das tat ich nicht. Ich übte Kritik, besonders an dem Me-too-Prinzip, wo jeder die Versuche noch einmal macht und nicht genug Literatur auswertet. Ich habe auch gesagt, daß die Gesetze eigentlich geändert werden müssen, denn es kann nicht sein, daß man mit diesem schrecklichen LG50-Versuch immer die Hälfte aller Tiere unter großen Qualen über die Klinge springen läßt, wenn es Möglichkeiten gibt, das auch anders zu machen. Ich habe das alles gesagt, aber es ging unter. Die Leute hörten nur: Er kann ein gewisses Verständnis für die Forscher und ihre Arbeit aufbringen..

Diese Filme sind das Ernsthafteste, was ich je im Fernsehen gemacht habe. Da gibt es keinerlei Späße, keinerlei Humor, das ist bitter und böse und ironisch manchmal. Aber es war dem Thema angemessen, nur klagte ich die Forscher nicht lauthals an. Ja, und dann brach der Sturm los.

In der HÖR ZU und anderen Zeitschriften schrieben die Kritiker: 'Das ist ja ganz fürchterlich, warum macht er das überhaupt, wie kann man Verständnis für diese Forschungen aufbringen' usw. Sie hatten keine Ahnung von dem, was sie da schrieben. Am schlimmsten aber waren die Briefe aus dem Publikum. Es kamen ganze Stöße an. Und ich wurde nur beschimpft. Ich war der Knecht der Pharmaindustrie. Die Folterkeller hätte man mir nicht gezeigt, und ich sei blöd genug, auf diese vordergründigen Einblicke und Auskünfte einzugehen. Lauter solche Dummheiten. Ich hab das dann gar nicht mehr gelesen. Es gab Reportagen und Verrisse und Anfeindungen. Ich stand auf einmal da wie der Verräter an meiner eigenen Sache. Und ich selbst sah mir immer wieder meinen Text an und sagte: „Ich hab mir nichts vorzuwerfen. Ich habe nur einen differenzierten Text abgeliefert." Aber ich erkannte damals, daß im Fernsehen, wenn man es bedient als Bildmedium und möglichst starke Bilder gibt, die eine große emotionale Kraft haben, die Bilder völlig überschwemmen, was man sagt. Der Text ist dann verschenkt. Ich wußte, daß ich die netten Filme über Störche und Igel - so etwas habe ich ja auch gemacht - nie wieder würde aufnehmen wollen; daß meine Themen immer politischer werden würden. Da merkte ich: Das Fernsehen ist mein Medium nicht. Es läßt Differenzierungen nicht zu, wenn man mit starken Bildern arbeitet. Ich bin mit meiner Kunst am Ende, wenn ich nicht mehr differenzieren kann. Also war es für mich nur logisch, daß ich zum Schreiben zurückkehrte. Es kam natürlich auch eine gewisse Müdigkeit hinzu. Nach 26 Filmen hatte ich beinahe alles gesagt, was ich meinte sagen zu sollen. Ich hätte mich wiederholen müssen und Kompromisse eingehen, um meinen Sendeplatz zu behaupten. Es war die Zeit, als das private Fernsehen heraufdämmerte und die Quotenseligkeit sich abzeichnete. Ich hätte Konzessionen machen müssen, in Konkurrenz zu Krimis oder was weiß ich um 20.15 Uhr. Das hätte nur heißen können, daß ich da wieder angefangen hätte, wo ich einmal anfangen sollte, nämlich bei mehr Unterhaltung. Und das wollte ich nicht. Also hab ich gesagt: 'Ihr könnt mich, ich will raus.' Ich hab's auch nie bereut.

LF: Das Ende der Fernseharbeit ging, so scheint es, zeitlich ziemlich bruchlos in die Arbeit an der Zeitschrift 'natur' über. Ergab sich dieser Übergang wieder aus einer Situation, in der Ihnen etwas angeboten wurde? Die Sie nicht selbst gesucht haben?

HS: Ja, das ist richtig. Ich hatte parallel zu meinem Spinnenfilm, der ja ungeheuer erfolgreich war und auch bis heute auch in dieser technischen Qualität unerreicht ist, zusammen mit dem Spinnenforscher Ernst Kullmann das Buch 'Leben am seidenen Faden' gemacht. Ein großes Buch mit vielen elektronenmikroskopischen Aufnahmen. Ich hatte ja drei Jahre über Spinnen gearbeitet. Ich hatte so viel Wissen in mir angesammelt, daß ich den umfangreichen Text innerhalb von sechs Wochen hingeschrieben habe. Ich mußte bloß noch ein paar Zahlen nachrecherchieren. Dieses Buch kostete dann fast 100,- DM. Es erschien bei Bertelsmann, und als meine Arbeit beim Fernsehen zu Ende ging, hatten sie das Buch 12.000 mal verkauft. Das galt als Sensation: ein Ekeltier wie die Spinne, ein Buch, das 100,- DM kostet, und trotzdem 12.000 Exemplare verkauft. Bei Bertelsmann sagten sie: „Das ist nicht wiederholbar. Wir haben nicht den Mut, das Buch neu aufzulegen." Mir war dieses Buch wichtig. Für mich ist dieses Buch das, was im System der Raubvögel die Weihen sind: der Übergang vom Tag- zum Nachtraubvogel. Für mich ist dieses Buch der Übergang vom Journalismus zur Literatur. Darin sind Passagen enthalten, die eindeutig zur Literatur gehören und die mir auch von der tumben Kritik angekreidet worden sind. Ich wollte, daß das Buch auf dem Markt bleibt, und ich ließ mir daher die Rechte von Bertelsmann zurückgeben und war auf der Suche nach einem Verlag. Ich dachte nach: Wer könnte denn ein solches Buch herausbringen? Da fiel mir der Bucher Verlag in München ein, der große und sehr dekorative Bildbände macht. So ging ich zu Bucher, irgendwo hinterm Isartor. Dort sagte man: „Ja, da müssen wir leider zum Mutterhaus gehen." Ich fragte: „Wer ist das denn?" „Ringier. Da müssen Sie nach Zürich. Projekte dieser Größenordnung werden in Zürich entschieden." Also nahm ich mein Buch unter den Arm und fuhr nach Zürich, zu Ringier in die Dufourstraße, gleich hinter der Oper. Ich gelangte auch in die richtige Abteilung, aber das Gespräch war rasch zu Ende. Die wollten etwas ganz anderes aus dem Buch machen. Sie wollten es auf den Kopf stellen, ein völlig anderes Layout, einige Bilder heraus, andere wieder hinein. Ich habe gesagt: „Nein, dieses Buch hat sich 12.000 Mal als erfolgreich erwiesen. Ich möchte nur, daß es auf dem Markt bleibt. Entweder Sie machen es so, wie es ist, oder aber Sie lassen es." Also nahm ich mein Buch wieder und ging. Und auf dem Korridor, als ich schon hinaus wollte, kam mir einer entgegen, Adolf Theobald. Theobald hatte einen Namen als Blattmacher. Theobald hatte 'Capital' erfunden, das es heute noch gibt, sehr erfolgreich. Theobald hatte 'Twen' erfunden, dieses Kultblatt war seine Erfindung. Später lancierte er noch eine Psychologiezeitschrift und anderes mehr.

Theobald war zu der Zeit Redaktionsdirektor bei Ringier. Er fing mich ab und sagte: „Hallo." Ich dachte, das sei Zufall. Heute weiß ich, daß es kein Zufall war. Er wußte, daß ich im Hause war, und er verfolgte Absichten. Er bat mich in sein Büro und schob mir einen Dummy über den Tisch. Das war eine zusammengeklebte Zeitschriftenidee. Das Ding hieß BIO, und da hörte ich die Nachtigall natürlich schon trappsen. Der Erfolg von GEO ließ denen keine Ruhe. Nun also BIO. Und jetzt meinten sie auch noch, sie hätten jemand, dem sie das zutrauten. Einen Blattmacher, einen Fachmann und einen Namen. Theobald schob mir die Seiten herüber, und ich ließ sie über den Daumen laufen. Das Blatt sollte von Mensch, Tier und Pflanze handeln. Der Mensch kam darin vor mit einem Artikel 'Wo lasse ich mir zu welchem Preis den Busen liften, wenn ich es nötig habe?' Zu den Pflanzen gab es einen Artikel über Candelaber-Euphorbien und dergleichen - wie schaffen es diese wunderbaren Pflanzen nur in Arizona diese unmenschliche Hitze auszuhalten? Das dritte war eigentlich ganz annehmbar, nämlich über die Zentralheizung in einem Ameisenhaufen. Damit konnte ich mich noch ein bißchen anfreunden. Aber das Ganze war so offensichtlich Klamotte, daß ich gesagt habe: „Laßt mich in Frieden." Da sagte Theobald: „Na ja, ich habe auch nicht angenommen, daß Sie das machen. Aber was würden Sie denn für ein Blatt herausbringen, wenn Sie noch einmal die Möglichkeit hätten?".

Ich war mit dem Fernsehen am Ende. Ich wußte eigentlich nicht, was aus meinen literarischen Ambitionen werden würde. Ich hatte das Stauffer-Buch zwar angefangen. Ich hatte auch einen Vertrag mit Bertelsmann schon in der Tasche. Aber irgendwie fühlte ich mich für dieses Buch nicht reif, nicht alt genug, was weiß ich. Es gab also ein Loch, und ich dachte: Was denn nun? Ich habe dann gesagt: „Wenn ich noch einmal eine Zeitschrift machen würde, dann möchte ich mit den Mitteln eines potenten Großverlages und mit den Mitteln einer wirklich gut ausgestatteten, fachmännisch besetzten Redaktion ein Magazin machen, das die Ökologie gleichgewichtig neben die anderen zwei großen Themen unserer Zeit stellt, neben Politik und Wirtschaft. Ökologie politisch verstanden. Mit Blicken natürlich in die Tierwelt, die Pflanzenwelt, aber eben nicht Eia Popeia, sondern politische Ökologie." Sagte doch der Theobald: „Ja, machen Sie mal." Ich antwortete: „Ich habe gemeint, was ich noch einmal machen würde. Im Konjunktiv." „Na ja," sagte er, „machen Sie mal. Ich gebe Ihnen eine Millionen Schweizer Franken, natürlich nicht für Sie alleine." Ich: „Das habe ich auch nicht angenommen." Papier und Druckkosten und Auftragshonorare und all das. Aber es blieb ein ansehnliches Honorar für mich dabei übrig. So sagte ich: „Gut, ich klebe Ihnen etwas zusammen." Das machte mir Spaß. Ich hatte ja nun mittlerweile ein Menge Wissen akkumuliert und viele Kontakte aufgebaut. Ich habe mich dann ins Hotel gegenüber in der Fuhrstraße eingemietet und bin morgens ins Büro gegangen. Dort hatte ich einen Grafiker und einen Redakteur. Mit denen habe ich dann einen Entwurf zusammengebastelt. Als dieses Dummy fertig war, fand Theobald das ganz hervorragend und sagte: „Nun gehen wir einen Schritt weiter. Wir machen eine Nullnummer." D.h. eine komplette, fertige Zeitschrift, wie sie dann verkauft wird.

Ich machte die Nullnummer, und die Nullnummer ging ins sogenannte Direct Mailing, ein Testverfahren. Eine bestimmte Anzahl von Heften wird gedruckt und über eine Mailing Firma verschickt. Nach irgendeinem demoskopischen Schlüssel, den ich beschreiben kann. Das dauert sechs Monate, bis alles wieder zurückgelaufen und ausgewertet ist. Eines Tages war die Zeit dafür reif, und die Leute kamen mit Mappen und Grafiken und präsentierten ihr Ergebnis. Die Direktion von Ringier saß aufgereiht da, und ich auch, und die Herren der Mailing Firma stellten ihre Auswertung vor. Sie sagten: „Wenn die Zeitschrift so ist wie diese Nullnummer, auf diesem Niveau, mit dieser Themenfülle und diese optischen Anmutung, wenn das Blatt weiterhin im Untertitel 'Horst Sterns Umweltmagazin' heißt, dann garantieren wir Ihnen innerhalb von vier Jahren eine verkaufte Auflage von 180.000, wovon 130.000 Abonennten sein werden."Man stelle sich vor - DIE WOCHE hier in Hamburg versucht mit großen Mitteln seit vier Jahren, Auflage zu machen, und kommt über 80.000 nicht hinaus. Da können Sie ermessen, was es heißt, ein so desolates Thema wie Natur und Umweltschutz zu haben, keine nackten Frauen auf dem Titel, keine Kreuzworträtsel, keine Fortsetzungsromane, und dann 180.000 verkaufte Exemplare, und davon 130.000 Abonnenten, an denen eigentlich der Umsatz hängt. Ich will es gleich vorausschicken: Nach vier Jahren hatte das Blatt eine verkaufte Auflage von 180.000 mit 130.000 Abonnenten.

Aber als das zum ersten Mal vorgestellt wurde, war ich so weit und sagte: „Herr Theobald, ach ich doch nicht." Und hatte doch nur Angst vor meiner eigenen Courage. Ich merkte nämlich: Jetzt mußte ich mich voll in die Arbeit stürzen. Jetzt mußte ich das machen, was ich eigentlich nicht mehr wollte, nämlich Redaktionsarbeit, und zwar hart. Und ich mußte Papa nach zwei Richtungen sein, journalistisch und ökologisch. An dem Punkt sagte Theobald zu mir: „Gut, ich kann Sie nicht zwingen, aber das will ich Ihnen sagen. Wir haben ein paar Millionen Mark zur Verfügung, und wenn Sie es nicht machen, wissen Sie, was wir dann tun?" Da habe ich gesagt: „Ja, dann bringen Sie BIO heraus." „Genau." Damit hatte er mich natürlich in der Falle. Ich hätte mir ewig den Vorwurf machen müssen, eine Chance verpaßt zu haben, endlich dieses Thema Ökologie dorthin zu bringen, wo ich es haben wollte, mit allen Mitteln, die mir zur Verfügung stünden. Und ich hätte nein gesagt, weil ich zu feige wäre und die Arbeit scheute, und der Verlag würde mit diesem Geld dann einen Mist produzieren. Also habe ich zugesagt. Das ist die Geschichte von 'natur'.

LF: Und Sie konnten sich tatsächlich Mitarbeiter frei wählen?

HS: Ja, ich hatte völlig freie Hand. Und die Privilegien gingen sogar soweit, daß ich in meinem Vertrag einen Passus hatte, wie ihn wohl nie ein Herausgeber gehabt hat: daß ich das Recht besaß, gegen Anzeigen mein Veto einzulegen. Und ich wußte ja Bescheid im Metier, hatte meine Erfahrungen. Ich wußte ja genau, wo meine Feinde saßen. Durch meine Fernseharbeit. Die hätten mich schon totgemacht mit Anzeigen, noch bevor das Blatt überhaupt ins Laufen gekommen wäre. Es ist ja schließlich auch so gekommen, denn es gingen die großen doppelseitigen Anzeigen der Atomindustrie und der Chemie ein. Die haben sich doch nichts davon versprochen, sondern sie wollten mich nur bei meinen Lesern unglaubwürdig machen. Ich habe dann meine Vertragsrechte ausgetestet, und es trat prompt ein, was ich vorausgesehen hatte. Es kam zum Konflikt.

Ich war es auch müde. Ich hatte eigentlich meine Pflicht erfüllt. Ich hatte in über vier Jahren dieses Blatt genau dahin gebracht, wo es der Prognose nach sein sollte. Es hatte eine gut funktionierende Redaktion. Das Blatt war am Markt eingeführt, und es konnte natürlich nicht die acht Millionen Schweizer Franken einspielen, die mal in die Werbung hineingeflossen waren, in die Einführung des Blattes. Aber redaktionell und in der Herstellung trug es sich. Also ich sagte: Was soll ich hier eigentlich noch? Und ich kam mit dem Verlag auch nicht mehr so gut aus. Denen paßte auch meine 'negative Weltsicht' nicht.

Kurzum, ich wollte keinen Kampf nach zwei Seiten führen, nach innen in den Konzern hinein, nach außen gegen die Politiker. Ich war ja auch nicht jünger geworden, und dann habe ich gesagt: Nein. Außerdem drückte mich der Staufer mittlerweile, das war für mich ungeheuer wichtig geworden. Ich merkte: Es ist jetzt Zeit. Den Journalismus beherrschst du, das hat dir der Bechtle schon vor 20 Jahren gesagt. Nun langt es. Tue endlich das, womit du meinst, dir noch etwas beweisen zu sollen. Also schmiß ich das Blatt von heute auf morgen hin. Das werde ich nie vergessen. An einem Freitagnachmittag versammelte ich die ganze Redaktion. Da habe ich zum ersten Mal Männer heulen sehen, als ich gesagt habe: „Liebe Leut', das war's. Ich weiß nicht, wer kommt. Ich weiß bloß, daß ich Montag nicht mehr komme. Ich kann Euch nichts mehr geben, über das hinaus, was ich Euch gegeben habe." Es war entsetzlich. Ich fuhr dann ins Onzalonetal, da wo der Max Frisch und andere Literaten ihre Häuser haben. Ein Freund von mir besaß ganz oben am Talende eine Berghütte. Und da zog ich ein. Mit zwei oder drei Geschichtsbüchern und mit ein paar Kladden, in denen ich mir Notizen gemacht hatte. Da setzte ich mich hin und fing an, am Staufer zu schreiben. Mit diesem Buch über den Staufenkaiser Friedrich II. habe ich mich aus der desolaten Situation herausgezogen. Ich habe dort oben, ich glaube, an die 150 Seiten hintereinander weg geschrieben. Das war ein bewegendes Erlebnis, wie es mir aus der Feder floß. Ich bekam - auch dann, als ich in München weiterschrieb - regelrecht halluzinatorische Zustände, morgens zwischen 3 und 4 Uhr, wenn ich eigentlich gar nicht mehr wußte, was ich da schrieb. Ich hatte mich freigemacht von diesem journalistischen Zwang, der mich ein Leben lang beherrscht hatte: 'Kannst du das beweisen, wenn es justitiabel wird? Und steigert das die Auflage? Was sagt dein Chef dazu?' Das hatte ich von mir weggeschoben, und ich ließ einfach laufen, was mir in den Kopf und in die Finger kam. Schlimm wurde es dann immer nur am nächsten Vormittag, wenn ich das las, was ich in der Nacht getippt hatte. Dann war ich halbwegs ausgeschlafen, und da saß mir der Journalist wieder auf der Schulter und nörgelte an mir herum. 'Solchen Quatsch kann man doch nicht stehen lassen. Was soll denn das? Dieses ganze große Stück, dieses Symposium, wo dem Franz von Assisi die Schlange aus dem Beutel fällt und der Emir einen Dolch im Rücken trägt.' Aber ich habe es stehen lassen. Heute bin ich gottfroh, daß ich es habe stehenlassen. Also, das ist die Geschichte von der Zeitschrift 'natur' und meinem Übergang in die Literatur.

[Über die Aneignung von Wissen und die Fähigkeit, Fragen zu stellen]

LF: Haben Sie Probleme mit Ihrem Status als 'Autodidakt' gehabt? Mit dem Gedanken daran, ernstgenommen zu werden, sich behaupten zu können, anerkannt zu werden?

HS: Nicht im Hinblick auf meinem Ruf oder was auch immer. Ich hatte Probleme damit, daß ich in meinem autodidaktisch erarbeiteten Wissen eine vertane Lebenschance sah. Ich habe zutiefst bereut, daß ich seinerzeit mit der Mittleren Reife von der Schule gegangen bin. Daß ich nicht eine wissenschaftliche Karriere angestrebt habe. Ich hätte mir vorstellen können, ich wäre ein guter Hochschullehrer geworden, und ich hätte gerne von ein oder zwei Dingen im Leben wirklich alles gewußt, sie ganz gründlich gekannt. Ich habe von vielen vielen Dingen eine solide Halbbildung. Ich kann eigentlich über fast alles mitreden, und ich weiß über vieles weit weit mehr als die meisten, die darüber reden. Aber manchmal - das ist mir gegenüber sicher ungerecht - habe ich das Gefühl, ich sei im Wissenschaftsbereich das, was FOCUS im Journalismus ist. Ich biete also gerade soviel wie FOCUS, so daß man auf einer Stehparty mit einem Glas in der Hand über alles ein bißchen mitreden kann.
MS: Nun stellen Sie Ihr Licht aber unter den Scheffel.
HS: Nein, nein, überhaupt nicht.
LF: Aber Herr Stern, der Autodidaktenstatus kann ja auch ein ganz großer Vorteil sein. Man kommt mit einer völlig anderen Haltung an sogenannte Autoritäten oder an Instanzen oder an Probleme heran, als wenn man denkt, man weiß schon alles. D.h. man kriegt unter Umständen auch viel mehr heraus, wenn man erst einmal nicht den Expertenstatus hat und einnimmt.
HS: Bei mir hier ist es ja soweit gekommen, daß ich als Mensch, der nie eine Hochschule von innen gesehen hat, der nicht mal ein Abitur hat, den Ehrendoktor bekommen habe. Ich habe mir den Ehrendoktorhut ja nicht gekauft, ich habe ihn wirklich erhalten für eine Leistung. Ich habe ihn bekommen, so wurde es ja auch in der Begründung für die Verleihung gesagt - das verbindet mich übrigens mit Konrad Lorenz - , weniger für das, was ich an Antworten geliefert habe, als für das, wo ich der Wissenschaft Fragen gestellt habe. Den Ethologen habe ich das Verhalten der Haustiere abgefragt und den Veterinären das Sehvermögen der Pferde und vieles mehr. Dafür gab mir die Universität in Stuttgart-Hohenheim den Ehrendoktor, daß ich die Wissenschaft mit der Nase auf Dinge gestoßen habe, die durch meine journalistische Beobachtung in mir aufkamen. Das ist bei Lorenz ganz ähnlich. Lorenz ist, jedenfalls meinem Verständnis nach - und ich kannte den Alten wirklich gut - eine Art Darwin der Innenwelt der Tiere geworden. Seinen Ruhm verdiente er im Grunde genommen für die Fragen, die er gestellt hat. Davon lebt heute schon die dritte Ethologengeneration. Es ist auch eine Art von Kreativität, Fragen zu stellen.

[Über Wissenschaftsjournalismus]

LF: Herr Stern, Sie haben in der Rede 'Wissenschaft und Journalismus' sich sozusagen als Gehilfe der Wissenschaft dargestellt. Der Journalist - ein Wissensvermittler, der ein Stück weit eine Übersetzungsleistung vollbringt. Er übersetzt das, was die Wissenschaft herausgefunden hat, in eine Sprache, in eine Darstellung, die einer breiteren Öffentlichkeit zugänglich ist. Sie haben wörtlich in dieser Rede den Ausdruck "Dienstleistung an der Wissenschaft" gebraucht.

HS: Niemand wird bestreiten wollen, daß die Wissenschaft in unserem Leben eine ungeheure Rolle spielt, in der Politik und in der Wirtschaft und überall. Aber man wird doch nicht bestreiten wollen, daß sie die größte Schwierigkeit hat, sich selbst der Allgemeinheit zu vermitteln. Ich denke an dieses Schreckgespenst des Professors, der alles weiß, aber nichts zu sagen hat. Da dieses Wissen zu schade ist, um in irgendeiner Studierstube zu verkommen, weil es ja auch immer gesellschaftliche Bedeutung hat, ist es eine legitime Aufgabe, über den Journalismus dieses Wissen zu vermitteln. Was ich nur immer kritisiert habe, ist die Auswahl, die der Journalismus häufig trifft. Man geht auf das Kuriose und das Sensationelle. Man vernachlässigt darüber das Basiswissen. Sie holen sich immer nur die Rosinen aus dem Kuchen. Und wissenschaftliches Schwarzbrot kauen sie nie. Die Kunst des wissenschaftlichen Journalisten beginnt da, wo er aus Schwarzbrot einen eigenen journalistischen Kuchen bäckt. Wo ihm die Wissenschaft Schwarzbrot liefert, und er macht einen Kuchen daraus. Das ist die Kunst. Aber wenn Sie sich Wissenschaftsjournalismus heute ansehen, ist er nicht viel anders, als er zu meiner Zeit war. Eine Sammlung von Kuriositäten. Man fragt sich immer: Was könnte denn interessieren? Die Potenzfähigkeit des Mannes und Krebs und AIDS und Alzheimer und BSE, das füllt die Seiten. Aber es gibt in der Wissenschaft natürlich unvergleichlich - ich will nicht sagen: wichtigere Dinge, aber jedenfalls sehr bedeutsame Fragen. Ich habe auch immer wieder solche weniger spektakulären Probleme ausgegraben und mich zu meiner Zeit für Dinge interessiert, die nicht im öffentlichen Gespräch waren. Als ich mich zum Beispiel entschloß, einen Film über die Hühnerhaltung zu machen, wußte ich nicht mehr, als daß es eine industrielle Hühnerhaltung gibt. Aber solche Fragestellungen spielten im Wissenschaftsjournalismus damals keine Rolle, obwohl es eine Forschung dazu gab, die Hühnerzucht etwa an der Universität Hohenheim. Das ist ein typisches Beispiel: Da gab es einen eigenen Lehrstuhl für Geflügelwirtschaft, aber nie drang etwas in die Medien. An solchen Stellen habe ich mir gesagt: Dies müßtest du dir einmal vornehmen.

LF: Dann taucht aber doch die Frage auf, wie der Journalist auch in die Lage versetzt wird, ein kritisches Verhältnis zu dieser Wissenschaft zu entwickeln. Denn sonst liefert er sich unter Umständen dieser Wissenschaft aus, ihren Erkenntnissen, ihren Prioritäten und Vorgehensweisen. Daß die nicht unproblematisch sind, wissen wir ja.

HS: Das ist natürlich, wie immer, von Personen abhängig. Um an der Wissenschaft Kritik zu üben, muß man schon jemand sein, man muß schon einiges wissen. Es ist ja nicht alles Scharlatanerie, was an Forschungen vor sich geht. Die Wissenschaft ist so hochspezialisiert, daß die Spezialisten über ihren eigenen Zaun nicht mehr hinausgucken. Was der Nachbarkollege treibt, weiß man schon nicht mehr. Oder man versteht es auch nicht. Wer sich also anmaßt, die Wissenschaft zu kritisieren und in ihre eigene Thematik hineinzureden, der muß sehr viel davon verstehen. Ich denke, das übersteigt das Format der meisten Journalisten. Wissenschaftskritik kann eigentlich nur aus der Wissenschaft selber kommen, daß jemand mit der Autorität des eigenen, fachlich anerkannten Wissens sagt: Hier sind unsere Versäumnisse und dies ist unseriös und jenes hat keinen Bezug zur Wirklichkeit. Welcher Journalist will denn das leisten? Man kann als Journalist natürlich Fragen stellen, etwa: Ist denn das wichtig, womit ihr euch da beschäftigt? Gibt es denn nichts Wichtigeres?

LF: Aber man kann z. B., wie Sie es in der Frage der Hühnerhaltung getan haben, die zum Teil unvereinbaren Positionen und Ergebnisse miteinander konfrontieren. Die sehr konträren Standpunkte, die es in den Wissenschaften zu ein und derselben Sache gibt.

HS: Ja, hier kann man Zweifel anbringen, aber das ist eigentlich nicht Wissenschaftskritik. Mir blieb ja nichts anderes übrig, da ich die Wissenschaftler mit ihrem Wissen nicht übertrumpfen konnte. Wenn ich im Laufe meiner Recherchen auf gegensätzliche Meinungen stieß, die mir beide mehr oder weniger plausibel erschienen, konnte ich meinen Zweifel an der einen Forschungsrichtung nur anbringen, indem ich sie mit der anderen Seite konfrontierte, und das habe ich getan. Ich habe mich dann aber nie dazu aufgeschwungen zu sagen: Die haben Recht und jene nicht. Das kann man als Journalist nicht. Wer will als Journalist eine wissenschaftliche Materie so beherrschen, daß er diejenigen kritisieren kann, die forschen. Er kann wohl an den Finanzierungen Kritik üben. Er kann z. B. fragen: Ist denn diese Raumfahrt, die Milliarden verschlingt, sinnvoll in einer Zeit, wo so viele Menschen arbeitslos sind und wo die Wirtschaft lahmt und wo die Staatsfinanzen wackeln? Solche Fragen kann man stellen, aber darin sehe ich eigentlich keine Wissenschaftskritik. Das ist Gesellschaftskritik an einem Teil der Gesellschaft, nämlich der Wissenschaft. Wissenschaftskritik würde ich mir nicht zutrauen. Man kann sie immer nur an ihren äußeren Faktoren kritisieren. Weil man die Wissenschaft so einfach nicht herankommt, beißt man sich gerne an den Professoren fest. Wenn Sie die Professorenkritik heute nachlesen, ist es im Grunde auch nur der Versuch, mit untauglichen Mitteln die

Wissenschaften zu kritisieren. Es wäre viel sinnvoller, denke ich, sich mehr mit dem zu beschäftigen, worüber die Herren so forschen. Ich weiß über den Wald eine ganze Menge, dennoch fällt es mir schwer, Kritik an denen zu üben, die behaupten, der Wald sei doch eigentlich ganz gesund, und was uns da geschehe, sei nichts anderes als die übliche Auswirkung von Klimaveränderungen, und das müsse man nicht tragisch nehmen. Ich weiß es nicht, ob sie nicht doch recht haben. Ich kritisiere sie auch, aber ich kritisiere nicht ihre Theorien und Forschungsresultate, sondern ich kritisiere sie, weil sie oft genug ihre Thesen über die Medien unters Volk bringen, ohne sie wirklich zu begründen. Nehmen Sie jene forstwissenschaftliche Tagung in Freiburg, wo einige Leute referiert haben, die in einem finnischen Institut zusammensitzen und dort forschen und Mittel von der finnischen Sägeindustrie beziehen. Was sie verschweigen, das kann ich aufdecken, wenn ich es weiß. Auch das ist Wissenschaftskritik, wenn ich sage: Wie unabhängig ist denn diese Meinung, wenn sie behaupten: 'Dem Wald geht es doch eigentlich gut, man muß bloß mehr absägen, dann wächst er von selber schon wieder nach.' Das ist die alte Frage: Cui bono? Wem nützt das, was die Herren sagen? Und dann sind Sie sehr schnell bei denen, die das bezahlen, oft Wirtschaftskreise, die an einer wirtschaftlichen Nutzung einer Naturresource interessiert sind. Das berechtigt noch nicht zu dem Vorwurf, daß die Wissenschaftler lügen, aber es weckt zumindest Zweifel an der Objektivität, auf die die Wissenschaft sich ja so ungeheuer viel zugute hält. Also, an solchen peripheren Dingen kann ich mich festbeißen. Damit kann ich Kritik üben, aber ich kann diesen Professoren nicht in ihrem Ökologieverständnis zu nahe treten. Nichts ist gesichert, alles ist möglich. Wissenschaftskritik vom Journalisten, wie ich sie verstehe, kann immer nur sich an äußeren Faktoren festmachen. Kosten, Auftraggeber usw. - da bin ich auf sicherem Grund. Das kann ich recherchieren, das kann ich nachweisen. Aber eine wissenschaftliche These zu verifizieren oder zu falsifizieren, das ist für einen Journalisten schlechterdings nicht zu leisten.

[Über Öffentlichkeit und die Wirkungsmöglichkeiten des Journalisten]

LF: Wir sind jetzt schon ein Stück weit beim Thema 'Journalismus und Öffentlichkeit'. Der Journalist, der in der Öffenltichkeit arbeitet, stößt dort ja immer wieder auf Strukturen, auf Zustände, die nicht aus der journalistischen Öffentlichkeit selbst entstanden sind. In der Regel rühren sie von der Wirtschaft und von der Politik her. Ich meine Machtstrukturen. Ist nun für Sie diese Öffentlichkeit, in die der Journalist hineinarbeitet, dem Ideal nach immer noch eine argumentative Öffentlichkeit? Eine räsonnierende Öffentlichkeit, in der es letztlich um den Austausch der Einsichten und um das bessere Argument geht? Oder ist die Öffentlichkeit eher eine Sphäre der

Machtkämpfe, wo es dann gar nicht mehr ums Argument geht, sondern um die stärkere Position?
HS: Ich glaube nicht, daß der Journalist in Machtkämpfen verstrickt ist. Er wird in Machtkämpfen vielleicht instrumentalisiert, aber verstrickt in Machtkämpfe ist ein guter Journalist eigentlich nicht. Es sei denn, er ist einer Partei hörig, das gibt es natürlich auch im Fernsehen. Leute, die denen, auf deren Seite sie stehen, in die Tasche reden - das gibt es, aber das ist für mich eigentlich nicht Journalismus. Dieser ganze Parteibuchjournalismus, der im Fernsehen ungeheure Ausmaße angenommen hat. Das betrachte ich nicht als Journalismus.

LF: Also doch letztlich das Vertrauen auf die Kraft des besseren Arguments als die einzige Möglichkeit des Journalisten, in der Öffentlichkeit zu wirken?

HS: Journalismus arbeitet in der Regel gar nicht mit Argumenten, höchstens im Kommentar. Wenn man gut ist, arbeitet man mit Fakten. Es gibt diese Art des Journalismus ja noch. Es gibt immer noch eine beträchtliche Anzahl von Journalisten, die sich nur den Tatsachen und den eigenen Recherchen verbunden fühlen. Glücklich diejenigen, die bei einem Blatt arbeiten, wo sie dann auch sagen dürfen, was sie herausgefunden haben.

LF: So wie unsere Medien und deren Institutionen heute organisiert sind, stellen sie ja fast das genaue Gegenteil von dem her, was einmal als Ideal von Öffentlichkeit galt: die 'herrschaftsfreie' Verständigung unter den Mitgliedern der Gesellschaft.

HS: Man kann das auch radikal sehen und einfach sagen: Es gäbe ja ohne die Presse überhaupt keine Öffentlichkeit. Was wäre denn die Öffentlichkeit, wenn es eine Presse oder auch den Rundfunk und das Fernsehen nicht gäbe? Wenn die alle im Dunkeln kungeln und ihre Geschäfte betreiben. Nur dadurch, daß diese Dinge aufgedeckt und öffentlich diskutiert oder angeprangert werden, in der Presse, entsteht ja Öffentlichkeit. Nur durch den Journalismus - in unterschiedlichen Graden der Qualitäts natürlich. Selbst die 'Bild'-Zeitung trägt noch dazu bei, daß es eine Öffentlichkeit gibt. Jeder, der schreibt und gedruckt wird, trägt dazu bei, daß es Öffentlichkeit gibt.

Selbstverständlich gibt es auch Formen von Journalismus, die es nicht wert sind, diskutiert zu werden. Wenn eine Sache aufgeblasen wird, nur um Kasse zu machen, um Auflage zu machen. Aber warum wollen Sie den Journalisten verwehren, was allen anderen erlaubt ist? Nämlich mit Mitteln zu arbeiten, die bis an die Grenze der Gesetze gehen - nur um Geld zu machen. Das mag man verachten, ich tue es auch, aber so ist diese Welt.

LF: Herr Stern, da sind wir uns völlig einig. Meine Frage richtet sich aber eher auf die Erfahrung von Ohnmacht in der Öffentlichkeit, die Sie ja zumindest in späteren Jahren selbst immer wieder thematisiert haben. Die Erfahrung, daß in der Öffentlichkeit das bessere Argument, die Überzeugungs-

kraft, das Faktenwissen keine Chance mehr bekommen, weil man auf Machtstrukturen stößt, gegen die kein Kraut gewachsen ist.
HS: Das ist richtig. Ich kann heute jemanden alles Mögliche nennen und ihm vieles nachweisen. Wenn ich halbwegs im Rahmen der Gesetze bleibe, dann interessiert ihn das nicht. Wenn ich in der WOCHE irgendeinen Multi angreife und ihm sage, was er wirklich betreibt - Am liebsten würde der mich anrufen und sagen: 'Ja, was hast Du dagegen? So ist es. Schreibst du vielleicht nicht für Geld?' Es juckt sie nicht mehr, um es sehr platt zu sagen.

[Über das 'Links-Sein']

LF: Es gibt von Ihnen aus den siebziger Jahren den Ausspruch: "Ich bin unbestreitbar ein Linker." Was zum Nachdenken über die Frage provoziert: Wie stehen sozialen Verhältnisse in der Gesellschaft zu den ökologischen? In der Rede 'Auch 1985 noch ein Veilchen' sagen Sie sinngemäß: 'Naturwahrnehmung ist auch ein Ausfluß von Muße, und das hat zu tun mit den sozialen Gegebenheiten in unserer Gesellschaft'. Wie haben Sie denn jenen Satz gemeint, daß Sie ein Linker seien? Er ist ja im Zusammenhang mit der 'Gruppe Ökologie' gefallen, wo es darum ging, Konservative und Progressive und alle möglichen politischen Couleurs zusammenzubringen.
HS: Ich habe das zweifelsfrei gesagt, und ich stehe auch nach wie vor dazu. Ich betrachte mich als einen Linken. Aber das sehe ich natürlich nicht parteipolitisch definiert. Für mich heißt 'links': reformwillig und unzufrieden mit den herrschenden Verhältnissen und bemüht, durch Aufklärung und Wissensvermittlung zu Veränderungen zu kommen, die der Gesamtgesellschaft zuträglich sind. Wenn das links ist - und so sehe ich links -, dann bin ich natürlich ein Linker.
Das heißt aber nicht, daß ich die PDS wählen würde, die sich für links ausgibt, oder auch nur die SPD. Ich hab die SPD mein Leben lang gewählt, weil ich aus einer sozialdemokratischen Familie komme. Ich bin mit meinem Großvater hinter der Reichsbannerfahne hergelaufen an seiner Hand, da war ich ein kleiner Hosenscheißer, und hab den Schalmeien gelauscht, die vorneweg marschiert sind. Ich habe Sozialdemokratie wirklich mit der Muttermilch sozusagen eingesogen. Ich habe aufgehört, SPD zu wählen, unter Helmut Schmidt. Weil Helmut Schmidt für mich nur noch ein Macher war. Ein visionsloser, wissenschaftsfeindlicher, ökologiefeindlicher Macher. In seiner Regierungszeit bin ich auf Wunsch seiner Minister Baum und Ertl in eine reine Wissenschaftskommission berufen worden, die sich nannte 'Aktionsprogramm Ökologie'. Wir sollten auf Wunsch von Gerhard Baum und Josef Ertl die ökologischen Schwachstellen in der Regierungspolitik aufdecken und sagen, wie man sie vielleicht beheben könnte. Mich hatte man dort hineingebeten, obwohl ich nicht Wissenschaftler bin, weil man glaubte,

da müsse einer sitzen, der den Professoren ein bißchen Dampf mache, um das mal sehr platt auszudrücken. Und der dann auch bei der Formulierung behilflich ist, so daß dabei Thesen herauskommen, die nicht allzu professoral sind. Das war der Hintergedanke von Gerhard Baum, zu dem ich eigentlich ein gutes Verhältnis hatte. Er war Innenminister, und ihm unterstand damals die Ökologie, der Natur- und Umweltschutz. Ich habe den Gerhard Baum sozusagen katholisch gemacht. Er war mal bei mir in Hohenegg oben auf dem Hof und ist mit mir stundenlang spazieren gegangen - wobei hinter jedem Busch ein Sicherheitsbeamter saß. Die waren schon zwei Tage vorher da oben gewesen und hatten das Gelände gesichtet, wo außer Kühen überhaupt nichts herumläuft. Ich habe mit Gerhard Baum lange, lange Gespräche geführt, und das schlug sich dann nieder in meiner Berufung in diese Professorengruppe. Helmut Schmidt hat davon nie Kenntnis genommen, das hat den überhaupt nicht interessiert. Und wenn Gerhard Baum dann den Versuch machte, ökologische Fragen auf den Tisch zu bringen, dann hat Schmidt ihn niedergebügelt. Schmidt hat für diese Dinge sich erst dann interessiert, gegenüber Baum, als seine Regierung anfing zu wackeln und völlig von der FDP abhängig war. Da auf einmal interessierte er sich für Waldsterben und andere ökologische Probleme.

Ich bin auf eine philosophische Weise links. Ich bin links wie - ich greife jetzt sehr sehr hoch und möchte nicht mißverstanden werden - Giordano Bruno links war oder wie es eine aristotelische Linke gab, was man bei Bloch nachlesen kann. Das ist für mich links. Aber das ist natürlich eine Betrachtung, wie sie heute nicht üblich ist. Heute ist links, wer SPD oder gar PDS wählt. Mein Verständnis von links ist: sich die Gesellschaft anschauen und wider den Stachel löcken.

Ich habe einmal eine Geschichte über einen Dompfaffen geschrieben, den ich selber hielt, und gab ihr den Titel 'Ein Roter, doch ein Sanfter'. Das Buch wurde dann von einem Buchclub übernommen. Die setzten mein Porträt auf den Titel und schrieben darunter: 'Ein Roter, doch ein Sanfter'. Ich hatte nichts dagegen, denn so gesehen, bin ich 'ein Roter, doch ein Sanfter', d.h. ich bin nicht auf Radikalität aus. Ich habe Ihnen vorhin gesagt, daß mir nichts so auf den Magen schlägt wie Brutalität und Grausamkeiten.

[Über Moral im Verhältnis der Menschen zu den Tieren]

LF: Da kann ich überleiten zu einer schwierigen Frage, die wir schon oft berührt haben: Moral. Moral im Hinblick auf das Verhältnis zu den Tieren. Es gibt ja nun seit Jahren eine intensive Diskussion in der Philosophie über Tierethik. Wenn ich es richtig sehe, Herr Stern, haben Sie immer abgelehnt, dazu eine programmatische Position einzunehmen. Eine erste Richtung in der Tierethik kann man die 'utilitaristische' nennen. Auf eine verkürzte Formel gebracht, ist nach dieser Auffassung das moralische Handeln auf die Vermeidung von Leiden und die Vermehrung von Glück, von Wohlbefinden gerichtet. Und für die Menschen könne nur die menschliche Leidensvermeidung und der menschliche Glücksgewinn letzter Maßstab sein - ohne daß dies zwangsläufig zu einem Freibrief für das Verhalten gegenüber Tieren wird.

Nun könnte man denken, daß Sie öfter solch eine 'utilitaristische' Position einnehmen, etwa wenn es in den Tierversuchsfilmen sinngemäß heißt, die Linderung menschlichen Leidens hat nun einmal eine höhere Priorität als die Vermeidung tierischen Leidens, weil wir notgedrungen von unserer Spezies denken und argumentieren. D.h. also dort, wo es immer um Linderung von Leid geht, muß es eine Abstufung geben zwischen den Tieren und den Menschen. Sie haben das aber nicht eindeutig als programmatischen Satz hingestellt.

HS: Das wollte ich gerade sagen. Ich habe eine solche Auffassung so nie geäußert. Ich habe nur menschliches Leid und tierisches Leiden gegeneinander gestellt. Ich habe vorhin dieses Beispiel mit den Hirnoperationen an Katzen angeführt, wo es um den Versuch ging, eine Operationstechnik zu finden, die sich auf spastische Kinder anwenden läßt. Ich habe die Frage gestellt: Was hat den höheren Wert, die Linderung menschlichen Leidens oder das Vermeiden des Leidens der Tiere? Ich habe mich aber nie generell und als Maxime meines Lebens oder meiner Arbeit auf den Standpunkt gestellt, daß Tierleid stets dem Menschenleid unterzuordnen ist. Ich habe mit diesem Film auch sehr deutlich gesagt: 'Was erwartet man denn von einer Gesellschaft, die sich nach wie vor überfrißt, die sich nach wie vor mit Genußsüchten zuschüttet? Was erwartet man denn von dieser Gesellschaft an Veränderung, damit medizinische Versuche an Tieren überflüssig werden, indem wir nicht ständig die Zivilisationskrankheiten erzeugen, die wir dann mit Medikamenten behandeln müssen?' 'Es wird sich nichts ändern,' habe ich gesagt. Das war das Schlußwort. Ich habe dieser Gesellschaft durchaus die Leviten gelesen und erklärt: 'Wer sich einen Ranzen anfrißt oder sich krank trinkt und dann nur mit Hilfe von Tabletten Linderung sucht, der handelt gewiß nicht ethisch und ist zutiefst zu verachten.' Ich habe auch zu den Tierversuchsgegnern gesagt: 'Was würden Sie denn tun, wenn Sie mit schweren Brandwunden daliegen, wenn Sie zu den Opfern einer Brandkatastrophe gehören?' Es war damals gerade in Spanien ein Tankwagen auf einen Campingplatz gerast und in Flammen aufgegangen. 'Wenn Sie also daliegen mit den schwersten Verbrennungen, und Sie schreien vor Schmerz, und es kommt ein Arzt und sagt: Ich habe hier ein Medikament, das kann Ihnen Linderung verschaffen, aber ich muß Ihnen sagen, wir haben, um es zu entwickeln, Zwergschweine in brühendes Wasser geschmissen und haben an ihnen die Wirkungen ausprobiert. Sie sind ein erklärter Tierversuchsgeg-

ner. Würden Sie nun trotzdem dieses Medikament haben wollen?' Erst in dem Moment zeigt sich doch, wie echt und wie ehrlich eine solche respektable Ablehnung von Tierversuchen ist. Diese Gegenüberstellungen hat man mir ja so übel genommen.
Meinen Standpunkt habe ich oft auch auf die Kurzform gebracht: Bei mir geht Tierliebe durch den Kopf. Und damit wollte ich immer sagen: Man muß den Tieren das geben, was des Tieres ist. Was ein Tier an Grundbedürfnissen befriedigen muß und was halbwegs in sein artgerechtes Leben paßt, das muß ihm gewährt werden. Ich habe umgekehrt immer etwas gegen Leute gehabt, die Tiere zu Tode geliebt haben. Ich habe viele Beispiele dafür im Laufe meiner Arbeit aufgezählt. Eine Tierliebe, die nicht durch den Kopf geht, sondern die unterhalb des Kopfes steckenbleibt und nur im Herzen rumort, das ist keine Tierliebe, die meinen Beifall findet.

LF: Könnten Sie sich dazu verstehen zu sagen, daß tatsächlich Tiere prinzipiell, was ihre Rechte, ihre Lebensrechte, ihre Rechte auf Leidensvermeidung angeht, den Menschen gleichgestellt sind? Und daß die Kriterien dafür bei der Leidensfähigkeit, der Empfindungsfähigkeit von Tieren ansetzen? Eine Position also im Sinne einer Theorie der moralischen Rechte auch für Tiere?

HS: Ich war immer dagegen, daß man Tiere als Sachen bezeichnet und daß man das Zufügen von Leid bei Tieren als Sachbeschädigung definiert. Aber ich finde, man muß Tieren nun nicht gleich sämtliche verfassungsmäßigen Rechte einräumen, wie man sie dem Menschen einräumt. Nur darf man eben auch nicht ins andere Extrem verfallen und sie für Sachen halten, mit denen man beliebig verfahren kann. Mir ist auch diese Formulierung im Tierschutzgesetz nicht ausreichend, die lautet: 'Bei Vorliegen eines vernünftigen Grundes darf man Tieren Leid zufügen und darf sie töten'. Was ist, bitte schön, ein vernünftiger Grund? Das ist nirgendwo definiert. Dieser Begriff hat keine klaren Konturen. Ich habe mich immer gegen solche Auffassungen gewehrt, die besagen, man dürfe, wenn es um das Wohl und Wehe eines Menschen geht, dafür Tiere benutzen und ihnen womöglich Leiden zufügen. Damit liege ein vernünftiger Grund vor. Aber ich würde auf der anderen Seite nicht soweit gehen wie manche in der neuen Debatte, die den Menschenaffen z.B. volle personale Rechte einräumen wollen. Was soll das bringen? Was haben diese Tiere davon? Dadurch wird kein einziger Gorilla weniger gefangen. Keiner wird dadurch aus dem Zoo befreit. Das sind plakative Zuwendungen, die sich gut machen in der Literatur und die den ehren, der sie vorbringt. Aber sie bewirken in praxi nichts.

LF: Die Konsequenz wäre also: Wir wissen eigentlich genug über die Tiere, um uns besser ihnen gegenüber verhalten zu können?

HS: Nur das. ich bin nicht der Mann auf der Seite derjenigen, die das Essen von Fleisch radikal verurteilen mit dem Gedanken an die Greueltaten, die an Tieren verübt werden. Ich habe nur gesagt: 'Tiere müssen zumindest, bis sie getötet werden, ein Leben geführt haben, das halbwegs in ihrem Artplan angelegt ist. Das wenigstens sollte man ihnen geben. Ein Schwein hat auf einem Spaltenboden nichts zu suchen, ein Schwein gehört ins Freie. Ein Kalb, eine Kuh, ein Bulle haben nichts auf einem Spaltenboden zu suchen, es sind Weidetiere. Ein Huhn ist ein Steppentier, es hat nichts in einem Käfig zu suchen. Und wenn das Geld kostet, dann kostet das eben Geld.' Diese Meinung habe ich immer vertreten. Ich habe nie gesagt, man dürfe Tiere nicht töten und sie nicht essen. Ich habe nur gesagt: 'Man muß sie leben lassen, bevor man sie tötet, und man muß sie auf eine Weise töten, die unserer humanen oder postulierten humanen Gesinnung entspricht.' Das ist mein Standpunkt, und davon werde ich auch nicht abgehen.

---

* In dem zeitgleich erscheinenden, von Ludwig Fischer herausgegebenen Band 'Horst Stern: Das Gewicht einer Feder. Reden, Polemiken, Filme, Essays' (München: Goldmann) sind weitere, große Teile des Interviews gedruckt. In einigen wenigen Passagen überschneiden sich beide Auszüge. Wir danken dem Goldmann-Verlag für die Genehmigung, hier weitere Teile des Interviews zu veröffentlichen.
(1) Horst Stern: Im Strom der Zeit. Nationalpark Unteres Odertal. In: Die Zeit. Nr.7/7.Febr.1997, S.76.

Ludwig Fischer

Horst Stern - ein Lebensentwurf

1 Zufälle und Folgerichtigkeiten

Ohne Zweifel gehört Horst Stern zu den großen Figuren des bundesdeutschen Journalismus. Aber anders als etwa bei Henri Nannen, Rudolf Augstein, Eugen Kogon oder Marion Gräfin Dönhoff ist sein Name nicht mit dem *einer* Institution, *eines* Blattes verbunden, das er geprägt und dem er Rang und Erfolg verschafft hätte. Es hat den Anschein, als sei Stern, der mediengeschichtlichen Entwicklung folgend und die darin enthaltenen Chancen nutzend, einer Logik der optimalen Wirkungsmöglichkeiten nachgegangen, indem er von einem Medium zum anderen wechselte: Bald nach Installierung der Bundesrepublik schulte er sich im klassischen Öffentlichkeitsmedium der Tageszeitung, erweiterte dieses Tätigkeitsfeld dann in Zeiten der diversifizierten Presselandschaft als Chefredakteur und Herausgeber mehrerer Fachzeitschriften, tat aber gleichzeitig den Schritt in das Ende der fünfziger Jahre noch breitenwirksamste Massenmedium, den Rundfunk, hinüber und ließ sich schließlich, als die Haushalte flächendeckend mit der 'Flimmerkiste' ausgestattet waren, auf das Fernsehen ein, das definitiv öffentlichkeitsprägende Leitmedium seit Mitte der sechziger Jahre.

Gewiß hat Stern die drei wichtigen und hoch legitimierten journalistischen Medien der ersten drei Jahrzehnte der Bundesrepublik, in etwa parallel zu den geschichtlichen Verschiebungen des Aufmerksamkeitswerts und des Rangs der 'Öffentlichkeitsproduktion', nacheinander genutzt, und zwar für die jeweilige Sache sehr erfolgreich. Aber eine geheime medienhistorische Konsequenz und Geradlinigkeit darin ausmachen zu wollen, würde Sterns Laufbahn in keiner Weise gerecht. Er hat, bald nach der Gesellenzeit als Redakteur und Gerichtsreporter bei den 'Stuttgarter Nachrichten', immer wieder und über lange Zeiten für mehrere Organe und Medien zugleich gearbeitet: Er schrieb, noch bevor er im Affekt bei der Tageszeitung den Bettel hinwarf, schon jenseits seines Ressorts für die Wochenendbeilage, bald darauf für den 'Kosmos'. Er managte die Fachzeitschriften im Delius Klasing Verlag, während er über Jahre hin für den Hörfunk schrieb und sprach, ja eine Zeit lang noch, als er schon seine Fernsehfilme produzierte. Er trug, neben der Fernseharbeit her, Wesentliches zum Gedeihen der Zeitschrift 'Nationalpark' bei und veröffentlichte gleichzeitig große, Aufmerksamkeit erregende Artikel in Magazinen, Zeitungen, Zeitschriften. Außerdem publizierte er in diesen Jahren mehrere, außerordentlich erfolgreiche Bücher. Erst als er sein letztes, großes journalistisches Projekt anpackte, die Zeitschrift 'natur' auf dem Markt durchsetzte und zum führenden Blatt im ökologischen Diskurs machte, konzentrierte er sich ganz auf dieses eine Medium, so scheint es.

Horst Stern operiert also bis zum Beginn der achtziger Jahre fast immer in mehreren Medien, auf verschiedenen Podien der Öffentlichkeit gleichzeitig und springt nicht, einem Zug der Zeit folgend und womöglich geltungssüchtig, von einem publizitätsträchtigen Massenmedium zum nächsten.

Vor allem aber verfolgt er bei seiner Arbeit für die verschiedenen medialen Organe und Bühnen nicht eine Strategie etwa der Maximierung von Leser- oder Einschaltquoten, gar der Beförderung einer einträglichen Karriere. Horst Stern legt durchaus Wert auf die Festellung: „[...] nie habe ich mich um irgendetwas beworben."(1) Tatsächlich hat es den Anschein, als seien ihm seine Arbeits- und Wirkungsmöglichkeiten stets zugefallen, als habe er nur zugegriffen, wo ihm eine günstige Konstellation eine Chance auf Auskommen, professionelle Tätigkeit und womöglich auf Verfolgung seiner ureigenen Interessen bot. Festangestellter Zeitungsschreiber wurde er, fast von einem Tag auf den anderen, weil er aufgefordert wurde, seinen job als Gerichtsdolmetscher bei den Besatzungsbehörden sozusagen selbst journalistisch zu verwerten und die Berichte zu schreiben, für die er anderen oftmals die Informationen geliefert hatte. Zu Delius Klasing wurde er geholt, weil ein Chefredakteur dort zu seinem Verleger sagte: „Der ist zu schade, um auf der Straße herumzuliegen." - man hatte noch nicht einmal eine Aufgabe für ihn.(2) Die ersten Buchveröffentlichungen entstanden, weil ein Freund aus der Stuttgarter Redaktionsstube ihn für Tiere interessiert hatte und außerdem Verbindung zur Franckh'schen Verlagshandlung besaß. Seine bis heute erfolgreiche Reitlehre schrieb er - ohne vorher je auf einem Pferd gesessen zu haben -, weil der Verleger ihn als Autor dafür haben wollte. Zum Schulfunk kam er, weil ein Autor für Sendungen über Tiere gebraucht wurde - wiederum klopfte man bei ihm an, der zwar einschlägige Artikel geschrieben hatte, aber kei-nerlei Erfahrung mit dem Hörfunk-Medium besaß. Zu Fernseh-Sendungen ließ er sich überreden, als der Stuttgarter Programmdirektor - den er aus Nachkriegsjahren kannte - einen 'Ersatz' für Hans Hass brauchte, weil der eine geplante Serie nicht realisierte. Auf das Projekt seines Umwelt-Magazins 'natur' ließ er sich ein, weil es einem potenten Zeitschriften-Konzern gelang, ihn mit außerordentlich günstigen Arbeitsbedingungen für ein schon geplantes Projekt der 'Öko-Szene' zu gewinnen. Sogar seinen ersten Roman, für den er dem Journalismus abrupt den Rücken kehrte, suchte der Verleger ihm mit mancherlei Mahnungen abzufordern.

Immer wieder, so ergibt die Musterung von Entscheidungs- und Übergangssituationen in der journalistischen Laufbahn Sterns, offeriert man ihm eine neue Arbeitsmöglichkeit, ohne daß er darauf aus gewesen wäre. Die Chancen, die nicht selten vorzüglichen Gelegenheiten fliegen ihm zu - der Erfolg zeitigt neue Erfolgsmöglichkeiten? Unbestreitbar hat Horst Stern bei jeder Aufgabe, auf die er sich einläßt, ausweisbaren Erfolg: Blätter bekommen Kontur, Auflagen steigen, Bücher verkaufen sich ausgezeichnet, Reaktionen auf Hörfunk-Sendungen liefern Bestätigung, beim Fernsehen erzielt 'Sterns Stunde' grandiose Einschaltquoten, 'natur' erreicht die angepeilten, hohen Verkaufsziffern. Es gibt, quantitativ und ökonomisch betrachtet, keinen 'flop' und kein dürftiges Durchschnittsmaß bei Sterns Vorhaben, und spätestens seit den öffentlichen Wirkungen der Fernsehfilme wurden auch die sachlich-thematischen wie die medienspezifischen und die sprachlichen Qualitäten seiner Arbeiten nachhaltig gewürdigt: Preise und Auszeichnungen aller Arten, Ehrendoktor, Berufung in verschiedene, auch regierungsoffizielle Gremien, eine oft enthusiastische, zumindest aber stets respektbezeugende Kritik.

Aber auch eine mehr oder weniger 'mechanische' Logik des Erfolgs greift zu kurz, um Sterns Weg zu verstehen, der von vielen Wendungen und Schwüngen gekennzeichnet scheint. Gewiß hätte Stern zu manchen seiner Betätigungen die Möglichkeit nicht erhalten, wenn er sich an anderer Stelle nicht vorher 'einen Namen gemacht' hätte. Bei den anfänglichen festen Anstellungen, als Dolmetscher und als Gerichtsreporter, hatte er schon bewiesen, daß er erstens eine besondere Begabung für sprachlichen Ausdruck besitzt, zweitens entschlossen sich auch in ihm fremde Aufgaben einarbeitet, drittens 'Verbindungen' zu Menschen herstellen kann und viertens vor allem über jenes unaufdringliche Selbstbewußtsein verfügt, das es ihm erlaubt, Herausforderungen anzunehmen und keine 'faulen Kompromisse' einzugehen. Bald kommt hinzu, daß er als Herausgeber und Chefredakteur Organisationsfähigkeit, sogenannte 'Führungsqualitäten' und klugen Sinn auch für das 'Image' des von ihm in die Öffentlichkeit Gebrachten beweist.

Aber was er bei dem einen Blatt und in dem einen Medium an Kompetenzen und Befähigungen dokumentiert hat, qualifiziert ihn ja nicht ohne weiteres für eine neue Aufgabe. So weist er selbst den Fernsehdirektor Horst Jädicke, als der ihn gleich für eine dreizehnteilige Serie über Tierverhalten verpflichten will, darauf hin, daß er „noch nie hinter einer Kamera gestanden" habe.(3) Man traut ihm erfolgreiche Arbeit auch dort zu, wo er sich noch nicht bewährt hat. Stern selbst ist da, bei der Reitlehre wie später beim Fernseh-Angebot oder bei den Verhandlungen über das Umwelt-Magazin, zunächst skeptisch, ergreift die Gelegenheit nicht sofort, wägt zumindest selbstkritisch ab und setzt mitnichten zum 'Karriere-Sprung' an. Andere drängen ihn, locken, suchen zu überreden. Wie bekommt einer so viele Chancen? „Jeder andere wäre doch darauf angesprungen."(4)

Stern hat zweifellos auch immer wieder das, was man 'Glück' nennt: Es ergeben sich Vakanzen in Situationen, wo er an Wechsel und Erneuerung denkt, wo er sogar 'frei' ist und eigentlich auch materiell eine neue Basis braucht. Er tritt häufig in offene, noch nicht verfestigte Konstellationen der Medienentwicklung ein - in eine Zeitungsszenerie, die sich in der jungen Bundesrepublik erst noch konsolidieren muß; in einen Rundfunk, der noch unbürokratische Entscheidungen für 'Neulinge' erlaubt; in eine Fernsehproduktion, deren Spielräume noch nicht durch Parteienproporz und Ökonomie der Einschaltquoten wegdefiniert sind. Er hat früh ein Netz von Bekanntschaften, Freundschaften, Kontakten geknüpft, das er ständig erweitert - aber stets entweder einer Sache wegen, für deren Beförderung er sich etwas verspricht, oder aus lockerer 'Kollegialität', nicht aus Berechnung.

Wenn aber Glück - nach einem Diktum Alexander Kluges - darin besteht, dasjenige als 'für das eigene Leben bestimmt' zu ergreifen, was einem vor die Füße fällt, dann besitzt Horst Stern eine ungewöhnliche Befähigung zum Glück. Beispielhaft könnte man dies auch daran ablesen, wie er zu seinem Hof im Allgäu kommt: Er will von seinem Wohnsitz am Bodensee weg, verfolgt aber nicht zielstrebig Pläne; da wird ihm bei Dreharbeiten ein Hinweis auf einen verkäuflichen Hof gegeben, er merkt auf, kümmert sich, erwirbt die Hofstelle - und macht daraus wieder etwas 'Gelungenes', unter großem Einsatz, an gewachsene Interessen anschließend und fraglos auch mit Hilfe seiner persönlichen Verbindungen.(5)

So entsteht eine 'Laufbahn'(6), die an Umschlagsituationen und Mehrsträngigkeiten reich ist, die keine 'Determination' erkennen läßt und doch 'innere Kontinuitäten' aufweist. Denn „ganz zufällig hat sich das nicht ergeben. Es ist alles irgendwo verkettet."(7) Drei dieser oft eher verdeckten Kontinuitätslinien lassen sich mit Bestimmtheit ausmachen: eine früh angelegte, mit der 'Lust an der Sprache'; eine etwas später erkennbare, mit einem enormen 'Wissensdurst' und einer Neugier auf erforschbare Zusammenhänge - immer mehr fokussiert in der Beschäftigung mit 'Natur' -; und eine erst in fortschreitenden Jahren deutlicher werdende, mit einer hohen moralischen Sensibilität, einem politisch-ethischen Engagement jenseits aller 'Programme'.

2 Wie wird einer zum 'Aufklärer' ?

Die genannten drei Elemente von Kontinuität ergeben keine psychologische Mechanik, nach der Horst Stern in Entscheidungssituationen und Wahlmöglichkeiten gewissermaßen zwangsläufig gehandelt hätte. Er läßt sich mehrfach auch auf Positionen und Aufgabenstellungen ein, die für einen der Antriebe weniger günstig sind: Die Tätigkeiten für das Reisemagazin 'Unterwegs' und für die Autozeitschrift 'Gute Fahrt' eröffnen einer mehr und mehr wissenschaftlichen Neugier, die aus dem Umgang mit allerlei Getier längst erwachsen ist, keine fruchtbaren Gefilde; aus Editorials für 'Die Yacht' muß einer erst einmal sprachliche Kabinettstückchen machen; Schulfunksendungen über Tiere bieten nicht ohne weiteres Gelegenheit, auf den Stand der Wissenschaft hinzuarbeiten.

Stern muß, als ein nur partiell abgesicherter 'Medienarbeiter', immer wieder auch die materielle Lebensgrundlage für sich und die früh gegründete Familie einkalkulieren. Aber er nutzt jobs, die seinen Wünschen und Bestrebungen keineswegs optimale Entfaltung versprechen, nicht zuletzt dazu, sich in den verschiedenen Medien zu professionalisieren. Auf der einen Seite bleibt er überall der Autodidakt, der ohne spezielle Aus- und Vorbildung zur Zeitung, zum Hörfunk, zum Fernsehen kommt. Auf der anderen Seite versteht er es, durch die Kooperation mit hartgesottenen 'Profis' sehr rasch auch das Handwerk des jeweiligen Metiers höchst effektiv auszuüben. Am deutlichsten gibt das die Praxis seiner Fernseharbeit zu erkennen: Er sichert sich große Freiheiten zu, die Ressourcen anzufordern und die Mitarbeiter zu wählen, holt sich erfahrene Kameraleute, gute Cutter heran, mit denen er über die Jahre hin eine feste Zusammenarbeit etabliert. Er läßt beim teamwork klug den Spezialisten die Spielräume, in denen sie ihr Können zur Wirkung bringen, bleibt zwar der 'Kopf' bei den gemeinsamen Vorhaben, redet aber den 'Manufakturarbeitern' nicht in das jeweilige Handwerk.(8)

Aber Stern setzt das angesammelte Können, das erworbene Prestige und die wachsende finanzielle Sicherheit auch zunehmend gezielt ein, um bei einem neuen Angebot seine Interessen durchzusetzen. Beim Fernsehen sagt er erst zu, als ihm enorme Freiheiten und Vergünstigungen für die Projektrealisierung zugesichert werden und als er das 'Unterhaltungsgebot' des populären Mediums weitgehend beiseite schieben kann.(9) Ein Jahr und mehr pokert er regelrecht mit dem Programmdirektor. Bei dem Entschluß, die Zeitschrift 'natur' auf den Markt zu bringen, verschafft er sich nicht nur große Ressourcen, sondern auch veritable Privilegien für die redaktionelle Arbeit.(10)

Man darf wohl sagen, daß erst mit dem Projekt des anspruchsvollen Umweltmagazins jene drei Elemente, die wie unsichtbare Magnetlinien in der Entwicklung von Sterns Laufbahn wirken, vollends zusammenfließen: das voll entfaltete politisch-moralische Engagement, die gesättigte Energie einer Orientierung an wissenschaftlich verbürgter Erkenntnis und die souverän gehandhabte Ambition zu hochgespannt-federndem sprachlichen Ausdruck. Dem letztgenannten gibt er wenig öffentlichen Raum, regelmäßig schreibt er nur die Herausgeber-Kolumnen. Aber wenn er einmal einen größeren Text beisteuert, dann blitzt und funkelt die Schärfe einer schonungslosen Kritik, einer ausgefeilten und kunstreichen Rhetorik, wie in seiner 'Ungehaltenen Rede' über die verluderte Sprache der Politik.(11)

Die drei genannten Elemente sind, bei Lichte betrachtet, die klassischen Ingredienzien für die Figur eines Aufklärers. Dennoch hat Horst Stern von sich gewiesen, als Aufklärer verstanden zu werden. „Ich bin nicht angetreten mit der Absicht, ein Aufklärer zu sein, wie Walter Jens zum Beispiel."(12) Mit dem Hinweis auf die journalistische Profession entzieht er sich einer Rollenzuweisung, die er faktisch doch in höchstem Maße ausgefüllt hat. „Ich war Zeit meines journalistischen Lebens immer der Meinung, daß ein Journalist die Dinge, die er sorgfältig recherchiert hat und die er bei sich für wahr befunden hat, auch aussprechen soll. Wenn sie dann zur Aufklärung beitragen, wenn sie sogar zur Veränderung von einigen Menschen, von Zuständen führen, um so besser. Aber ich bin nie mit der Absicht angetreten, verändern zu wollen oder Menschen bessern zu wollen oder auch die Welt verbessern zu wollen. Ich habe immer nach den Gesetzen meines Berufes gehandelt [...]."(13) Wie kommt es zu diesem offenen Widerspruch zwischen Selbstdefinition und öffentlicher Rolle?

Zunächst einmal ist Sterns erklärte Bescheidenheit zu veranschlagen: Er will nicht eine Funktion für sich beanspruchen, die er mit mehr als einer 'guten Arbeit', einer seriösen Professionalität des Journalisten verbindet. Zur Figur des beglaubigten Aufklärers gehört für ihn offenkundig der Anspruch, „die Welt verbessern zu wollen", also die programmatische, gesellschaftskritische Absichtserklärung. Zu der hat sich Horst Stern nie verstanden. Kritik und vehemente Forderung nach 'Veränderung der Zustände' bezieht sich für ihn immer auf die genau recherchierte, präzise benannte Einzelheit, auf die sich - bei allem Wissen um die großen Zusammenhänge - der Journalist als Ermittler auch von Mißständen und als Vermittler abgesicherter Einsichten zu konzentrieren habe. Selbst wo Stern Gesetzesänderungen einklagt, politische 'Grundsatzwerte' zur Debatte stellt, ja auf das innerste Ursachengefüge der gesellschaftlichen Verhältnisse zu sprechen kommt, wird er nie programmatisch in dem Sinne, daß er Zielperspektiven für das 'Große und Ganze' formulierte. Das gilt selbst noch für die Prinzipien eines ökologischen Umdenkens, das er als für unerläßlich hält: Zur Formulierung einer 'ökologischen Weltanschauung in aufklärerischer Absicht' hat er sich nicht hinreißen lassen. Er bleibt selbst dort, wo er nicht umhin kommt, an fundamentalen Wirkungsmechanismen des gesellschaftlichen Lebens zu rühren - wie in den Filmen über die Tierversuche etwa -, immer bei der konkreten Sache, die er traktiert.

Diese Scheu vor dem 'Grundsätzlichen', diese Abwehr der 'philosophischen Seite' des Aufklärers, der er doch im je einzelnen und Substantiellen ist, mag auch mit jenem nie ganz verwundenen, lebensgeschichtlich sehr verständlichen Verzicht auf eine akademische Ausbildung zusammenhängen. Zum 'Aufklärer' vom Zuschnitt eines Walter Jens - oder, um es auf dem ethologischen Felde zu markieren, zum (konservativen) 'sozialphilosophischen Spekulanten' vom Schlage eines Konrad Lorenz - gehört für Stern zweifellos die legitimierte akademische Bildung. Stern will sich, bei allem Selbstbewußtsein als Wissenschaftsjournalist und Sprachmeister, nicht eine aufklärerische Gewandung anmaßen, die für ihn immer noch ein wenig von der Würde des professoralen Talars hat. Nicht umsonst markiert er in seiner Promotionsrede überscharf die Schulungsdifferenz zwischen dem Forscher und Lehrer, der durch die Weihen des akademischen Bildungsgangs beglaubigt ist, und dem ambitionierten Journalisten, dessen berufsgemäße Qualifikationen und 'Tugenden' an Hochschulen nicht lehrbar seien.(14) Es geht, wo Stern den Titel eines Aufklärers zurückweist, auch ein Stück weit um die kulturelle Legitimierung von Rolle und Profession.(15)

Aber der erklärte und nicht ganz ressentimentlose Verzicht auf das programmatisch Grundsätzliche, der in Sterns Zurückweisung des Epithetons 'Aufklärer' enthalten ist, bezeugt ungewollt auch ein Stück genauer Selbsteinschätzung: Die wissenschaftlich-'abstrakte' Durcharbeitung eingenommener Positionen fehlt mancher gerade der sehr weitreichenden Aussagen. Das kommt wohl nirgends so deutlich zum Vorschein wie bei den Fragen der Moral im Verhältnis zu Tieren, die Stern ja nicht zuletzt in den Tierversuchsfilmen mit großem Ernst aufgeworfen hat. Er schwankt ganz offensichtlich zwischen Auffassungen, die einer 'utilitaristischen Ethik' einerseits, einer 'biozentrischen', womöglich gar 'holistischen' Ethik andererseits entsprechen.(16)

Aber es steht außer Frage, daß Horst Stern je länger desto mehr zum Aufklärer wird. Spätestens mit den Fernsehfilmen und mit den großen Reden der siebziger Jahre zielt er immer unerbittlicher auf kritikwürdige gesellschaftliche Verhältnisse. Denn schärfer und schärfer streicht er heraus, daß die Sicht auf Tiere, die Regularien des Umgangs mit ihnen, die Definition ihrer Lebensmöglichkeiten zu den 'gesellschaftlichen Verhältnissen' gehören und daß von Tieren eben nicht als von Kreaturen einer 'für sich seienden Natur' gesprochen werden könne. Horst Stern wird zum Aufklärer, indem er zunächst - an den Rundfunksendungen und Büchern der sechziger Jahre ablesbar - allgemeine Wissensdefizite abbauen will, die er bei sich selbst durch 'unakademische Studien' über Tiere und ihre Lebensweisen aufgefüllt hat, dann aber auf die gesellschaftlichen Mißstände stößt, die durch krasse, ja skandalöse Diskrepanzen zwischen dem vorhandenen Wissen über 'artgerechte' Lebensumstände für die Tiere und dem praktizierten Umgang mit ihnen markiert sind. Er hat sich beglaubigte, überprüfte Gewißheiten von dem verschafft, was unter den Prämissen eines von den Menschen zu verantwortenden Lebensrechts der Kreaturen erforderlich und was abzuschaffen ist. Diese Gewißheiten - deren Partialität und Korrigierbarkeit er nicht vergißt - hält er den gesellschaftlichen Praktiken entgegen, von denen sie in empörender Weise negiert werden. So wird verständlich, weshalb er 'Wissen' und 'Gewissen' miteinander verschränkt sieht - das Gewissen, „dessen starke moralische Ausprägung freilich die Voraussetzung für jede seriöse journalistische Wegweisung zur Wahrheit ist."(17)

Was den klassischen Aufklärer ausmacht, findet sich versammelt: das 'Leiden an den Zuständen', von einem Wissen aus, wie anders sie zu sein hätten; der Impetus, die erkannte 'Wahrheit' auch zu sagen, und zwar möglichst so, daß die öffentliche Rede Wirkung zeitigt; und die Fähigkeit, diese öffentliche Rede so zu formen, daß ihre Brillanz und Schärfe nie artistischer Selbstzweck werden. „Natürlich, wenn man einen Mißstand erkennt und wenn man darunter selber leidet, wie ich unter vielem gelitten habe, was Tiere angeht, möchte man natürlich, daß das geändert wird. Aber es gibt auch eine Art von Journalismus, wo man innerlich gar nicht beteiligt ist, wo man den Angriff um des Angriffs willen und des Effektes willen betreibt. Dazu habe ich nie gehört. Ich hab mich nie eingemischt, wo ich nicht wirklich Kenntnisse hatte und wo ich nicht wirklich innerlich engagiert war."(18)

Horst Stern war die Rolle eines Aufklärers auf dem Felde, das er erst in den sechziger Jahren zu seinem ureigenen machte, weder von der Familie als Erbteil überantwortet, noch hatte er sie im Gepäck des entlassenen Kriegsgefangenen mitgebracht. Sie wuchs ihm langsam und unabweisbar zu, je mehr er sich an Wissen von den Tieren und von unserer in Natur fundierten Lebenswelt erschloß und je mehr er durch Erfolge seine Position bei den Medien absichern konnte. Daß er sich bei akkumuliertem Wissen und komfortablen Stellungen nicht beruhigte, sondern sie streitbar zu riskanter Kritik an unwürdigen Zuständen benutzte, verdankt sich der 'inneren Beteiligung', ohne die Aufklärung nicht entsteht.

3 Spannungszustände

Freilich ist auch diese innere Beteiligung, die antreibende Kraft der berührten Emotionen, nicht ganz frei von Zwieschlächtigkeit. Mit gutem Grund fordert Stern auf der einen Seite den 'Mut zur Emotion', gegen „das erschreckende Defizit an Gefühlen in der Umweltpolitik".(19) Er polemisiert gar gegen die „weit fortgeschrittene Vergötzung des Verstandes und die Verketzerung des Gefühls" als die „eigentlich menschenfeindliche Leistung unserer Gesellschaft"(20), auch auf eine 'kalte' und quantifizierende Naturwissenschaft zielend.(21) Aber er muß diese Parteinahme für Emotionalität sofort wieder gegen Mißdeutungen absichern, indem er betont, er wolle „Gefühl nicht als blauäugige Naturschwärmerei verstanden [wissen], sondern als leidenschaftliches Engagement."(22) Denn das ist die andere Seite der 'inneren Beteiligung': das Abgleiten des Sentiments in die Sentimentalität. Früh schon hat Stern der ahnungslosen, vermenschelnden und oft grausamen Tierliebe die Leviten gelesen.(23) Und doch kann er nicht umhin, gelegentlich eine beinahe schon sentimentalische Faszination, eine jede kühle Verstandeskontrolle überschwemmende Gefühlsbeziehung zu Tieren einzuräumen.(24) Das geht über „leidenschaftliches Engagement" für die Sache der Tiere, der 'Natur' weit hinaus. Hier werden Bereiche tangiert, denen Stern nur in zumeist artifiziell verschlüsselten, belletristischen Texten auch sprachlichen Raum gelassen hat.

Damit ist, im Kern des Energien spendenden Engagements, eine der Spannungen benannt, die auf eine charakteristische Weise Horst Sterns Denken und Schreiben, seine Medienarbeit und seine Literatur durchziehen. Sie gelten für alle der drei Kontinuitätselemente, die ich in seinem Lebensweg erkenne: eben das politisch-ethische Engagement, den Drang nach Wissen, die Lust an der Sprache.

Man muß sich einigermaßen frei machen von Sterns populärem Image, um diese Spannungen wahrzunehmen, denen doch seine verschiedenen Tätigkeiten einen guten Teil der beeindruckenden Kraft und Präsenz verdanken.

Wer Horst Stern immer noch, gemäß dem nachwirkenden ranking auf einer Bekanntheits-Skala, vorrangig als den Erfolgsmenschen für brisante Themen aus der Tierwelt auf dem Bildschirm wahrnimmt, der verkennt ihn. Stern hat sich - obgleich mit der Wirkungsmacht der leuchtenden Bilder professionell kalkulierend - immer zuerst als ein Mann des Wortes verstanden. Das hat nichts mit Einäugigkeit von Berufs wegen zu tun, mit der Fixierung auf das 'Arbeitsmittel Sprache' bei einem Journalisten, der durch die harte Schule der Tageszeitung und der Fachpresse ging. Für Stern gehörte ein mehr als routinierter Umgang mit der Sprache von Beginn an sozusagen zur Mitgift seiner Existenz. Er konnte und wollte nie hinter den Anspruch zurück, „sehr viel besser zu schreiben als andere." Der „Mut zur Sprache", sagt er, das habe ihn von Anfang an ausgezeichnet.(25)

In den frühen Zeitungsbeiträgen und Hörfunksendungen über Tiere, ihre Daseinsbedingungen, Verhaltensweisen und Lebensräume handhabte Stern die Sprache unverkennbar in erster Linie als Medium der Übermittlung von Information. Er erarbeitete sich ein weitreichendes, fein verästeltes Wissen aus zwei Nährböden: aus dem täglichen Umgang mit mancherlei Getier, das er in der Wohnung beherbergte oder in Gehegen hielt, und aus der Lektüre wissenschaftlicher Literatur. Dieses Wissen suchte er freilich auf bekömmliche Weise den Zeitungslesern und Rundfunkhörern zu verabreichen. Auf bekömmliche Weise - das hieß: angerichtet mit jener Kunst der pointierenden, überraschenden, auch lustvoll spielerischen Formulierung, für die er bei sich eine schon jugendliche, ihm selbst unerklärliche Begabung erkannt hatte.

Noch in der Schule, die er aus kleinbürgerlichem Sicherheits- und Beschränkungsdenken der Familie mit der 'Mittleren Reife' verlassen mußte, wurde Horst Stern nachgesagt, er könne sogar seinen Deutschlehrer „an die Wand schreiben".(26) Häusliche Förderung hatte diese Fähigkeit, das Deutsche geläufiger und phantasiereicher zu handhaben als andere, nicht erfahren, weder durch eine Ermunterung zu weitgestreutem Lesen noch durch Interessen der Mutter, der Großeltern oder dann des Stiefvaters. Die Banklehre, der mehrjährige Arbeitsdienst, der aus riskanter Erwägung angenommene Kriegsdienst bei den Fallschirmjägern drängten die frühe Erfahrung einer besonderen Fähigkeit unerbittlich ab, und selbst in der amerikanischen Gefangenschaft konnte sie nur verdeckt eine Wirkung gewinnen, in der Leichtigkeit, mit der Horst Stern im Zuge eines Fernstudiums - angelsächsisches Recht „und im Nebenfach noch angelsächsische Literatur" - sich einen idiomatischen Gebrauch des Englischen erarbeitete. Das eröffnete ihm dann einen Broterwerb als Dolmetscher.

Aber es ist bezeichnend, daß Stern in der Lagerbibliothek an den Schriften Lessings und Lichtenbergs fast wie mit einer Erleuchtung wahrnahm, „daß das Deutsche sehr viel biegsamer, schmiegsamer und auch nuancenreicher ist als etwa das Englische".(27) Es sind die Texte von brillanten Aufklärern, die ihn an eigenes Sprachvermögen erinnerten. Folgerichtig entstanden in den Jahren danach die ersten literarischen Versuche - Gedichte, ganz auf den konventionellen Ton der bekennenden Selbsterforschungs-Lyrik jener Nachkriegsjahre gestimmt, und eine Kurzgeschichte, ganz im Stil des verknappenden 'Realismus' der sogenannten Jungen Generation, die ihre Kriegserlebnisse zu verarbeiten sucht.(28)

Die literarische Ambition hat Stern nie losgelassen, aber sehr spät erst - im Alter von über sechzig Jahren - gestand er sich zu, aus ganzer Kraft sich ihr zu überlassen. Als ihn noch während der Zeit des Tageszeitungs-Journalismus der Freund Wolfgang Bechtle aufforderte, ins Feld der Literatur hinüberzugehen, schätzte er nüchtern die Chancen eines freien Schriftstellers ein, sich und seiner Familie ein Auskommen zu verschaffen. (30) Rückblickend gibt Stern aber auch zu verstehen, daß er den Beruf eines „Dichters" für sich gar nicht definieren konnte, das heißt: in der Identität als Literat keine auszufüllende Rolle sah, die ihm eine Position in den zugänglichen Feldern hätte verschaffen können. Er war zu dieser Zeit - Mitte der fünfziger Jahre - bereits „mit Leib und Seele" Journalist, hatte sich einen Namen in der Branche gemacht und ein Selbstsicherheit gewährendes Können akkumuliert.

Die Entscheidung, aus der literarischen Ader nicht das Elixier für einen Hauptberuf zu gewinnen, war erstens nie endgültig. Zweitens ließ Stern je länger desto mehr von der 'Lust an der Sprache' auch in das journalistische Schreiben einfließen. Man könnte fast von einer parallelen Bewegung sprechen: Je vielfältiger sich sein ökologisches Wissen anreicherte - nicht zuletzt im oft freundschaftlichen Umgang mit Fachwissenschaftlern unterschiedlicher Disziplinen - und je tiefer sein fragendes Interesse in die komplexen Naturzusammenhänge hineingeriet, desto konzentrierter arbeitete er auch an der Sprachform des Mitgeteilten. Was ihm zunächst fast wie eine leibliche Eigenschaft mitgegeben schien - die Fähigkeit, prägnanter und phantasiereicher sich auszudrücken als andere -, wurde immer bewußter als genuin journalistische Kunstfertigkeit und als legitimes Wirkmittel begriffen wie eingesetzt.

Als die Universität Hohenheim 1974 dem hochgelobten Fernsehmacher und Wissenschaftsvermittler Stern den Ehrendoktor verlieh, erklärte er in seiner Promotionsrede die emotional anrührende, die pointiert verdichtende, die farbig umschreibende Ausdrucksweise des verantwortlich auf Sache *und* Publikum hin abwägenden Journalisten zur kennzeichnenden Aufgabe seines Metiers.(31) Sprache war also für Stern zu dieser Zeit auch bei der journalistischen Arbeit längst mehr als ein Medium zur bloßen Vermittlung von Wissensbeständen, von Tatsachen, von Forschungsergebnissen. Der Wissenschaftsjournalismus erschöpfte sich für ihn nicht in der gleichsam neutralen Übersetzungsleistung, mit der hochkomplizierte und mitunter extrem subtile Forschungen für die sogenannten interessierten Laien 'aufbereitet' werden. In der Handhabung des Ausdrucksvermögens sind das Engagement und die Verantwortung des Journalisten mit enthalten: Die ausgefeilte, die zündende, die bildlich verdichtende Formulierung lädt den mitzuteilenden Sachverhalt, die weiterzugebende Einsicht noch einmal auf, eben mit der unverzichtbaren inneren Beteiligung des Schreibenden, die sich in nichts als den gelingenden Sätzen inkarnieren kann. Horst Stern hängt damit die Zielvorgabe für einen im Wortsinn gewissen-haften und zugleich wirkungssüchtigen Journalismus sehr hoch: Das Ethos an der Sache und die Raffinesse der Schreibweise sollen ineins fallen.

Stern wußte natürlich schon immer, daß es sich im Alltagsgeschäft auch der anspruchsvollen journalistischen Tagesarbeit um eine riskante Spannung handelt. Er war, was deren Gelingen angeht, stets mißtrauisch gegen sich selbst. Denn die Begabung zur höher gespannten, gelegentlich überrumpelnden oder gar zustoßenden sprachlichen Formung, mit jedem Text neu trainiert, und die Neigung, selbst blasseste Genres - wie etwa das Logbuch oder den Landfunk-Beitrag - literarisch einzufärben, trieben auch die Zweischneidigkeit dieser Ambition hervor. Mehr als einmal ließ ihn eine Redaktion wissen, der abgelieferte Artikel, der Bericht, die Reportage, der Kommentar sei für die Leserschaft zu 'anspruchsvoll geschrieben', schmecke zu sehr nach Literatur, mute zu viel an arrangierter Wortkunst zu.(32) Das konnte Stern nicht immer als nivellierende Rücksicht auf ein 'durchschnittliches Publikum' abtun oder als falsche Gleichsetzung von faktengesättigtem mit farblosem Schreiben. Die mahnende Rückmeldung wies auch auf ein Risiko hin, das der Formulierungsgabe generell innewohnte.

Horst Stern hat es nur einmal öffentlich erwogen, da aber mit der ihm unerläßlichen Schärfe der Selbstbefragung und mit bemerkenswert aufgeladenen Sprachbildern, in der bislang nicht gedruckten 'Überlinger Rede'. (33) Zunächst nimmt sich die Betrachtung fast wie eine Publikumsschelte aus - „hatte ich doch oft Gelegenheit zu bedauern, daß die Kritik den ästhetisch-formalen Aspekten meiner publizistischen Arbeit breiteren Raum gab als den materiellen Anliegen."(34) Aber das Nachdenken richtet sich, nach großen, mit weiträumigen Metaphern bestückten Umwegen, auf die eigene Schreibart und ihre unbezweifelbaren 'poetischen Einfärbungen', auf die sich immer neu einstellenden „ambitionierteren Worteinfälle". Der Zug zum Literarischen erscheint dem 'Gebrauchstextautor' verdächtig - „Ich sah die Gefahr, daß ich die feinen Haarrisse in meiner poetischen Substanz mit Sprachkunst verkleben könnte." Er entscheidet sich lieber dafür, die „schreiberische Brache zugunsten von Wissensansammlung liegenzulassen, den Kunstdünger der hochreichenden literarischen Ambitionen auszuschwemmen."(35) Die Bilder verraten viel - das schriftstellerische Talent, von dessen Substanz doch in Wahrheit das journalistische Schreibvermögen zehrt, muß 'brach liegen'. Hier scheint sie durch die sprachlichen Bilder hindurch, die Kluft zwischen der Verpflichtung des Journalisten auf das Wissen-Wollen, auf die Gewißheit des Faktischen einerseits und der lustvoll-assoziativen Freiheit des Schriftstellers andererseits. So sehr Stern betont, der gekonnte Umgang mit Sprache sei die „Brücke" über dieser Kluft (36), so sehr driftet auseinander, was doch der Idealvorstellung nach zusammengehen soll: die beinahe asketische Konzentration auf die 'Sache' und das gekonnte 'Spiel mit der Sprache'. Im Roman 'Klint' wird daraus eine innere Spannung des fiktiven, ökologisch sensibilisierten Journalisten, die sein Gemüt spaltet, bis in die Schizophrenie.

Dort wird der Gegensatz, ins Innere einer literarischen Figur hineinfabuliert, zwischen der Faktenhuberei, zugleich dem anbiedernd Zeitgeistigen des journalistischen Schreibens und der kühn schweifenden Phantasiearbeit des Literarischen aufgebaut. Aber Sterns Denken ist, wie gesagt, weit über diese Konstellation hinaus von Spannungsbögen gekennzeichnet. Aus ihnen speist sich das Unbequeme, das Unbotmäßige und oft Provozierende seines Werks, aber auch das Bedürfnis zu differenzieren, für das er zumindest im Fernsehen keinen Raum sah.

Der Spannungszustand gilt bereits für die Basis der journalistischen Tätigkeit. Für Stern besteht sie zu allererst in der Verpflichtung auf 'Fakten', auf gesichertes Wissen. Er erklärt sogar, mit einem verblüffenden Wortspiel, das Ge-wissen des Journalisten bestehe eben im überprüften Wissen.(37) Deshalb hat Horst Stern auch immer wieder stolz darauf verwiesen, in seiner vierzigjährigen publizistischen Tätigkeit sei ihm niemals ein justiziabler Fehler nachgewiesen worden, nie habe er sich öffentlich berichtigen müssen.

Aber gerade dieser Zwang, jede Aussage abzusichern, mehrfach zu kontrollieren, notfalls belegen zu müssen, der doch Erkennungsmerkmal des guten Journalismus sein soll, wird immer wieder und immer mehr als hemmende, beengende Panzerung des Sprachvermögens erfahren. Schon in frühen Texten strapazierte Stern daher die eisernen Regeln des journalistischen Handwerks, öffnete die harten Klammern, die er um seine Ausdrucksfähigkeit gelegt sah, etwa in Reportagen wie denen über die Antarktis.(38) Und in den achtziger und neunziger Jahren suchte er immer entschiedener die Formen, die das Stahlkorsett des Mitteilungs-Journalismus definitiv aufbrachen, auf das er doch so hochtönend gepocht hatte. Diese Formen - der große Essay, der reflexiv und geschichtlich vertiefte Reisebericht - sind in mehreren Fällen bereits die Vorstudien zu den Romanen.(39)

Im lange Zeit emphatisch bejahten Beruf können sich also das herausgestrichene Ethos der Verläßlichkeit, der Tatsachentreue, des sicher Gewußten und der ebenso unerläßliche 'Mut zur Sprache' gegenübertreten. Es gibt für Stern keine gefällige Auflösung der Spannung, im Gegenteil: Je mehr er 'weiß' und mit Genauigkeit, ja Schärfe meint sagen zu müssen, desto schwieriger wird ihm die Disziplinierung zu einer 'handwerksgerechten' journalistischen Schreibweise. Im Alter, mit den angesammelten Erfahrungen, erhöht sich eher die Risikobereitschaft: Glossen wie 'Die neuen Wölfe', kürzlich in der WOCHE veröffentlicht, überschreiten mit der von Zorn angereicherten Bildlichkeit entschieden die ungeschriebenen Gesetze des abgesicherten Journalismus.(40)

Spannungsreich nehmen sich aber auch die Einsichten aus, die Horst Stern in seinem zentralen Lebensthema gewinnt, dem Umgang mit Natur, wie er für unsere Gesellschaft charakteristisch ist. 'Natur' selbst wird zu einer von Gegensätzlichkeiten durchzogenen Größe. Zum Beispiel wurde Stern nicht müde, für den Naturschutz eine Entschiedenheit zu fordern, die jede billig zu habende, politisch gut verkäufliche Versöhnung von Schutzmaßnahmen für gefährdete Lebenswelten mit touristischen oder landwirtschaftlichen oder verkehrstechnischen Nutzungen verbietet.(41) Immer wieder handelte er sich heftigen Ärger mit Politikern und Verbandsvertretern ein, weil er für die letzten Inseln halbwegs sich selbst überlassener 'Natur' radikaleren Schutz vor den Menschen verlangte, als ihn so manche gesetzliche Bestimmung und praktische Regelung vorsah. Die großen Reden aus den siebziger Jahren zu den Grundsatzfragen eines Naturschutzes, der seinen Namen verdient, ließen an Deutlichkeit nichts zu wünschen übrig. Argumentativ verbaute Stern jeden taktischen Kompromiß, der zu Lasten der Refugien für Tier und Pflanze gehen müßte. Er klagte u.a. nicht bloß ein strenges Wegegebot in Nationalparks ein, er wollte die Menschen aus eng umgrenzten Kernzonen schützenswerter Gebiete auch gänzlich ausgeschlossen wissen. Die Probleme, die er damit für ein dicht besiedeltes, in zumeist kleine und kleinste naturräumliche Einheiten zersplittertes Land wie die Bundesrepublik auf den Tisch legte, gelten heute unvermindert. Sterns Texte müßten nach wie vor Elementarlektüre für jeden sein, der sich mit der Sache befaßt.

Aber Stern sah ebenso scharf und viel früher als die meisten für den Naturschutz Engagierten, daß in unserem Land 'Natur' nahezu überall in einer Verfassung ist, in die menschliches Handeln sich längst eingeschrieben hat. Stellvertretend führte er diese Erkenntnis an der Alpenlandschaft vor, mit seinem Fernsehfilm 'Bemerkungen über eine Urlaubslandschaft'. Der Untertitel lautet 'Wer Alpen sagt, muß auch Bauer sagen'. Programmatisch beginnt der Film mit der These „Es ist endlich der oft gesungene und noch öfters gedruckte Irrtum auszurotten, der Alpenraum sei noch so etwas wie unberührte Urnatur."(42) Mit der Rodung eines sehr großen Teils der ursprünglichen Bewaldung seien die Alpen bis in Hochlagen hinauf schon vor Jahrhunderten zu einer Kulturlandschaft geworden, durch menschliche Arbeit in einer heiklen Balance von Nutzung und natürlicher Regulation gehalten. An der verfehlten Forstwirtschaft und Jagdpolitik unserer Tage führte Stern vor, welch verheerende Folgen eine unbedachte und kruden Wirtschaftsinteressen verdankte Mißachtung dieser in Generationen austarierten Balance hat. Die Folgerung: Bewahrung von 'Natur' in diesem scheinbar so ursprünglichen Lebensraum ist ohne eine stete, aber maßvolle und ökologisch abgewogene 'Pflege' durch Menschen nicht zu haben. Stern selbst widmete ja seine Tätigkeit als Nebenerwerbslandwirt den damit aufgeworfenen praktischen und analytischen Problemen. Die Rückkehr zu einem lange schon hinweggearbeiteten 'Urzustand' ist ausgeschlossen, was als 'Natur' gelten kann, schließt menschliche Einwirkung unaufhebbar ein.

Auch hier befindet sich Stern an den vordersten Linien der wissenschaftlichen Erkenntnis. Die Humanökologie hat sich gerade beim Alpenraum mit den komplizierten Mechanismen des Mensch-Umwelt-Verhältnisses in traditionalen Nutzungsweisen befaßt.(43) Fern jeder Verklärung vormoderner Lebensweisen können die beteiligten Wissenschaften doch feststellen, daß selbst vergleichsweise intensive Nutzungen und starke Eingriffe von einem Traditionswissen und ungeschriebenen Regularien gesteuert wurden, die subtile und wirksamere 'Rückkoppelungen' zwischen den 'natürlichen Systemen' und den menschlichen Eingriffen enthielten, als unsere hybride Technologie und Wissenschaftlichkeit sie auszubilden erlaubt. Was Stern pointierend im Massenmedium Fernsehen vorführte, hatte Hand und Fuß des aktuellen Forschungsstandes. Wie immer, erarbeitete er sich sein Wissen, das die Substanz seiner publikumswirksamen Texte und Filme ausmacht, gewissermaßen als Autodidakt. Er suchte den Austausch mit den Fachwissenschaftlern, er lernte unentwegt von ihnen, er stellte ihnen auch respektlose Fragen, aber er verstand sich stets als ein Nehmender - daß er nicht selbst hatte Wissenschaftler werden können, zeigt er als vernarbte lebensgeschichtliche Enttäuschung selten genug vor.(44)

Aber Stern hatte den allermeisten Wissenschaftlern eines voraus: Seine Neugier und seine Suche nach sicherem Wissen, nach unbezweifelter Erfahrung brachten ihn dazu, Erkenntnis aus dem eigenen gelebten Leben zu gewinnen. So begann sein Interesse für Tiere damit, daß er mit denen, die ihm buchstäblich zugetragen wurden, täglich und stündlich umging, angeregt durch seinen Tier-Freund Wolfgang Bechtle. Und so erprobte er noch die Einsicht in die unerläßliche bäuerliche Pflege des 'Naturraums' Alpenlandschaft gewissermaßen mit allen Fasern der Existenz, als geradezu schuftender Nebenerwerbslandwirt im Allgäu. Das Projekt einer Beweidung aufgelassener Hanglagen durch Bergschafe, genauestens wissenschaftlich begleitet, war eben nicht aus dem Bemühen entsprungen, 'reine Natur' in der Voralpenlandschaft zu bewahren. Es verdankt sich dem Protest gegen eine „Verdüsterung" der alten Kulturlandschaft des Allgäu, also gegen eine Verminderung auch der ästhetischen Qualitäten der Region. Diese menschengemachten Qualitäten sah Stern gefährdet durch großflächige Aufforstungen aus rechnendem Nutzholz-Denken.(45)

So beredt und beschlagen Stern gegen de-regulierende Eingriffe der Menschen in natürliche Lebenszusammenhänge polemisierte - etwa bei der „Verhaustierung von Wild" in den deutschen Wäldern durch falsche Hege -, für so unaufkündbar hielt er die Aufgabe, im 'durchkultivierten' Mitteleuropa die entstandenen Naturkomplexe mit klug geleiteter Menschenhand in verträglichem Zustand zu halten.

Sein differenziertes Denken, das die extremen Spannungen unseres gegenwärtigen Weltzustandes nicht in simpler Radikalität kurzschließen konnte, hinderte ihn nicht an entschiedenen Stellungnahmen und unliebsam klaren Forderungen. Fast schon legendär sind seine schockierenden Attakken auf eine vorherrschende Jagdpraxis, bei der die Sucht nach der kapitalen Trophäe und dem 'kräftigen Wild' vor jeder ökologischen Vernunft regiert. Sein vielleicht bekanntester Fernsehfilm, 'Bemerkungen über den Rothirsch', war nur eine Etappe in den nachhaltigen Angriffen auf die Schönrednerei vom Jäger als dem 'Stellvertreter des Wolfs' und vom 'edlen Ringen mit dem Wild'. Mit einer heute undenkbaren Kühnheit der Programmplanung placierte der Süddeutsche Rundfunk den Film zur besten Sendezeit am Heiligen Abend 1971 - einen Film, der sich zu der schier unerträglichen Sequenz verdichtete, in der Stern eine von falschem Pathos dröhnende Hubertus-Rede mit insistierenden Bildern von der Schlachtung eines Hirschs unterlegte; einen Film, der mit dem ruhestörenden Satz endete „Man rettet den deutschen Wald ja nicht, in dem man 'O Tannenbaum' singt."(46) Und Sterns Offener Brief an den damals amtierenden Bundespräsidenten, den „Jäger Walter Scheel"(47), respektlos den Operettenzauber der Diplomatenjagden bloßstellend, führte immerhin zu Sitzungen im Präsidialamt und schließlich zur Abschaffung der bundesherrlichen Jagd.

Bei solchen Galoppaden gegen Gesetzgeber und Lobby, gegen Geschäftemacher und falsche Tierfreunde scheute Stern nicht vor drastischen Verknappungen, ja vor Sinnverkürzung durchs knallende Bonmot zurück. Im Rothirsch-Film setzte er, auf die Überzahl an Schalenwild zielend, den Kalauer ein „Zuviel Boom, zuwenig Bum."(48) Mit solchen Sprüchen schien die Sache einprägsam und zitierbar gemacht. Stern wußte genau, daß die modernen Massenmedien immer wieder die Vereinfachung verlangen. Er bediente sie, seine Absichten kalkulierend, ein Stück weit - und arbeitete ein paar Sätze weiter doch gegen die „Gedankenfeindlichkeit" des journalistischen Gewerbes an.(49)

Vor allem aber verfuhr Stern, auch darin professioneller Medienpraktiker durch und durch, nach der Devise 'Eine Sache zu Zeit'. Der unbeirrte, über Jahre wiederholte Ruf nach einer von Grund auf geänderten, von ökologischem Wissen her gedachten Jagd- und Forstpolitik richtete sich auf eine solche, ihm wesentliche Sache. Die enthielt die auf den ersten Blick paradoxe Quintessenz, daß es auf absehbare Zeit massiven menschlichen Einwirkens in den 'Naturhaushalt' des deutschen Waldes bedürfe - unter anderem mit drastischen Abschußregeln -, damit ökologisch stabile, 'naturnahe' Wälder allmählich an Boden gewönnen.

Daß er solchermaßen nachdrücklich eines der Probleme traktierte, die einer essentiell wichtigen 'Restnatur' in unseren übernutzten Landschaften zu schaffen machen, und daß er dabei ein festgeschnürtes Bündel von Forderungen und Vorschlägen hochhielt, hinderte ihn doch nicht daran, in anderen Zusammenhängen die ganze Fragwürdigkeit, ja unheilbare Widersprüchlichkeit des erforderlichen Handelns vorzubuchstabieren. Er hatte ja keine Mühe nachzuweisen, daß die pflegenden und schützenden Maßnahmen für *eine* vorgefundene oder beförderte Tier- und Pflanzengruppierung *andere* mögliche Gruppierungen auf den gleichen Arealen zurückdrängten oder verhinderten. In einer späten Glosse hat er die damit gegebene, unausweichliche Schwierigkeit an dem absurden Beispiel illustriert, daß man die forstpolitisch verteufelten Kahlschläge als Rettungsmaßnahme für eine Lerchenart in Erwägung ziehe.(50) Es wird deutlich: *Welche* 'Natur' geschützt, wiederhergestellt, befördert werden soll, ist allemal eine letztlich politische Entscheidung - sofern Politik noch mit Wertfindungen in der Gesellschaft zu tun hat. Es gibt hierzulande keine politisch-kulturelle Unschuld eines Eintretens für 'die Natur'. Dies ist der tiefere Grund dafür, daß Horst Stern sich darüber klar wurde, nur mit politischen Filmen hätte er seine Sendereihe im Fernsehen fortsetzen können.

Daß Stern mehr und mehr in die politischen Dimensionen einer ernsthaft ökologischen 'Tierkunde' hineingeriet, ist nicht nur den offenkundigen Vorgaben der Politik für unseren Umgang mit den sogenannten Nutztieren geschuldet, ob nun bei den Transporten des Schlachtviehs oder der Hühnerhaltung in Legebatterien oder der Schweinemast. Auch die Befassung mit den Wildtieren wies in die gleiche Richtung: Sobald Stern über die anfängliche Faszination durch die Körpervorgänge in den Tieren, durch ihr Verhalten, durch das Entstehen ihrer arteigenen 'Biologie' hinausgelangte, kamen ihr Lebensraum und ihre Lebensbedingungen in den Blick. Die aber sind in einer nahezu flächendeckend 'regulierten' Landschaftsgliederung wie hierzulande von im weitesten Sinn politischen Entscheidungen abhängig.

Stern war anfangs fasziniert von Erkenntnissen darüber, wie die Tiere 'funktionieren'. Er wollte sich alles aneignen, was die Wissenschaften über den Stoffwechsel, die Verhaltensweisen, die Sinnesorgane, die Überlebensstrategien der einzelnen Tierarten herausgefunden hatten, und er stellte das Angelesene auf das Fundament eigener Beobachtungen. Stern war bereits Mitte der sechziger Jahre, von den konkreten Lebensbedingungen bestimmter einheimischer Tiere ausgehend, bei Fragen nach ihren Lebensräumen auf der zivilisatorisch überformten Erdoberfläche angelangt. Das heißt: Auch die Wildtiere mußte er in einer unmittelbaren Abhängigkeit von menschlichem Handeln sehen.

Es führt eine gerade Linie in Horst Sterns Arbeiten von den frühen, beinahe feuilletonistischen 'Plaudereien', die einzelne Tierarten vorstellten, über die Einblicke in ihre Lebensräume und menschenabhängigen Daseinsbedingungen bis zu den provozierenden, anklagenden Filmen vom Leiden und Sterben, von der widernatürlichen Existenz und der rücksichtslosen Deformierung uns 'nahestehender' Mitgeschöpfe und schließlich bis zu den grundsätzlichen, an die Zentralnerven unserer Gesellschaft rührenden Überlegungen in politischer Ökologie.

Folgerichtig konnte es für Stern auch keinen prinzipiellen Unterschied zwischen der Beschäftigung mit Wildtieren, mit Haustieren und mit Nutztieren geben. Immer lauteten die leitenden Fragen: Wie behandeln wir sie im Hinblick auf ihr Recht zu einem 'artgerechten Dasein'? Welche Lebensbedingungen räumen wir ihnen ein? Welchen 'Nutzen' verlangen wir ihnen ab? Welche Auswirkungen unseres Handelns muten wir ihnen zu? Mit welchen Einstellungen begegnen wir ihnen? Von welchem Wissen über sie lassen wir uns leiten? Welchen 'Wert' messen wir ihrer Existenz und ihrem Vorhandensein in 'natürlichen Abläufen' zu?

Solche Fragen richteten sich auf die Tiere, auf ihre Daseinsbedingungen von der industriellen Kasernierung bis zu den sich scheinbar ganz selbst regulierenden Lebensgemeinschaften. Aber die Fragen enthalten ja auch eine

Gegenrichtung, weisen auf die Menschen als die vorgeblichen 'Herren der Schöpfung' zurück: Nicht nur die 'Natur-Katastrophen' und die schleichenden ökologischen Desaster unserer Zeitläufte erinnern uns daran, daß wir trotz aller hybriden technologischen Errungenschaften auf die natürliche Basis unserer Existenz unaufkündbar angewiesen sind. Auch im scheinbar unschuldigen Umgang mit einem gehätschelten Haustier oder im unbedachten Desinteresse am Vorhandensein einer unauffälligen Spezies ist die Mahnung enthalten, uns nicht einer mit der tierischen verbundenen Kreatürlichkeit enthoben zu wähnen. Denn, so hat es Horst Stern nicht nur einmal formuliert, „in einer Welt ohne naturbelassene Tiere und Pflanzen" wäre spätestens unseren Kindern „mit den Naturgeschöpfen der einzige Maßstab abhanden gekommen, an dem sich ablesen läßt, was uns vor uns selber rettet: die Einsicht, daß wir ein Teil der Natur sind, nicht ihr ein und ihr alles."(51)

Diese Naturhaftigkeit unseres zivilisatorisch manipulierten Lebens, die uns buchstäblich den Kreaturen gleich-stellt, wird uns nirgends so erschreckend von den Tieren vorgehalten wie dort, wo wir sie ganz unmittelbar zu Stellvertretern für unsere Leiblichkeit machen: in den Tierversuchen für medizinische und pharmakologische Forschung und Fabrikation. Dieser Thematik sei er lange ausgewichen, sagt Stern zu seinem letzten, großen Fernseh-Projekt.(52) Er wußte: Wenn er die Sache anging, konnte es nur zu fürchterlichen Mißverständnissen kommen. Denn nicht nur die erklärten Tierversuchsgegner erwarteten von ihm ein vernichtendes Urteil, eine fernsehwirksam ausgestrahlte Anklage gegen die Praxis einer oft quälenden, in riesigem Ausmaß tödlichen Erprobung von Medikamenten, medizinischen Techniken und chemischen Wirkungen an Tieren. Was Stern dann in seinem Dreiteiler zeigte, waren tatsächlich über weite Passagen kaum noch erträgbare Bilder. Aber eine pauschale Anklage, gar eine von manchen ihm abverlangte Denunziation der zu Wort kommenden Forscher lieferte er nicht. Wer sich mit seinen voraufgehenden Arbeiten ernstlich beschäftigt hatte, der hätte es wissen können: Auch der wahrhaftig beklagenswerte, jedes Mitleiden erledigende Umgang mit Tieren in den Forschungslabors mußte für Stern eine nahezu zwangsläufige Folge unserer modernen Lebensweise sein, nämlich unserer Erwartung auf Heilung oder Linderung von Krankheiten und Beeinträchtigungen, die wir doch zum guten Teil selbst durch die Unvernunft unseres alltäglichen Handelns, durch die 'Naturferne' unserer gesellschaftlichen Verhältnisse hervorbringen. Indem Horst Stern eine leichtgängige moralische Empörung und eine entlastende Schuldzuweisung an die vorgeblichen 'Sadisten im weißen Kittel' verweigerte, stand er plötzlich für viele als „Verräter an der eigenen Sache" da.(53) Dabei hatte er nur die Maximen seines Fragens und Erkundens auf das bis dahin heikelste der Felder angewandt, auf denen sich menschlicher Umgang mit Tieren abspielt. Auch hier wollte er herausfinden, 'was wir mit den Tieren machen' - das aber mußte heißen: wir, aufgrund unserer Interessen und Bedürfnisse und ethischen Normen. Damit standen unweigerlich die Ursachen für die Tierversuche weit stärker zur Debatte als die entsetzliche Praxis vieler Experimente selbst. Stern war sich mit diesen Filmen treu geblieben, auch wenn das manche zu bösen Verunglimpfungen trieb, die in ihm den gelobten Schutzpatron für die Tiere 'aus reiner Liebe zur Kreatur' sehen wollten.

Ohne daß er es eigens hervorkehrte, setzte Stern in den Filmen über 'Tierversuche in der Pharma-Forschung' auch seine eigene Einstellung zu den Naturwissenschaften einer harten Prüfung aus. Denn die methodische Grundlage der neuzeitlichen Naturwissenschaften überhaupt - das Experiment - stand ja mit den Tierversuchen unter dem unabweisbaren Verdacht, die schrecklichsten Perversionen des Erkenntnisdrangs und legitimen Forschungsinteresses hervorzubringen.

Wiederum schärfte Stern damit ein Problem nur aufs Schmerzhafteste zu, das ihm schon aus früheren Recherchen und Debatten vertraut war: Gerade bei der Erforschung der lebenden Kreatur standen die 'harte', experimentell abgesicherte Wissenschaftspraxis und die Evidenz der unmittelbaren Anschauung für ihn nicht selten schroff einander gegenüber. Erneut tut sich eine der grundlegenden Spannungen auf, die Sterns Denken durchziehen: Auf der einen Seite ist ihm die Wissenschaft, die empirisch verfahrende Naturwissenschaft zumal, das oberste 'Erkenntnisorgan' für das überprüfbare Wissen von den Naturerscheinungen. Deshalb suchte er auch, über die Lektüre von Forschungsergebnissen hinaus, den Kontakt und Austausch mit den Fachwissenschaftlern, um ein Stück weit selbst Einblick in den Prozeß der Kenntnisgewinnung zu bekommen. In seinen Schriften, Reden, Filmen zitierte er häufig die Forscher, griff auf ihre Daten und Schlüsse zurück. Wissenschaft und verläßliches Wissen schienen für ihn weithin synonym.

Auf der anderen Seite erhob Stern immer wieder Einspruch gegen Experimente und wissenschaftlichen Erkenntnisgewinn: Das aufwendige, allein aufs Meßbare erpichte Forschen am isolierten Einzelphänomen wurde ihm geradezu der Inbegriff eines menschlichen Interesses an der Natur, das deren verflochtene Zusammenhänge verfehlt und des allein tragfähigen „Gefühls für das sinnenhafte Leben" verlustig geht.(54) So hielt Stern oft dem akademischen Spezialistentum und der Wahrnehmungsblindheit bei experimenteller Datenerhebung als überlegene Befähigung zur wahrhaftigen Erkenntnis den 'gesunden Menschenverstand' entgegen, genauer: die Einsicht aus sensibilisierter Anschauung.

Ihm waren die Vorurteile und Borniertheiten geläufig, die dem sogenannten gesunden Menschenverstand einwohnen können. Deshalb ist ihm die 'Evidenz der Anschauung' auch ohne ein Vorwissen, ohne die interessegeleitete Öffnung der Sinne nicht denkbar. Aber diese Evidenz galt ihm in vielem als der kürzere Weg zur Wahrheit, als der festere Grund der Überzeugung. Oft ist sein Satz „Die Wahrheit ist einfach" zitiert worden. Zu diesen Wahrheiten gehöre zum Beispiel, „daß das Huhn ein Huhn ist und im Sand baden und scharren und picken will."(55) Um derlei zu erkennen, an dem das Wohl und Wehe der Tiere hänge, brauche es die Wissenschaft nicht. Gerade für den Fall der Hühnerhaltung in Legebatterien hat Stern Sinn und Unsinn naturwissenschaftlicher Forschung in heftigen Kontroversen zur Debatte gestellt.(56) Und er hat übrigens mit seinen Fragen ein kleines Stück weit selber Forschungsgeschichte mitgeschrieben, indem er die Ethologen zur Beschäftigung mit der modernen Nutztier-Haltung veranlaßte. Aber er hat sicher nicht im Sinn gehabt, daß er mit seinem Vorbehalt gegen eine Wissenschaft, die nur am Meßbaren interessiert ist, die Grundfesten neuzeitlicher Wissenschaftsideale anrühren könnte.

Auch seine Haltung im Spannungsbogen zwischen Verläßlichkeit der wissenschaftlichen Erkenntnis und Evidenz des Augenscheins will nicht auf einseitige Entscheidung hinaus. So klar und unmißverständlich er in den konkreten Fragen unseres praktizierten Umgangs mit den „Naturgeschöpfen" und ihren Lebensräumen Stellung bezogen hat, so sehr blieb er sich der unauflösbaren Widersprüchlichkeiten im menschlichen Handeln bewußt. Einer seiner vorläufig letzten großen Zeitungsbeiträge formuliert dazu tatsächlich ein Credo - das 'credo quia absurdum' des Tertullian, das auf die Evolution gewendet besage, „daß das Widersprüchliche in ihr kein Grund sein kann, den Glauben an die Notwendigkeit des Schutzes ihrer Voraussetzung, eine ungestörte Natur, aufzugeben."(57)

Man sollte dies nicht als kontemplativ gewonnene Altersweisheit abtun. Geheime und offene Spannungen, ja Widersprüchlichkeiten haben Horst Sterns Denken schon immer durchwirkt. Aber sie waren und sind etwas ganz anderes als Ungereimtheiten oder Resultate ungenauen Arbeitens. Sie repräsentieren als Formen des intensiven Nachdenkens auf das Angemessenste jene fundamentalen, oft heillosen und gewaltsam aufbrechenden Widersprüche, in die wir unser modern 'westliches' Verhältnis zur Natur hineingetrieben haben.

Ein Spannungsverhältnis allerdings - das nicht den Naturbezügen zuzuschlagen ist, sondern den bedenklichen Verhältnissen in unseren Medienöffentlichkeiten - hat Horst Stern nie als produktiv und herausfordernd empfinden können: die Diskrepanz zwischen publizistischer Anerkennung, ja mit Preisen beglaubigtem Ruhm und praktisch-politischer Wirkungslosigkeit. Die Bilanzen, die er immer wieder für sich aufgemacht hat, fielen durchweg negativ aus. Seine gefeierten Reden und vieldiskutierten Filme mußte er für sich oft als Festschmuck und Alibiveranstaltung qualifizieren. Auch sein praktisches Engagement - etwa für den Nationalpark Bayerischer Wald, als Naturschutzbeauftragter des Landkreises Lindau, als Mitbegründer der 'Gruppe Ökologie' und der Wildbiologischen Gesellschaft - brachte ihm wenige Erfolgserlebnisse ein. Seinen letzten großen publizistischen Einsatz, mit der Gründung der Zeitschrift 'natur', sah er auf ein Einschwenken des Blattes in den mainstream der werbeträchtigen Öko-Zeitschriften hinauslaufen und sprang ab.

Freunde und Sympathisanten haben ihn immer wieder darauf zu verweisen versucht, daß er de facto doch vieles bewegt habe, bis hin zu Gesetzesänderungen und zu neuen Fragestellungen der Forschung. Und sein Beitrag zum 'ökologischen Bewußtseinswandel' in der Bundesrepublik werde vielleicht erst aus einigem Abstand, aus der geschichtlichen Distanz ins richtige Verhältnis gesetzt werden.(58)

Stern konnte und mußte auch auf die Wirkungen hoffen, die er unterhalb der vom harten Geschäft geformten Tagespolitik vielleicht erzeugt hat. Aber daß er mit aller Schärfe der Argumentation und aller Raffinesse der publizistischen Rhetorik so wenig an der ökonomistisch verkrusteten Oberfläche des Zeitgeschehens kratzen konnte, hat ihn umgetrieben, manchmal auch sarkastisch und bitter gemacht.

Dennoch, er weiß und kommt gelegentlich durchaus mit Stolz darauf zu sprechen, daß seine Reden, Filme, Essays, Polemiken und Glossen in vielem immer noch unerreichte Marksteine eines verantwortungsvollen Journalismus sind, mit ihrer thematischen Brisanz, ihrer unerschrockenen Entschiedenheit, ihrer vor allem sprachlichen Kraft.

Der Zweifel an seinen Wirkungsmöglichkeiten hat sich nicht verflüchtigt, nur ist er im Alter weniger von Schwärze eingefärbt. Und ganz ungeschmälert ist Sterns Empfindlichkeit geblieben, die emotionale Energie, die seine Neugier und immer wieder seine Empörung angefacht hat über all die aberwitzigen Manifestationen unseres zutiefst gestörten Verhältnisses zu den Mitgeschöpfen.

4 Das Recht auf Kontemplation

1984 warf Horst Stern von einem Tag auf den anderen Herausgeberschaft und Chefredaktion von 'natur' hin -- und 'verschwand'.(59) Zwei Jahre später erschien sein erster Roman. Die publizistisch konstruierte Öffentlichkeit hatte schon ein Deutungsmuster für diesen Übertritt Sterns in das 'literarische Feld' bereitgestellt: Resignation, Verbitterung, Rückzug - 'wie ein waidwundes Tier' - aus den Gefilden der ökologischen Kämpfe.(60) Nun wurde der Vorwurf des Verrats an der gemeinsamen Sache Natur- und Umweltschutz von manchem 'Weggefährten' erhoben, und bei einigen ist erst Jahre später - so bekennt z.B. Hubert Weinzierl - „der Gram darüber verraucht, daß sich Horst Stern, Mitverlierer so vieler Kämpfe um Moore, Auwälder, Watten und Sände, aus dem Bettelorden der Naturschützer in die Zelle des Grundsätzlichen zurückgezogen hat."(61)

Stern selbst beanspruchte für sich lediglich das Recht eines gealterten Menschen auf Kontemplation.(62) Das kontemplative Leben heißt für ihn aber keineswegs, sich in der Beschaulichkeit einzurichten und untätig zu sein. Die Aufmerksamkeit richtet sich nur stärker als früher nach innen: auf die 'Arbeit' der Emotionen und der Phantasie.

In unserer Kultur gibt es *ein* anerkanntes, hoch bewertetes Reservat für den öffentlichen Ausdruck der Phantasiearbeit: die Künste, allen voran die schöne Literatur. „Als soziale und kulturelle 'Institutionen' bestätigen die Künste, in besonderem Maße die Literatur, die Abspaltung der Phantasiefähigkeit aus der politisch-öffentlichen Verständigung über gesellschaftliche Normen. Erst sekundär, im Kampf um die Positionierung in sozio-kulturellen Hierarchien, beanspruchen die anerkannten Spezialisten für Phantasiearbeit, die Künstler, wieder ein besonderes moralisches Recht, auch in der politischen Öffentlichkeit Gehör zu finden."(63)

Horst Stern hat die gesellschaftliche Spaltung zwischen dem für 'autonom' erklärten Feld der Literatur und den beglaubigten Wirkungsmöglichkeiten in der politischen Arena, etwa über die Massenmedien, sein Leben lang empfunden, ohne sie eingehender reflektiert zu haben. Indem er die eigene Arbeit an literarischen Texten über Jahrzehnte immer wieder 'zurückstellte', sie der inneren Verpflichtung auf die öffentliche Einmischung und die Wirkungsmöglichkeiten des Journalisten wegen sogar als eine latente Irritation des 'sachbezogenen' Schreibens verdächtigte, unterwarf er die gleichwohl ungestillte Ambition für lange Zeit einer sehr zwiespältigen Bewertung: Einerseits speiste sich - wie schon bemerkt - sein journalistisches Vermögen zu einem guten Teil aus der früh wahrgenommenen literarischen Ader, so daß der Stolz des erfolgreichen Medienarbeiters immer auch darauf zurückging, 'besser zu schreiben' als die meisten Kollegen. Andererseits übernahm Horst Stern, sozusagen gegenläufig zur Triebkraft jener 'Schreiblust', in der Lebenspraxis und ihrer Reflexion die Abspaltung und politisch-öffentliche Entwertung des literarischen Schreibens und räumte der publizistischen Arbeit Vorrang ein.

Erst das Alter erlaubt ihm, sich der folgenreichen Dichotomie zu entziehen: Die bewiesene 'Lebensleistung' des beeindruckenden journalistischen Werks - und das heißt auch: der zur Genüge in 'Erfolg' umgesetzte Verzicht auf die literarische Tätigkeit - rechtfertigen nun den Wechsel des Metiers. Der Literat Horst Stern hat sich sozusagen das Recht auf die in Schrift gegossene Phantasiearbeit mit der jahrzehntelangen Dominanz des journalistischen Engagements erkauft. Damit bestätigt er wohl die weithin anerkannten, in den Relationen der 'Felder' wirksamen Normen, die die Literatur als zwar 'hochwertig', aber 'ohnmächtig' erscheinen lassen.(64) Aber der Positionswechsel ermöglicht ihm zugleich eine produktive Verarbeitung jenes Zweifels an der Wirksamkeit des journalistischen Lebenseinsatzes, der mit den Jahren immer unabweisbarer geworden war.

In der Figur des Journalisten Klint konzipiert Stern bislang am radikalsten einen literarischen Ausdruck für diese lebensgeschichtliche Umwertung der belletristischen Befähigung: Gerade weil Klint sich vor den meisten Genossen der Presse-Zunft durch eine wachsende sprachliche Sensibilisierung und Ambition auszeichnet, wird ihm der journalistische Erfolg - und dessen Voraussetzung: die 'faktengesättigte' wie Wirkungen kalkulierende Schreibweise - durch und durch suspekt. Man kann also tatsächlich die These wagen, daß Stern 'im Rückblick', in der nachgetragenen Umwertung der Berufstätigkeit, eben den Verzicht symbolisch abarbeitet, den er sich bis ins hohe Alter auferlegt hatte. Angesichts einer solchen, nur in der Phantasie und ihrem Komplement, der Erinnerung, anstellbaren 'Abrechnung' mit gelebtem Leben erscheint es dann zwingend, die literarische Figur in die tödliche 'geistige Verwirrung' zu schicken: Lebensgeschichtlich ist die retroaktive Umwertung, die Revision der lange angenommenen und behaupteten Normierungen 'unmöglich' - das Verwirklichte läßt sich weder ungeschehen machen noch ohne existentielle Gefährdung negieren -, zugleich aber wird die notwendige, 'lebensrettende' Umpolung der gelebten Normierungen (65) unabweisbar. Die von Rezipienten bis zum Überdruß gestellte Frage „Sind Sie Klint?", die Sterns Zorn reizt, verkennt deshalb gerade, indem die 'symbolische Leistung' der literarischen Konstruktion unbegriffen bleibt, das im genauen Sinn Authentische des Entwurfs.

Aber Horst Stern hat auch selbst den lebensgeschichtlichen 'Sinn' seiner immer neuen Entscheidung, sich das belletristische Schreiben bis fast ins Rentenalter nicht als Hauptgeschäft zuzubilligen, am früh begonnenen Romanvorhaben zum Stauferkaiser Friedrich II. ausgelegt: „Solch ein Buch hat im Leben eines Mannes seine Zeit, und ich bin froh, daß ich damit so lange gewartet habe; ich bin dankbar für die vielen Hindernisse, die sich mir in den Weg gestellt haben und die mich immer zwangen, Umwege zu machen."(66) So werden die „Hindernisse" - die ja in Wahrheit auf Entscheidungen aus eigener Verantwortung zurückgingen - als notwendige und glückhafte Beförderungen eines Reifungsprozesses gedeutet, der erst spät das gewählte Sujet angemessen zu gestalten erlaubt. Daß „die ersten 30 Seiten", bei denen der Autor schon „in den Sechzigern" steckenblieb (67), fast zwei Jahrzehnte lang durch die Schubladen der Lebensstationen wanderten, offenbart so in der autobiographischen Konstruktion seinen lange verborgenen Sinn.

Über die 'Wahrheit' solchen Selbstverständnisses zu urteilen, steht niemand zu. Daß Horst Sterns später Eintritt in das literarische Feld sich nicht einer bloßen Flucht verdankt, einem resignativen Abschied vom Hauptberuf und einer Bilanz stets neuen Scheiterns (68), sondern auch dem Wirken einer geheimen 'Lebensklugheit', sollte man als Interpretation einer wahrhaftig bemerkenswerten Karriere ernstnehmen. Sterns Literatur ist 'Alterswerk', aber durchzogen von den seit frühen Tagen gespeicherten Energien. Nur so wird verständlich, weshalb die Romane an Kraft und Wucht viele Texte von Jüngeren weit hinter sich lassen.

Anmerkungen

(1) (vgl. S.34 in diesem Band).
(2) Lauter Geschichten. Redigierte Auszüge aus einem Interview mit Horst Stern. In: Horst Stern: Das Gewicht einer Feder. Hrsg.v.Ludwig Fischer. München 1997 [im Druck], S.33-79; hier S. 40 (vgl. S. in diesem Band S.21).
(3) Ebd., S.44 (vgl. S.25 in diesem Band).
(4) Ebd. (vgl. S.25 in diesem Band).
(5) Ebd., S.46f (vgl. S.31f in diesem Band).
(6) Im Sinne der Kultursoziologie Pierre Bourdieus (vgl. insbes. Die feinen Unterschiede. Frankfurt/M.1982, S.187ff; dazu u.a. Ingo Mörth/Gerhard Fröhlich (Hrsg.): Das symbolische Kapital der Lebensstile. Zur Kultursoziologie der Moderne nach Pierre Bourdieu. Frankfurt/M.u.a. 1994; Gunter Gebauer/Christoph Wulf (Hrsg.): Praxis und Ästhetik. Neue Perspektiven im Denken Pierre Bourdieus. Frankfurt/M. 1993).
(7) Ebd., S.46 (vgl. S.26 in diesem Band).
(8) Ebd., S.62f. Zur Analyse der Fernsehproduktion als 'Manufaktur' s. Oskar Negt/Alexander Kluge: Öffentlichkeit und Erfahrung. Frankfurt/M. 1972, S.196ff.
(9) Lauter Geschichten [s.Anm.2], S.45 (vgl. S.25f in diesem Band).
(10) S.dazu den Beitrag von Klaas Jarchow in diesem Band.
(11) Zuletzt in: Ulli Pfau (Hrsg.): Das Horst Stern Lesebuch. München 1992, S.189 bis 197.
(12) Lauter Geschichten [s.Anm.2], S.58.
(13) Ebd., S.57.
(14) Wissenschaft und Journalismus. In: Pfau, Lesebuch [s.Anm.11], S.78-94; hier S.85ff.
(15) Dies eingehender etwa anhand der analytischen Instrumentarien der Kultursoziologie Pierre Bourdieus zu erörtern, ist hier nicht der Ort. Vgl. Pierre Bourdieu u.a.: Titel und Stelle. Über die Reproduktion sozialer Macht. München 1978; ders.: Homo academicus. Frankfurt/M. 1988.
(16) S. bes. in diesem Band S.49ff. Vgl. dazu den Beitrag von Ariane Heimbach in diesem Band. Zur Charakterisierung der genannten Positionen etwa: Klaus Bosselmann: Im Namen der Natur. Der Weg zum ökologischen Rechtsstaat. Bern u.a. 1992,

S.250ff; Angelika Krebs (Hrsg.): Naturethik. Grundtexte der gegenwärtigen tier- und ökoethischen Diskussion. Frankfurt/M. 1997; dies.: Ethics of Nature. Amsterdam/Atlanta 1997; Dieter Birnbacher (Hrsg.): Ökologie und Ethik. Stuttgart 1980.
(17) Wissenschaft und Journalismus [s.Anm.14], S.84.
(18) Lauter Geschichten [s.Anm.2], S.58.
(19) [Bund Naturschutz in Bayern e.V.(Hrsg.)]: Mut zur Emotion. Rede von Horst Stern anläßlich der Verleihung des Bayerischen Naturschutzpreises 1973. [München 1973] o.S.; auch in: Kosmos. Jg.70/1974, Nr.12, S.366-372.
(20) Ebd.
(21) Vgl. Was ist an den Naturwissenschaften noch natürlich? In: Horst Stern: Mut zum Widerspruch. München 1974, S.49-62.
(22) Mut zur Emotion [s.Anm.19].
(23) S. schon „Ach, Sie sind Tierfreund?", zuletzt in Pfau, Lesebuch [s.Anm.11], S.17-25; programmatisch dann: Tiere zwischen Vermenschlichung und Vermassung, in Stern, Mut zum Widerspruch [s.Anm.21], S.11-28, bis hin zur Fernsehsendung 'Bemerkungen über den Hund als Ware' (21.1.1976).
(24) Vgl. den Beitrag von Ariane Heimbach in diesem Band.
(25) Lauter Geschichten [s.Anm.2], S.41 (vgl. S.21 in diesem Band). Der Text meines Beitrag stimmt im folgenden teilweise mit der Einleitung zu dem Band 'Das Gewicht einer Feder' [s.Anm.2] überein.
(26) In diesem Band S.10.
(27) Ebd., S.15.
(28) Dazu meinen Beitrag über Sterns Literatur in diesem Band.
(30) Lauter Geschichten [s.Anm.2], S.39f (vgl. in diesem Band S.20).
(31) Wissenschaft und Journalismus [s.Anm.14], S.83ff.
(32) Lauter Geschichten [s.Anm.2], S.60f.
(33) Haben Sie's nicht 'ne Nummer kleiner, Thomas Mann? In: Stern, Gewicht [s.Anm.2], S.146-161.
(34) Ebd., S.146.
(35) Ebd., S.152.
(36) Lauter Geschichten [s.Anm.2], S.60.
(37) Ebd., S.61f.
(38) Zurück aus der Eiszeit. In: Stern für Leser. Tiere und Landschaften. Stuttgart 1973, S.231-258 (auch in Stern, Gewicht [s.Anm.2], S.357-396).
(39) Insbesondere 'Sintra - diesseits von Eden' (in Pfau, Lesebuch [s.Anm.11], S.231-248, jetzt in Stern, Gewicht [s.Anm.1], S.446-465), 'Das unerlöste Land' (Pfau, S.281-296, bzw. Stern, Gewicht, S.466-483).
(40) Die Woche, 28.3.1997 (jetzt in Stern, Gewicht [s.Anm.2], S.272-273).
(41) U.a. Ende der Bescheidenheit - auch im Naturschutz. In: Das Parlament. Jg.23/1973, Nr.36, 8.Sept.1973, S.1; Menschenfeinde? In: Nationalpark. Nr.3/1974, S.4-6; Vom sogenannten guten Ruf der Naturschützer. In: Natur & Umwelt. Nr.3/1976, S.10-1(jetzt in Stern, Gewicht [s.Anm.2], S.187-203; Naturschutz gegen Menschen? In: Mut zum Widerspruch [s.Anm.21], S. 87-100.
(42) Sterns Stunden: Bemerkungen über eine Urlaubslandschaft. Bemerkungen über den Rothirsch. München 1989, S.9.
(43) Peter Weichhart: Werte und Steuerung von Mensch-Umwelt-Systemen. In: Bernhard Glaeser (Hrsg.): Humanökologie. Grundlagen präventiver Umweltpolitik. Opladen

1989, S.76-93; hier S.83ff; zusammenfassend Werner Bätzing: Die Alpen. Naturbearbeitung und Umweltzerstörung. Frankfurt/M.1988.
(44) Vgl. in diesem Band S.33;43.
(45) Ebd.,S.31.
(46) Bemerkungen [s.Anm.42], S.178.
(47) In: Pfau, Lesebuch [s.Anm.11], S.103-115.
(48) Bemerkungen [s.Anm.42], S.142.
(49) Vgl. Wissenschaft [s.Anm.14], S.85.
(50) Kahlschlag im Biotop. Um ein Tier zu retten, werden Dutzende anderer geopfert. In: Die Woche. 5.5.1995 (jetzt in Stern, Gewicht [S.Anm.2], S.261-263).
(51) Auch 1985 noch ein Veilchen. Zuletzt in: Pfau, Lesebuch [s.Anm.14], S.116 bis 122; hier S.122.
(52) Lauter Geschichten [s.Anm.2], S.49 (vgl. S.35f in diesem Band).
(53) Ebd., S.53 (vgl. in diesem Band S.38).
(54) Vgl. Was ist an den Naturwissenschaften [s.Anm.21].
(55) Lauter Geschichten [s.Anm.2], S.66.
(56) Vgl. dazu den Beitrag von Josef Beller in diesem Band.
(57) Im Strom der Zeit. Nationalpark Unteres Odertal. In: Die Zeit. Nr.7/1997. 7.Febr. 1997, S.76 (jetzt auch in Stern, Gewicht [s.Anm.2.], S.274-282).
(58) So u.a. auch Ulli Pfau in der Einleitung des von ihm herausgegebenen Lesebuch [s.Anm.14], S.14f.
(59) Vgl. Lauter Geschichten [S.Anm.2], S.54f (s. in diesem Band S.42).
(60) S. den Beitrag von Bernhard Pörksen in diesem Band.
(61) Vorbilder - Mut zur Emotion. In: natur. Nr.10/1992, S.14.
(62) S.z.B. Reiner Luyken: Schwimmen gegen den Strom. In: Die Zeit. Nr.10/1993. 5.März 1993, S.100.
(63) Ludwig Fischer: Zukunft in Literatur? Über Szenarien. In: Weimarer Beiträge Jg. 37/1991. Nr.3, S.372-389; hier S.379.
(64) Ich beziehe mich hier auf Pierre Bourdieus Theoreme zur inneren Struktur und relationalen Wertigkeit relativ autonomer Felder. (Vgl. u.a. Pierre Bourdieu: Sozialer Raum und 'Klassen'. Leçon sur la leçon. Frankfurt/M.1985; zum literarischen Feld jetzt Joseph Jurt: Das literarische Feld. Das Konzept Pierre Bourdieus in Theorie und Praxis. Darmstadt 1995).
(65) Der Satz „Die Literatur hat mir das Leben gerettet." wird vielfach zitiert, ist aber nirgends direkt belegt und vor allem nicht mit lebensgeschichtlicher Substanz gefüllt. (Vgl. etwa Hilke Rosenboom: Der Versteinerte. In: Stern. Nr.5/1995. 27.Jan. 1995, S.74-78; hier S.76.)
(66) Lauter Geschichten [s.Anm.2], S.72.
(67) Ebd., S.74.
(68) So gibt Reiner Luyken, Schwimmer [s.Anm.62], Sterns eigene Beurteilung wieder.

Klaas Jarchow

Der Journalist Horst Stern

Ein Berufsweg als kreatürliche Variante

Die Ausgangslage war folgende: Er hatte die Schule nach der Mittleren Reife verlassen, war aber intelligent und sprachbegabt genug, damit noch nicht Schluß zu machen, mit dem Dazulernen. „Es war immer dasselbe: Ich hatte Wissensdefizite." (1) Und es war Nachkriegszeit. Der politische Umbruch und der wirtschaftlich notwendige Aufbruch eröffneten Vakanzen in den beruflichen Feldern.

Horst Stern kann englisch sprechen und verstehen und erhält die Chance, mit dieser Qualifikation zu dolmetschen, denn das Dolmetschen ist eine unabdingbare Verständigungsarbeit unter den neuen Besatzungsmächten. Und dann darf er auch die Gerichtsreportagen gleich mit schreiben, wenn er denn schon bei den Besatzungsgerichtsbarkeiten und ihren Prozessen anwesend ist. Bei den 'Stuttgarter Nachrichten' bekommt er diesen ersten Job und wird damit Journalist, und er wird es bleiben.

Seinen Weg findet der Journalist Horst Stern dann mit den Bordmitteln, die uns inzwischen nur zu geläufig sind und die mehr als nur Stil sind: Sezierend, akzentuierend, hoch konzentriert, scharf unterscheidend und sehr selbstreflexiv geht er zu Werke. Später wird er feststellen, immer nur nach den schlichten Regeln seines Berufes gehandelt zu haben - so, wie er ihn versteht: „Recherchieren, darüber nachdenken, nachprüfen, nachprüfen, und wenn du keinen wirklich begründbaren Zweifel mehr hast, dann sag es auch." (2) Mit diesen Mitteln ist er ein scharfer Analytiker seiner Berichterstattungsgegenstände wie auch seines eigenen Tuns und seiner beruflichen Situation oder des Blattes, für das er schreibt. Und er ist immer auch ein wirtschaftlich denkender Mann, für sich selbst, für die zu untersuchenden Gegenstände und für das Blatt: Die Auflage soll steigen!

Die Position, in der diese Kombination von Wissen und Vermögen am besten zur Geltung gebracht werden kann, ist die des Blattmachers, des Journalisten einerseits und des redaktionellen Managers andererseits. Es ist die Zeit des sogenannten Wirtschaftswunders, und die Blätter müssen zunehmend professioneller, profilierter, journalistisch farbiger gemacht, den neuen prosperierenden Gegebenheiten angepaßt werden. Horst Stern erhält, nachdem er in einem Zornesausbruch die Arbeit bei den 'Stuttgarter Nachrichten' hingeworfen hat und - bereits Familienvater - stellungslos geworden ist, eine unvermutete, neue Chance: Er wird, sozusagen von der Straße weg, in die Dienste des Verlages Delius Klasing verpflichtet. Dort wird er, in einer „Art Feuerwehr-Funktion"(3), als Chefredakteur oder Herausgeber bei verschiedenen Fachzeitschriften und mit wechselnden redaktionellen Standorten eingesetzt. Die Blätter, die er steuern soll, heißen 'Unterwegs', 'Gute Fahrt' oder 'Die Yacht'. Er hat eigentlich noch keine Erfahrung als Zeitschriften-Manager, aber er liefert so erfolgreiche Arbeit ab, daß der Verlag ihn auch vierzig Jahre später noch im Rang eines Beraters beschäftigt und schätzt.

Es ist wie später noch oft: Horst Stern übernimmt, ohne schon alles erforderliche Wissen und Können akkumuliert zu haben, eine neue Aufgabe, arbeitet sich mit ungeheurer Energie in das neue Feld ein und beherrscht kurze Zeit später das Metier. Immer kalkuliert er vor der Entscheidung über ein Angebot: „Kannst du das oder kannst du das nicht?"(4) Was stets heißt: Bin ich in der Lage, „mir das zugehörige Wissen anzueignen?"(5) Worauf er also vertrauen kann, ist die Fähigkeit, mit immensem Fleiß, reflektierter Zielstrebigkeit und nüchterner Abschätzung der gegebenen Bedingungen sich ein noch wenig bekanntes Terrain zu erschließen und dann dort eine Position zu behaupten. Diese Fähigkeit hatte er schon in der Gefangenschaft erprobt und trainiert, als Dolmetscher bei Straßenbauarbeiten und als sich absondernder Absolvent eines Fernstudiums.

Und noch ein zweites kennzeichnet schon, wie bei späteren Gelegenheiten mehrfach, seine Stellung als Macher der Fachzeitschriften: Er kann sich Privilegien verschaffen, kann Sonderkonditionen für sich herausholen. Hier ist es der Freiraum, den er behält, die Möglichkeit und das Recht, neben den Aufgaben im Verlag auch noch den eigenen Interessen nachzugehen. Die hießen Reisen in ferne Landschaften - für Stern immer: Naturräume - und Erweiterung vor allem des naturwissenschaftlichen Wissens. Während er das Reisemagazin 'Unterwegs' und dann die Autozeitschrift 'Gute Fahrt' leitet, baut er bereits seine Kontakte zu Forschern und Fachleuten auf. Und er findet die Zeit, fünf Jahre lang fast jeden Monat eine einstündige Rundfunksendung über Tiere, ihr Verhalten und ihre Lebensräume zu entwerfen, zu schreiben, zu sprechen.

Das bedeutet selbstverständlich zeitweise auch härteste Arbeit, „bis an die Grenzen meiner Kraft."(6) Aber der Erfolg, den er auf allen Feldern hat, muß ihm auch Energien zugeführt haben. Anders ist das immense Pensum nicht zu erklären, das er sich abverlangt. Die sechziger Jahre sind die Phase, in denen Stern als Chef mehrerer Redaktionen und als verantwortlicher Herausgeber der Blätter sich einen Namen und eine Position in der Presselandschaft erarbeitet, die es ihm sogar erlauben, den Konzernherrn bei Volkswagen, den großen Nordhoff, in seine Grenzen zu weisen und die 'Gute Fahrt' selbständig zu leiten, so wie er 'Die Yacht' dann „aus dem Fahrwasser des Deutschen Seglerverbandes herausmanövriert."(7) Stern setzt seine Zeitschriften durch, ökonomisch wie konzeptionell, und damit auch sich selbst.

In der gleichen Zeit akkumuliert er auch bedeutsames 'soziales Kapital': lernt wichtige Journalisten und Verleger kennen, geht bereits mit 'Großen Namen' der damaligen Medienlandschaft um, fragt bei Wissenschaftlern nach, woraus sich nicht selten freundschaftliche Verbindungen ergeben, mischt sich Anfang der Siebziger dann in die entstehende ökologische Szene ein. Manche dieser Kontakte und persönlichen Bezüge werden sich viel später noch als bedeutsam erweisen, bis hin zur Etablierung der Zeitschrift 'natur' und bis zu den Möglichkeiten, Verleger für die belletristischen Werke zu finden.

Im Delius Klasing-Verlag kann Stern zunächst ein gutes Stück weit bei sich bleiben, er braucht sich nicht dem Routine-Journalismus gänzlich auszuliefern und dessen Kosten an Stil und Berichterstattungsgrenzen. Stern muß in seiner Position die Zügel halten, Steuerrad oder Pinne, Strategien und Strukturen schmieden, die Kalkulation und die Auflagenzahlen im Blick haben, und er kann selbst mit dem 'Wort des Herausgebers' oder Chefredakteurs sich editorial zu Wort melden, etwas neben der eigentlichen Berichterstattung, eine kleine Meta-Beobachtung abgeben oder einfach nur fragen: „Ich weiß es nicht. Ich frage Sie."(8) Aber er muß nicht selbst über Autos, Segelschiffe oder Urlaubsrouten informierende Artikel schreiben.

Nachfragen, wider den Stachel löcken, seine Fachblätter und ihr etwas einseitig lesendes Klientel mit dem Zeitgeist konfrontieren, das ist das, was der Herausgeber in diesen Jahren in seinen Vorworten offenbar mit großer Freude macht. „Tragen Ihre auch lang?", heißt z.B. seine Eingangsfrage an die Leserinnen und Leser der 'Yacht' im Jahr 1969 (sic!): „Wir hatten unser ältestes Langhaar dabei, und ihm zur Seite stand ein Freund, dessen Haare bei Wind ebenfalls länger auswehten als sein Vereinsstander im Masttopp. Die jungen Herren, Studenten beide, hatten schon ein paar Wochen Leben an Bord hinter sich, als wir kamen. Ich umfaßte mein Boot, noch von der Pier aus, mit einem einzigen sorgenvollen Blick von der Saling bis zum Wasserpaß, und da bekam ich die erste Lektion: Es waren allenfalls die Haare der Jungs ein bißchen speckig; am Pflegezustand des Boots fand ich nichts auszusetzen." Und später in seinem Artikel: „Ach ja, die Mütze. Ich habe schon so ein Ding - Sie wissen schon: weiß, mit Eichenlaub, und wenn auch nicht mit Schwertern, so doch mit einem unklaren Anker aus Golddraht und einem lütten Clubstander drauf. ... [Es passiert dann so allerhand mit dieser Mütze, die sich als ziemlich unpraktisch im Einsatz auf dem Vordeck erweist.] Fünf Anstandsminuten behielt ich die Mütze noch auf. Ich weiß nicht, ob ich sie je wieder aufsetzen werde, weil ich seit jenem Augenblick nicht mehr sicher bin, wer sich denn nun mehr zum Narren macht: die Jungen mit ihren langen Haaren, ihren Hosen und Blusen im 'Western Style', oder wir Alten (...) mit unseren Kapitänsmützen, unseren Hosen und Blazern im 'Navy Style'."(9) Das sind für das soziale und symbolische System, in dem 'Die Yacht' Fahrt machen sollte, provozierende und erst heute so lustige Sätze. Hatte Horst Stern den Artikel doch auch noch mit dem Satz aufgemacht: „Da es nun feststeht, daß man in Deutschland als Vater langhaariger, oppositionell gestimmter Söhne sogar Bundeskanzler werden kann [...]" Da kann es sich doch nur um die Söhne von Herbert Frahm aus Lübeck alias Willy Brandt handeln, wie der Bundeskanzler von nicht wenigen konservativen Seglern und 'Yacht'-Lesern noch genannt wurde.

Und Horst Stern mutet in den Herausgeber-Kolumnen der Seglerschaft immer wieder zu, über die eigenen Voreingenommenheiten, Selbstgefälligkeiten und Aversionen nachzudenken, z.B. den Motorbootfahrern gegenüber, den Billig-Seglern und Binnenrevier-Schippern, den 'Unorganisierten' - in diesem Fall scheut er sich nicht, die „Gretchenfrage" zu stellen: „Ich schlage vor, spätestens auf dem nächsten Seglertag, möglichst früher, eine General-debatte abzuhalten mit dem populären Schnack des Mainzer Fernsehkarnevals als bitterernstem, weil unser Schicksal entscheidendes[!] Thema: Draußen stehen 100 000 Segelbegeisterte - „wolle mer se rei'lasse?"(10) So nutzt er, beißend ironisch oft, seine Herausgeber-Rolle, um auch eine honorige Fachzeitschrift mit ein wenig 'kritischem Journalismus' einzufärben.

Die Position des Blattmachers und Verlagsmanagers einerseits, die des spitz formulierenden Journalisten andererseits, wie Horst Stern dies in der 'Yacht' und den anderen Fachzeitschriften vorführt, dies ist in jenen Jahren das berufliche Zentrum seines Werdegangs. Verschafft ihm der Job des Feuerwehrmannes für Delius Klasing doch die finanzielle Basis und den Spielraum, seine eigenen Themen zu entwickeln. Seit 1960 gibt es im Schulfunk des SDR seine 'Kleine Tierkunde' zu hören: 'Der Jagdhund', 'Die Falknerei', 'Die Waldohreule', 'Der Kolkrabe' etc. Und es gibt erste Sendungen von ihm, die auch unter dem Thema Ökologie hätten gesendet werden können, hätte es denn dieses Wort damals schon redaktionell gegeben: 'Lebensräume für Pflanze und Tier': 'Der See', 'Die Wiese', 'Das Meer', 'Die Heide'.(11) Während er die Zeitschriften managt, deren fachliches Ressort - außer der Segelei - ihn nicht selbst interessiert, bildet sich der Wissenschaftsjournalist Horst Stern heraus.

Bis 1967 ist er parallel und im Hauptberuf für Delius Klasing als Chefredakteur der 'Yacht' tätig, bis 1973 dann noch als ihr Herausgeber. In seinen Editorials finden bereits Verquickungen seiner eigentlichen journalistischen Themen mit der beruflichen Hauptaufgabe statt. In seinem Herausgeber-Wort der Nr. 8 des Jahres 1969 der „Yacht" schreibt er: „Ist der Busen der Natur endgültig, wie man sagt: abgeschlafft? Interessiert am Fisch nur noch, wie er schmeckt, am Vogel nur noch, wie man ihn hindert, die Persenning zu bekleckern? Ist der Baum für uns tot, seit wir Boote aus Kunststoff kaufen? Ist der Liegeplatz am See stets und ständig wichtiger als die Kieselalge auf seinem Grund? Will man, mit einem Wort, den Preis eines jeden Dinges kennen, den Wert aber von keinem?"

Zu dieser Zeit hat Horst Stern schon mit seinem Bekannten aus Nachkriegsjahren, dem Stuttgarter Fernsehdirektor Horst Jädicke, über eine Sendereihe zu Tieren und ihrem Verhalten verhandelt. Viele Monate lang findet man keine Arbeitsgrundlage. Stern stellt klare Bedingungen: Er will freie Hand bei den Themen, will sich nicht auf Tier-Exotismus und ästhetisch ansprechenden Fernseh-Zoo verpflichten. Er ist über einen unterhaltsam informierenden Wissenschaftsjournalismus schon hinaus, möchte zwar Wissen 'seriös' vermitteln, aber auch ein brisantes Wissen über das Leben der Tiere in unserer Gesellschaft.

Erneut kommt ihm zugute, was er akkumuliert hat: nicht nur die persönlichen Beziehungen, sondern auch Erkenntnisse, zum Beispiel, ausgehend von der Erfahrungen mit seiner Reitlehre, bittere und empörende Einsichten über das Leiden der Pferde beim Reitsport. Das Thema wird ihn viele Jahre immer wieder beschäftigen. Am 13. Januar 1970 wird erstmals 'Sterns Stunde' im Fernsehen gesendet. Um 20.15 Uhr, nach der 'Tagesschau', Prime Time. Das Thema: 'Bemerkungen über das Pferd.' Er weiß, daß die Springreiter sich empören werden. Die Provokation ist einkalkuliert, aber sie ist nicht das Ziel der filmischen Argumentation. Die 'innere Beteilgung', das moralische Engagement gilt der leidenden Kreatur. Der Affront zielt auf skandalöse Zustände, die zu verändern sind. Stern distanziert sich von einem Journalismus, „wo man innerlich gar nicht beteiligt ist, wo man den Angriff um den Angriffs willen und den Effekt um des Effektes willen betreibt."(12) Die Verbindung von sachlicher Genauigkeit und moralischer Verbindlichkeit ist sein Ideal. Daß aber Moral auch dort, wo es um den Schutz der den Menschen ausgelieferten Tiere, der verschandelten und denaturierten Lebensräume geht, unterschiedliche, ja konktroverse Positionen einzunehmen erlaubt, wird Stern bald schmerzhaft erfahren, spätestens mit den Fernsehfilmen über Tierversuche.(13)

Aus dem Blattmacher ist der kritische Wissenschaftsjournalist geworden – und Horst Stern wird Fernsehstar. Wenn Rudi Carrell der eine Star des TVs dieser Jahre ist, dann ist Horst Stern der ganz andere. Ob er das will? Ich denke, ja; er will ein guter Journalist sein, der beste seines Faches, und erfolgreich will er mindestens genauso sehr sein, im eigenen Interesse und im Sinne der Sache. Und diese hat er in seinem 'Yacht'-Editorial bereits genannt: „Will man den Preis eines jeden Dinges kennen, den Wert aber von keinem?", ein Zitat, das er, frei nach Oscar Wilde, nicht müde wird zu zitieren und das er zu seinem Motto macht, unter dem er Tier- und Umwelt untersucht und von seinen Befunden berichtet.

Seine Stimme tönt nun, in den siebziger Jahren, periodisch in den deutschen Wohnzimmern, die ja ohnehin noch nachhallen von der Attacke der flegelhaften Studenten und ihrer Nachfolger. Klirrend analytisch, Sätze wie aus dem Plädoyer des Staatsanwalts, über Themen, über die bisher so nicht gesprochen wurden - „als könnten etwas wir für die Zustände, nicht Mama?!" Man war hin und her gerissen von diesem Journalisten. Sollte man nun mit ihm einstimmen in die Anklage gegen die Reiter, Jäger und Landwirte? Oder ist es vielleicht doch nicht ganz so schlimm, wie der Herr Stern es uns weismachen will? Aus dem so harmlosen Fernsehgerät dringen ungesehene Bilder, unerhörte Sätze. Wenn der Mann richtig gut war, stockte vielen der Atem in 'Sterns Stunde', die sich so nett anhörte vom Titel her, wie aus Schulfunkzeiten, wie ein 'Platz für Tiere' von Bernhard Grzimek oder 'Was bin ich?' von Robert Lembke mit seinem Terrier. Auch sie waren Konkurrenten um 20.15 Uhr.

Horst Sterns Talent und Arbeit kulminiert in der Spezialisierung der Themen mit der Plazierung in einem Medium, das sich damals noch fast uneingeschränkter Aufmerksamkeit erfreut. Das Fernsehen ist der neue Meinungsmacher Nr. 1. Horst Stern ist im Sinne seiner Themen am richtigen Ort und ist Herr seiner Mittel. Der sich spezialisierende Dilettant federt das Wissen der Fachwissenschaftler geschickt und gezielt ab, inszeniert für eine breite Öffentlichkeit allgemeinverständlich und macht aus Professorenlatein erkenntnisfördernde, nachhallende Meldungen für viele.

Horst Stern provoziert und fordert nach mindestens zwei Seiten: Seinem Publikum vor den Bildschirmen verlangt er Aufmerksamkeit für komprimierte Information und scharfsinnige Beweisführung ab - und präsentiert zugleich schockierende Fakten und Bilder, von gequälten und verendenden Tieren im Handel, vom geschundenen Wald, von gestreßten Schweinen, von neurotischen Hühnern und so fort. „Die Wahrheit ist einfach", hat er immer wieder gesagt, einfach letztlich die Erkenntnis eines tierwürdigen Daseins und einer menschenwürdigen Verfassung der Umwelt. Aber die Wahrheit ist auch verletzend, empörend, ja schier unerträglich, wo sie nämlich individuelle und kollektive Praktiken der Naturnutzung als das erweist, was sie meistens sind: dürftig gerechtfertiges Ausagieren partikularer Interessen, hergeleitet sei es aus Wirtschaftlichkeitskalkül, Statusdenken, Kompensationsverlangen oder schierer Gedankenlosigkeit. Stern inszeniert im Fernsehen das riskante Kunststück, die lustvolle Teilhabe am Angriff immer auf 'die anderen', die journalistische gefütterte Neugier auf ein neues Skandalon mit der bitteren Lektion für die TV-Voyeure zu verbinden: Was den Schweinen in der Industrielandwirtschaft angetan wird, verantworten wir alle mit unserer Fleischversorgung aus dem Supermarkt. Was die Armen in den sogenannten Entwicklungsländern zum Mord an den 'schönen Geschöpfen' ihrer scheinbar urtümlichen Naturräume treibt, wird am Markt unserer hochgetrimmten Verbrauchskultur ausgeheckt. Was in der empfindlichen Kulturlandschaft der Alpen die Desaster vorbereitet, erwächst aus unseren komfortablen Urlaubswünschen. Was die Hunde, Katzen, Affen und ihre Leidensgefährten in den Labors auf die Folter spannt, muß an unserem Verlangen nach Linderung und Heilung von Krankheiten gemessen werden, die unser Lebensstil erst so richtig zum Blühen bringt.

Horst Stern provoziert und fordert aber auch zur Seite der Wissenschaftler hin, von denen er doch fast alles gelernt hat, was er zur Munitionierung seiner Argumentationen einsetzt: Er stößt die Forscher auf Dunkelzonen und tote Winkel ihres Erkenntnisdrangs und hält ihnen die Absurditäten einer Wissensgewinnung vor, die nach den möglichen sozialen und politischen Funktionen erlangter Einsichten kaum mehr fragt und die den 'Mut zur Emotion' gegenüber den Objekten der Untersuchungen nicht aufbringen will.(14) Immerhin, die Institution Wissenschaft vermag die Herausforderung zu würdigen, in dem sie Horst Stern schon 1974 den Doktorhut ehrenhalber verleiht - freilich dabei auch ein bißchen schmarotzend am Ruhm des großen Fernsehmoderators in Sachen Ökologie.

Für ihn selbst wird im Laufe der zehn Jahre Fernseharbeit bis 1979 zuletzt eine Grenze überschritten. Die Filmreihe zum Thema Tierversuche - 'Die Stellvertreter. Tiere in der Pharmaforschung' - ist für ihn der Endpunkt seiner journalistischen Arbeit im Fernsehen. Die Bilder, die er zeigt und zeigen muß, sind mächtiger als sein geschliffener Text. Es gelingt ihm nicht, das Thema in der nötigen Differenziertheit wirksam zu vermitteln. Er schockt einerseits mit den gezeigten Bildern und kann andererseits das abwägende Urteil zu den präsentierten Fällen nicht ausreichend mächtig und damit plausibel machen. 1979 wird noch 'Sterns Stunde' über die Gemsen laufen, doch das war es dann. Sterns Stimme schweigt im Fernsehen. Er überläßt den Sendeplatz Nr. 1 den anderen.

Auch beim Fernsehen ist er mit Privilegien ausgestattet wie kaum einer - „Ich bin ja der einzige Fernsehjournalist bis heute, der nie einen Vertrag mit dem Fernsehen hatte."(15) Er kann mit großer Freiheit über Ressourcen verfügen, sich teams und Mitarbeiter wählen, Planungen vornehmen - die Ochsentour durch den Verwaltungsapparat der Sendenstalt für seine Projekte bleibt ihm erspart. Aber als er aufhört, hat er auch eingesehen, daß die Zeit eines ambitioniert-kritischen Fernsehjournalismus zu Ende geht. Angesichts der Folgerung, die er nach 26 Filmen zieht - die nächsten hätten politische Filme sein müssen -, schätzt er die ihm womöglich noch zugestandenen Spielräume skeptisch ein. Auch der Entschluß, den fernsehwirksamen Auftritten ein Ende zu setzen, hat mit Wandlungen des Zeitgeistes zu tun - bald würde ja das 'duale Fernsehsystem' lanciert werden.

Horst Stern ist ein Mann der Nachkriegszeit in Deutschland, wie Henry Nannen, Rudolf Augstein, Helmut Schmidt oder Wolfgang Neuss. Ausgestattet mit unterschiedlichen Kapitalien, sind sie ihre beruflichen Wege gegangen. Mit weit weniger ökonomischem Kapital ausgestattet, oder mit weit weniger sozialem Kapital, um ökonomisches Kapital zu acquirieren als etwa Augstein und Nannen, bedient Horst Stern sich vorangig seines Bildungskapitals, um seine Laufbahn einzuschlagen, hierin ähnlich Helmut Schmidt. Weit mehr als z.B. Wolfgang Neuss stellt er sein Vermögen auch in den Dienst der Ökonomie in seinen Funktionen als Blattmacher. Erst als er selbst seine ökonomische Basis gelegt hat, verschiebt er den Arbeitsschwerpunkt auf die 'freie' journalistische Tätigkeit. Seine Position in den bereits 30 Berufsjahren bis zum Ende von 'Sterns Stunde' ist dominiert dominant geblieben, innerhalb wie außerhalb der jeweiligen Publikationsorgane, Sendeanstalten oder Verlage. Er ist, auf der einen Seite, nur kurz ein Tagesjournalist unteren Ranges, schnell Chefredakteur oder Herausgeber, gehört also bald zu den Bestimmenden im Ranggefüge der journalistischen Professionen. Aber er bleibt, auf der anderen Seite, dabei abhängig von Verlegern oder von Programmdirektoren und Intendanten, muß sich trotz aller Privilegien dem Primat der Ökonomie und der machtförmigen Politik beugen - wie insbesondere der Abgang vom Herausgeber- und Chefredakteurssessel bei 'natur' zeigen wird. Dominant dominiert ist er, in Begriffen einer strukturalistischen Sozio-Analyse gesprochen, wie es die grundsätzliche Position seines Berufsstandes ergibt, mit der Freiheit und Dominanz der symbolischen, brennenden Macht der Journalisten ausgestattet, dominiert jedoch von Ökonomie und Politik. Das Spiel zwischen den Polen seines beruflichen Feldes hat Horst Stern frühzeitig mit dem Vermögen der dominanten ökonomischen Pole belehnt, als Beauftragter der Verleger, und die daraus entstehende Unabhängigkeit, mit einem klugen Sinn für Strategie ausgestattet, im Sinne seiner Themen benutzt. Von hier aus mischt er sich vehement in das Machtspiel der Nachkriegsrepublik ein. Seine Gegner sind nicht irgendwelche, sondern Walter Scheel, Helmut Schmidt und Helmut Kohl oder die Unternehmen und Konzerne samt ihrer Spitzen. Seine Themen sind nicht abseitig gewählt, sondern Kernstücke, Grundlagen des Lebens seiner Zeit, ganz materiell, regulativ oder symbolisch. Horst Stern zeigt mit dem Finger auf die Gesetze zum Naturschutz, das Jagen oder Segeln, die Transportwege für das Stück argentinischen Rindfleisches hier vor uns auf diesem Teller oder auf den Sack Kartoffeln, der von Zypern nach Irland verschifft wurde und damit ökologisch eine schwere Missetat wird.

Der Ort, den Horst Stern nach dem Rückzug aus dem Fernsehgeschäft für seine Einmischungen und Aufklärungen wählt, ist die Neugründung einer Zeitschrift namens 'natur', die Zeitschrift für Ökologie. Wieder kommt ein unerwartetes Angebot auf ihn zu, das er zögernd ergreift, dann aber mit der ganzen Professionalität dessen ausfüllt, der nicht nur zu recherchieren, zu schreiben, zu kalkulieren und zu organisieren versteht, sondern der auch mit einem stupenden Arbeitsaufwand und einer klugen Hand die anspruchsvoll besetzte Redaktion zu leiten vermag. Dominant dominiert ist auch hier seine Position, aber auf Zeit versehen mit starkem ökonomischen Kapital und damit ganz erheblich unabhängig. Der schweizer Verlag Ringier stärkt ihm mit einem Millionen-Franken-Etat den Rücken, und ausgestattet mit einem unerhörten Vetorecht gegenüber Anzeigen in seinem Blatt, kann er versuchen, wissenschaftlich fundiert, inhaltlich differenziert, sein Thema - die Eingriffe des Kulturwesens Mensch in den Lebensraum Natur - öffentlich zu machen.

Die Zeitschrift 'natur' wird ein Forum vermittelter Wissenschaft, mit ausgemachten Fachleuten und exzellenten Autoren zu Themen, die anderswo unbelichtet blieben. Die Namensliste des Beirats liest sich wie die eines interdisziplinären Forschungsinsituts. 'natur' ist nun das Tableau, von dem aus Horst Stern sich die Vierzehnender, die großen Gegner, ins Visier nimmt, wenn sie gegen die Maßgabe der Bewahrung des natürlichen Lebensraumes fundamental verstoßen. „Basta!", das ist das letzte Wort seiner Kritik an Hemut Schmidt wegen dessen rücksichtslosen Eintretens für den Rhein-Main-Donau-Kanal: „Dieser Kanalbau zerstört an Altmühl und Donau aufs massivste, seit Jahrzehnten nicht dagewesene Weise wertvollste Kulturlandschaft und letzte intakte Lebensräume für Dutzende von Tier- und Pflanzenarten. [...] Begreift der Kanzler nicht, daß er immer mehr sensible, angstvolle, friedfertige Menschen gegen sich und seine Partei aufbringt? [...] Der 24. September 1981, der Tag, an dem diese Meldung durch die Presse ging, wird als einer der schwärzesten Tage in die traurige Geschichte des deutschen Naturschutzes eingehen. Die optische und ökologische Zerstörung des landschaftlich großartigen Altmühltals, die Ausrottung seltener Tiere und Pflanzen in den zur Vernichtung anstehenden Donauauen werden, wenn der deutsche Bundeskanzler dem österreichischen das Wort hält, für alle Zukunft einen Namen haben: Helmut Schmidt."(16)

Gut vier Jahre wird Horst Stern den letzten großangelegten journalistischen Versuch seines Lebens steuern, einem Verlag zu Diensten und seiner Sache, wie es seine Sache zeit seines Lebens war. Er wird wieder ökonomisch erfolgreich sein, denn immerhin erreicht das anspruchsvolle Blatt 180.000 Käufer - davon 130.000 Abonnenten - und sehr viel mehr Leser. Gegenüber der Startauflage von 300.000 bis 400.000 Exemplaren, die der Blattmacher-Kollege Helmut Markwort für das neue 'Ein Herz für Tiere' anpeilt, steht Horst Stern mit seiner 'natur' glänzend da, so wie die Vorlieben der Leser nun einmal sind. Was Markwort da vorhat, ist für Stern keine schwere Aufgabe: „Ein alter, die Auflagensteigerung bedenkender Zeitungsschmäh lautet: 'Kleine Kinder sind immer gut. Tiere sind besser.' Wie gut müssen im Blatt erst kleine Kinder und Tiere zusammen sein! [...] Es gehört kein journalistischer Mut dazu, ein Blatt mit einem derart verkitschten Thema zu machen. Markworts Mut besteht allein darin, als kritischer Geist, der er ja gelegentlich in der überwiegend verschnulzten Welt der Programmblätter war, in einen Tiertanten-Journalismus abzusteigen, der nur deswegen auf das Herz zielt, weil darüber bekanntlich die Brieftasche steckt."(17)

Heute, 15 Jahre nach diesen Sätzen, meldet sich der Journalist Horst Stern ohne redaktionelle Festschreibungen zu Wort; mal hier, mal da, fest und halbfest, mal in der 'Woche' und mal in der 'Zeit' und anderswo. Sprachgewaltig wie ehedem, seinen Themen verpflichtet, von der starken symbolischen Position aus, Horst Stern zu sein. Inhaltlich immer noch „von der Unschuld eines Revolvers"(18) und nicht nur „mit der schönen Seele suchend, sondern auch mit häßlichen Zahlen"(19), aber nun doch auch schon mal mit eben dieser suchend. Manche seiner letzten Artikel lassen altersmilde Weisheit anklingen und kühn formuliertes Bekenntnis, andere den angesammelten Zorn des bitter-müden Beobachters. Beides sucht in der Presse von heute seinesgleichen.

Anmerkungen

(1) Vgl. das Interview in diesem Band, S.33.
(2) Lauter Geschichten. Redigierte Auszüge aus einem Interview mit Horst Stern. In: Horst Stern. Das Gewicht einer Feder. Hrsg.v. Ludwig Fischer. München 1997 [im Druck], S.57.
(3) Ebd, S.40.
(4) Vgl. das Interview in diesem Band, S.34.
(5) Ebd.
(6) Ebd.,S.22f.
(7) Ebd.,S.24.
(8) Die Yacht. Nr.8/1969. Editorial.
(9) Die Yacht. Nr.23/1969. Editorial.
(10) Die Yacht. Nr.8/1970. Editorial.
(11) Vgl. die Beiträge von Josef Beller und Horst Ohde in diesem Band.
(12) Lauter Geschichten [s.Anm.2], S.58.
(13) Vgl. den Beitrag von Ariane Heimbach in diesem Band.
(14) Ebd.
(15) Vgl. das Interview in diesem Band, S.26.
(16) natur. Nr.11/1981.
(17) natur. Nr.8/1982.
(18) Zuhälter an die Leine! In: Die Zeit. Nr.24/1991, S.85.
(19) Die MilchAthleten, In: GEO. Nr.10/1980, S.42-60; hier S.56.

Horst Ohde

Die Arbeiten Horst Sterns für den Rundfunk

Wer sich auf die frühen Rundfunk-Arbeiten Horst Sterns einläßt, wird kaum mit unbekannten Schätzen rechnen. Die meisten Beiträge sind - leicht überarbeitet - später als Bücher erschienen, nicht selten sind die Funktexte Nebenprodukte anderer journalistischer Arbeiten. Und doch stößt man auf Überraschendes, wie etwa einige frühe Kabarettbeiträge oder sogar ein Hörspiel. Formal beeindrucken Sterns Radio-Produktionen durch die Eigenheit der Handschrift und deren Professionalität. Das ist vor allem an den Arbeiten für den Schulfunk des SDR (SÜDDEUTSCHER RUNDFUNK) zu sehen. Die Radio-Arbeiten zeigen, wie sicher dieser Autor immer wieder sich auf andere Medien einstellen und dabei unverwechselbare Spuren hinterlassen kann.

Im Archiv des SDR sind knapp 50 Hörfunkbeiträge Horst Sterns nachweisbar. Den Anfang der Funkkarriere machen 1952/3 drei kürzere Beiträge für eine neue Sendung aus Stuttgart, 'Die Angreifer. Ein Kabarett rund um die Politik'.(1) Aus derselben Zeit stammt das wohl einzige 'Hörspiel' Horst Sterns, das im SDR produziert und gesendet worden ist, 'Vergangenheit hat keine Türen. Hörspiel von Horst Stern (nach einer Idee von Rolf Thies)'.(2) Den Hauptteil der Funkarbeiten allerdings machen die Texte für 33 je halbstündige Schulfunksendungen aus, die von April 1960 bis Juli 1965 ausgestrahlt und später (1965 und 1967) gesammelt und überarbeitet in zwei Buchausgaben, 'In Tierkunde eine 1' und 'Gesang der Regenwürmer', veröffentlicht wurden.(3) Mehr als 10 Jahre später - 1976 - produziert der Autor sechs Radiobeiträge unter dem Reihentitel 'Sterns Viertelstunde' für die Landfunk-Redaktion des SDR, zur Hauptsache zu ökologischen Themen aus seinen gleichzeitigen Fernsehproduktionen. Zählt man zwei kleinere Beiträge für die Feuilleton-Reihe 'Die Bücherbar'(4), einige aufgezeichnete Gespräche und Interviews noch dazu, so ist schon das ganze Material beisammen, mit dem sich eine Untersuchung der Arbeiten Sterns für den Rundfunk begnügen muß, - wenn denn die bisherigen Recherchen wirklich alles zutagegefördert haben. Was heute vorliegt, ist nicht viel, aber der Blick und das Hineinhören in diese werkgeschichtlich frühe Schaffensperiode lohnen sich, sind in diesen Produktionen doch schon manche Elemente dessen angedeutet vorhanden, wofür Stern später bekannt geworden ist. Und manchmal kann man dabei auch auf Facetten eines unbekannten Horst Stern stoßen.

1952: „Warnung vor dem Hund" - Horst Stern und das politische Kabarett.

Horst Stern, ein Kabarett-Texter: Das ist sicherlich zunächst eine überraschende Zuschreibung. Doch wer sich an manche bissige Pointen und witzige Wortspiele des Autors erinnert, der wird ihm auch eine solche Rolle zutrauen. Tatsächlich zeigen die wenigen Texte, die Stern für das politische Kabarett 'Die Angreifer' geschrieben hat, daß er auch hier durchaus professionell operiert. Stern führt schon 1952 eine spitze Feder, mit der er mit satirischer Schärfe einige ausgesuchte Schwachstellen der jungen Bundesrepublik markiert.

Am Samstag, den 18. Oktober 1952, geht die erste Folge einer neuen Kabarett-Reihe des SDR auf Sendung, nicht ungünstig plaziert auf dem abendlichen Programmplatz um 21 Uhr. Die 45-minütige Sendung wird von mehreren Autoren bestritten. Unter dem Pseudonym 'Ironimus Kringel' ist, wie das Sendetyposkript ausweist, auch ein „Horst Stern, Ludwigsburg" mit drei gereimten Beiträgen dabei. Die Texte zeigen, daß ihr Autor das lyrische Couplet-Handwerk durchaus kennt und anzuwenden weiß. So tritt im 'Interview mit zwölf Millionen' in flüssig gereimtem Berliner Jargon ein typischer Gewinner der Währungsreform auf, der seine Geschäfte in der neudeutschen Nachkriegswirklichkeit zu machen und dabei auch politisch schlau vorzusorgen weiß:

> „[...]doch falls es klirrt
> und Wilhelm Pieck kommt anjeschwirrt,
> da werd i c k nich erschossen."(5)

In der bissigen Summierung vieler kleiner Realitätspartikel zeichnet Stern in der Traditionslinie Tucholskys eine gemütlich-skrupellose Figur, die Schieber-Mentalität mit politischem Opportunismus verbindet. Das wirft ein scharfes Schlaglicht auf eine Kehrseite des 'Wirtschaftswunders' Anfang der fünfziger Jahre.

Der zweite Beitrag in derselben Folge, 'Warnung vor dem Hund', bezieht sich auf das Wiedererstarken rechtsradikaler und neofaschistischer Parteien und Formationen und deren Auftreten in der Debatte um die Wiederbewaffung der Bundesrepublik. Stern greift aktuelle Vorgänge auf, die sich in jenen Monaten ereigneten, vor allem wohl um die Sozialistische Reichspartei (SRP), die sich z.B. für die Bundestagsnachwahl im Mai in Hessen als Partei vor allem an „ehemalige Pg's" und „antimarxistische Wähler" wandte.(6) Stern stellt durchaus geschickt einen Heine-Ton nach, wenn er etwa folgenden emphatischen Kehrreim setzt:

„Deutsche, macht dem Spuk ein Ende,
gebt das Wort von Mund zu Mund,
schreibt es hin an alle Wände:
'Warnung vor dem Hund!'" (7)

Horst Stern läßt auch das eigene Metier nicht von der Kritik aus. Der dritte Beitrag, 'Chor für Journalisten', nimmt sich die Presse vor, die - so der Vorwurf des kleinen Textes - zwar alles recherchiert, dann aber nicht darüber wahrheitsgemäß zu berichten wagt:

„Wir heben der Wahrheit die Röcke auf,
mit denen man sie behängt...
Doch wer da denkt,
wir zeigten dann auch mit dem Finger drauf
und schrieben darüber,
der irrt sich, mein Lieber!" (8)

Auch die Beiträge für zwei weitere Folgen im November 1952 und Februar 1953 bleiben im angedeuteten Themen-Muster: politisch-gesellschaftliche Verhaltensweisen (9), innenpolitische Skandalfälle (10) und die Kritik-Instanzen selber.(11)

Es kann nicht darum gehen, diese Texte streng nach ihrem literarischem Gewicht zu messen, dafür sind sie als Gebrauchstexte eines aktuellen politischen Kabaretts zu zweckgerichtet. Das heißt nicht, daß nicht auch für diese Texte gilt, was für wohl alle Arbeiten Sterns konstatiert werden kann, daß sie nämlich mit sprachlicher Prägnanz und mit einer gewissen, dem vorgegebenen Rahmen angepaßten formalen Perfektion geschrieben sind. Sie bleiben wichtig vor allem aber als ein frühes Beispiel schreibenden Engagements des Autors Horst Stern in einer Nische von politischer Radio-Kultur. Das politische Kabarett insgesamt hat ja für die Geschichte der Bundesrepublik eine durchaus bemerkenswerte Tradition entwickelt, in der Horst Stern, wenn auch sein Beitrag nur sehr klein gewesen sein mag, nicht ganz vergessen sein sollte. Schon deshalb, weil Anfang der fünfziger Jahre, als die Alliierten sich weitgehend aus der Kontrolle des Rundfunks zurückgezogen und die politischen Parteien und Interessenverbänden das Proporz-Regiment übernommen hatten, an den Sendern kabarettistische Narrenfreiheit wieder mit einer peniblen Kuratel zu rechnen hatte. Neulinge mit einem eigenwilligen Kopf hatten es unter diesen Bedingungen besonders schwer. Es wäre interessant, nicht nur für die Sendergeschichte des SDR, den gesamten Kontext dieses Kabarett-Unternehmens und darin die Rolle Sterns zu untersuchen. Hier bleibt fürs erste als kuriose Tatsache zu konstatieren, daß Horst Stern unter seinen vielen Berufsbezeichnungen für eine kurze Weile auch die eines Kabarettisten hätte führen können.

1953: „Doch so, wie diese Welt beschaffen ist, wird es eine nutzlose Anklage bleiben..." - Horst Stern und das Hörspiel der 50er Jahre.

Im Archiv des SDR ist unter der Nummer 658 der Text eines einzigen literarischen Hörspiels des Autors erhalten geblieben: 'Vergangenheit hat keine Türen. Ein Hörspiel von Horst Stern (nach einer Idee von Rolf Thies)'.(12) Offensichtlich ein Solitär im Werk Sterns, obwohl in einer Zeit entstanden, als Literatur für das Radio ein vielversprechender Markt war, weil die Sender angestrengt nach neuen Texten und Autoren suchten, um das sich ausweitende Rundfunkprogramm auch nur quantitativ bedienen zu können. Doch wird dem Autor mit diesem Einstieg kein Erfolg beschieden gewesen sein, denn es sind keine weiteren Versuche bekannt. Es mag auch sein, daß der Autor selbst diese Produktionslinie als ein zu aufwendiges Abenteuer eingeschätzt hat, das fortzuführen schon unter berufsstrategischen Gesichtspunkten sich nicht lohnte. Jedenfalls ist es bei diesem einen Hörspieltext geblieben. Aber auch hier wieder beweist Stern seine professionelle Anpassungs- und Lernfähigkeit. Es ist beachtlich, wie sicher der Autor mit dramaturgischen und medientechnischen Anforderungen des Radios umzugehen weiß.

Das Hörspiel, das am 19.4.1953 über den Sender ging, ist inhaltlich eine zeitgemäße Variation des alten Faust-Themas von der Verschreibung an den Teufel, hier von der Auslieferung der Kunst an den Markt und seinen Erfolg. Ein Stück mit immerhin 19 Sprecher-Rollen, formal konventionell in der Figurenführung und Konfliktgestaltung, in der Weise des Erzählrahmens und der daraus entwickelten Rückblenden. Francesco Sordo, ein begabter, aber erfolgloser Maler, gerät an die attraktive Jacqueline, Gattin des skrupellosen Kunsthändlers Latouche, der den Künstler durch einen lukrativen Vertrag an sich bindet und ihn zum neuen Star der Kunstszene macht. Begonnen hat Sordos künstlerischer Weg mit expressionistischer Radikalität: „...nur hier, in der Darstellung des inneren Menschen, liegt für den Maler noch ein Weg nach vorne. Alles andere, sage ich Ihnen, macht uns zu Kopisten..."(S.3) Sein Lehrer gibt ihm zum Abschied den Rat auf den Weg:

> „[...] wer es unternimmt, die Wahrheit zu sagen, die Wahrheit, wie Sie sie verstehen, der klagt an. Doch so, wie diese Welt beschaffen ist, wird es eine nutzlose Anklage bleiben... Leben Sie wohl, Sordo! Und bedenken Sie: Vergangenheit hat keine Türen. Man kann, hat man sich einmal entschieden, nicht mehr zurück."(S.3f)

Sordo ist vom Erfolg geblendet, vergebens warnt der Bildhauer-Freund, sein künstlerisches Gewissen: „Sie sind ein Narr, Sordo! Nicht nur die Kunst, auch die Kritik geht nach Brot." Tatsächlich läßt Horst Stern Presse und Kritiker nicht gut aussehen, er variiert hier seine Kritik, die er schon in einem der Kabarett-Beiträge zum Thema gemacht hatte. Drei kleine Szenen, nur angespielt, führen ein korruptes Personal von Rezensenten vor. Da bestimmen falsches schöngeistiges „Geschwafel" und anbiedernde Heuchelei den Ton der Texte, die in der Hektik der Zeitungsredaktionen hastig in klappernde Schreibmaschinen getippt werden. Der Drahtzieher im Hintergrund aber ist der mächtige Latouche, „der weiss, wie man das macht" (S.32)

Sordo glaubt, auch im schnellen Erfolg sein künstlerisches Heft noch in der Hand zu halten, sich nicht ganz „verkauft" zu haben:

> „Und wenn Latouche mein Teufel ist, dann ist diese große Kunst mein Gott, an den ich so schrankenlos und inbrünstig glaube wie der Priester an den seinen [...]" (S.33)

Er täuscht sich in seiner eigenen Kraft, dem verlockenden Erfolg widerstehen und die „Schmeißfliege" Ruhm „totschlagen" zu können. Zwar gelingt ihm mit einem Portrait Jacquelines das einzige Bild, das den eigenen Ansprüchen genügt: „Wenn ich je ein ehrliches Bild gemalt habe, dann ist es dies hier!"; doch diese „Wahrheit" verletzt nur, so auch Jacqueline: „Du bist intim geworden, mein Lieber, auf eine Art, die ich nicht schätze!" (S.38) - Sordo bleibt allein mit dem verhaßten Ruhm, mit dem Alkohol und den Erinnerungen an ein vertanes Leben.

Schon in diesem frühen literarischen Versuch Sterns lassen sich Motivzüge und thematische Anspielungen entdecken, die für das spätere Schaffen des Autors bestimmend bleiben: Kritik am Schein intakter Verhältnisse und an den korrupten Machtbeziehungen einer rücksichtslosen Gesellschaft, Klage über eine in der Realität kaum auflösbare Spannung von idealistischem Wollen des Einzelnen und den Zwängen der materialistischen Welt. Und nicht zuletzt Kritik an einer Journaille, die auf vordergründige Sensation und materiellen Erfolg aus ist und dabei ihre Aufgabe der Kritik verrät. Das hat nicht den satirischen Biß der Kabarett-Beiträge wenige Monate zuvor, sondern tritt auf als das kleine Welttheater eines malenden Faust, 'eingepackt' in die bühnenhafte Bohème-Atmosphäre Pariser Künstler. Aber es vermittelt in der Hauptfigur und ihrem Konflikt auch etwas von der Sternschen Wahrheits-Radikalität und dem Leiden an deren so schwieriger Einlösbarkeit. Und etwas von der Realität des ständigen Verrats, des Sich-Verkaufens, die in der gespaltenen Figur des Sordo zum Rollen-Sprechen gelangt. Seine dem Absinth verfallene Trunkenheit ist noch weit entfernt von der Schizophrenie, in die die innere Spannung der so viel differenzierteren Romanfigur des 'Klint' abstürzt. Und doch spiegelt sich hier schon in Andeutungen eine Erfahrung, die Horst Stern mehrfach literarisch zu verarbeiten versucht hat.

1960-1965: „Es ist nicht so wichtig, daß einer klug zu antworten weiß, als vielmehr, daß er dumm zu fragen versteht"(13) - Horst Stern und der Schulfunk.

Es bleibt, so das Ergebnis der Recherchen, bei diesem einen Versuch, sich an der Hörspiel-Produktion der fünfziger Jahre zu beteiligen. Horst Sterns Hauptbeitrag zum Radio aber wird noch einige Jahre auf sich warten lassen. Erst 1960 beginnen Sterns Beiträge für die Schulfunksendungen des SDR, die zweifellos allein schon quantitativ mit rund 16 Stunden Sendeproduktion die zentrale Leistung des Autors für den Hörfunk darstellen. Das ist zunächst Brotarbeit gewesen, wie andere journalistische Tätigkeit Sterns auch. Doch sicherlich wird mit dem neuen Rundfunkauftrag auch eine besondere Herausforderung für den Autor verbunden gewesen sein, war hier doch eine andere Öffentlichkeit der Rahmen und ein neues Publikum der Ansprechpartner, zu dem sich Darstellung der Gegenstände und Engagement der Rede anders verhalten mußten als in der 'Schreibe' für Zeitung und Zeitschrift. Die Leistung des Autors ist um so höher einzuschätzen, als Stern ohne besondere Sprechausbildung im Studio vor das Mikrofon trat. Wie später so oft, konnte er sich auch hier auf sein Talent verlassen, für das Medium den richtigen 'Ton' zu finden.

Wir müssen Horst Sterns Söhnen dankbar sei, die häufig die ersten Hörer ihres Vaters gewesen sind, wie etwa Rainer, von dem der Vater in einem Interview berichtet: „Wenn der mich so völlig leer anguckte und ich merkte, der begriff gar nicht, um was es mir ging, dann hab ich es weggeworfen oder hab es vereinfacht."(14) Dem anderen Sohn hat Horst Stern sogar mit einer Widmung gedankt: „Für meinen Sohn Stefan, der mich daran hinderte, gelehrt über die Köpfe meiner jungen Hörer hinwegzusprechen".(15)

Mit seinen Schulfunkbeiträgen für die Redaktion von 'Natur und Technik' am SDR hat Stern in unverwechselbarer Weise in diesem Medium Akzente gesetzt. Aus der Distanz von 35 Jahren und mehr mag das beim Wiederhören der Archivbänder schwer nachvollziehbar sein. Doch muß man das damalige Sendeumfeld des Schulfunks berücksichtigen und sehen, vor welchem Hintergrund gängiger Produktionen Stern das Profil seiner Halbstunden-Sendungen entwickelte, um das durchaus Eigene der Beiträge würdigen zu können.

Der Bildungsauftrag des Rundfunks, schon zu Gründungszeiten des Öffentlich-Rechtlichen Rundfunks in den 20er Jahren formuliert und lange Zeit als 'Schulfunk' auch an die Institution Schule und ihre Lehrpläne gebunden, erfüllte für den Unterricht vor allem der Altersstufen 7 bis 10 noch in den sechziger Jahren eine wichtige Ergänzungsaufgabe. Schulfunksendungen hatten einen nicht unerheblichen Anteil am Gesamtprogramm. Dies hat einen zeitlich-quantitativen Aspekt, denn allein durch Mehrfach-Wiederholungen zu verschiedenen Programmzeiten multiplizierte sich die

Reichweite der einzelnen Sendungen erheblich, indem schon deshalb nicht nur ein jugendliches Hörpublikum angesprochen wurde. Hinzukommt eine besondere Qualität der Präsentation, die, zunächst auf Schüler ausgerichtet, in der leichten Eingängigkeit auch viele ältere Zuhörer fand. Gerade für die Vermittlung eher trockener Wissensstoffe bemühte sich der Rundfunk, das Verständnis mit abenteuerlich aufgemachten Hör-Geschichten und mit radiophonen Darstellungssensationen zu unterstützen, die zum Identifizieren mit dem Geschehen, seinen Figuren oder mit dem Erzähler selber aufforderten. „Die überwiegende Darstellungsform war das Hörspiel", stellt Anja Volkmeyer in einer Studie mit Bezug auf die Verhältnisse beim Norddeutschen Rundfunk fest, was sehr wohl als repräsentativ für die anderen Sender gelten kann.(16) Allerdings hielten sich die aufgewendeten künstlerischen Mittel, die für diese Produktionen eingesetzt wurden, meist in sehr bescheidenen Grenzen. Die Muster solcher Programmgestaltung, deren Dominanz der 'Reihe' wenig Spielraum ließ, waren vor allem auf didaktische Einfachheit und auf leichte Einprägsamkeit ausgerichtet.

Im Schulfunk konnten die spezifischen medialen Fähigkeiten des Radios zur Spannungserzeugung billig ins Spiel kommen. Und sie wurden auch so genutzt, indem etwa mit den auditiven 'Farben' von Geräusch, Dialogstimmen und Musik, den Instrumenten der Suggestion von Unmittelbarkeit und Spannung des Geschehens, freigiebig operiert wurde. Zwar gab es oft genug einen Erzähler, der den Faden der Geschichte weiterführte oder der Rückblenden und Einschübe begründete. Doch erschöpfte sich seine Rolle zumeist in der Funktion der Überleitung zwischen den Spiel-Szenen, die das Rückgrat solcher Hörproduktionen bildeten. Auch die Sendungen für andere Fachgebiete, wie eben 'Technik und Natur' bedienten sich der Spannungselemente des Radios. In diesen Bereichen war es oft die Form der Reportage, mit deren Hilfe die Zuhörer an Bord von Dampfern, in die Maschinenhallen der Fabriken oder in die Werkstätten der Handschuhmacher versetzt wurden. Der Rundfunk durfte hier mit allen Mitteln der Illusionsmaschinerie und der Autorität des ubiquitären Dabeiseins spielen. Von solchen 'lauten' Darstellungsweisen hat sich Horst Stern mit seinen 'Funkvorträgen' in unverwechselbarer Weise abgehoben.

Die SDR-Schulfunkredaktion 'Natur und Technik' suchte 1959/60 nach einem kompetenten Zulieferer von Beiträgen zu einer Reihe über 'Tierkunde'. Wolfgang Bechtle, bei dem zuerst angefragt worden war, konnte den Auftrag nicht übernehmen, empfahl aber einen Freund als einen kompetenten 'Ersatzmann'. So kam Horst Stern zum Schulfunk. Und da die ersten Produktionen bei den Verantwortlichen im Sender gut ankamen, war die weitere Mitarbeit in der Redaktion gesichert. Horst Stern verfaßte nicht nur die Texte der 30-Minuten-Beiträge, sondern sprach sie auch selber. Nach

Auskunft von Gottfried Wolf, dem zuständigen Redakteur und Regisseur, wurden die einzelnen Aufnahmen im Studio produziert.(17) Es waren in der Regel 'monologische Sendungen', doch wurden, so die Erinnerung Wolfs, einige Male auch O-Töne - etwa das Brunft-Röhren der Hirsche oder ein Streitgespräch zwischen einem Waldhüter und einem Wildhüter - in die Sendungen eingebaut. Die Reihe hatte feste Sendeplätze. Vorabsendungen, jeweils am Freitag ab 17.00 Uhr auf UKW, waren vornehmlich für die Lehrer bestimmt, zwei weitere Termine wurden auf der damals noch hauptsächlich genutzten Mittelwelle ausgestrahlt, nämlich am Dienstagnachmittag und als eigentliche Schul-Sendung am Mittwochmorgen 10.15 bis 10.45 Uhr.(18)

Inhaltlich bildeten die Beiträge zusammengehörige Gruppen. Die 'Kleine Tierkunde' war eine Portrait-Reihe zu einzelnen Tieren, wie etwa 'Der Steinmarder', 'Die Waldohreule', 'Der Kolkrabe' oder 'Der Turmfalke'. Es folgten die Themenkreise 'Vom Verhalten der Tiere', 'Wie Tiere wohnen', 'Tiere im Winter', 'Lebensräume für Pflanze und Tier' und 'Kämpfe im Tierreich'. Das war zum einen bedingt durch die Struktur der Schulfunksendungen, in der mit Rücksicht auf den Lehrplan der Schulen der Stoff in Blöcken und Folgen zusammengefaßt wurde. Es hängt zum anderen aber auch mit der Weise zusammen, wie Horst Stern fast notwendig in der eigenen Beschäftigung mit dem Thema von den eher zufälligen Erfahrungen mit einzelnen, ihm zugetragenen Tieren, die er in seiner Wohnung pflegte oder im Gehege hielt, sehr bald zu größeren Zusammenhängen wie den Verhaltensformen und den Lebensräumen der einheimischen Tiere gelangt. Da wird hinter dem äußeren Plan ein tiefer liegender Zug von Erkenntnisarbeit sichtbar, der vom interessanten, oft kuriosen Einzelfall sehr bald zu komplexeren Sachverhalten natürlicher Lebenswelten und deren Zusammenprall mit der Zivilsationsgeschichte des Menschen führt.

Horst Stern verstand sich nicht als Lehrer-Ersatz. Im Vorwort zur „Buchausgabe der Funkvorträge" von 1965 besteht der Autor darauf, „daß es meine Aufgabe nicht war, Biologie zu lehren, sondern auf Biologie neugierig zu machen."(S.7) Diese Neugier ließ sich am besten in der erzählenden Selbstvorführung des neugierigen Fragers, der es wissen und erfahren will, vorstellen. Nicht Belehrung, sondern das geschilderte Vor-Leben seines Umgangs mit Tieren und die eigene Beobachtung ihrer Lebenswelt, das Vor-Erzählen von Selbsterfahrenem: Das war der 'Trick', mit dem Stern die Jugendlichen - und auch viele Erwachsenen, wie die Hörerreaktionen zeigten - an diese Sendungen band. Stern entwickelte hier bereits einen sehr eigenen Stil authentisch unverwechselbarer Darstellung, den er bis in die Off-Kommentare seiner Fernsehfilme hinein beibehalten hat. Die Radio-Situation bildete dabei einen frühen Bedingungsrahmen, in dem sich die ja durchaus kalkulierte Mischung aus sprachlich witzigem Plauderton, um Genauigkeit bemühtem Bericht des Tier- und Landschaftsbeobachters und rhetorisch-didaktisch versiertem Appell entfalten konnte. Die Form einer eng autorbezogenen Darstellungsweise war in Deutschland sicherlich nicht einzigartig. In Norddeutschland etwa war über viele Jahre hinweg die Schulfunk-Sendereihe 'Der Tierfreund' eine vertraute und vielgehörte Naturkunde-Präsentation, die von der Eigenart des lebhaften narrativen Stils ihres Autors Wilhelm Behn zehrte. Doch war auch dies eher eine Ausnahme.

1965/1967: „Dieses Buch habe ich nicht geschrieben. Ich habe es gesprochen."(19) - Medienwechsel oder Über Unterschiede von Rede und 'Schreibe'.

Gottfried Wolf erinnert sich an die überraschend 'fertigen' Sendetyposkripte und deren „Interpunktion des Redens".(20) Der Neuling überzeugte überdies als Sprecher seiner eigenen Texte durch eine moderationsfähige Lockerheit und spontan wirkende Unverstelltheit einer 'normalen' Stimme. Solches Erzähltalent und das vorhandene journalistische Know-how bildeten die sichere Basis für die 30-Minuten-Sendungen, die schnell eine große Hörerschaft gewannen und dem Sender viele positive Rückmeldungen brachten. So kam schon bald der Plan auf - unterstützt offenbar durch zahlreiche Nachfragen -, die Texte dieser Sendungen in Buchform auf den Markt zu bringen, ein Verfahren, das für erfolgreiche Radiosendungen in jener Zeit nicht ungewöhnlich gewesen ist. Die erste Sammlung erschien 1965 unter dem Titel 'In Tierkunde eine 1', eine zweite 1967: 'Gesang der Regenwürmer und andere Kuriosa, erzählt streng nach der Natur. 13 neue Funkvorträge'.(21) Beide Textsammlungen sortieren die Vortragsfolge neu, mischen offensichtlich nach Gesichtspunkten von Abwechslung und Kontrast. Zur gleichen Zeit ließ der Verlag eine Langspielplatte pressen, auf der Stern seine Texte vorträgt. Auf diese Weise sollte - wie es die Verlagswerbung formuliert - dem Käuferwunsch, „dem Erzähler gegenüberzusitzen, zuzuhören, wie er plaudert von allem, was er erlebt und erfahren hat..." Genüge getan werden.(22)

Stern findet für das Radio eine Form, die auch in der nur wenig überarbeiteten Buchform bestehen kann, auch wenn er den Leser im Vorwort zur ersten Sammlung der Funkvorträge noch meint 'warnen' zu müssen: „Dieses Buch habe ich nicht geschrieben. Ich habe es gesprochen."(S.7) Der Schriftsteller, als den Stern sich zuallererst verstand, besteht auf einen Unterschied von Rede und „Schreibe".(ebd.) Gefordert sei beim Reden ein „Mut zur Einfachheit, die dem schreibgewohnten Autor oft genug nicht recht aus der Feder will, weil er das Gefühl hat, unter seinem Pegelstand zu schreiben."(ebd.) Das Vorwort mit dem bezeichnenden Titel „Ich habe Sie gewarnt" soll so auf das folgende einstimmen. Stern versucht, den Erfolgs-Ton der Radiosendungen in die 'geglättete' Textform des Buches hinüberzuretten, zugleich aber dem Leser zu verstehen zu geben, daß er den literarischen Anspruch an „Formwillen, Stil, Brillianz", den ein Buch „erfordert", als zwar gültig für dies Medium anerkennen will, aber in diesem besonderen 'Fall' textgewordener Rede nicht einlösen kann. „Wir wären uns wie Fälscher vorgekommen."(ebd.) Es scheint, als nehme Horst Stern hier - über den rhetorischen Topos einer captatio benevolentiae hinaus - implizit Bezug auf eine zeitgenössische Literaturdebatte und darin auf eine traditionelle Position und deren Norm, die auf die unterschiedliche Wertigkeit von Buchtext und Radiotext beharrt. Zugleich kehrt hier ein Moment Sternscher Selbstreflexion, ja seiner Selbstzweifel wieder, wenn die besondere mediale Herkunft ihr legeres Rede-Gewand vor den strengeren Kostümregeln eines Buchtextes meint rechtfertigen zu müssen.

Zum Glück haben solche Skrupel sich nach allem Anschein für die Druckfassungen nur geringfügig ausgewirkt. Aber auch in dem Wenigen noch spiegelt sich etwas von der Problematik solchen Medienwechsel vom Radio zum Buch. Das tritt z.B. in einem scheinbar winzigen Detail zutage, hat allerdings einige Konsequenzen: die unterschiedliche Anrede von Leser und Hörer. Zwar redet der Autor im ersten Band seine Leser zu Beginn mit „Sie" an („Ich habe Sie gewarnt!"), aber es bleibt bei diesem einen Mal einer Vorrede in exkulpierender Absicht. Der Erzähler der folgenden Geschichten spricht sein Publikum - wie im Radio - mit dem vertraulichen „Du" und „Ihr" an. Der zweite Band verfährt bereits anders: Der Autor-Erzähler apostrophiert seine Leser durchgehend mit dem distanzierteren, mehr auf Erwachsene abzielenden „Sie". Stern entfernt sich damit von seiner Redeweise im Radio, es erzeugt aber auch Spannungen und demonstriert die Schwierigkeiten stilistischer Anpassung an eine beabsichtigte andere Kommunikationsstruktur, die sogar zu ungewollt komischen Einbrüchen führen kann. So wird etwa dem mit „Sie" apostrophierten Buchleser für ein kleines Aquarien-Experiment - das in der Radio-Situation noch ein guter 'gag' gewesen sein mag - geraten, „eine große Schwester, die er nicht leiden kann," einzusetzen.(23) An anderer Stelle wird, was in der früheren Vortrags-Anrede von Sieben- bis Zehnjährigen angemessen klang, manchem Leser in der „Sie"-Szenerie eher als merkwürdige Zumutung erscheinen: „Haben Sie schon einmal den Namen Darwin gehört? CHARLES DARWIN war ein englischer Biologe, der im vergangenen Jahrhundert lebte".(24) Solche Beispiele ließen sich häufen, sie demonstrieren nur beispielhaft, wie schwer man sich damit tat, einen Radiotext als Buchtext unversehrt zu belassen. Das mag verlegerische Gründe gehabt haben, etwa das Kalkül, das Etikett 'Jugendbuch' und dessen Einschränkung zu vermeiden und so einen weiteren Leserkreis zu erreichen. Es spiegelt aber, wie unterschwellig auch immer, nicht wenig von kultureller Niveausetzung und deren Normen, die gerade für das Verhältnis von Radio und Buch galten. Hierüber haben viele Autoren, die für den Rundfunk gearbeitet haben, oft genug geklagt.

Auf den vorliegenden Fall bezogen mögen es Kleinigkeiten sein, die zudem der Ungeschicklichkeit (oder dem Unwillen) des Autors bei der Umformulierung für das Printmedium Buch anzurechnen sind. Für die ursprünglichen Funkfassungen gilt, daß Stern seine vom Journalismus geprägte Mischung aus Faktenpräsentation und Erlebnis-Authentizität - das zeigt sich noch in den überarbeiteten Buchfassungen - in durchweg gelungener Weise für das spezifische Hörpublikum Jugendlicher einzusetzen und für die Vermittlung alltagsnaher Tierbeschreibungen zu nutzen wußte. Die „große Anschaulichkeit der Schilderung"(25) bleibt das wichtigste Regulativ der Sprechtexte *und* der Buchtexte, wie es vor allem den alltagsnahen und erfahrungsgesättigten Erlebnissen des Stuttgarter Tierfreundes anzumerken ist, die sich im Umgang mit den verschiedensten Tierexemplaren in der eigenen Wohnstube oder dem Gehege im Garten ergeben haben. Aber auch in den Darstellungsweisen der sich weitenden, mit angelesenem Wissen auffüllenden Themen, etwa 'Vom Verhalten der Tiere', bleibt Anschaulichkeit, gepaart mit oft 'hemdsärmeliger' Einfachheit der Diktion, wichtigste Norm des Schreibens.

„...na sagen wir: Fahrradluftpumpe" - oder Variationen der Anschaulichkeit.

Sucht man die Spezifik der Sternschen Funk-Vorträge im einzelnen zu beschreiben, den glücklichen Griff, mit dem es ihm so offensichtlich gelungen ist, seine Zuhörer in den Bann zu schlagen, so wird bald deutlich, daß es nicht ein besonderer Trick, sondern vor allem die Summe vieler Kleinigkeiten ist, die dieses Profil auszeichnet. Das folgende mag als eine Beispielauswahl dafür gelten.

- *Jargon:* Stern hat sich sehr genau in die Situation zunächst und vor allem jugendlicher Zuhörer eingestellt. So ist es immer wieder die konsequente Einhaltung dieser Erzählsituation mit der ausdrücklichen und oft wiederholten Wendung an sein Publikum. Blick und Sprechrichtung auf die Jugendlichen bestimmt durchgehend die sprachliche Darstellung. Da wird auch mit Erfolg der Jugendjargon bemüht, für den der Vater von Söhnen ja seine Kontrollinstanzen besaß:

„Was passiert bei Euch zuhaus, wenn es Euch einfallen sollte, beim Essen einmal den angestammten Platz des Vaters einzunehmen und ihn auch auf Aufforderung nicht zu räumen. Es knallt, nicht wahr!... Und setzt sich gar die kleine Schwester auf den falschen Platz, dann knallt es schon, bevor die Ärmste etwas dazu sagen konnte."(26)

- *Atmosphäre:* Oft spricht der Autor die Kommunikationssituation an, läßt sie zum witzig verdrehten Motiv werden: „Also, ich muß sagen - ich an Eurer Stelle hätte nicht die Geduld, mir noch länger zuzuhören."(27) Oder er sucht das Situative der Studio-Atmospäre zu vermitteln: „Der Herr Aufnahmeleiter hier im Studio, der mir gegenüber hinter einer dicken Glasscheibe sitzt und mit dem Finger am Abstellknopf aufpaßt, daß ich nichts Dummes erzähle..."(28) An anderen Stellen weiß Stern die monologische Redesituation aufzulockern, indem er die Zuhörer einbezieht:

„Ich habe es in meinen Sendungen oft so gehalten, daß ich euch gegen Schluß zu einem Experiment ermunterte, denn auch bei mir geht das Probieren über das Studieren. So habe ich erzählt, wie man auf einem Apfel die Anfangsbuchstaben seines Namens, ja sogar das eigene Foto wachsen lassen kann, wie man den Turmfalken mit einer Nestkiste ans Haus lockt oder wie man den fleischfressenden Sonnentau im Moor mit Leberkäs füttert und mit Steinchen zum besten hält."(29)

Ähnlich funktioniert der Appell an die Ratelust der Zuhörer: „Zum Schluß ein kleines Rätsel. Wer aufgepaßt hat in der vergangenen halben Stunde, der wird es nach einigem Nachdenken lösen können..."(30)

- *Alltagsnähe:* Zur Anschaulichkeit gehört auch die Technik, die Alltagserfahrungen der Jugendlichen einzubeziehen, sie zum Ausgang für gemeinsame Beobachtungen zu machen. So etwa die Einstimmung in das Thema „Fliegen":

„Wenn es wieder einmal ein gebratenes Huhn gibt, dann sollte man sich statt des schieren Brustfleisches einen knochigen Flügel auf den Teller legen lassen. das hat zwei Vorteile: erstens wird man wegen solcher Bescheidenheit gelobt; zweitens kriegt man nicht nur etwas Gutes in den Magen, sondern auch etwas Wissenswertes in den Kopf, dann nämlich, wenn man meinem Rat folgt und den fein säuberlich abgeknabberten Flügel einmal näher betrachtet."(31)

Die Maxime der 'Anschaulichkeit' führt manchmal auch zu recht eigenwilligen Vergleichen. Schon in seiner Einleitung „Ich habe Sie gewarnt!" wehrt Stern die gehörte oder nur vermutete Kritik der „wissenschaftlich belasteten Leser" ab, „die manchen meiner Vergleich zu kühn, manches meiner sprachlichen Bilder als dem ernsten Gegenstand der Zoologie nicht angemessen empfinden könnten."(S.7) Tatsächlich wird mancher alte Biologie-Lehrer zusammengezuckt sein, wenn aus dem Lautsprecher die Beschreibung von Mardern anschaulich gemacht wird:

„Also, sie haben etwa die Länge einer, na, sagen wir: Fahrradluftpumpe, und wenn man den Pumpgriff zu zwei Dritteln herauszieht, dann hat man auch noch die Schwanzlänge des Marders dazu."(32)

- *Zitate:* Wie oben erwähnt, ist das sich schnell öffnende Feld der Darstellungsthemen bald nicht mehr nur mit der Perspektive des Erlebenden und des aufmerksamen Beobachters faßbar. An dieser Stelle kann der Autodidakt Stern eine andere Weise von Neugier seinen Hörern vorführen: das lesende Lernen aus Büchern und das ausfragende Reden mit Praktikern und Fachleuten vor Ort, wie im Falle der Bienen:

„[...] heute muß ich, was eigene Erlebnisse angeht, passen. Ich habe mit Bienen kaum persönlichen Umgang gehabt, denn man kann mit ihnen nur schlecht auf dem Sofa schlafen......Und so verdanke ich das, was ich über Bienen weiß, den Büchern der Professoren und den Erfahrungen der Imker, mit denen ich mich unterhielt."(33)

Stern scheut sich nicht, auch längere Zitate - auffällig vor allem in den späteren Beiträgen - aus fremden Büchern einzuflechten, so aus Aichle/Schwegler 'Unsere Moos- und Farnpflanzen' oder aus J.Roedles 'Wunder der Wildbahn'.(34) Oder anders: Redlich wird das Wissen aus anderer Quelle vorgezeigt, was im journalistischen Geschäft nicht selbstverständlich ist. Durchaus marktgeschickt weiß der Autor aber auch Selbstzitate einzubauen und so dezent auf frühere eigene Publikationen wie sein Buch 'Lauter Viechereien' hinzuweisen.(35)

Was bleibt?

Mit dem Beitrag „Kämpfe im Tierreich: Hirsche zur Brunftzeit" verabschiedet Stern sich am 9. Juli 1965 von seinen Schulfunk-Hörern. Nur einmal noch, fast 10 Jahre später, am 18.11.1994, kehrt er mit einem Beitrag 'Mein Friedrich' zum 800. Geburtstag des Stauferkaisers an den Ort seiner früheren Funkvorträge zurück. Inzwischen ist er ein bekannter Autor, der den Funk nur noch gelegentlich als Medium für seine Anliegen nutzt. Davon profitiert vor allem die Redaktion des Landfunks, die ihn 1976 sechsmal für eine Sendereihe 'Sterns Viertelstunde' gewinnt. Es ist eine Reihe, die in ihren Einzelthemen - etwa 'Landwirtschaft gegen die Natur?', 'Was ist Ökologie?' oder 'Züchtung, Haltung, Verhaltensforschung' - von den Großthemen zehrt, die Horst Stern im inzwischen mächtigsten Medium, dem Fernsehen, unter dem Serientitel 'Sterns Stunde' viel wirksamer verbreiten kann.

So sind es vor allem Horst Sterns Schulfunkbeiträge, die seine medienwirksame Arbeit für das Radio dokumentieren. Auf ein jugendliches Publikum ausgerichtet, dennoch mit einiger Faszination auch für 'Erwachsene', hat Stern in diesen Jahren 1960 bis 1965 von Stuttgart aus in radiogemäßer Professionalität sein Generalthema zu entfalten begonnen und dabei in unverwechselbarer Weise authentischen Erzählens seinen Beitrag zur Hörkultur im Rundfunk der sechziger Jahre geleistet. Das ist nicht wenig, denn nur selten gelang es Autoren, die für so genau umrissene Zuhörergruppen wie die des Schulfunks arbeiteten, die engen Grenzen dieses Wirkungssektors zu überschreiten. Und es ist wohl sicher, daß dies nicht erst auf die beiden nachgeschobenen Buchpublikationen zurückzuführen ist. Vielmehr sind die Bücher Reaktionen auf ein vorhandenes Interesse gewesen, das zuvor durch das Medium Hörfunk geweckt worden war.

Neben dieser Leistung, als Hörfunkautor eine Form unterhaltsamer Aufklärung und Belehrung entwickelt zu haben, sollten - wenn auch nur als literarische Facetten im breiten Werkspektrum - die noch früheren Versuche des Autors Horst Stern nicht vergessen werden: seine Texte für ein politisches Kabarett und das eine literarische Hörspiel. Mit diesen Produktionen hat Stern versucht, auch literarische Spuren in der Hörlandschaft der fünfziger Jahre zu hinterlassen. Die Spuren mögen bald verwischt gewesen sein, wenn sie denn überhaupt bemerkt worden sind. Sie bleiben für eine Würdigung von Horst Sterns Gesamtwerk trotzdem bemerkenswert. Denn zum einen wird an ihnen der Autor als ein durchaus geschickter Medienwanderer kenntlich. Zum andern zeigen diese Radiotexte, wie bei Horst Stern schon damals literarische Ambitionen neben den mehr journalistischen Schreibarbeiten im Spiel gewesen sind und ihren spezifischen Niederschlag im Medium Hörfunk gefunden haben. So wiederholt sich auch im schmalen Werksektor der Arbeiten für das Radio ein Muster von Schreibanstrengungen dieses Autors, die nicht im Nur-Journalistischen aufgehen, sondern von einem literarischen Anspruch nie ganz haben lassen können.

Anmerkungen

(1) Die Typoskripte des SDR, der Abteilung 'Unterhaltung' redaktionsmäßig zugeordnet, weisen als Verfasser „Verschiedene" aus. Bearbeiter(in) ist für die 1. und 2. Folge F.L.Schneider, für die 3. Ruth Reinhardt, wobei für letztere unter 'Zusammenstellung' ausdrücklich Heinz Huber erwähnt ist. In den Texten wenige handschriftliche Zusätze, die auf Nutzung während der Produktion hinweisen, kaum Textkorrekturen, nur eine gravierende, dazu weiter unten. Sendedaten waren 18.10., 15.11.1952 und 14.2.1953, jeweils samstags 21.00 - 21.45 Uhr.

(2) Typoskript des SDR mit dem Stempel 'Archivexemplar Nr....' und handschriftlich eingetragener Zahl '658'. Handschriftlicher Zusatz: „Eingang: 23.1.53 Sendung: 22.4.53".

(3) Es wurden ausschließlich die Textfassungen aus den beiden Buchveröffentlichungen benutzt: 'In Tierkunde eine 1. Die Buchausgabe der Funkvorträge'. Stuttgart: Franckh'sche Verlagshandlung. 1965 (neuer Titel ab Juli 1970 'Mit den Tieren per du. Horst Stern gibt in Tierkunde eine Eins' Stuttgart:Franckh-Kosmos) und 'Gesang der Regenwürmer und andere Kuriosa, erzählt streng nach der Natur. 13 neue Funkvorträge.' Stuttgart: Franckh'sche Verlagshandlung.1967 (neuer Titel ab Juli 1970: 'Mit der Natur per Du. Horst Stern erzählt vom Gesang der Regenwürmer und andere Kuriosa'. Stuttgart: Franckh-Kosmos). Ergänzend hinzugezogen wurden 4 Bandaufnahmen mit den Beiträgen 'Der Bienstock', 'Der Ameisenhaufen', 'Die Hackordnung der Hühner' und 'Streitbare Wasserbewohner' (Archivnr. Sch 23796, Sch 23783, Sch 24253, Sch 24378).

(4) Sendung 6.11.1980 und 15.10.1989, hier zur 'Jagdnovelle'.

(5) SDR-Typoskript, S.11.

(6) Am 23. Oktober sollte der als Kriegsverbrecher einsitzende Generalfeldmarschall Albert Kesselring, den der 'Stahlhelm - Bund der Frontsoldaten' zu seinem Präsidenten erkoren hatte, in einem Gnadenakt entlassen werden. Am selben Tag wurde - was Stern zum Zeitpunkt der Produktion noch nicht wissen konnte - die SRP verboten. Zuvor (August 1951) hatte sich bereits das neofaschistische 'Freikorps Deutschland' als Zusammenschluß verschiedener Formationen - so auch der SRP - konstituiert und den ehemaligen „Brilliantenoberst" Rudel zum designierten Führer gewählt. S. dazu Wolfgang Kraushaar: Die Protest-Chronik 1949-1959. Eine illustrierte Geschichte von Bewegung, Widerstand und Utopie. Band I: 1949-1952. Hamburg 1996, S.678f und öfter.

(7) SDR-Typoskript, S.17f.

(8) SDR-Typoskript, S.19 u. 21. Interessantes Nebenergebnis der Quellenrecherche ist im Typoskript eine kleine handschriftliche Korrektur des dreimaligen Kehrreims dieses 'Chores', die kaum von Stern selber stammen dürfte. Sie muß in ihrer Verharmlosungs-Geste als Beipiel von (Selbst-?)Zensur angesehen werden. Im Typoskript heißt es:
„Ein Journalist, das ist ein Mann,
der höchstens dann und wann
die ganze Wahrheit sagen kann."

In der handschriftlich korrigierten (und so wohl produzierten) Fassung lautet die Stelle:
„Ein Journalist, ist das ein Mann,
der höchstens dann und wann
die ganze Wahrheit sagen kann?" (S.19ff).
(9) Kritik an fehlender Toleranz:
„Ich hab es dick,
dass man, wie's heute Mode ist,
aus meiner höchst privaten Meinung
sogleich auf Weltanschauung und Parteibuch schliesst [...]" (S.2).
(10) So die Affäre um eine geheime Tarnorganisation des 'Bundes deutscher Jugend', die Partisanen-Szenarien entwickelte mit Liquidierungslisten, auf denen Namen westdeutscher Kommunisten und Sozialdemokraten standen. Zu den pikanten Details gehörte die Tatsache, daß diese Organisation von den USA unterstützt wurden. S. hierzu Kraushaar, Protest-Chronik [Anm.6], S.661ff.
(11) 'Der Herr im Frack', der Conférencier, der zum bloßen Lach-Vergnügen der „Spiesser" seine Späßchen, auch die politischen, macht:
„Wir können darauf verzichten,
dass sie in ihren Geschichten
das Elend der Welt
für elendes Geld
genügend possierlich finden,
um Bauchtänze damit zu verbinden." (S.5).
(12) S. Anm.2.
(13) Stern: Tierkunde [Anm.3], S.7.
(14) Lauter Geschichten. Redigierte Auszüge aus einem Interviewe mit Horst Stern. In: Ludwig Fischer (Hrsg.): Horst Stern. Das Gewicht einer Feder. München 1997 [im Druck], S.59.
(15) Stern: Gesang [Anm.3].
(16) Anja Volkmeyer: Bildungsfunk heute - historische Entwicklung, Intention und Realisation am Beispiel des Norddeutschen Rundfunks. Hamburg 1996 [Magisterarbeit], S.29.
(17) Gespräch des Vf.s mit Gottfried Wolf am 14.7.1997, dem neben verschiedenen Hinweisen auch dieser zur Produktionsweise zu verdanken ist.
(18) 1965 war das UKW-Netz bereits so weit ausgebaut, daß neben dem Freitagtermin auf UKW II die beiden anderen Wiederholungen parallel über UKW I und Mittelwelle ausgestrahlt wurden. Das kam sowohl der technischen Qualität der Übertragung als auch der Verbreitung überhaupt zugute.
(19) Stern, Tierkunde [Anm.3], S.7.
(20) S. Anm.17.
(21) S. Anm.3.
(22) Kosmos- Langspielplatte 'Vom Winterschlaf der Tiere/Über den Vogelzug'. Stuttgart o.J. Das Zitat erscheint in beiden Buchausgaben in der angefügten Verlagswerbung.
(23) Stern, Gesang [Anm.3], S.171.
(24) Ebd.S.161.
(25) Stern, Tierkunde [Anm.3], S.7.

(26) 'Die Hackordnung der Hühner'. Bandkopie SDR mit der Archivnr. Sch. 24253. In der geänderten und gekürzten Buchfassung geht einiges von diesem Ton verloren: „Was passiert bei Ihnen zuhaus, wenn es dem Sohn einfallen sollte, beim Essen den angestammten Platz des Vaters einzunehmen und ihn auch auf Aufforderung nicht zu räumen? Es knallt, nicht wahr!" (Stern, Gesang, S.172).
(27) Stern,Tierkunde [Anm.3], S.79.
(28) Ebd. S.91.
(29) Ebd. S.77.
(30) Ebd. S.100.
(31) Ebd. S.101.
(32) Ebd. S.38.
(33) Ebd. S.91.
(34) Stern, Gesang [Anm.3], S.19 und 123ff. Allerdings spricht - zumindest in der Buchausgabe - auch listiges Verlagskalkül ein Wörtchen mit: beide Zitate entstammen eigenen Verlagsprodukten.
(35) Ebd. S.135.

Knut Hickethier

'Sterns Stunde' - die Fernsehfilme des Horst Stern

Bemerkungen zu einem Kapitel deutscher Fernsehprogrammgeschichte

Der letzte Film Horst Sterns kam 1979 ins ARD-Programm. Seine Filmreihe 'Sterns Stunde' kann deshalb als Teil deutscher Fernsehprogrammgeschichte verstanden werden. Doch Geschichte ist als Vergangenes nicht in jedem Fall auch etwas Abgeschlossenes, sie ragt dort, wo sie beunruhigt, provoziert und in ihren historischen Zeugnissen irritiert, in die Gegenwart. Die Filme Horst Sterns sind in diesem Sinne als eine Herausforderung an die Gegenwart zu verstehen: Der mit 'Sterns Stunde' entwickelte kritische Journalismus über das Verhältnis der Menschen zur Tierwelt ist nicht mit dem Ende der Reihe abgeschlossen. Die hier entwickelten Ansätze sind weiterzuführen, denn unser Verhältnis zur Natur ist immer noch nicht 'in Ordnung'.

Die katastrophischen Meldungen über unsere Zerstörung der Umwelt haben nicht ab-, sondern im Gegenteil zugenommen. Die Genmanipulationen der Pflanzen-, Tier- und Menschenwelt sind nicht mehr zu bremsen. Die wiederholt ausbrechenden 'kleinen' Seuchen, wie z.B. die Schweinepest, werden inzwischen als alltäglich angesehen und kaum noch zur Kenntnis genommen, über BSE ist die Öffentlichkeit längst mit apathischem Desinteresse wieder zur Tagesordnung übergegangen. Tierversuche finden in der pharmazeutischen Industrie weiter statt, der Tierhandel mit 'exotischen' Tieren hat eher zu- als abgenommen. Der Artenschwund ist inzwischen weltweit so groß, daß es erstaunlich ist, daß dagegen nicht längst etwas nachhaltig unternommen wurde. Die Öffentlichkeit regt sich über vieles nicht mehr auf. Aus Ermüdung am wiederholt präsentierten Thema, aufgrund der Aussichtslosigkeit des Protestes, aus Resignation über die Uneinsichtigkeit der Politik und der konzernstarken Wirtschaft? Vielleicht auch weil es an Journalisten mit der Hartnäckigkeit Horst Sterns heute fehlt.

Bildschirmprominenz

Horst Sterns Thema ist das Verhältnis der Menschen zu den Tieren. Ihn interessiert in seinen Fernsehfilmen vor allem das Verhältnis der Zuschauer zu den Tieren ihrer weiteren Umgebung. Bei den Einstellungen und Meinungen der Zuschauer wollte er etwas verändern, bewirken. Er wollte, als er sich dem audiovisuellen Massenmedium, dem 'Leitmedium' der gesellschaftlichen Kommunikation, verschrieb, daß die Zuschauer nach den Sendungen die Tierwelt mit anderen Augen sahen. Um dies zu erreichen, mußte er seine Themen prägnant darstellen und eine klare Position beziehen, mußte im Angebot der vielen Sendungen ein 'Profil' herausbilden. Er setzte auf eine Öffentlichkeit, die sich mobilisieren ließ für die Natur, die Druck erzeugte, damit sich beim Tiermißbrauch und der Landschaftszerstörung etwas änderte. Es zeichnet Stern aus, daß er sich der Mechanismen des Fernsehens wohl bewußt war, auch daß er wußte, wie schwer er es mit seinem kritischen Journalismus über das Mensch-Tier-Verhältnis in einem auf Unterhaltung ausgerichteten Medium hatte.

Bildschirmprominenz durch argumentative Überzeugung, das ist das Konzept Sterns, und in dieser scheinbaren Paradoxie hat er auch sein Konzept für dieses Medium gefunden, das schon in den siebziger Jahren von spektakulären Ereignissen lebte und zugleich immer wieder schnell zum Vergessen bereit war.

Wie bei den meisten 'Fernsehstars' hat Stern seine Bekanntheit nicht im Fernsehen selbst begründet, sondern in anderen Medien. Als Autor von ca. 50 Hörfunksendungen und vier Büchern machte er sich bereits einen Namen. Der Bildschirm ließ ihn dann, ob er es wollte oder nicht, zum Fernsehstar werden. Dabei ist die Zahl seiner Fernsehfilme im Vergleich mit anderen Fernsehdokumentaristen eher schmal. 24 Folgen umfaßt die Reihe 'Sterns Stunde' innerhalb eines Jahrzehnts. Stern wollte anfangs die Bildschirm-Prominenz des Professors und Zoodirektors Bernhard Grzimek und anderer TV-Tierexperten nicht schmälern, doch es blieb nicht aus, daß er Grzimek das Wasser abgrub. Denn wo Grzimek das Fernsehen der fünfziger und sechziger Jahre repräsentierte, stand Stern für das neue kritische Fernsehen der frühen siebziger Jahre. Stern prägte den Tierdokumentarismus im Fernsehen dieses Jahrzehnts, seine Sendungen setzten neue Maßstäbe für das Genre. Sie hoben es in den Rang eines engagierten, professionellen Journalismus, machten aus diesem lange Zeit oft tümelnden Genre ein Feld der gesellschaftlichen Auseinandersetzung. Damit wurde den Zuschauern sichtbar, daß es hier eben nicht nur um eine schöne Nebensache 'Natur' ging, sondern um unser eigenes - menschliches - In-der-Welt-Sein, um unser Verhältnis zur Natur zwischen Ökologie und Ökonomie.

Als Horst Stern 1972/73 einen Film über den Tierhandel in Bangkok drehte, eines der wenigen Male, wo er sich mit seinem Produktionsteam in exotische Länder begab, eilte ihm bereits sein Ruf als Kritiker voraus. Er konnte, wie er in der Sendung dann sagte, nicht überall drehen, vieles blieb ihm verschlossen. Das war der Preis seiner Bildschirmprominenz, den er aber zu diesem Zeitpunkt noch bereit war zu zahlen, weil er wußte, daß das Material, das er durch eine beharrliche und nachdrückliche Recherche dennoch zusammentrug, ausreichte, um auf einen Mißstand, einen Skandal aufmerksam zu machen. Später zermürbten ihn die Hindernisse, die sich ihm durch seine Bekanntheit beim Drehen in den Weg stellten. Seine prägnanten Darstellungen, seine genau kalkulierten Kommentare, der Sarkasmus, aber der oft auch bittere Ton seiner Anklagen machten ihn auf dem Bildschirm zu einem gefürchteten Verteidiger der Tierwelt. Das Fernsehen und Stern gingen eine Symbiose zum wechselseitigen Nutzen ein: Die ARD (und hier besonders der die Reihe produzierende Süddeutsche Rundfunk) gab ihm einen prominenten Sendeplatz und machte ihn dadurch populär. Von dieser Popularität zehrte wiederum das Fernsehen. 'Sterns Stunde' wurde zu einem Markenzeichen des öffentlich-rechtlichen Fernsehens. Stern konnte selbst mit einen zweiteiligen Film über Spinnen in der Programmkonkurrenz gegen zwei Folgen des opulenten Fernsehromans 'Lockruf des Goldes' mithalten, den das ZDF zur gleichen Zeit zeigte. „Eine Sendung von Horst Stern nicht gesehen zu haben, ist in jedem Fall ein Versäumnis", urteilte die zeitgenössische Kritik angesichts dieser Programmkonkurrenz.(1)

Im Genrefeld der Tiersendungen des Fernsehens

Als der Süddeutsche Rundfunk 1970 die ersten Folgen der Reihe 'Sterns Stunde' im ARD-Programm brachte, waren Tiersendungen längst ein beliebtes Programmgenre des bundesdeutschen Fernsehens. Zum Selbstverständnis des auf Weltvermittlung angelegten Mediums gehörte auch der televisuelle Blick in die Natur. Nach den eher kuriosen Mikroskopaufnahmen eines Dr. Fehse im NWDR-Fernsehen der frühen fünfziger Jahre und den biederen Plaudereien von Paul Eipper und Luis Trenker in den Kindersendungen prägten vor allem der Frankfurter Zoodirektor Bernhard Grzimek und der Unterwasserforscher Hans Hass die Vorstellung der Zuschauer von der Tierwelt. Sie präsentierten in den fünfziger Jahren - wie die anderen Dokumentaristen des Fernsehens, z.B. Peter von Zahn, Max H. Rehbein und Rüdiger Proske - Bilder, die sie auf ihren Reisen in die Ferne, in einer den Zuschauern damals unerreichbaren Welt, gesammelt hatten: in der Serengeti in Ostafrika, im Roten Meer oder anderswo. Die Eigenart der Tierwelten wurde unterhaltsam dargeboten, und trotz manchen mahnenden Untertönen über die drohende Gefährdung der letzten Tierparadiese lebten diese Sendungen doch davon, daß diese Naturräume als in sich selbst stabile und idyllische Welten in wunderbaren Aufnahmen dem zumeist urbanen und von der Natur weitgehend entfremdeten Publikum gezeigt wurden. Auch Heinz Sielmann mit seinen Reportagen unterschied sich nicht von diesem Genre-Konzept.

Wenn Bernhard Grzimek zur Einstimmung in seine Sendungen Tiere mit ins Studio brachte und sie ihm während seiner Ansprachen an die Zuschauer über den Studiotisch kletterten, dann handelte es sich in der Regel um die eher possierliche Spezies, die das Sentiment der Zuschauer anrührte. Die Sendungen lebten von der eigenartigen Mischung: vor der Studiokamera der bekannte Zoodirektor, wie viele andere der oft ins Studio geholten prominenten Gäste, die etwas zu erzählen wußten. Dazu lief in dieser vertrauten Atmosphäre ein Gepard durch den Bildschirm und irritierte als Symbol exotischer Wildheit die im Studio als überschaubar und sicher gebotene 'Welt im Gehäuse'. Weil sich der freundliche ältere Herr vom Frankfurter Zoo dadurch nicht irritieren ließ, zeigte er, daß die wilden Tiere doch letztlich handzahm waren. Alles schien längst domestiziert und die Welt 'draußen' war nicht mehr fremd und bedrohlich. Daß solche Arrangements ein falsches Bild entwarfen, zur Verharmlosung der schon damals längst vorgeschrittenen Umweltzerstörung beitrugen, das machten die Filme Sterns sichtbar. Sie zerstörten den falschen Schein nachhaltig.

Dabei unterschieden sich diese Tiersendungen noch durch ihre Informationshaltigkeit von den ebenfalls auf die Zuschauergefühle spekulierenden Spielserien meist amerikanischer Provenienz, die, wie 'Flipper', 'Fury', 'Daktari' oder auch Disneys 'Die Wüste lebt', Tiere anthropomorphisierten, ihnen also menschliche Eigenschaften andichteten und die Kameraaufnahmen so montierten, als agierten die Tiere nach menschlichen Zielsetzungen. Dieser Genre-Hintergrund ist ebenfalls zu erinnern, um den Bruch, den Sterns Sendungen für dieses Programmgenre bedeuteten, zu verstehen, um nachvollziehen zu können, warum sie heftige Empörungen und Kontroversen auslösten und wie keine anderen Produktionen dieser Art das Bewußtsein der Zuschauer nachhaltig veränderten. Denn daß Stern dieser weit verbreiteten Auffassung vom Tier entschieden widersprach, enthielt eine doppelte Provokation: Die Tiere agierten nicht nach menschlichen Maßstäben, sondern nach ihren eigenen. Und dort, wo sie dem 'menschlichen' Verhalten angepaßt wurden (wie etwa beim Hausschwein), waren die Folgen furchtbar.

Horst Sterns Sendung 'Bemerkungen über das Pferd' vom 13.1.70, mit der die Reihe 'Sterns Stunde' begann, brach mit den Konventionen unterhaltender Tierplauderei und verklärend paradiesischer Filmaufnahmen. Stern hatte ein neues Konzept. Die Exkursionen in die Welt der Tiere gingen nicht in exotische Ferne, Stern blieb mit seinen Sendungen zumeist in Europa, in Deutschland. Stern zeigte, wie wir mit den Tieren leben, wie sie unter den von Menschen gesetzten Bedingungen hier in der Bundesrepublik leben, in einem Staat also, der sich als liberal und aufgeklärt versteht und dessen Bewohner sich für informiert und aufgeklärt halten. Pferd, Rind, Hausschwein, Haushuhn waren die Tiere, mit denen er sich in seiner Reihe beschäftigte, dann auch der Falke, der Storch, Igel und Rothirsch, Bienen, Spinnen, Schmetterlinge. Exotik kam in den Blick, wo es um Verwertungen ging: das Tier als Ware im Handel, als Versuchsobjekt der Pharmaindustrie, als Ausstellungsgegenstand im Zoo.

Und so war auch die Fernsehkritik erstaunt: „Mit Kulturfilmen das Abendprogramm zu eröffnen, kann man sich nur leisten, wenn man etwas Besonderes zu bieten hat."(2) Das Besondere besaß die Reihe von Anfang an, und so konnte Stern immer auf eine aufmerksame Kritik und ein interessiertes Publikum bauen. 37 Prozent Zuschauer schalteten seine erste Sendung ein.(3) Noch wußte die Mehrheit der Zuschauer nicht, was sie erwartete. Doch der Süddeutsche Rundfunk setzte auf Stern und darauf, daß das Publikum erst für die kritische Auseinandersetzung gewonnen werden mußte.

'Sterns Stunde' ist in der Tradition des Dokumentarismus der 'Stuttgarter Schule' zu sehen, die er beerbte und aus deren Erbe er zugleich etwas Neues machte. Die Stuttgarter Dokumentaristen wie z.b. Wilhelm Bittdorf, Roman Brodmann, Helmut Greulich, hatten sich in den fünfziger und sechziger Jahren um Heinz Huber, Dieter Ertel und Elmar Hügler auf eine eindringliche Art mit den vergessenen Themen der Bundesrepublik auseinandergesetzt und damit dem Dokumentarfilm zu neuen Ansehen und Geltung verholfen. Durch ihre präzise Beobachtung und eher zurückhaltend entschiedenen Kommentare bezogen sie Stellung zu Mißständen der Republik. Der Stuttgarter Dokumentarismus war ein Qualitätsbegriff im deutschen Fernsehen. Als Heinz Huber 1968 starb und Dieter Ertel und Elmar Hügler zu Radio Bremen gingen, löste sich diese 'Schule' auf.

Stern knüpfte an dieser Tradition an. Gemeinsam war das genaue Hinsehen, das Insistieren und Nachfragen, die Neigung, ein Thema 'gründlich' zu bearbeiten und sich dabei auch Zeit zu lassen, bis eine abgesicherte und im Detail präzise Darstellung gefunden war. Stern entwickelte aus der Art, wie er sich mit seinen Themen auseinandersetzte, einen eigenen 'Stil', auch wenn es keine 'Schule' gab, die diesen Stil verbreitete und verallgemeinerte, wie Manfred Delling bereits 1973 beklagte.(4)

Stern nahm den Tiersendungen den Gestus, mit den Tieren etwas jenseits von Geschichte und fern jeder sozialen Zusammenhänge darzustellen. Sein Blick auf das Tier ist, wenn man so will, soziologisch. Er betrachtet Tiere in der Regel daraufhin, wie sie sich unter den Bedingungen, die ihnen die Menschen setzten, verhalten, dies nicht nur im negativen Sinne, sondern auch im positiven: Wo Menschen, wie z.B. der Tierlehrer Knie, im Umgang mit Pferden im Zirkus es verstehen, an den vorhandenen Verhaltensmustern (hier im Konkurrenzverhalten der Hengste untereinander) anzuknüpfen und sie für die Zirkusdarstellung artgerecht weiterzuentwickeln, war Stern dies eine ganze Sendung wert. Dadurch verschob er die Akzente des Tiergenres, er machte aus den scheinbar ahistorische Natur darstellenden Filmen gesellschaftsbezogene, gegenwartsorientierte dokumentarische Arbeiten.

Dabei war er sich bewußt, daß seine Bilder oft nicht spektakulär waren. In seinem letzten Film 'Gemsen' äußerte er sich darüber, daß er erwartete Sensationen wohl nicht bieten könne, sondern einfache Aufnahmen über die Tierwelt, daß aber gerade dieses - im Sinne der Fernsehnormen - Unspektakuläre bereits etwas Besonderes sei, weil es den Widerspruch zur Welt der Medien und der menschlichen Kultur deutlich werden lasse:

„Sensationen brachten wir dennoch nicht heim. Man sah das im Fernsehen wohl auch schon eindrucksvoller. Dafür ist es echt. Den Zwischenschnitt eines in Großaufnahme majestätisch heranrauschenden, mit ausgebreiteten Schwingen auf dem Aas landenden Adlers, abgeflogen von der Faust eines diskret beiseite stehenden Falkners - das schenken wir uns. Überhaupt drehten wir unter dem hohen Anspruch der uns begleitenden Wissenschaft so manches, von dem ich still für mich zweifelte, ob es wohl auch außerhalb eines wildbiologischen Seminars in Zuschauerkonkurrenz von Fernsehkrimi und Tralala würde bestehen können." ('Sterns Stunde' 21.1.79)

Dennoch war auch dieser letzte Film über die Gemsen erfolgreich. Aber in einem Medium, das sich Ende der siebziger Jahre auf eine verstärkte Unterhaltungsproduktion ausrichtete, war diese Geste, sich der Wissenschaft zu verpflichten und den Unterhaltungsansprüchen des Fernsehens gegenüber Abstand zu halten, sehr erstaunlich. Es war auch ein Abschiedswort einer letzten Sendung.

Stellvertretend für die siebziger Jahre

Sterns Filme stehen zeitlich in der Programmgeschichte der siebziger Jahre: Die ersten Filme kamen 1970 ins Programm, der letzte 1979. Im Übergang vom Einzelfilm zur Serie, der sich in den siebziger Jahren für die öffentlich-rechtlichen Programme abzeichnete, bediente sich 'Sterns Stunde' des Prinzips der Reihe: Unter einem Titel zusammengefaßt, hat jeder Film seine individuelle Gestaltung, wurden die einzelnen Folgen durch den Autor selbst, der oft vor die Kamera trat, erklärend darstellte oder anklagend fragte, geprägt und durch den kritischen Impetus der Filme zu einem wichtigen Ereignis geformt.

Die Abstände zwischen den Sendeterminen der einzelnen Folgen sind unregelmäßig. 1970 erschienen sechs Sendungen, die Reihe war zunächst auch nur auf sechs Folgen angelegt.(5) Doch weil seine Filme beim Publikum erfolgreich waren, kamen 1971 vier weitere Folgen ins Programm. 1972 setzte die Reihe ganz aus, und 1973 waren vier weitere Folgen zu sehen, 1974 wurde ein weiterer Film gezeigt, 1975 waren es zwei, 1976 drei, 1978 wieder drei und 1979 kam der letzte. Zwischendurch wiederholte der SDR Sterns Filme und verstärkte damit Sterns Präsenz im Programm.

Die unregelmäßige Erscheinungsweise steht dafür, daß sich der Autor von der Sendeanstalt nicht auf einen regelmäßige Sendetermin verpflichten, sondern sich in seiner Arbeitsweise von den Bedingungen des Themas bestimmen ließ. Er recherchierte viel, und manche Aufnahmen zogen sich, wie z.b. beim Film über die Gemsen, über mehrere Jahre hin. Auch die Herstellung anderer Filme dauerte lange, weil es Stern um Genauigkeit ging. Daß er für seine Arbeitsweise sich einen Sonderstatus beim Sender verschafft hatte, lag nicht nur an der langjährigen Bekanntschaft mit dem Fernsehdirektor. Stern war gebeten, ja gedrängt worden und konnte Forderungen stellen, die längst auch dem Prominentesten nicht mehr erfüllt würden.

Stern traf mit seinen Filmen in den siebziger Jahren auf ein für Kritik offenes Publikum. Stern gab sich anfangs eher verhalten in seiner Argumentation. 1970 lobte die Kritik zunächst den sachlichen Ton: „Eher unterhaltsam als trocken wissenschaftlich, vielleicht ein bißchen zu sehr auf pointierte Formulierungen aus, aber angenehm weit davon entfernt, das Interesse an Tieren als Weltanschauung verkaufen zu wollen".(6) Da hatte die Kritik Sterns Intentionen noch nicht richtig erkannt, denn ihm ging es durchaus um ein verändertes Bild von der Natur insgesamt.

Stern berichtete über das Pferd und darüber, wie dieses Tier zum Rennen und Springen gezwungen werde. Pferderennen seien eigentlich der gesteuerte Ausbruch einer 'kollektiven Panik' unter Pferden, weil diese Steppentiere einen angeborenen Fluchtinstinkt besitzen und auch Hindernisse eher umgehen als über sie hinwegspringen. Erst durch 'Hilfen' der Reiter, also durch die Zufügung von Schmerz, würden sie zu den gewünschten Leistungen gebracht. Es ist auffällig, daß diese doch sehr direkte Kritik am Reitsport von der Fernsehkritik offenbar zunächst wenig bemerkt wurde. Sie löste jedenfalls noch nicht gleich, wie spätere Sendungen, Proteste und öffentliche Debatten aus. Der prominente Reiter Hans Günter Winkler stellte sich in der Sendung den Fragen Sterns. Das Fernsehen habe „einen neuen Stil der Tiersendung gefunden"(7), konstatierte die Kritik: „Ein Außenseiter, der zuvor nie einen Film gemacht hatte, hat es den Professionellen gezeigt, was man als Ein-Mann-Betrieb verwirklichen kann, wenn man sein Thema im Griff hat."(8)

Sterns dritter Film (nach einem Film über den Falken) handelt von den Bienen und wurde ebenfalls als nicht besonders provokativ empfunden. So bemerkte die Kritik hier vor allem den Einsatz der besonderen Aufnahmetechnik Kurt Hirschels, der, ähnlich der Arbeit für spätere Filme (wie z.B. über die Spinnen), damit zum ersten Mal spezielle tierische Lebensräume filmisch zugänglich machte. Die Kritik konstatierte, daß sich in Sterns Filmen ein „bemerkenswerter Versuch" abzeichnete, „aus der Sackgasse, in die der traditionelle Kulturfilm mit seiner Betulichkeit, verschwommenen Romantizismen oder zur Sensation aufgeputschten Banalitäten schon lange geraten war, herauszukommen".(9)

Konflikte um das Hausschwein und den Rothirsch

Was sich als neuer, zunächst wenig spektakulärer, aber als zeitgemäß erscheinender Stil Sterns abzeichnete, war geprägt von einem energischen Stakkato der Stimme, das durch rasche, oft ungewöhnliche Bilderfolgen unterstützt wurde. Nach weiteren Filmen über Rind, Jagdhund und Raubkatze machte vor allem der erste Film von 1971, die 'Bemerkungen über das Hausschwein' (11.5.71) Furore. Stern hatte sein Tempo forciert, seine Kritik gewann an Härte. „Ungewöhnliche Schärfe und ungewöhnlich harte Fotos" stellte die Kritik fest.(10) Die vom Menschen dem Schwein angezüchteten Degenerationen, die es zu einem optimal verwertbaren Fleischlieferanten machten, hatten, so zeigt es der Film anschaulich, zahlreiche Krankheiten ausgelöst, die an menschliche Krankheitsbilder von Streß, Leistungskrisen, Herztod und anderem erinnerten:

„Man hat in letzter Zeit selten so aufrüttelnde und gleichzeitig deprimierende Bilder gesehen wie in 'Sterns Stunde': kollabierende und in wilder Hysterie übereinander herfallende Zuchteber, denen das Instinkt-Symbol der Demutshaltung im Zweikampf abhanden gekommen ist, Kaiserschnitt-Geburten im sterilisierten Veterinär-Labor, Mastställe vollautomatisiert, in denen kein lautes Wort mehr gesprochen werden darf, damit die armen Schweine nicht in eine dem Fleisch abträgliche Erregung geraten, die ideale Zuchtsau, abgeseift, superweiß, mit brunstauslösenden kalten Duschen auf Vordermann gebracht."(11)

Sterns unsentimentale, als nüchtern empfundene Darstellung wurde 1971 bereits als verläßliches 'Markenzeichen' empfunden. Die Reihe hatte sich etabliert. Daß die Informationen „schmerzlich ausfallen"(12) und „unbequem"(13) sind, gehörte mit dazu, ebenso daß sie „harte Information" enthielten (14) und „brillant"(15) formuliert waren. Zwar wurde auch moniert, Stern biete „keine Alternativen"(16), doch war dies nur der versteckte Ausdruck, daß gerade die Kritik Unbehagen auslöste. Stern ging es erst einmal darum, Widersprüche sichtbar zu machen und die verlogenen Bilder von den nützlichen und glücklichen Haustieren zu beseitigen. Seine Rolle wurde schon zu diesem Zeitpunkt als die eines „Anti-Grzimek" verstanden, „der sich schon mehrfach als Spiel- bzw. Appetitverderber beliebt oder unbeliebt gemacht" habe.(17) Als ein „echter Stern" wird beschrieben, was „eine faszinierende Fernsehstunde" darstellte, „deren Lehren man sich hinter den Spiegel stecken"(18) kann. Damit hatte die Kritik den pädagogischen Gestus als die Spezifik von 'Sterns Stunde' erkannt: einerseits journalistisch so attraktiv gemacht, daß sie von einem wachsenden Publikum als zeitgemäß empfunden wurde, nüchtern, sachlich, unsentimental, einem auf Aufklärung ausgerichtetem Publikum entsprechend wahrgenommen, dann auch kritisch im Ton, weil man sich in einer nun zunehmend als widersprüchlich erfahrenen Welt vom Fernsehen nur eine kritische Sicht der Verhältnisse vorstellen konnte. Die einhellig positive Kritik, die gerade die 'Bemerkungen über das Hausschwein' erfuhren, zeigte, daß sich Sterns Konzept durchgesetzt hatte. Nach knapp anderthalb Jahren seiner Reihe im ARD-Programm war zumindest der Fernsehkritik deutlich geworden, daß die Mensch-Tier-Relation in der modernen Industriegesellschaft problematisch geworden war, daß sie zugleich einen Aspekt des Gesellschafts-Verständnisses bildete und nicht länger als Objekt zur Stilisierung von Tieridyllen und harmonischen Wunschwelten taugte. Die Sendung über das Hausschwein wurde deshalb als „in jeder Beziehung paradigmatisch"(19) verstanden.

Stern hatte seine Darstellung im Verlauf der Reihe von den ersten Folgen an immer deutlicher pointiert. Mit dem Hausschwein hatte er ein Objekt gefunden, an dem sich die deformierte Mensch-Tier-Relation besonders deutlich zeigen ließ, andererseits war das gesellschaftliche Klima insgesamt konfliktträchtiger geworden. Daß nur zwei Monate später die ARD ein Papier des SWF-Intendanten Wolfgang Hammerschmidt verabschiedete, in dem die Ausgewogenheit festgeschrieben wurde, steht für die Konflikthaltigkeit jener Zeit. Mit Ausgewogenheit war ein Meinungsproporz gemeint, der nicht nur für das gesamte Programm, sondern auch innerhalb einzelner Programmsparten und auch innerhalb einer einzelnen Sendung gelten sollte. Indem er als Programm-Maxime festgeschrieben wurde, sollte einer deutlichen Parteinahme (auch für Betroffene) innerhalb der Sendungen entgegengewirkt und von außen kommende Kritik abgefedert werden. Stern war vom Vorwurf mangelnder Ausgewogenheit allerdings zumindest öffentlich nie tangiert, dazu war die Beweisführung seiner Sendungen zu gut abgesichert, als daß ihn solche formale Kritik hätte treffen können. Auch stand der SDR immer zu seinem Erfolgsautor.

Ende 1971, am Heiligabend, sendete der SDR mit der Folge 'Bemerkungen über den Rothirsch' (24.12.71) einen weiteren Film. Damit war im Grunde der Konfliktfall gegeben. Bereits während der Ausstrahlung soll es zu zahlreichen „beispiellos wütenden Protesten" von Jägern gekommen sein, die ein Abschalten der Sendung forderten. Stern hatte den Jägern vorgehalten, durch zu hohe Rotwildbestände zu riesigen Waldschäden beizutragen. Ernst Johann, der Kritiker der 'Frankfurter Allgemeinen', stellte nach der Sendung fest:

„Es wurde zu einem Tiefschlag gegen deutsche Waldes-, Lebens- und Webensromantik, gegen die Bambi-Hochgefühlswelle und zuletzt, aber nicht am wenigsten, gegen die Schönrederei der Jäger. Horst Sterns zoologische Studie 'Bemerkungen über den Rothirsch' war diesmal kräftig soziologisch fundiert, der Steuerzahler erfuhr, was ihn so ein herziges Bambilein pro Jahr kostet, nicht weil es so herzig ist, sondern weil seiner - und der Rothirsche erst recht - viel zu viele sind. [...] Das war wirklich kein Weihnachtsstern, der da mit der Feststellung schloß: 'Man rettet den deutschen Wald nicht, indem man 'O Tannenbaum' singt.'"(20)

Daß die „feudalistischen Wildansammlungen" aus einer „verantwortungslosen Trophäensucht" gehalten würden, widersprach dem Selbstverständnis der Jäger, die sich auch als Pfleger des Waldes und Heger der Natur verstanden. Der der Jagd verbundene Kritiker Hanns-Gero von Lindeiner-Wildau kritisierte in 'Christ und Welt' deshalb an Stern: „Was er an jenem Abend bot, war weder druckreif noch waldmännisch. Es war unausgewogen - und weder für die deutsche Jagd noch für die deutsche Waldlandschaft charakteristisch."(21)

Weil die Jäger über eine einflußreiche Lobby verfügen, lud der Bundestagsausschuß für Ernährung, Landwirtschaft und Forsten zu einer erneuten Vorführung des Films vor Bundestagsabgeordneten im April 1972 ein. Schon Ende Januar hatten aber 68 Wissenschaftler und Forstfachleute der Göttinger Forstwissenschaft eine Stellungnahme unterzeichnet, die dem Film eine im wesentlichen korrekte Darstellung bescheinigte, ebenso hatte auch der Deutsche Jagdschutzverband (der Dachverband der Landesjagdverbände) eine prinzipielle Übereinstimmung mit den Thesen Sterns bekundet.(22) Auch eine mehrstündige Sitzung des bayerischen Agrarausschusses im Januar 1972 führte zu keinem anderen Ergebnis. Sachfehler waren Stern nicht nachzuweisen. Entscheidend war jedoch, daß es über den Film überhaupt zu öffentlichen Kontroversen gekommen war. Die Politiker kritisierten, daß sogar ein bayerischer Staatsforstbeamter an der Sendung mitgewirkt und ein Statement gegeben habe. Doch der bayerische Landwirtschaftsminister stellte sich schützend von den Beamten, und eine vorgesehene Distanzierung des Ausschusses von dem Film unterblieb.(23)

Die öffentliche Diskussion im Frühjahr 1972 führte dazu, daß die Front der Gegner aufweichte. Der Tatbestand des Wildverbisses war den Forstverwaltungen längst bekannt. Stern hatte einen Sachverhalt öffentlich gemacht, den die Jagdlobbyisten gern unter der Decke gehalten hätten. So blieb auch die Debatte im Bundestagsausschuß eher moderat. Der Ausschußvorsitzende hatte zu Beginn erklärt, es werde „kein Tribunal" über den Fernsehautor veranstaltet und auch der anwesende Landwirtschaftsminister Josef Ertl lobte den Film.(24)

Doch es war nicht nur eine moralische Debatte, die hier geführt wurde. Stern war mit seinem Film in einen Interessenkonflikt gestoßen. Auf der einen Seite die Forstwirtschaft, die mit der Holzbewirtschaftung des Waldes hohe Erträge zu liefern hatte und sich deshalb gegen die Kosten der Wildschäden zur Wehr setzte, zum anderen die Jagdlobby, die weniger auf die wirtschaftliche Bedeutung der Jagd setzte, weil für sie die Jagd eine vornehme „Art der Bestechung in Politik und Wirtschaft"(25) darstellte und sich viele Manager und Politiker mit Jagdtrophäen schmücken wollten. Jagd wurde hier als ein Phänomen der Oberschicht attackiert, selbst in der Ausschuß-Diskussion des Bundestages verspürte der engagierte Wissenschaftsjournalist der 'Stuttgarter Zeitung', Georg Kleemann, der sich später auch für den bayerischen Nationalpark und gegen den zu hohen Wildbestand dort einsetzte (26), ein „Gefühl von Klassenkampf".(27) Damit war Sterns Ruf als kritischer Fernsehjournalist endgültig öffentlich durchgesetzt. Stern hatte ein Programmgenre zum Ort gesellschaftlicher Auseinandersetzungen gemacht, das sich geradezu als Gegenbild zur Gesellschaft verstanden hatte.

Am Rande gerieten Sterns Sendungen auch in die allgemeine Programmdiskussion. Während es die konservativen Kritiker als besonders verletzend empfanden, daß gerade die Sendung über den Rothirsch am Heiligabend gesendet wurde („Es bleibt das Geheimnis unserer Fernsehherren, warum sie gerade zu jener friedlichen Stunde Herrn Stern auf den deutschen Rothirsch losließen."(28)), sahen andere darin auch eine programmpolitische Tat, „aus dem unseligen Reigen reiner Festberieselung herauszukommen".(29) Eine kritische Haltung auch an Feiertagen zu entwickeln, ja gerade dort, weil damit der Widerspruch zu verlogenen Bildern einer verklärten Tierwelt besonders deutlich werden konnte, schien besonders erfolgreich.

'Weiche' und 'harte' Filme

Es ist wohl auch programmstrategisch zu sehen, daß in der Reihe 'Sterns Stunde' nach eher konfliktreichen und umstrittenen Beiträgen immer wieder eher versöhnliche Folgen eingestreut waren und Stern damit zeigte, daß er nicht einen grundsätzlichen Konfliktkurs fuhr, sondern sich Konflikte aus der Notwendigkeit der Sache ergaben bzw. sich diese Sendungen aufgrund des zutage geförderten Materials als konflikthaltig erwiesen. Nach der Sendung über das Hausschwein kam als eine weitere 'Sterns Stunde' ein Beitrag über den Igel ins Programm („von sanfter, wenn auch am Ende hintergründiger Fröhlichkeit"(30)) und nach der Sendung über den Rothirsch ein Beitrag über das Zirkuspferd (17.4.73). In ihm beschäftigte er sich mit der artgerechten Dressur von Zirkuspferden durch den Seniorchef des Schweizer Nationalzirkus, der zu einer „großen und gerechten Würdigung der Verdienste von Fredy Knie"(31) geriet. Daß Stern dabei seinen entschiedenen Ton dennoch nicht verlor, wurde allerdings bemerkt: „Man kann jedoch mit Erleichterung feststellen, daß er an Klarheit nichts verloren hat."(32) Stern hatte den beispielhaften Dressurmethoden in einigen Nebenbemerkungen die Praktiken des Reitsports gegenübergestellt.

Die Theaterkritikerin Sibylle Wirsing sah jedoch daran, daß die Kapriole des Zirkuspferdes keine Kapriole, sondern „ein natürliches Aufbegehren im

Zweikampf", ein „Natursprung" sei, auch einen Verlust an möglicher Poesie der Zirkusnummer:

> „Ist also beim Zirkus nichts so sehr Zirkus wie der Schwindel, daß alles Zirkus ist? Denn wenn wir erst wissen, daß sich ziemt, was uns gefällt, gefällt uns vielleicht nicht mehr, was sich ziemt. Zum Beispiel die Kapriole. Das war doch bisher in knapper Flugsekunde das Götterpferd. Und jetzt ist es nur noch ein eifersüchtiger Hengst. Pegasus stirbt an der Aufklärung."(33)

Um die artgerechte Dressur zu demonstrieren, hatte Stern mit viel Aufwand halbwild lebende Pferde (in den Freigehegen des Herzogs von Croy in Dülmen) beobachtet und konnte deshalb nachweisen, daß sich die Dressurfiguren Knies letztlich auf arttypische Verhaltensweisen zurückführen ließen. Stern nahm dabei in Kauf, daß die Bilder weniger brillant waren, als man sie sonst in seinen Sendungen oft zu sehen bekam. Ihm ging es um verhaltenskundliche Darstellungen, und im Zweifelsfall setzte er dem Prinzip der Fernsehunterhaltung eben auch das wissenschaftliche Interesse entgegen, sich auf eine bislang filmisch noch nicht dokumentierte Verhaltensweise einzulassen.

Das bedeutete im Prinzip auch, 'unökonomisch', also mit einem hohen Materialverbrauch zu drehen. Die zehnfache Menge dessen aufzunehmen, was nachher gesendet wurde, war auch für dokumentarische Verhältnisse viel, jedoch für Sterns Filme typisch. Anders war eine Beobachtung des natürlichen Verhaltens von Tieren nicht zu realisieren. Tiere reagieren nicht wie Darsteller auf Stichwort. „Tiere wollen oder wollen nicht. Meist wollen sie nicht", sagte Stern einmal in einer Beschreibung seiner Produktionsmethoden. Die meiste Zeit verginge mit Warten, und manchmal muß er dann auch beschreiben, was er eigentlich zeigen wollte, was aber nicht aufzunehmen gelungen war. So entstand auch sein Kommentar immer erst nach den Aufnahmen, und dieser wurde in genauer Abstimmung mit den Bildern, in einer engen Synchronisation mit dem zu Zeigenden und im Rhythmus des Visuellen eingefügt. „Wenn ich das Ohr des Publikums haben will, darf ich im Fernsehen, meine ich, sein Auge nicht gleichzeitig fremdgehen lassen".(34)

Nach dem 'weichen Film'(35) über das Zirkuspferd, der wenig kontrovers war, zeigte Stern jedoch mit den 'Bemerkungen über das Tier im Handel' (29.5.73), daß es immer noch genügend konfliktträchtige Themenfelder gab. Stern interessierte sich dafür, woher die vielen exotischen Tiere in den Haushalten kamen, wie sie gefangen und wie sie nach Europa und in die USA transportiert wurden. Die 'Ware Tier' war das Thema dieses Films, und er leuchtete mit seiner Kamera einige dunkle Zonen des Kommerzes aus und zeigte dabei, daß selbst renommierte Zoologische Gärten in verwerfliche Geschäfte verstrickt waren.

Wie sein Film über das Rotwild, löste auch dieser Beitrag aufgrund der heftigen öffentlichen Diskussion eine Anfrage im Bundestag aus, worauf der Parlamentarische Staatssekretär Logemann vom Bundesministerium für Ernährung, Landwirtschaft und Forsten betonte, man werde gegen die Mißhandlungen wildlebender Arten bei Fang und Transporten dadurch vorgehen, daß die Bundesregierung das internationale Abkommen über den Handel mit gefährdeten freilebenden Tier- und Pflanzenarten endlich ratifiziere.(36)

Es waren vor allem die stark emotionalisierenden Bilder, die das Publikum bei diesem Film aufwühlten. Wiederholt kam es zu Kontroversen zwischen Zeitungslesern und Fernsehkritikern, die von den Lesern gerügt wurden, doch diesen Film nicht einfach nur als einen „interessanten Film" abzutun, sondern die Brisanz zu erkennen und herauszuarbeiten.(37) In der Tat war es Stern gelungen, mit seinen Aufnahmen, die er vor allem in Bangkok, der Drehscheibe des internationalen Tierhandels, aufgenommen hatte, eine stark vom Visuellen ausgehende Argumentation aufzubauen. Die riesigen Schwärme von Sittichen in engen Behältnissen, die bei einer unerwarteten Bewegung in Panik gerieten und sich dabei zahlreiche Wunden zufügten, die eingesperrten und verängstigten Tiere in zu engen Käfigen und Blechkisten mußten vor allem die europäischen Tierfreunde, die oft die gleichen Tiere hielten, erschüttern.

„Wenn Horst Stern von 'Tier-KZs' spricht, zucken nicht nur Tierfreunde zusammen. Jedem ist augenblicklich klar, wozu der Mensch fähig ist. Wenn Horst Stern Tiermord zwecks Lederbeschaffung filmt (Schlinge ums Krokodil, Fuß drauf, abgestochen und das warme Muskelfleisch zuckt noch bei abgezogener Haut), wird einem übel. Nicht wegen der Quälerei, sondern wegen der Menschengesichter, die dabei noch lachen."(38)

Lag es im Prinzip solcher Fernsehreihen, daß sie in der Darstellung der Grausamkeiten sich steigerten, steigern mußten, um bei einem Publikum Wirkungen zu erzielen? Es liegt nahe, eine Gewöhnung des Publikums zu vermuten: So wie sich nach anderthalb Jahren der Existenz dieser Reihe im Programm das Publikum an Sterns Stil der Berichterstattung 'gewöhnt' hatte, mußte es, sollte sich in seinem Verhalten etwas ändern, weiter provoziert werden. Das Thema 'Tier im Handel' traf viele Zuschauer direkt, konnten sie doch hier einen unmittelbaren Zusammenhang mit ihrem eigenen Verhalten gegenüber käuflichen Tieren herstellen. Sie waren letztlich die Nutznießer dieses Tierhandels, und die von ihnen in den privaten Wohnungen gehegten Tiere waren die letzten Überlebenden dieses Geschäfts, das sich für die meisten anderen als barbarische Vernichtungsmaschine erwies.

Aber ging mit dieser visuell erzeugten Emotionalität nicht der kritische Impetus verloren? Denn auch in dieser Sendung formulierte Stern seine Kritik engagiert und zugleich differenzierend, indem er die Menschen, die in

Thailand in diesem Tierhandel tätig und häufig unwissend waren, in Schutz nahm. Doch diese Differenzierungen gingen angesichts der Bilder vielfach unter, wie zahlreiche Leserzuschriften zeigten. Man habe etwas nicht mehr mit ansehen können, habe weggesehen usf., war wiederholt zu lesen. Der Film rührte sein Publikum stärker emotional stark an, als daß er kühle Rationalität erzeugte.

Damit wurde auch deutlich, daß die einzelnen Filme Sterns nicht alle gleich ausfielen, sondern daß sich in ihnen große Unterschiede feststellen ließen. Stern war kein Produzent von Tierserien, sondern vor allem ein Journalist, der sich jeweils neu für einzelne Probleme engagierte, so daß seine Sendungen im Tenor zwar ähnlich waren, letztlich aber mit unterschiedlich pointiertem Ergebnis vor die Zuschauer traten.

Mit der Folge 'Bemerkungen über das Tier im Handel' geriet er auch mit dem Frankfurter Zoodirektor und Fernseh-Autor Bernhard Grzimek aneinander, dessen Sendereihe 'Platz für Tiere' seit den fünfziger Jahren zu den etablierten Beispielen des Tiergenres gehörte. Stern wies Grzimek anhand von Bestell- und Angebotslisten, die den Briefkopf und die Unterschrift des Frankfurter Zoos zeigten, nach, daß auch der Frankfurter Zoo in diesem Tierhandel verwickelt war. Grzimek ließ dementieren, doch das Dementi geriet wenig überzeugend.(39)

Mit dieser Folge über den Tierhandel und der folgenden über die 'Urlaubslandschaft' (12.4.1974) hatte Stern wohl am deutlichsten das neue Profil der Tiersendungen konturiert: Es ging ihm nicht primär um die Tiere, sondern darum, wie die Menschen mit den Tieren und mit den gemeinsamen Lebensräumen umgingen. Daß er nun mit dem Film über den Alpenraum nicht bei den Tieren stehen bleiben konnte, sondern auch auf den Landschafts- und Biotopschutz eingehen mußte, war folgerichtig und schon in der Sendung über den Rothirsch angelegt, wenn er den Waldschaden durch die übermäßige Zahl des Rotwilds hervorhob. Es stellte also keinen plötzlichen Schwenk zur Ökologie dar, wie die Kritik vermutete, sondern war ein folgerichtiger Aspekt seiner Arbeit, der in seinen anderen Filmen bereits vorbereitet war.

Wieder war die Diskussion kontrovers: Einerseits wurde hervorgehoben, daß die Darstellung, wie „Siedlungsbrei, Forstmonokulturen, falsche Rotwildgehege, Kahlschlag, Erosion, Baulandspekulation und verfehlte Agrarpolitik eine unheilige Allianz" eingingen (40) und deshalb zum „Ausverkauf der Alpen"(41) führten, endlich die Diunge beim Namen nenne; so wurde die Sendung als eine „Musterarbeit, an der sich alle orientieren sollte"(42) gelobt. Andererseits wurde ihr „Übertreibung"(43) vorgeworfen und fühlten sich vor allem die Bürgermeister der betroffenen Alpenregionen nicht richtig dargestellt.(44) Doch die Kontroverse war notwendig, weil nur durch die öffentliche Debatte überhaupt ein Umdenken möglich war. Die pointierte Darstellung wurde gesucht, weil nur sie sich im Gedächtnis des Publikums einprägte: „Erst geht die Kuh, dann geht der Gast. Wen soll man da noch melken?"

Bereits im Vorfeld zu diesem Film hatte Stern öffentlich erklärt, er werde weniger Filme drehen und 1975 mit keinem Film im Programm vertreten sein, weil es für ihn immer schwieriger werde, überhaupt zu drehen.

„Briefe wurden nicht beantwortet in der Hoffnung, daß es sich verliefe, und wenn er dann kommt mit seinem kleinen Team, dann 'gehen die Vorhänge runter, wenn meine Lampen angehen'. Schöner Schein wird ihm vorgeführt, 'da wird der Wald vorher noch gefegt, jedes Schwein gewaschen, die Ställe ausgemistet', und wenn dann die Kamera surrt, stehen die Bauern im blütenweißen Kittel vor ihm."(45)

Auch wenn sich die Zahl der Filme reduzierte, Stern drehte mehr Filme als zunächst angekündigt. Dabei setzte er zum einen auf die von ihm etablierte Thematik des Umgangs der Menschen mit den Tieren ('Bemerkungen über den Hund als Ware', 27.1.76; 'Bemerkungen über das Tier im Zoo', 13. und 15.6.76); der Dreiteiler 'Die Stellvertreter. Tiere in der Pharmaforschung', 22., 26. und 27.10.76), zum anderen versuchte er Tiere in ihrer Eigenart und Lebenswelt vorzustellen. Sein zweiteiliger Film 'Bemerkungen über die Spinne' (28. und 30.12.75) zählt auch der ungewöhnlichen Aufnahmen wegen zu den wohl schönsten Tierfilmen überhaupt.

Der Film über Tierversuche in der Pharmaforschung verfuhr in der Darstellung des menschlichen Umgangs mit den Tieren besonders drastisch, auch wenn Stern in den Filmen immer wieder betonte, daß Tierversuche notwendig seien, wenn man einen bestimmten Sicherheitsstandard bei Medikamenten und Kosmetika einhalten wolle. Gerade weil Stern mit seinen Bildern nicht denunzieren und vorschnell anklagen wollte, hatte er nun die Grenzen der Aufnahmefähigkeit eines sensibilisierten Publikums erreicht, denn der offengelegte Widerspruch zwischen 'Tierliebe' und 'Tiernutzung' schien unerträglich geworden. Daß Stern die Zuschauer nicht nur mit Worten, sondern auch mit hart gegeneinander geschnittenen Bildern zwang, das Leiden der Tiere gegen das Leiden von Menschen abzuwägen, ließ sich nicht mehr als treffsichere Kritik an Mißständen in eng begrenzten ökologischen Feldern goutieren. Die Fragen rührten an die Zentralnerven des gesellschaftlichen Lebens überhaupt. Sterns engagierter Fernseh-Journalismus war definitiv zu 'radikal' - und zu 'anstrengend' geworden.

Daß Stern bei Ciba-Geigy nahezu unbeschränkt hatte drehen dürfen, beruhte auf einem klaren Abkommen, das zwar ein Vetorecht des Konzerns einschloß, aber Stern bei der argumentativen Verwendung der Bilder völlig freie Hand ließ.(46) Er erreichte in dem Dreiteiler über Tierversuche mit der Seriosität der Recherche und der Argumentation zweifellos auch einen Gipfelpunkt der unerbittlich kritischen, sachlich genauen und verantwortlichen journalistischen Arbeit, für die er nicht bloß in der Sparte 'Tiere auf dem

Bildschirm' keinen Nachfolger gefunden hat. Daß Stern aufhörte, markiert, historisch betrachtet, auch eine Zäsur in der Programmgeschichte.

Wort und Bild, Emotion und Kritik

Stern betrieb mit seinen Filmen einen in diesem Genre seltenen 'investigativen' Journalismus: Er suchte nach dem Versteckten, Zurückgehaltenen, zeigte dabei jedoch oft nur das, was Insider längst wußten, aber eine breite Öffentlichkeit nicht kannte. Er wollte vor allem den Zuschauern die Tiere vor Augen führen, die sie bestens zu kennen glaubten, in Wirklichkeit aber, bei genauem Hinsehen, so gut wie gar nicht kannten.

Stern stellte Öffentlichkeit her, er erzeugte sie für seine Themen durch die gelungene Darstellung. Wissen zu vermitteln, das zwar die Biologie, die Verhaltensforschung, die Tiermedizin, aber nicht die Mehrheit der Zuschauer besaß, war die Absicht. Daß die 'Gesellschaftstiere', mit denen sich der Mensch umgibt, ihre ganz eigenen tierischen Verhaltensweisen haben, die durch den Menschen entweder weggezüchtet wurden oder einfach negiert wurden, war ihm in den Filmen ein ständiges Thema. Gegen das Unwissen, das er überall als Ursache für einen falschen Umgang mit den Tieren am Werk sah, zog er zu Felde, ebenso gegen die Geschäftemacherei und die falsch verstandene Tierliebe, die sich oft zum Schaden der Tiere gegenseitig in die Hände spielten.

Sterns Sendungen leben von seinem Kommentar, seinen Zuspitzungen und der oft harschen Kritik, die er an gesellschaftlichen Mißständen übt. Doch seine Formulierungen, die zumeist aus dem Off kommen, folgen den Bildern. Zumeist wird der Zuschauer erst einmal eingestimmt: Wir sehen minutenlang Tiere in Aktion: Gemsen auf ihren Wegen durchs Gebirge, Spinnen beim Lauern, Laufen, Zupacken, Sich-zurück-ziehen, Bienen in emsigem Tun in den Waben. Es sind fast immer zuerst die Bilder, die faszinieren. Der Zuschauer ist zunächst gehalten, sich unbefangen auf das, was er sieht, einzulassen, erst danach werden wir gelenkt, erhalten wir Anweisungen, worauf zu achten sei, gibt es Hintergrundinformationen, die uns besser verstehen lassen, was wir sehen. Danach allerdings sehen wir auch anders, achten bereits genauer auf das, was uns die Kamera zeigt, erkennen bereits an den Kisten, wie quälend in ihnen die eingesperrten Tiere vegetieren müssen, wissen um das Leiden der Tiere in den Versuchsvorrichtungen der Pharmaindustrie. Der Zuschauer lernt mit Stern rasch, einen mißtrauischen Blick zu entwickeln, er lernt zweifeln und Skepsis zu entwickeln und beginnt, sein eigenes Verhältnis zu den Tieren nachdenklich zu überprüfen. Fernsehen dient hier im besten Sinne als Instrument der Welterklärung.

In den Filmen steckt ein starkes Vertrauen auf das Bild. Wenn Stern selbst vor die Kamera tritt, gibt er einen Überblick, zitiert, trägt Standpunkte vor.

Anfangs noch im Blue-Box-Verfahren eingestanzt in ein Bild von Spinnen und anderen Tieren, später frontal im Halbformat wie ein Nachrichtensprecher, nur nicht so steif und förmlich. Die Bilder sind von unterschiedlicher Qualität. Einige Aufnahmen, etwa über die Gemsen oder die Wildpferde, zeigen jene uns heute typisch für die siebziger Jahre erscheinende Unschärfe und Dunkelheiten. Andere dagegen, wie die Filme über die Bienen und die Spinnen, beeindrucken noch heute durch ihre makellose Schönheit, durch ihre Brillanz und Lichtführung. Der Kameramann Kurt Hirschel entwickelte - vor allem in dem zweiteiligen Film über die Spinnen - Bilder von einer ästhetischen Reinheit und Schönheit, wie sie bis dahin im deutschen Fernsehen nicht oder nur selten zu sehen gewesen waren.

Stern hatte beim SDR Kurt Hirschel entdeckt, der schon mit dem Unterwasserforscher Hans Hass zusammen Filme gedreht hatte und der nun, als er sein 'zoologiefernes Dasein' beenden und wieder an Filmen über Tiere arbeiten konnte, kameratechnische Erfindungen machte. Ihm gelang es, gut ausgeleuchtete Bilder von Bienen im Stock zu drehen, ohne daß das Wachs der Waben schmolz. Er entwickelte eine stroboskopische Aufnahmetechnik, bei der 12 Blitzlampen elektronisch mit der Kamera synchronisiert wurden und bis zu 500 Bilder pro Sekunden aufnahmen. Das normale Lampenlicht hätte die Spinnen unfreiwillig geröstet, bevor es zu einer Aufnahme gekommen wäre. Elektronenmikroskop-Aufnahmen, Zeitrafferbilder zeigten bis dahin noch nicht Gesehenes. Die Kritikerin Cornelia Bolesch konstatierte nach dem Spinnen-Film, sie werde zwar die „haarigen Viecher nicht unbedingt auf den Arm nehmen und streicheln, wenn sie mir begegnen, aber zu einer Gänsehaut langt es wohl nicht mehr".(47) Das war die Absicht Sterns, die Angst vor den Spinnen, die häufig nur aus Unwissenheit über die Tiere besteht, durch ein „Spinnenwissen", wie er es nannte, zu bekämpfen.

Eine filmische Argumentationsweise wird entwickelt, die auf eine episodische Verdichtung im Gezeigten hinarbeitet. Fang und Tötung der Kaimane vor den Augen der Zuschauer, das Ausspülen von blutigen Kaninchenaugen, in denen Kosmetika-Chemikalien auf Hautverträglichkeit erprobt wurden, solche Bilder brennen sich nachdrücklich in das Gedächtnis ein. Ihre Eindruckskraft kann auch durch relativierende Kommentare Sterns nicht gemildert werden.

Stern war mit seinen Sendungen kein notorischer Parteigänger. Ganz im Gegenteil: Als er sich mit den Tierversuchen der Pharmaindustrie beschäftigte, zog er polemische Stellungnahmen der Kritiker dieser Tierversuche auf sich, weil er die Notwendigkeit der Tierversuche anerkannte, ohne dabei deren Umfang und deren Praxis zu verteidigen. Das zeichnete ihn aus: daß er sich nicht festlegen ließ in der Parteinahme, aber daß er auch nicht bereit wahr, Kompromisse einzugehen, abzuschwächen und abzumildern, wo es vielleicht opportun gewesen wäre.

Horst Stern steht mit seinen Filmen für ein kritisches, aufklärendes, informierendes Fernsehen, das Provokationen nutzte, wenn davon ein die Zuschauer mobilisierender Effekt zu erwarten war. Dieses Fernsehen war Ende der siebziger Jahre weniger gefragt, die vorgreifende Ausrichtung des öffentlich-rechtlichen Fernsehens an die ab 1984 auftretenden kommerziellen Programme setzte verstärkt auf Unterhaltung und Amüsement. Damit hätte auch der Journalist Horst Stern, trotz seiner Prominenz, mit weiteren Sendungen einen schwereren Stand in diesem Medium gehabt. Denn sie hätten, wie er sagte, 'politische Filme' werden müssen.

Anmerkungen

(1) HAL in Wiesbadener Kurier v. 30.12.1975.
(2) Ow in Badische Zeitung v. 16.7.1970.
(3) Rhein-Zeitung v. 31.3.1970.
(4) Manfred Delling: Tiere ohne Eia-popeia. In: Deutsches Allgemeines Sonntagsblatt v. 27.5.1973.
(5) HAL in Wiesbadener Kurier v. 16.1.1970.
(6) Ebd.
(7) Stuttgarter Zeitung v. 15.1.1970.
(8) Ebd.
(9) Badische Zeitung v. 16.7.1976.
(10) Schwäbische Donau-Zeitung v. 14.5.1971.
(11) Ebd.
(12) Der Abend, Berlin, v. 30.6.1971.
(13) Kieler Nachrichten v. 13.5.1971.
(14) Rheinische Post v. 13.5.1971.
(15) Abendzeitung München v. 13.5.1971.
(16) Berliner Morgenpost v. 12.5.1971.
(17) Westdeutsche Allgemeine Zeitung v. 12.5.1971.
(18) Kölner Stadtanzeiger v. 13.5.1971.
(19) Ebd.
(20) E.J. (Ernst Johann): Wer schießt den Hirsch? In: Frankfurter Allgemeine Zeitung v. 27.12.1971.
(21) Hanns-Gero von Lindeiner-Wildau: Ohne Jagd - tristes Gehölz. In: Christ und Welt v. 21.4.1972.
(22) Stuttgarter Zeitung v. 29.1.1972.
(23) Ebd. v. 11.1.1972.
(24) Westdeutsche Allgemeine v. 15.4.1972, Stuttgarter Zeitung v. 14.5.1971.

(25) Georg Kleemann (kle): Der Rothirsch und die Jäger-Lobby. In: Stuttgarter Zeitung v. 14.4.1972.
(26) Vgl. Peter Espe: Streit um stolze Hirsche. In: Handelsblatt v. 21.2.1974.
(27) Georg Kleemann, Der Rothirsch [Anm. 25].
(28) Hanns-Gero von Lindeiner-Wildau, Ohne Jagd [Anm.21].
(29) Erhard Kluge: Frohes Fest? In: Kölner Stadtanzeiger v. 27.12.1971.
(30) Der Abend v. 30.6.1971.
(31) Neue Zürcher Zeitung v. 20.4.1973.
(32) Frankfurter Neue Presse v. 19.4.1973.
(33) Sibylle Wirsing: Kapriole. In: Der Tagesspiegel v. 19.4.1973.
(34) Horst Stern: „Ich drehe nicht nach Lehrbuch" Gedanken eines Tier-Filmers über seine TV-Arbeit. In: Deutsche Zeitung, Christ und Welt v. 7.5.1971, S.25.
(35) Donau-Kurier v. 17.4.1973.
(36) Badische Zeitung v. 27.7.1973.
(37) Die Rheinpfalz v. 10.7.1973.
(38) TV Hören und Sehen v. 26.7.1973.
(39) Bild und Funk v. 24.6.1973.
(40) Frankfurter Rundschau v. 15.2.1974.
(41) Ebd.
(42) Ebd.
(43) Der Tagesspiegel v. 14.2.1974.
(44) Abendzeitung München v. 14.2.1974.
(45) Gerhard Krug: 'Hühner sind ganz arme Schweine'. Gespräch mit dem erfolgreichen Fernsehautor Horst Stern vor seinem Alpenfilm. In: Deutsche Zeitung, Christ und Welt v. 8.2.1974.
(46) Vgl. Lauter Geschichten. Redigierte Auszüge aus einem Interviewe mit Horst Stern. In: Horst Stern. Das Gewicht einer Feder. Hrsg.v. Ludwig Fischer. München 1997 [im Druck], S.51 (S.36 in diesem Band).
(47) Cornelia Bolesch in: Süddeutsche Zeitung v. 30.12.1975.

Josef Beller

Der wissenschaftliche Blick

Die Sachbücher Horst Sterns

Das Tier im Buch erfreut sich anhaltend großer Beliebtheit. Allein Hundefreunden steht derzeit ein Angebot von 700 Titeln zur Auswahl, bei Pferden sind es mehr als tausend.(1) Auch bei anderen, eher dem Liebhaber gefälligen Tiergruppen wächst die Informationsfülle in Form von populärwissenschaftlichen Buchveröffentlichungen - oft in ähnlichem Maße wie in der freien Natur viele Vertreter dieser Tiere zurückgedrängt werden. Tierliebe steht hoch im Kurs, und auch die Beziehung zwischen Mensch und Tier ist zunehmend Gegenstand kulturgeschichtlicher, psychologischer und ethischer Betrachtungen.

Die große Öffentlichkeitswirksamkeit, die Stern in den siebziger Jahren mit seinen Filmen und Büchern erzielte, war neben der außergewöhnlichen sprachlichen und bildlichen Präsentation und den häufig brisanten Themen auch darauf zurückzuführen, daß vieles, was in der heutigen Medienlandschaft zum Thema Tier und 'Natur' wieder neu entdeckt wird, zum ersten Mal zur Sprache gebracht wurde. Sterns Sachbücher handeln von Tieren und den emotionalen und materialistischen Extremen, die den menschlichen Umgang mit Tieren prägen. Sie handeln auch von Lebensräumen, ökologischen Zusammenhängen, von gedankenloser Naturzerstörung und der moralischen Verpflichtung, die Ökologie nicht der Ökonomie unterzuordnen. Sterns sprachgewaltiges Engagement für die Natur als Lebensgrundlage für Tier und Mensch, wie es sich zum Beispiel in den Beiträgen zu den bekannten Sachbüchern 'Rettet den Wald' und 'Rettet die Vögel', ausdrückt, war das Ergebnis einer Entwicklung, deren Ausgangspunkt die eigene, praktische Beschäftigung mit Tieren war und die sich zunehmend an den biologischen Disziplinen der Verhaltensforschung und der Ökologie orientierte. Wissenschaftsjournalismus, so wie Stern ihn versteht, geht jedoch immer über reine Wissensvermittlung und -veranschaulichung hinaus. Tierverständnis ist nicht nur eine Ansammlung quantifizierbarer biologischer Fakten, sondern wird aus dem Blickwinkel der Mensch-Tier-Beziehung gesehen. Das biologische Wissen steht jedoch als Grundlage für einen verantwortlichen Umgang mit dem Tier und seiner Umwelt, die auch die des Menschen ist.

Sterns Engagement erreichte damit ethische und politische Dimensionen, die heute aktueller sind denn je, wie zum Beispiel die Polarisierung in der Diskussion um eine neue Tierethik zeigt (2). An dieser Stelle soll, vornehmlich am Beispiel seiner Sachbücher, nur ein Ausschnitt aus Sterns journalistischem Wirken betrachtet werden. Dabei lohnt es sich insbesondere, Sterns Blick auf die Tiere unter dem Aspekt seiner wissenschaftlichen Orientierung, namentlich an der Ethologie, und das Spannungsfeld zwischen Wissenschaft und emotionsgeladener Sprache zu beleuchten. Dies spiegelt einen Teil der Entwicklung wieder, die zu seiner Beschäftigung mit ökologischen und politischen Zusammenhängen und letztendlich auch zu seinem Wechsel in die Literatur führte.

1 Die frühen Bücher

Das publizistische Wirken Horst Sterns bis zu seinem Wechsel in die Belletristik Anfang der achtziger Jahre umfaßt eine umfangreiche Reihe von Buchveröffentlichungen, in denen er die Schwerpunkte seiner journalistischen Arbeit - Tiere und ihr Verhalten und den menschlichen Umgang mit der Natur und dem Tier - zusammenfaßte. „Wer, wie ich, dem Fernsehbild als seinem hauptsächlichsten Ausdrucksmittel bis hin zur Sprachlosigkeit ausgeliefert ist", schrieb er 1973, „kann auf Dauer den Wunsch nicht unterdrücken, gelegentlich allein dem Wort als Medium zu vertrauen".(3)

In den fünfziger und sechziger Jahren, während er für die Zeitschrift 'Kosmos' schrieb und Schulfunksendungen für den Süddeutschen Runkfunk schrieb und sprach, erschienen drei Textbände mit tierkundlichen Aufsätzen und Rundfunkbeiträgen. In 'Lauter Viechereien' (1957) - einer Sammlung von Tierportraits - erzählen Horst Stern und Wolfgang Bechtle „Geschichten von Tieren mit Familienanschluß"; vom Laubfrosch Pippin, von Kleibern, Dompfaffen, von Steinmardern und anderen einheimischen Tieren.(4) Diesen Plaudereien über Tiere liegen in der Regel eigene Erfahrungen und Beobachtungen zugrunde, da sowohl Stern als auch Bechtle zu dieser Zeit eine Vielzahl von Tieren hielten und mit deren Lebensgewohnheiten bestens vertraut waren. Es folgten zwei Buchausgaben der Rundfunkvorträge, die in der Textfassung, von leichten Überarbeitungen abgesehen, dem Originalvortrag der Schulfunksendungen entsprachen. An diesen frühen Texten läßt sich bereits ein allmählicher Themenwechsel verfolgen.

Stern begann mit den erzählerischen Portraits einzelner Arten und Tiergruppen, berichtete fundiert über Verhaltensweisen und erzählte anekdotisch von Erlebnissen und eigenen Beobachtungen. Der Leser erhält Antworten auf Fragen, wie Tiere in ihre Umwelt eingepaßt sind, welche Verhaltensweisen sie hierzu entwickelt haben, und es werden die 'Steuerungen', die dem Tier derartige Verhaltensweisen ermöglichen, beschrieben. Nicht zuletzt aufgrund der umfangreichen eigenen Erfahrungen im Umgang mit einheimischen Tieren und der gründlichen, an der jeweiligen Fachliteratur orientierten Recherche, wird zwar mit manchem Vorurteil aufgeräumt - etwa daß Kröten giftig, Meisen grausam sind und Störche ihren Jungen das Fliegen und Klappern beibringen. Auch erscheinen erste Mahnungen, die Handlungsweise der Tiere nicht zu vermenschlichen. Dennoch liest man von der mit 'Raubzeug' bevölkerten Natur, von Tier-'Hochzeiten' und Edellibellen, die ihr ganzes Leben als 'Mörderin' verbringen. Im Vordergrund steht häufig noch weniger der systematische Zusammenhang, als das Kuriose, das Spektakuläre und erzählerisch Reizvolle der Tierbeschreibung, dem, so Stern selber, „noch das naive Staunen des Neulings und der Zeitgeschmack einer von Vermenschlichung nicht immer freien Tierbetrachtung anhaften."(5)

Die anthropomorphe und moralisierende Betrachtung von Tieren hatte zu dieser Zeit, in der die Verhaltensforschung als wissenschaftliche Disziplin noch in den Kinderschuhen steckte, auch in Werken mit wissenschaftlichem Anspruch durchaus noch Tradition. So schrieb Bernhard Grzimek 1967 im Vorwort zu seinem 'Tierleben':

> „[Es] ist uns heute kaum faßbar, mit welch entwaffnender Unbefangenheit angesehene Zoologen auch in der letzten Brehm-Auflage noch Tiere vermenschlichten und nach unsern eigenen Werturteilen maßen. Wenn manche Tierarten als „dumm", „stumpfsinnig", „häßlich" oder „bösartig" bezeichnet wurden, so erhielten andere die Eigenschaften „klug", „sanft", „hübsch" oder „ritterlich" verliehen. Heute wissen wir, daß jede Tierart angeborenen arterhaltenden Verhaltensformen gehorcht, die sinnvoll auf ihren Lebenskreis zugeschnitten sind; wir wissen aber auch, wie sehr unser Urteil über die Tiere unbewußt von unseren eigenen, gleichfalls angeborenen Auslösern und Schlüsselreizen beeinflußt und verzerrt wird."(6)

Wesentliche Impulse zu einer veränderten Betrachtung des Tieres lieferte die vergleichende Verhaltensforschung. Ihre Wegbereiter waren bekannte Forscher wie Karl von Frisch, Niko Tinbergen, und Konrad Lorenz, aber erst in den fünfziger Jahren erlangte die Ethologie eine zunehmend breite Anerkennung als ernstzunehmendes wissenschaftliches Unterfangen. Vor allem Lorenz gelang es, mit populären Buchveröffentlichungen und tierschriftstellerischen Exkursen auch eine breite Öffentlichkeit auf seine Thesen und auf verhaltensbiologische Grundlagen aufmerksam zu machen. In seinem 1949 erschienenen Buch 'Er redete mit dem Vieh, den Vögeln und den Fischen' wetterte er im Vorwort gegen „die vielen Schreiberlinge, die vorgeben, vom Tier zu erzählen, es aber gar nicht kennen."(7) Aber auch er bediente hier mit stark emotional gefärbten Texten und anthropomorphen Wertungen ein Stück weit den Zeitgeschmack eines 'tierliebenden' und heimtierhaltenden Publikums.

Als junge wissenschaftliche Disziplin stand der Einfluß der Ethologie auf das populäre Bild der Tiere noch am Anfang. In den Schulbüchern bestimmten fast ausschließlich die klassischen Disziplinen der Biologie, nämlich Systematik, Morphologie und Physiologie den Unterricht, so daß für viele Biologie dasjenige Fach war, in dem im Sommer in der Botanik „Staubgefäße gezählt werden" und im Winter im Zoologieunterricht „Gebißformeln gelernt werden".(8) Vor diesem Hintergrund machte Stern in seinen Schulfunkbeiträgen schon recht früh seine Zuhörer und Leser mit verhaltensbiologischen Themen vertraut. Mit seinen an ein jugendliches Publikum gerichteten Rundfunkvorträgen hatte er vor allem die Anschaulichkeit der Schilderung von Tieren vor Augen. Manuskripte, die er seinem jüngsten Sohn vorlas und auf die er nur verständnislose Blicke erntete, wurden verworfen. Den wissenschaftlich Belasteten unter seinen Lesern gab er zu bedenken, „daß es meine Aufgabe nicht war, Biologie zu lehren, sondern auf Biologie neugierig zu machen."(9) Gegenstand seiner Betrachtung waren die jeweilige Art und ihre Lebensgewohnheiten: Wie bewerkstelligen Tiere die Aktivitäten, die zum Lebenserhalt notwendig sind? Wie haben sie die Probleme, mit denen sie in ihrem Lebensraum, ihrer Umwelt konfrontiert sind, gelöst? Welche 'Mechanismen' befähigen sie zu bestimmten Verhaltensweisen? Fragen nach dem Warum, nach entwicklungsgeschichtlichen Zusammenhängen und dem adaptiven Wert von Verhaltensweisen stehen in diesen Tierschilderungen noch im Hintergrund oder tauchen erst in den späteren Rundfunkbeiträgen auf.

In diesen Texten ging Stern bereits zu übergreifenden Verhaltenskomplexen und Funktionskreisen (Jagd und Tarnung, Sinnesleistungen, Vogelzug etc.), grundlegenden evolutionsbiologischen Zusammenhängen und der Schilderung von Lebensräumen über. Was zum Beispiel in einfachen Worten unter dem Themenkomplex 'Kämpfe im Tierreich' erklärt wird, sind unter anderem grundlegende Thesen zur innerartlichen Aggression, die Lorenz zwei Jahre zuvor in seinem aufsehenerregenden und umstrittenen Buch 'Das sogenannte Böse' zusammengefaßt hatte. Mit diesen Vorträgen war Stern den Lehrinhalten des Biologieunterrichts vermutlich weit voraus.

Bereits in den frühen Texten deutete sich manches an, was Stern später noch einmal aufgreifen sollte: Der Wald, das Schalenwild, die Jagd, Falknerei und Hundedressur. Sentimentalität und Gleichgültigkeit, diese beiden Gemütsverfassungen, die Stern später als Hauptursachen menschlichen Fehlverhaltens gegenüber dem Tier anprangerte, und die Wirkungslosigkeit von Natur- und Tierschutzgesetzen fanden in den frühen, überwiegend im heiteren Tonfall gehaltenen Büchern nur im Nachwort einen kritischen Kommentar. Noch nicht die grassierende Vernichtung von Lebensräumen und die massenhafte, ökonomisch optimierte Ausbeutung von Tieren, sondern das unbedarfte Fehlverhalten des Einzelnen - der Spaziergänger als Störenfried im

Wald, der unwissend sein Haustier verhätschelnde Heimtierhalter - werden dem naturliebenden Leser in den frühen Texten vor Augen geführt.(10)

2 Die Filmbücher

Manches, was sich in den frühen Texten bereits andeutete, wurde, als Stern zum Fernsehen wechselte, zum Thema seiner überaus erfolgreichen Filme - allerdings in völlig anderem Kontext. Mehrere seiner Filme, darunter auch seine provozierendsten, erschienen, teils als eigenständige erweiterte Textfassung wie die 'Bemerkungen über Bienen', die über Hunde und Pferde, teils als Originalfassung des Drehbuchs, in Buchform. Auf Fragen nach der Entstehungsweise seiner Filme betonte Stern den Vorrang des Bildes vor dem Wort. Der Text entstehe in Anpassung an die fertiggestellten Bildsequenzen, nicht, wie allgemein üblich in umgekehrter Reihenfolge.(11) Dennoch sind die Filmtexte von einer sprachlichen Prägnanz und ausgeprägten Kontinuität. Auch die 'bildhafte' Wortwahl trägt dazu bei, daß sie in gedruckter Form ihre Wirkung nicht verfehlen. Doch sieht Stern gerade in der Suggestivkraft der Fernsehbilder den Grund dafür, daß die differenzierende Information des Kommentars allzu oft in den Hintergrund tritt. Damit erreicht er auch die Grenzen des Mediums Fernsehen für seine Absichten.

Die Art, in der Stern seine Themen präsentierte, und die Einstellung, die sich darin ausdrückte, stehen zu seinen frühen Tierdarstellungen in starkem Kontrast. Auch führte er weder spektakuläre Tierexotik in unberührter Natur vor, noch zielte er mit verniedlichenden Tierbildern auf das Lorenzsche Kindchenschema des Betrachters. Er zeigte, sieht man von den Schmetterlings- und Spinnenfilmen ab, Tiere, die der Mensch durch Domestikation seinen Interessen als Haus- und 'Nutztier' angepaßt hat: Bilder vom Haushuhn statt vom Serengetilöwen. Vor allem zeigte er ihre Ausbeutung, wie sie, sei es in Unkenntnis oder aus ökonomischen Interessen, in großem Umfang praktiziert wird: Batteriehaltung statt Hühnerhofidyll. Einer breiten Öffentlichkeit, deren Ernährungsgewohnheiten durch die zunehmende Industrialisierung von Landwirtschaft und Tierhaltung von der Nahrungsproduktion abgekoppelt werden, führte Stern erstmals vor Augen, unter welchen Bedingungen Schweine und Hühner gehalten werden. Die Massentierhaltung wurde zum öffentlichen Thema. Stern redete und schrieb gegen die Renommiersucht zahlungskräftiger Jagdlobbyisten. Er zeigte, wie überhöhte Schalenwildbestände den Jungwuchs im Wald verbeißen. Gegen die drohende Überalterung des Waldes klagte er eine an ökologischen Gesichtspunkten orientierte Jagd ein und machte zum erstenmal öffentlichkeitswirksam auf das Phänomen des Waldsterbens aufmerksam. Oder er griff das Springreiten als eine das natürliche Verhalten des Pferdes, seine Sinnesleistungen und seine Anatomie vollkommen ignorierende Tierschinderei an.

Es waren jedoch keine pauschalen Verurteilungen gegen jegliche Unterordnung von Tieren unter menschliche Interessen. Der Maßstab, den Stern für einen 'humanen' Umgang mit Tieren forderte, erscheint nicht einmal sonderlich hoch gesteckt: „Man muß den Tieren das geben, was des Tieres ist. Was ein Tier an Grundbedürfnissen befriedigen muß und was halbwegs in sein artgerechtes Leben paßt, das muß ihm gewährt werden."(12) Dies setzt jedoch Wissen um die artspezifischen Bedürfnisse von Tieren, sowohl in der Tierhaltung als auch in anderen Bereichen voraus. Am Beispiel der Pferdedressur im Zirkus führte Stern vor, daß das geschickte, auf Showeffekte zielende Ausnutzen arttypischer Verhaltensweisen - etwa das Aufsteigen und 'Winken' mit den Vorderhufen als Teil des Rivalenkampfes bei Hengsten - nicht zwangsläufig einer Vergewaltigung der Grundbedürfnisse des Pferdes gleichkommt. Diese Verhaltenselemente sind auch an ursprünglichen Pferderassen zu beobachten. Dagegen stellt das Springen über hohe Hindernisse im Springreitsport für das Pferd - das ein ursprünglich hochspezialisiertes Fluchttier der offen Steppe ist - eine widernatürliche, weitgehend erzwungene Verhaltensweise dar.

Mit der Wahl seiner Themen berührte Stern die empfindlichsten Stellen einer tierliebenden Öffentlichkeit. So war es letztendlich konsequent, daß er sich in seinem letzten und umstrittensten Film, 'Die Stellvertreter. Tierversuche in der Pharmaforschung' - bzw. dem Buch dazu -, mit Tierversuchen auseinandersetzte, einer Problematik, die er lange vor sich hergeschoben hatte.(13) Nirgendwo wird Tierleid so direkt offenbar, wie wenn es, etwa im Versuch, in direkter Absicht zugefügt wird. Im Film stellte Stern Bilder von Tierleid menschlichem Leid gegenüber und gab Tierexperimentatoren Gelegenheit, sich gegenüber extremen Positionen des Tierschutzes zu rechtfertigen. Aufgrund seiner differenzierten Darstellung sah er sich erwartungsgemäß heftigsten Angriffen von Tierschützern ausgeliefert. Mit einer Darstellung, die mehr nach den gesellschaftlichen Ursachen für Tierversuche fragte als pauschal ihre Praxis zu verurteilen, verweigerte sich Stern programmatischen Positionen, wie sie sich auch heute in der Diskussion um eine neue Tierethik gegenüberstehen.(14)

Der menschliche Umgang mit Tieren erscheint voller Widersprüche, und nicht alle Widersprüche sind mit einfachen Antworten auflösbar. Daß Sterns differenzierte Betrachtung häufig Anlaß zu Mißverständnissen gab, wurde nicht zuletzt durch seine Darstellung der Tierversuchsproblematik deutlich. Das Beispiel eines aus dem Zusammenhang gerissenen Fehlzitates mag die 'innere Logik' solcher Mißverständnisse veranschaulichen. So schreiben Sina Walden und Gisela Bulla in ihrem Buch 'Endzeit für Tiere': „Horst Stern etwa, von einem breiten Publikum vermutlich als moderner Tierschützer betrachtet, erklärt „das Herz für einen untauglichen Zugang zum Tier", Liebe, Treue, Anhänglichkeit, Zärtlichkeit, Selbstlosigkeit von Tieren, insbesondere Hunden, soll es aller Evidenz zum Trotz nicht mehr geben - nur Rudel-, Revier- oder Reflexverhalten."(15) Stern aber hatte in den einleitenden Sätzen zu seinen 'Bemerkungen über Hunde' geschrieben:

„Ich halte das Herz für einen nur sehr bedingt tauglichen Zugang zu den Tieren - für einen untauglichen sogar, wenn das Gehirn dabei aus dem Spiel bleibt, wie nicht selten in unserer tierfreundlichen Gesellschaft, die einer Umfrage zufolge in ihrer ganz überwiegenden Mehrheit das Prügeln von Hunden für verwerflicher hält als das Ohrfeigen von Ehefrauen."(16)

Dieses Zitat kann durchaus als einer der Kernsätze von Sterns Auffassung von etwas gelten, was gemeinhin mit dem Begriff 'Tierliebe' umschrieben wird. In der Auslassung dreier Worte, „nur sehr bedingt", liegt das Mißverständnis. Es ist nicht die Emotion an sich, sondern die Egozentrik menschlicher Tierliebe, die - kulturell anerzogen, kommerziell manipulierbar - primär eigene, in der modernen Massengesellschaft unbefriedigte Bedürfnisse befriedigt bis hin zu dem, was Lorenz als 'soziale Sodomie' bezeichnete: die Tierliebe über jene zum Menschen zu stellen. „Nichts oder doch nur weniges geschieht um des Seins der Tiere wegen", schrieb Stern.(17) Der Zugang zum 'Sein der Tiere' führt für ihn über die biologischen Wissenschaften. Nur Wissen ermöglicht, Verhalten von Tieren zu begreifen und damit auch ihren Bedürfnissen zu entsprechen. Der wissenschaftlich rationale Zugang und der 'Mut zur Emotion' - so der Titel einer Rede anläßlich der Verleihung des bayrischen Naturschutzpreises (18) - sind nur scheinbar Gegensätze. Die Emotion hat ihren Platz in der Verpflichtung zum Engagement. „Sie ist des Menschen menschlichster Teil, die leidenschaftliche Schwester des kalten Verstandes und verwerflich nur dort, wo sie nicht mehr von Wissen kontrolliert wird und zur schieren Demagogie entartet."(19)

3 Die Wissenschaft

Sterns Texte, seine Argumentationen bewegen sich im Spannungsfeld zwischen Wissenschaft und Journalismus, zwischen Faktenwissen und Emotion. Bereits früh erkannte er den wachsenden Einfluß der Naturwissenschaften auf gesellschaftspolitische Entscheidungen. Innerhalb der Biologie gewannen vor allem die Disziplinen der Verhaltensforschung und der Ökologie an Bedeutung. Den Informationsfluß aus der Wissenschaft in die Öffentlichkeit zu fördern, verstand Stern als eine gesellschaftliche Verpflichtung, sowohl des Wissenschaftlers als auch des Journalisten. In dem „elitären Brahmanentum" einer wissenschaftlichen, nur Eingeweihten verständlichen Sprache sah er eine der Ursachen für das „ganz und gar unnatürliche Bild von

Menschen, die als Individuen von der Natur einer tiefen Ahnungslosigkeit gegenüber ihren Einzelphänomenen überführt werden, als Kollektiv aber ein Wissen angesammelt haben, das, im Wortsinn, an die Sterne stößt."(20) Bei dem Bemühen, das angesammelte Wissen aus seiner akademischen Unverständlichkeit herauszuholen, stehen dem gleichwohl der Objektivität verpflichteten Wissenschaftsjournalisten durchaus Mittel wie die Überspitzung und Verkürzung, die Vereinfachung, Assoziation und Metapher, aber auch die Emotionalität in der Rede und die Polemik zur Verfügung. Mittel, ohne die eine öffentliche Diskussion nur schwer erreicht wird.(21)

Auch die Brisanz seiner Themen - er sah sich Anfeindungen von Jägern, Springreitern, Interessenvertretern aus Politik und Wirtschaft ausgesetzt - zwang Stern zu einer hieb- und stichfesten Argumentation. Das Wissen schöpfte er aus dem Kontakt mit Forstwissenschaftlern, Wildbiologen und Ethologen. Auf diesem Wege entwickelte sich auch die Bekanntschaft mit Konrad Lorenz, durch den Sterns Arbeiten, vor allem sein Verständnis von Tier-Verhalten, wesentlich geprägt wurde. Wenn Stern ihn später als Leitbild für seine journalistische Arbeit bezeichnet, so bezieht sich dies auch auf die Fähigkeit, gezielte Fragen zu stellen, die Stern als Journalist und Lorenz als Wissenschaftler charakterisierte.

> „Sein durchaus genial zu nennendes gestaltseherisches Fragen wird möglicherweise sogar einige seiner gefundenen Antworten überdauern, setzte es doch eine ganze ihm nachfolgende Forschergeneration instand, plausible Hypothesen zu wagen in der Deutung der Innenwelt-Aspekte Darwinscher Theorien [...]. Daß Lernpsychologen ihm heute politisch und soziologisch am Zeug flicken, weil er gelegentlich irrte - in der flüchtigen verbalen Anpassung an das inhumane Vokabular brauner Rassenmedizin gewiß, in der Vernachlässigung sozial bedingter Frustrationsaspekte seiner ganz auf den Trieb gestellten Aggressionslehre vielleicht, das nimmt ihm nichts von seinem Glanz."(22)

Für Stern steht vor allem der Tierforscher und die Lehrerpersönlichkeit Lorenz im Vordergrund, sein, wie er es nennt, intuitives Eintauchen in die Welt der Tiere. Erst an zweiter Stelle sehe er seine Schwächen, „ seine in keinem rechten Verhältnis zu seiner immensen Tierkenntnis stehende Menschenkenntnis, [...] seinen Hang zum Literarisch-Anekdotischen, in dem die hübsche Einzelbeobachtung gelegentlich den Stellenwert einer quantitativ gesicherten wissenschaftlichen Aussage annehmen kann."(23)

Mit der maßgeblich von Lorenz und Tinbergen geprägten klassischen Ethologie machte sich Stern in der Tierbetrachtung aber auch eine Sichtweise zu eigen, die in den empirischen, experimentell abgesicherten Naturwissenschaften wurzelte und die eine konsequente Abkehr von 'subjektivistischen' Standpunkten und Aussagen über das Erleben als steuernde Instanz vollzog. Verhaltensweisen werden unter den Aspekten der Leistung, ihrer Evolution und ihrer physiologischen Ursachen untersucht. Für den Verhaltensphysiologen ist der lebende Organismus bzw. das Tier „gewissermaßen eine Maschine, in die von außen Reize eingehen und aus der anschließend Bewegungen, Stellungen und Laute herauskommen; und er möchte wissen, wie dieser Apparat funktioniert."(24) Die Erfassung des Tierverhaltens erfolgt über ein distanziertes Verhältnis zum Tier als Objekt. Das Verhalten eines Tieres wird inventarisiert und in Teilsysteme zerlegt, die der Beobachtung bzw. Messung zugänglich sind, um Regelhaftigkeiten und Wirkzusammenhänge zu erkennen.

Auf der anderen Seite sah Stern jedoch in der Reduktion allein auf das Meßbare, in einer zunehmenden Mathematisierung und Technisierung der biologischen Disziplinen die Ursache für die Entfremdung vieler Naturwissenschaftler von der Natur und dem Tier: „Die Zoologie von heute ist an philosophischen Gedanken arm. [...] Es zählt, was quantifizierbar ist."(25) Auch diese kritische Haltung gegenüber wissenschaftlichen Sichtweisen verband Stern mit Konrad Lorenz, der vor allem in späteren Jahren, seine Ablehnung, allein das Meßbare zum Maßstab wissenschaftlicher Erkenntnis zu machen, häufig betonte. So schrieb Lorenz 1980: „Der infolge des 'technomorphen Denkens' auftretende Irrglaube, daß nur physikalisch-chemisch Definierbares und quantitativ verifizierbares reale Existenz habe, führt zu einer bedrohlichen Entmenschung des Verhaltens moderner Zivilisationsmenschen zu allem Lebendigen. Auch dieses wird 'technomorph' behandelt, nicht anders als eine Maschine. Seelisches wird grundsätzlich für irreal und damit für vernachlässigenswert erachtet."(26)

Den Mangel an ethischen und moralischen Fragestellungen machte Stern auch verantwortlich dafür, daß die moderne Nutztierhaltung „unter Augen der Zoologie zu den bekannten Formen entartet" ist. (27) Seine eigene Rolle sah Stern als die eines Fragenden; nicht Wissenschaftskritik sei seine Aufgabe - diese könne nur aus der Wissenschaft selber kommen (28)-, sondern die Kritik an der Wissenschaft als Teil der Gesellschaft und an der Unterlassung der ihr daraus erwachsenden Aufgaben. Zu diesen Aufgaben zählte er klare Stellungnahmen zu einer artgerechten Tierhaltung, die er von der Ethologie, jener Wissenschaftsdisziplin, die einen enormen Wissenszuwachs über die Lebensäußerungen von Tieren vorweisen konnte, einforderte. Stern erkannte, daß politische Entscheidungen sich zunehmend auf gutachterliche Stellungnahmen, auf 'wissenschaftlich gesicherte' Erkenntnisse berufen würden, die in der Öffentlichkeit einem Dogma gleich präsentiert werden. Diese Wissenschaftsgläubigkeit verkennt jedoch, daß gerade das Verwerfen und Ändern von Hypothesen, der Wandel von Ideen das Wesen der Wissenschaft ausmacht. Mehrmals zitierte Stern den Lorenz-Satz, daß nichts einen Wissenschaftler so jung erhalte, wie jeden Morgen eine geliebte Hypothese über Bord zu werfen. Widersprüche zwischen wissenschaftlich abgesichertem Wissen als oberster Erkenntnisinstanz und einer intuitiv empfundenen Gewißheit prägten oftmals auch Sterns Denken. Ein solcher Widerspruch tut sich auch auf, wenn Stern im Hinblick auf eine humanere Tierhaltung moralisches Engagement von einer wissenschaftlichen Disziplin fordert, deren grundsätzliche Arbeitsweise eine Versachlichung der Tiere, eine Reduktion auf funktionelle Verhaltensabläufe zwangsläufig in sich birgt.

Kaum ein anderer Fall spiegelt dies so deutlich wider wie die Debatte um die Käfighaltung von Hühnern, in der Stern von der Ethologie klare Stellungnahmen forderte und konträre Standpunkte öffentlich einander gegenüberstellte. Bereits Anfang der siebziger Jahre hatte Stern die Ethologen um Konrad Lorenz zu Stellungnahmen in Fragen der Intensivhaltung veranlaßt. In Sterns Rede 'Wissenschaft und Journalismus', gehalten 1974 anläßlich seiner Ehrenpromotion, drückte sich noch die Hoffnung aus, die Lehrmeinungen der angewandten Verhaltensforschung auf einen Nenner zu bringen, wenn er die staatliche Finanzierung eines interdisziplinären Großversuchs forderte,

> „[...] der für das Haushuhn, neben allgemeinen Verhaltensindikatoren, auch endlich anatomische, biophysikalische und endokrinologische Parameter zuverlässig und allgemein akzeptabel erbringt. [...] Die Öffentlichkeit, die sich für das Los der Nutztiere zunehmend sensibler zeigt, hat ein Recht darauf, daß die Wissenschaft nach jahrelangem, verzeihen Sie, Gegacker nun endlich ihr für Mensch und Tier bekömmliches Ei legt."(29)

Auf Anregung Sterns wurde 1975 ein fünfjähriges Forschungsprogramm ins Leben gerufen, das die Zulässigkeit der Käfighaltung auf der Basis von ethologischen und physiologischen Studien an Hühnern in verschiedenen Haltungssystemen überprüfen sollte. Zusätzlich zu den Verhaltensbeobachtungen sollten Untersuchungen an Blut und inneren Organen klären, ob sich vom Tier durchlebte Streßzustände nachweisen lassen. Die Beweiskraft solcher Untersuchungen als Nachweis von Tierleid war von manchen Ethologen bis dahin angezweifelt worden, da eine Haltung unter erzwungenen Bedingungen zu Leiden führen könne, auch wenn das Tier körperlich gesund sei. Kurz vor Ablauf des Vorhabens eskalierten jedoch bereits länger bestehende fachliche und persönliche Meinungsverschiedenheiten der beteiligten Wissenschaftler in einer Aufspaltung in zwei Lager. Während die eine Seite die Käfighaltung von Hühnern weiterhin als nicht artgerecht ablehnte und hierfür Studien an unter weniger intensiven Bedingungen gehaltenen Tieren sowie an freilebenden Wildformen heranzog, lehnte die andere Seite ein solches Vorgehen als nicht relevant für eine Beurteilung der Intensivhaltung ab. Letztendlich könne nicht mit Sicherheit gesagt werden, ob offensichtlich gesunde und produktive Tiere wirklich leiden, zumal die physiologischen Untersuchungen an Tieren unterschiedlicher Haltungssysteme keine abgesicherten Erkenntnisse im Hinblick auf Streßsymptome bei Käfighühnern erbracht hätten. Als Fazit bedeutete dies, daß Begriffe wie 'artgerecht' ohne einen zuverlässigen 'Leidensindikator' von der Verhaltensforschung allein nicht definiert werden konnten.

Untermauert und auf den Stand der aktuellen Lehrmeinung gehoben wurde diese Feststellung dadurch, daß Konrad Lorenz in einem Lehrbuch sein auf der Basis seiner Instinktlehre entworfenes Triebstaumodell geändert hatte. Zahlreiche Sachverständigengutachten, Anfragen im Bundestag und Tierschutzinitiativen waren unter Berufung auf den Passus des Tierschutzgesetzes, der eine verhaltensgerechte Unterbringung von Nutztieren forderte, diesem Modell gefolgt. Stark vereinfacht besagt dieses Black-Box-Modell, daß in einem Tier eine nicht näher lokalisierte, spontane Erregungsproduktion, wie Wasserdruck in einem Kessel, zu einem 'Triebstau' führt, wenn dieser sich nicht in durch von außen kommende spezifische Schlüsselreize in 'passende' Triebhandlungen entladen kann. Gesteigerte Unruhe, Leerlaufhandlungen, Bewegungsstereotypien und auch gesteigerte Aggression und Erkrankungen wurden mit Hilfe dieses Modells erklärt. Die Änderungen, die Lorenz, zunächst von der Fachwelt unbemerkt, an diesem komplexe Zusammenhänge stark vereinfachenden Modell vorgenommen hatte, wurden so interpretiert, daß ein Fehlen von Außenreizen, die ein Tier, zum Beispiel eine Henne, nie in ihrem Leben erfahren hat, kein hinreichender Grund sei, um anzunehmen, daß das Tier gestreßt sei oder gar leide. Anders ausgedrückt: Der dem Huhn angeborene Trieb zum Sandbaden ist nicht frustriert, wenn es den Schlüsselreiz 'Sand' gar nicht geboten bekommt.(30)

Nachdem Stern diesen „Familienkrach der Verhaltensforscher"(31) publik gemacht hatte, meldete sich Lorenz persönlich zu Wort. Sein Modell sei bewußt falsch interpretiert worden, die Aussage, die endogene Aufladung eines Triebes sei nur gering, und durch das Fehlen eines Schlüsselreizes werde der Triebhaushalt nicht notwendigerweise gestört, entbehre jeden Sinnes. Auch stelle die Änderung des Modelles keinerlei Änderung seiner Anschauung über die „Spontaneität des Gesamtgeschehens" dar. Sowohl eine völlig monotone Umgebung als auch die Überflutung mit unspezifischen Reizen führe bei Tieren und Menschen zu einer qualvollen Art von Streß.(32)

Der Streit geht bis heute weiter. Das von Stern von der Wissenschaft geforderte, für Mensch und Tier bekömmliche Ei wurde nicht gelegt. Das Lorenzsche Triebstaumodell, das schon Mitte der siebziger Jahre zu kritschen

Stellungnahmen führte, gilt in der Verhaltensbiologie inzwischen als überholt. Zu den Begriffen der 'art- und verhaltensgerechten' Tierhaltung gehen die akademischen Lehrmeinungen nach wie vor auseinander. Einig ist man sich nur darin, daß die Produktionsleistung nicht als ausreichender oder gar alleiniger Kennwert für das Wohlbefinden der Tiere im Sinne des Tierschutzgesetzes angesehen werden kann.(33) Die auch von Lorenz einmal vertretene Lehrmeinung, daß eine hohe Legeleistung bei Vögeln, also auch bei Batteriehühnern, stets ein Zeichen körperlichen Wohlbefindens sei, hatte dieser bereits in den siebziger Jahren auf einen Appell Horst Sterns als nur für Wildformen geltend eingeschränkt.(34) Die Suche nach einem beweiskräftigen Maßstab für fehlendes Wohlbefinden - oder anders ausgedrückt: eine Meßbarmachung tierischen Leidens führte bisher zu keinem wissenschaftlichen Konsens. „[...] die Behinderung in der Ausübung essentieller Lebensbedürfnisse bedeutet wahrscheinlich Leiden im Sinne des Tierschutzgesetzes. Dieser Analogieschluß ist zwar mit den derzeit verfügbaren Mitteln nicht beweisbar, jedoch zulässig."(35) Als Indikatoren für mangelndes Wohlbefinden dienen Verhaltensstörungen, physiologische (z. B. Streßhormone) und pathologische Parameter. Ungeklärt ist jedoch die Frage der Bewertung bzw. das von Stern geforderte „ethologisch zu ermittelnde Mindestmaß an artspezifischer Bewegungs- und Triebfreiheit für Tiere". Wieviel Abweichung vom Normalverhalten ist zulässig, damit ein Haltungssystem noch als tiergerecht bewertet werden kann? Da für die Bewertung nur negative Merkmale herangezogen werden, lastet letztendlich auf den Tieren die „Beweisnot."(36)

Was aber sind die positiven Merkmale, die anzeigen, daß ein Tier seine essentiellen Verhaltensansprüche erfüllt findet? Nach einer von zwei vorherrschenden Grundvorstellungen (37) sind vor allem jene Verhaltensmerkmale zu berücksichtigen, die sich im Laufe der Haustierwerdung verändert haben und auch genetisch festgelegt sind. Hier spielen vor allem solche Merkmale eine Rolle, die auf höhere wirtschaftliche Produktivität selektiert wurden, bei gleichzeitigem Verlust von Eigenschaften, die für das Überleben in freier Wildbahn erforderlich sind. Auch an Versuchen, das Tier - z.B. das Batteriehuhn - seiner drastisch veränderten Umwelt anzupassen, hat es nicht gefehlt. Die im Vergleich zur Wildform starken Abweichungen bei 'modernen Nutztieren' werden als Argument dafür angeführt, daß zur Bestimmung arteigener Verhaltensweisen Vergleiche mit Wildformen unzulässig seien. Nach der anderen Grundvorstellung gelten alle Verhaltensweisen als essentiell, die ein Tier im Laufe seiner Evolution als Anpassung an seine Umwelt erworben hat sowie solche, die im Verlaufe der Domestikation von der Wildform zum heutigen Nutztier nicht verlorengegangen sind. Feldstudien an Wildformen sollen hierüber Aufschluß liefern. Eine Reihe von Studien belegt auffällige Gemeinsamkeiten im Verhaltensrepertoire von Wildform und hochgezüchtetem Haustier. Als weiterer Beleg wird angeführt, daß auch nach jahrtausendelanger Domestikation eine Verwilderung von Haustieren möglich ist. Auch Stern stellte in seinen Filmen und Büchern die Bedeutung ursprünglicher Verhaltenweisen bei domestizierten Tieren eindrucksvoll heraus.

Soweit ein kurzer Abriß des wissenschaftlichen Standpunktes zur Nutztierfrage, der die Komplexität dieser Diskussion nur annähernd wiedergibt. Die Batteriehaltung der Hühner wie die moderne Intensivhaltung allgemein breitet sich unter dem Druck einer Agrarpolitik, die nur Wachsen und Weichen zuläßt, unvermindert aus. Horst Stern, der sowohl die öffentliche als auch die wissenschaftliche Diskussion dieses Themas maßgeblich ins Rollen gebracht hatte, zog Anfang der achtziger Jahre eine resignierende Bilanz.

„Ich führte über die Jahre hinweg lange Gespräche mit Züchtern, Genetikern und Nahrungsmittelfachleuten, solchen dafür und solchen dagegen, studierte dickleibige Forschungsberichte und schmalbrüstige Tierschutzpamphlete und nahm auch an Experimenten teil. Unter der wissenschaftlichen Beweislast, die sich in mir anhäufte, ermüdete die schlichte, keines ethologischen Experiments bedürftige, keinem Gas-Chromatographen zugängliche Wahrheit, daß die Natur gewiß nicht den Drahtkäfig als das entwicklungsgeschichtliche Ziel des Huhns vorsah. [...] Die Wahrheit ist müde geworden. Sie weckt in der Politik niemanden mehr auf."(38)

Stern hatte die gesellschaftspolitischen Hintergründe der Diskussion um die Tierhaltung, die politische Bedeutung von Fleisch- und Eierpreisen in Zeiten eines internationalen Agrarmarktes und wachsender Inflationshysterie immer betont. Vor diesem Hintergund sah er die Chancenlosigkeit eines rein emotional argumentierenden Tierschutzes, Änderungen von Seiten der Gesetzesgebung herbeizuführen. „Eine Linderung dieser Not kommt den Tieren allein von der moralisch engagierten Forschung, oder sie kommt gar nicht."(39) In dem gesellschaftlich anerkannten 'wissenschaftlichen Erkenntnisprozess', in der Hoffnung, daß die Wissenschaft in dieser Sache mit einer Stimme sprechen werde, sah Stern die einzige Möglichkeit einer Veränderung. Daß dieser Weg erfolgreich sein würde, daran äußerte er bereits Zweifel, als er in der 'Batteriehuhnfrage' den wissenschaftlichen Großversuch einforderte: „Der Tierschutz wird diese große Mehrheit nicht mit Bildern von anämischen Kälbern, und die Ethologen werden sie nicht mit Aminosäuren, die den Batterieeiern fehlen sollen, anders als nur flüchtig schrecken. Und die Mehrheit ist der Gesetze machende Souverän."(40)

Indem Stern die gesellschaftlichen Handlungsmöglichkeiten anzweifelte, engte er den Handlungsspielraum in Sachen Tierschutz weitgehend auf die Verantwortung des Wissenschaftlers ein. Mit der Forderung nach verhaltensbiologischer Forschung zum Zweck einer artgerechteren Tierhaltung hatte Stern die moralische Dimension einer Wissenschaft, für die das experimentell und statistisch Gesicherte die wesentliche Grundlage ihrer Voraussagen ist, anfangs sicherlich überschätzt. Zu sehr war auch sein eigenes Denken vom Ideal der Naturwissenschaften geprägt. Zunehmend mußte er erkennen, daß er einer wissenschaftlichen Sichtweise mit ihrer Fokussierung auf das durch meßbare Fakten abgesicherte Wissen nur den 'gesunden Menschenverstand' entgegensetzen konnte, der freilich auf einer Basis umfangreicher Kenntnisse beruhte.

„Es gibt Dinge, die man mit dem Auge entscheiden kann und die zu beurteilen ein Mensch in sich trägt. [...] Ich billige der Wissenschaft zu, daß sie sich für Meßbares und Zählbares interessiert. Aber von dem, was sie dann findet, abhängig zu machen, ob ich z.B. etwas gegen solche Greuel wie die Legebatterien unternehme, das kann ich nicht akzeptieren. Wenn ich erst warten muß, bis ein Wissenschaftler mir in der Leber eines Batteriehuhns nachweist, daß zu viele Streßhormone drin sind, würde ich sagen: Schade um das Geld und schade um deine Zeit."(41)

Auch die Kritik an der Manipulierbarkeit wissenschaftlicher Erkenntnisprozesse, ihre Verflechtung mit wirtschaftlichen und politischen Interessen formulierte Stern zunehmend deutlicher. Bereits 1974 sprach er von dem zwei Jahre zuvor novellierten Tierschutzgesetz: „Es überläßt vieles der Wissenschaft, also der Zukunft." Hier klingt an, was zunehmend in Fragen des Tier- und Naturschutzes gängige politische Praxis wurde: zeitraubende Forschung als Alibi zur Verzögerung politischer Entscheidungen. Stern brachte es später auf Punkt: Forschung als nützlicher Idiot.(42)

4 Die verlorene Unschuld der Sprache

Sowohl Tiere selbst als auch vor allem das Verhältnis vom Menschen zum Tier, schwankend zwischen 'Vermenschlichung' und 'Vermassung', haben Horst Stern immer beschäftigt. Es ist bezeichnend, daß menschliche Projektionen vor allem jene Tiere betreffen, die sich entweder ökonomischen Interessen nutzbar machen lassen, oder jene, in denen sich allzu Menschliches scheinbar widerspiegelt, so daß sie zum idealen Objekt einer unreflektierten, idealisierenden Tierliebe werden. „Am liebsten sind dem Säugetier Mensch die Säugetiere", schreibt Gerhard Staguhn in seiner Polemik gegen die Tierliebe. „Hingegen sind Insekten eben nur Insekten. Sie werden höchstens von Entomologen 'geliebt' - und auf die Nadel gespießt. Gerade jene Tierarten, die keine oder zu viele Beine haben, fallen durchs weitmaschige Netz dieser

Tierliebe."(43) Aber auch die entwicklungsgeschichtlich vom Menschen weit entfernten Gliedertiere sind vor einer anthropomorphen Besetzung nicht sicher, vor allem wenn sie in ihrer Form und Farbe ästhetischen Bedürfnissen entgegenkommen. So ist es jedem, der sich mit Natur- und Artenschutz beschäftigt, ein bekanntes Phänomen, daß bei der politischen Umsetzung von Maßnahmen auch der 'Sympathiewert' einer Tiergruppe eine nicht unerhebliche Rolle spielt. Mit einem bemerkenswerten Vogel oder Schmetterling läßt sich nun einmal besser Naturschutzpolitik betreiben als mit seltenen Käfer- oder gar Spinnenarten. Auch in der klassischen Biologie fristeten Disziplinen wie die Bodenzoologie und die Spinnenkunde (Arachnologie) lange ein stiefmütterliches Dasein.

Ein echtes Bedürfnis nach Information wecken Insekten und andere Wirbellose - vom Interesse der Zoologen und Liebhaber einmal abgesehen - im allgemeinen nur, wenn sie wie Bienen oder der 'gärtnerisch wertvolle' Regenwurm in irgendeiner Weise einen ökonomischen Nutzen erkennen lassen. Oder, wenn besonders Kurioses und scheinbar Menschenähnliches ästhetisch aufgearbeitet in Buch und Film dargeboten werden. Betrachtet man Sterns frühe, bereits sehr erfolgreiche Tierreportagen, so fällt auf, daß in der Mehrzahl aller Fälle Wirbeltiere und hier hauptsächlich Vögel und Säuger Gegenstand seiner Betrachtung sind. Insekten treten nur als Lehrbuchbeispiel hoher sozialer Organisation wie im Falle der Bienen und Ameisen auf. Eine Auswahl, die sich in den Zeitgeist einordnete.

Es mag auf den ersten Blick verwunderlich erscheinen, daß Stern nach seinen Bemerkungen über Pferde, Hunde, Hühner, das Hausschwein und den Rothirsch sich in einem seiner aufwendigsten Filme und dem umfangreichsten und auch sicherlich besten seiner Sachbücher mit Spinnen beschäftigte, einer Gruppe, die auf einer überwiegend von Gefühlen geprägten Beliebtheitsskala am unteren Ende rangiert. Während die Spinne in anderen Kulturen in der Mythologie häufig eine positive Rolle einnimmt, besitzt sie in unserer Kultur zumeist den Status des klassischen Ekeltiers, erzeugt Abneigung bis hin zu neurotischen Erscheinungsformen wie die der Arachnophobie.

Das 'Leben am seidenen Faden', Sterns letztes Tierbuch vor Herausgabe der Zeitschrift 'natur' und seinem Wechsel in die Belletristik, entstand wie der gleichnamige Film in enger Zusammenarbeit mit dem Kieler Biologen und Spinnenkundler Ernst Kullmann. Kullmann promovierte über den Radnetzbau und beschäftigte sich ausführlich mit sozial lebenden Spinnenkommunen. Der Film, in dreijähriger Arbeit und mit hohem technischen Aufwand gedreht, gilt heute nicht nur aufgrund seiner technischen Perfektion als Meilenstein des dokumentarischen Tierfilms. Das Buch geht in seiner eigenständigen Konzeption, der Fülle an Informationen und Bildmaterial und in seiner wissenschaftlichen Orientierung weit über ein Begleitbuch zum Film hinaus. Auch hier ist das Buch vor dem Hintergrund zu sehen, daß der Film als Medium nur annähernd die Komplexität und Differenziertheit des Themas widerspiegeln konnte. Während der Filmarbeiten und der Beschäftigung mit der Spinnenkunde hatte Stern ein Wissen angehäuft, das in neunzig Filmminuten nicht unterzubringen war. Kullmann und seiner Arbeitsgruppe bot sich zudem die Gelegenheit, neben zahlreichen unveröffentlichten Fotos auch neueste Erkenntnisse aus wissenschaftlichen Einzelarbeiten und eigene, bislang unveröffentlichte Befunde in einer auch dem Laien zugänglichen monographischen Darstellung der Spinnen zusammenfassend zu präsentieren. Das Buch gliedert sich in mehrere große Komplexe mit Bildseiten, die Funktionskreisen vom Netzbau über Sexualverhalten bis hin zur Entwicklung von Sozialgemeinschaften gewidmet sind. Dazwischen eingegliedert sind Kapitel über nicht im Bild darstellbare Zusammenhänge: Stammesgeschichte, Ökologie, Verhalten; aber auch Reiseberichte, Anekdotisches, naturphilosophische Anklänge, Kuriosa; Texte, die das Literarische mehr als nur streifen.(44)

Hatten sich die frühen Tierbeschreibungen Sterns vor allem mit der Frage auseinandergesetzt, wie Tiere funktionieren, so treten im 'Spinnenbuch' Fragen nach dem 'Wodurch?' und 'Wozu?' in den Vordergrund. Der Sinn von Verhaltensweisen, ihr adaptiver Wert wird in den Zusammenhang stammesgeschichtlicher Entwicklung gestellt. Deutlichstes Beispiel hierfür ist die im Buch ausführlich behandelte Entwicklung des Netzbaus bei Spinnen. Die Fähigkeit, Spinnseide herzustellen, ist die bezeichnende und zugleich namengebende Eigenschaft der Spinnen. Der Netzbau, mit dem die Spinnen im Laufe der Evolution den Luftraum eroberten, ist wie andere Beutefangtechniken formaler Ausdruck von Verhalten und damit den Selektionsmechanismen der Evolution unterworfen. Die bereits auf Darwin zurückgehende Einsicht, Verhalten sei wie körperliche Strukturen auch stammesgeschichtlich aufzufassen, wurde erstmals von Lorenz zur Lehrmeinung erhoben. Damit ergab sich die Möglichkeit, die Evolution mancher Verhaltensweisen zu rekonstruieren. Es gehört zu den faszinierendsten und zugleich komplexesten Fragestellungen der Arachnologie, auf welchem Wege sich aus einfachen Kokon- und Wohngespinsten die komplexe wie auch erfolgreiche Fähigkeit der Herstellung von Fanggeweben entwickelt hat, mit der Spinnen ihren Aktionsradius bei gleichzeitiger Einsparung von Energie erweiterten.

Das ungewöhnlich erscheinende Fortpflanzungsverhalten von Spinnen, die Brutfürsorge mancher Arten und sozial lebende Spinnenkommunen bilden weitere Schwerpunkte des Buches. Spinnenverhalten besitzt eine große Plastizität und weist eine Fülle außergewöhnlicher, bizarr anmutender Verhaltensweisen auf. Komplizierte Balzrituale und Paarungen, die für die Männchen mancher Arten nicht selten tödlich enden, Brutfürsorge in Form von Mund-zu-Mund-Fütterung bis hin zu Fällen, in denen sich das Weibchen selbst ihren Jungen als Nahrung darbietet, sind nur einige bekannte Beispiele. Diese Phänomene mit menschlichen, ethisch besetzten Verhaltenskategorien (Gattenmord, Mutterliebe) zu besetzen, liegt nahe. Stern schreibt in der Einleitung:

> „Die Todsünde der Vermenschlichung der Tiere wird auch unser Buch, wie jedes nicht rein wissenschaftliche Werk über Tiere, streifen, fürchte ich. Wollte man diesem Mangel konsequent abhelfen, so liefe das auf eine quasi außermenschliche Erklärung des Tiers hinaus. Das ist unmöglich, wo Menschen Tiere beschreiben. Die Gefühlswelt der Tiere, soweit sie nicht physiologischer Natur ist, wird uns, wenn wissenschaftliche Exaktheit verlangt wird, ewig verschlossen bleiben. Wir können ahnen. Wissen werden wir nicht. Auf das spekulative Erahnen aber ganz zu verzichten, weil sie sich anders als unter Verwendung von Begriffen aus der menschlichen Gefühlswelt nicht anschaulich beschreiben läßt, wäre wahrhaft töricht."(45)

Die beinahe schon irrationale Scheu, welche die moderne Verhaltensforschung vor der Todsünde einer vermenschlichenden Tierbeschreibung zeigt, prägt eine Wissenschaftssprache, die Stern als esoterisch, also nur nur für Eingeweihte verständlich, bezeichnet. Es sei fast so, als ob damit die Illusion einer „außermenschlichen Erklärung" tierischen Verhaltens geschaffen werden solle. Die Sprache der Ethologie ist aber nicht zuletzt auch das Resultat einer Abgrenzung zu dem methodischen Vorgehen aus 'vor-ethologischer Zeit', als die Tierpsychologie die Fragen nach der Seele, dem Bewußtsein und der Intelligenz der Tiere durch aus der menschlichen Psyche abgeleitete philosophische und auch theologische Begriffe zu klären versuchte. Die Übernahme von Erkenntnissen aus der Humanpsychologie schien vor allem dann gerechtfertigt, wenn Verhaltensweisen von Tieren mit denen des Menschen eine große Ähnlichkeit aufwiesen. Probleme bereitete ein solches Vorgehen, wenn scheinbar menschengleiches Verhalten, das eine hohe Intelligenz voraussetzt, bei Tiergruppen gedeutet wurde, deren sonstige Verhaltensäußerungen in keinem Verhältnis zu diesen Fähigkeiten stehen. So zum Beispiel die perfekte Staatsorganisation bei Bienen, Ameisen und Termiten oder die erstaunlichen Orientierungsleistungen vieler 'niederer' Tierarten. Die Scheinlösung dieses Problems bestand darin, in solchen Fällen nicht von Intelligenz, sondern von Instinkt zu sprechen, ohne Wesen und Funktion dieses Begriffes klar zu umreißen.(46) Der Begriff des Instinktes wurde häufig analog zum menschlichen Verstand oder zur Vernunft betrachtet und ersetzte deren Fehlen bei Tieren. Die Ethologie schloß zwar kognitive Aspekte bei höheren Tieren nicht aus, diese seien jedoch nicht mit den Mitteln objektiver Forschung nachweisbar. 'Instinkt' ist ein bloßes

Wort, so Lorenz. „Das, worüber wir Aussagen machen können, ist nur die Instinkthandlung."(47) In diesem Zusammenhang wurde erstmals ein scharf umrissenes Begriffssystem für vergleichende und experimentell gewonnene Beobachtungen an Tieren geschaffen.

Bestehen bleibt trotz aller begrifflicher wissenschaftlicher Exaktheit das Grundproblem der Verhaltensforschung: daß alle Deutung des Innenlebens von Tieren nur mit menschlichen Begriffen geschehen kann und ohne das 'geistige Instrumentarium' der Humanpsychologie nicht auskommt.(48) Diese scheinbar banale Erkenntnis beschreibt nicht nur ein rein sprachliches Problem. Letztendlich sind es die im Grunde unlösbaren Schwierigkeiten, den geistigen Zugang zum Tier zu finden. In der Sprache wiederum spiegelt sich auch das Verhältnis vom Menschen zum Tier wider. Stern macht dies am Beispiel des Spinnenverhaltens deutlich, indem er über mehrere Seiten nach einem verbalen Ausdruck dafür sucht, was in einer in Erdröhren stundenlang regungslos verharrenden Falltürspinne vor dem Beutefang vor sich geht. Lauert die Spinne auf ihre Beute? Oder wartet sie? Ersteres impliziert die innere Spannung eines Jägers. Letzteres unterstellt die Eigenschaft der Geduld und die Fähigkeit der Vorausschau, daß die Beute irgendwann kommen muß.(49)

Dieses Nachdenken über den „Versuch, das Unbekannte mit den sprachlichen Wendungen des Bekannten zu beschreiben", benutzt Stern, um in Kurzform die Möglichkeiten der biologischen Tierauffassung zu reflektieren: Eine Möglichkeit ist die Darstellung von Tieren mit Begriffen, die bestimmten Verhaltensäußerungen unbefangen menschliche Gefühlsregungen, Bewußtsein und freien Entscheidungswillen zugrunde legen. Die anderen Extreme sind die Reduktion des Tieres auf einen reinen Reflexautomaten, dessen Lebensäußerungen nichts anderes als meßbare, chemisch-physikalische Antworten auf Außenreize darstellen, sowie die Deutung von Tierverhalten als allein zweckbestimmt, d.h. auf Maximierung des Fortpflanzungserfolges ausgerichtet. Der ethologischen Betrachtungsweise schließlich, die über eine 'seelenlose' mechanistische Reflexlehre hinaus den Tieren Lernvermögen und Spontaneität zugesteht, fühlt Stern sich auch in seiner Sprache verpflichtet. Spontanes Verhalten hat nach Lorenz seine Ursachen in einem Aufstau zentralnervöser Erregung. Da auch bei Spinnen derartige spontane Verhaltensweisen beschrieben wurden, muß also die Antwort auf die Frage, welche Ausdrucksweise dem inneren Zustand oben genannter Spinne am nächsten kommt, lauten: Sie „lauere voll innerer Spannung auf Beute."(50)

Dieses Ringen um einen bestimmten Ausdruck ist nichts anderes als ein Versuch, Tiere in ihrer Eigenart zu begreifen. Um diese Eigenart zu begreifen bedarf es eines Wissens, das für Stern gleichbedeutend mit der wissenschaftlich-biologischen Annäherung an das Tierverhalten scheint. Die Geschichte der Ethologie ist aber, wie die jeder anderen wissenschaftlichen Dis-

ziplin, auch voller Irrtümer und Sackgassen. Jüngere Teilgebiete der Verhaltensbiologie wie die Soziobiologie und Ökoethologie verfolgen andere Ansätze als die klassische Ethologie, wie sie maßgeblich von Lorenz geprägt wurde.
„Verhaltensforschung ist ein Prozeß, ein Vorgang, bei dem versucht wird, die Erkenntnisse und das Wissen über das Verhalten der Tiere zu vermehren. Die Wege dahin und die einzelnen Schritte auf diesen Wegen zu mehr Erkenntnis sind vielfältig. Manche führen zu irrigen Annahmen, etliche mehren die kleinen Mosaiksteinchen von Teilwissen, die alle zusammengenommen ein grobes Abbild der Wirklichkeit liefern sollen, allerdings immer unvollständig bleiben müssen und nie 'die Wahrheit' verkörpern werden."(51)

Sterns wissenschaftlicher Blick auf die Tiere erscheint voller Gegensätze. Auf der einen Seite steht seine Kritik an dem nur an Quantifizierbarem und Meßbarem interessierten Spezialistentum, auf der anderen verteidigt er die Faszination an den durch Messung und Rasterelektronenmikroskop gewonnenen Erkenntnissen gegen die Verachtung eines Ernst Jünger oder Jean-Henri Fabre, die beide allem wissenschaftlich Sezierenden und Quantifizierenden entgegenbrachten. Sterns Verhältnis zur Besessenheit des Spezialisten, sich messend und zählend dem Tier zu nähern, schwankt zwischen Ablehnung, Ironie und Bewunderung. Für ihn ist die empirische Wissenschaft aber nur *ein*, wenn auch ein wesentlicher Zugang zu dem, was er das 'Sein der Tiere' nennt. Ein anderer Weg ist das intuitive, sinnenhafte Erfassen, das sich der Nachprüfbarkeit entzieht. Man kann Intuition in diesem Zusammenhang sicherlich im Sinne von unmittelbarem Verstehen und Nachempfinden auffassen. Beide Wege der Tierbeschreibung sind für Stern nur für sich allein nicht zulässig. Intuition und unmittelbare Anschauung sind ohne Wissen nicht möglich. Sie ergänzen sich, stehen häufig aber auch in krassem Widerspruch. „Wenn wir das Tier von uns aus betrachten", schreibt Jürgen Körner, „ dann sehen wir es gleichsam von außen, und wir erklären uns, welchen inneren und äußeren Ursachen das Tier in seiner Welt unterliegt und welche Reaktionsweisen ihm zur Verfügung stehen. Auch so lernen wir das Tier kennen. Aber diese Annäherung ist eine andere als jene Hingabe, mit der wir versuchen, die Andersartigkeit und auch die Einmaligkeit eines Tieres zu erahnen. Hier liegt eine unselige Dialektik in der Mensch-Tier-Beziehung: Je genauer wir das Tier mit unseren Fähigkeiten der Beobachtung und Schlußbildung betrachten, je besser wir es kennenlernen, desto mehr verlieren wir seine Eigenart aus dem Blick."(52)
Für die Ethologie existiert der Begriff 'das Tier' nicht. Es gibt nur Tiere, Arten und Individuen. Das Tier als Begriff für eine vom Menschen unterschiedene 'Wesenheit' ist eher Gegenstand philosophischer Betrachtungen,

das Animalische eher eine Sache des Unterbewußtseins, das über die Verarbeitung von Sinneseindrücken entsteht. Über die Reflexionen während eines Zoobesuchs schreibt Stern:

> „In den tieferen Schichten des Bewußtseins wirkt Wissenschaft wie Licht, das nach Jahrtausenden auf die Farben der Totemtiere in den Höhlen von Lascaux fällt: mehr zerstörend als erhellend. [...] Da dringt Tier ein auf Wegen, die von Wissen noch nicht blockiert sind. Gitter fallen, und man altert in die Stammesgeschichte zurück."(53)

Vielleicht ist es gerade der stammesgeschichtliche Abstand, den Spinnen zum Menschen besitzen, der zu solchen Reflexionen veranlaßt, oder die Fremdheit ihrer Gestalt. Die Unmöglichkeit, Tierverhalten vollständig zu begreifen ist letztendlich auch die Antriebsfeder dafür, Wissens-Lücken zu schließen. Stern hat mit dem Spinnenbuch das 'Staunen des Neulings' seiner frühen Tierbeschreibungen endgültig hinter sich gelassen.

> „Diese Spinnen überführen mich gründlich der Lückenhaftigkeit meines Tierwissens, der Stumpfheit meiner bohrenden Gedanken, die in tiefere Schichten des Seins dieser Tiere vorzudringen versuchen. Es ist wohl ein Zeichen verlorener Schreiberunschuld, wenn man nicht mehr berufliches Genügen findet am mitgeteilten Staunen über eine besonders verblüffend geratene, an menschlichen Werkzeuggebrauch erinnernde tierische Verhaltensweise, sondern ihr Sosein gleich mit dem Gedanken an ihr Sogewordensein hinterfragt."(54)

Das 'Leben am seidenen Faden' ist der Endpunkt einer Entwicklungslinie in Sterns Tierbeschreibungen und gleichzeitig auch ein Übergang. Stern selber bezeichnet seine Texte als Übergang vom Journalismus zur Literatur: „Für mich ist dieses Buch das, was im System der Raubvögel die Weihen sind. Das ist der Übergang vom Tag- zum Nachtraubvogel."(55) Man kann es auch als Schritt ansehen, die Schreibkunst vom Zwang des Faktischen zu befreien.

Anmerkungen

(1) Spiegel Special. 1997, Heft 1, S.8.
(2) Vgl. den Beitrag von Ariane Heimbach in diesem Band.
(3) Horst Stern: Stern für Leser: Tiere und Landschaften. Stuttgart 1973, S.7.
(4) Horst Stern/Wolfgang Bechtle: Lauter Viechereien. Geschichten von Tieren mit Familienanschluß. Stuttgart 1957.
(5) Stern, Stern für Leser [s.Anm. 2], S.7.
(6) Bernhard Grzimek: Grzimeks Tierleben. Enzyklopädie des Tierreichs. Bd. 1. München 1993, S.23.
(7) Konrad Lorenz: Er redete mit dem Vieh, den Vögeln und den Fischen. Wien/München 1949, S.11.
(8) Hans Gruppe: Biologiedidaktik. Köln 1973, S.V.
(9) Horst Stern: In Tierkunde eine Eins. Stuttgart, S.7.
(10) Horst Stern: Lauter Viechereien [Anm.4], S. 184-185.
(11) Horst Stern: Bei mir geht die Tierliebe durch den Kopf. In: Mut zum Widerspruch. Reden und Aufsätze. München 1974, S.29-32; hier S.30 und 31.
(12) Unveröffentlichte Auszüge aus einem Interview 1997.
(13) Vgl. Lauter Geschichten. Redigierte Auszüge aus einem Interview mit Horst Stern. In: Horst Stern. Das Gewicht einer Feder. Hrsg.v. Ludwig Fischer. München 1997 [im Druck], S.49ff (vgl. S.35ff in diesem Band).
(14) Vgl. den Beitrag von Ariane Heimbach in diesem Band.
(15) Sina Walden/Gisela Bulla: Endzeit für Tiere. Reinbek 1992, S.36.
(16) Horst Stern: Bemerkungen über Hunde. Reinbek 1974, S.11.
(17) Horst Stern: Tiere zwischen Vermenschlichung und Vermassung. In: Mut zum Widerspruch. Reden und Aufsätze. München 1974, S.18.
(18) Horst Stern: Mut zur Emotion. In: Mut zum Widerspruch. Reden und Aufsätze. München,S.77-86; hier S.80.
(19) Ebd.
(20) Horst Stern: Was ist an der Wissenschaft noch natürlich? In: Mut zum Widerspruch. Reden und Aufsätze. München 1974, S.49-62; hier S.50 und S.61.
(21) Horst Stern: Wissenschaft und Journalismus. In: Ulli Pfau (Hrsg.): Das Horst Stern Lesebuch. München 1992, S.78-94; hier S.84.
(22) Horst Stern: Tiere zwischen Vermenschlichung [s.Anm. 17], S.16.
(23) Horst Stern: Steinwürfe in den Lorenz-Strom. In: Kosmos, Jg. 71 Heft 12 / 1975. S.464.
(24) Jörg Lamprecht: Aufgaben, Einteilung und Methoden der Verhaltensforschung. In: Klaus Immelmann (Hrsg.): Grzimeks Tierleben. Sonderband Verhaltensforschung. Zürich 1974, S.25.
(25) Horst Stern: Tiere zwischen Vermenschlichung [s.Anm. 17], S.17.
(26) Konrad Lorenz: Tiere sind Gefühlsmenschen. In: Der Spiegel. Heft 47/1980. S. 251.
(27) Horst Stern: Was ist an der Wissenschaft [s.Anm. 20], S.80.
(28) Lauter Geschichten [s. Anm.13], S.66.
(29) Horst Stern: Wissenschaft und Journalismus [s.Anm. 21], S.93.

(30) Vgl. Horst Stern: Familienkrach der Verhaltensforscher. Das geänderte Lorenz-Modell und seine Folgen für die Hühnerhaltung. In: Der Spiegel. Heft 32/1980, S.50 bis 58.
(31) Ebd.
(32) Konrad Lorenz: Tiere sind Gefühlsmenschen. [s. Anm. 26], S.257-260.
(33) Hermann Bogner: Der Standort der Nutztierethologie. In: Hermann Bogner/Anton Grauvogl (Hrsg.): Verhalten landwirtschaftlicher Nutztiere. Stuttgart 1984. S.15 bis 26; hier S.17.
(34) Horst Stern: Tiere zwischen Vermenschlichung [s. Anm. 17], S.27.
(35) Hermann Bogner: Der Standort [s. Anm.33], S.17.
(36) Bernhardt Hörning: Artgemäße Tierhaltung - ein positiver Ansatz. In: Ökologie und Landbau. 1991, Heft 80, S.40-42; hier S.41.
(37) Herwig Schultze-Petzold: Tierschutz. In: Hermann Bogner /Anton Grauvogl (Hrsg.): Verhalten landwirtschaftlicher Nutztiere. Stuttgart 1984. S.369-380; hier S. 376 und 377.
(38) Horst Stern: Die ermüdete Wahrheit. In: Natur 1983, Heft 11, S.7.
(39) Horst Stern, Wissenschaft und Journalismus. [s. Anm. 21], S 94.
(40) Horst Stern: Tiere zwischen Vermenschlichung [s. Anm. 17], S 28.
(41) Lauter Geschichten [s. Anm.13], S.66.
(42) Horst Stern: Forschung als nützlicher Idiot - Wie mit Gutachten der Naturschutz verzögert wird. In: Natur, Nullnummer. September 1980, S.73-87.
(43) Gerhard Staguhn: Tierliebe. Eine einseitige Beziehung. München/Wien 1996, S.14 und 15.
(44) Vgl. den Beitrag von Ludwig Fischer 'Vom Nutzen einer Begabung' in diesem Band.
(45) Horst Stern/Ernst Kullmann: Leben am seidenen Faden. Die rätselvolle Welt der Spinnen. München 1981, S.21.
(46) Staguhn, Tierliebe [s. Anm. 43], S.110.
(47) Konrad Lorenz: Über die Bildung des Instinktbegriffs. In: Konrad Lorenz: Über tierisches und menschliches Verhalten. Gesammelte Abhandlungen Band I. München 1965. S.283-342.
(48) Gerhard Staguhn, Tierliebe [s. Anm.43].
(49) Stern/Kullmann, Leben am seidenen Faden [s. Anm. 45], S 66-69.
(50) Ebd.
(51) Klaus Immelmann/Pröve Ekkehardt/Roland Sossinka: Einführung in die Verhaltensforschung. Berlin/Wien 1996, S.1.
(52) Jürgen Körner: Bruder Hund & Schwester Katze. Tierliebe - Die Sehnsucht des Menschen nach dem verlorenen Paradies. Köln 1996, S.139.
(53) Stern/Kullmann, Leben am seidenen Faden [s. Anm. 45], S.105.
(54) Ebd., S.70.
(55) Interview, in diesem Band S.38f.

Ariane Heimbach

Kein sogenannter Tierfreund

Ein zerzauster Kolkrabe hockt auf einer Holzstange und läßt sich im Nacken kraulen. Der über ihn gebeugte Mann, der behutsam die Finger unter sein schwarz-glänzendes Gefieder geschoben hat, schaut zärtlich auf den Vogel hinab. - Was wir da sehen, war eigentlich nicht für uns gedacht: eine private Fotografie Horst Sterns mit einem Exemplar jener sonst menschenscheuen Tiere, die er, wie z.b. einen verwaisten Turmfalken, eine Waldohreule oder einen Steinmarder, in den fünfziger Jahren in seine Obhut nahm.(1)

Einige Jahre später befindet sich Horst Stern wieder vor der Kamera. In Anzug und Krawatte gekleidet, steht er hinter einem Pult und spricht über Bienen. Diffizilere Vorgänge im Leben des Insekts erklärt er unter Zuhilfenahme eines Schaubildes, auf dem er mit ausgestrecktem Zeigefinger den Schwänzeltanz einer Biene nachzeichnet, deren vergrößerte Attrappe er sodann zwischen den verschiebbaren Symbolen von Blüte, Bienenstock und Sonne bewegt.

Die beiden Bildbeschreibungen suggerieren einen Gegensatz. Sie konfrontieren nicht nur den privaten Tierfreund mit dem öffentlichen Tierfilmmoderator, sondern auch den sentimentalen Rabenvater mit dem sachlich informierenden Bienenkenner. Letzteres scheint auf sinnfällige Weise das widerzuspiegeln, was Gernot Böhme als „Dissoziierung der Beziehung zum Tier"(2) bezeichnet: die für die westlichen Industrienationen charakteristische Spaltung der Tiere in Schoßtiere und Nutztiere, in Gefährten des Menschen und bloße Objekte der Wissenschaft und Industrie. Eben diese Polarisierung wird von Horst Stern jedoch selbst kritisiert. Die beiden Aufnahmen Sterns veranschaulichen somit zwei Haltungen gegenüber Tieren, die - konträr zu der skizzierten Ambivalenz im Umgang mit Tieren - gar nicht voneinander zu trennen sind. Tierliebe und Tierwissen bilden für den langjährigen Tierhalter und zoologischen Autodidakten vielmehr zwei Zugangsweisen, die sich gegenseitig kontrollieren. In seinen Aufsätzen, Sachbüchern und Tierfilmen begegnet Horst Stern den beiden für die westliche Zivilisation typischen Ausprägungen menschlicher Hybris mit Skepsis: einer selbstgerechten, mitunter narzißtischen Tiersentimentalität, die mit Engelsmiene am status quo des Tierelends partizipiert, und einer technikhörigen, sinnesfeindlichen Naturwissenschaft, deren Methoden er vor allem im Hinblick auf eine Lebensverbesserung der sogenannten Nutztiere in Frage stellt. Gegenüber diesen jeweiligen partiellen Blindheiten macht Stern zwei Maximen für einen besseren Umgang mit Tieren geltend, die als reflektierte Tierliebe und sensible Tierkunde beschreibbar sind. Schon in seinen Reportagen und Rundfunksendungen aus den fünfziger und sechziger Jahren über die Verhaltensweisen einzelner Tierarten zeichnen sich diese Maßstäbe im Umgang mit Tieren ab, um sich in den seit Anfang der siebziger Jahre zunehmend aufklärerischen Texten und Filmen über das in seinen sozialen, wirtschaftlichen und ökologischen Zusammenhängen spannungsreiche Mensch-Tier-Verhältnis zu verschärfen. Welche menschlichen Praktiken Stern vom Standpunkt einer reflektierten Tierliebe kritisierte, will ich im folgenden darstellen. Dabei sollen auch die - erweiterbaren - Grenzen dieses Konzepts aufgezeigt werden. So wäre Sterns dezidiert journalistische Spezialisierung auf Naturwissenschaften heute durch neuere psychologische Beurteilungen der Mensch-Tier-Beziehung zu ergänzen. Die von Stern favorisierten Appelle an die menschliche Vernunft - so eine zu belegende These - greifen da zum Beispiel zu kurz, wo Therapien vielleicht wirksamer wären.

Sterns kritische Auseinandersetzung mit einem Modell von Naturwissenschaft, das von unmittelbar sinnlicher Anschauung abstrahiert, soll im Rahmen dieses Aufsatzes nicht ausführlich behandelt werden. Eingehen werde ich hingegen auf die Frage, inwiefern Sterns Blick auf die Tiere noch von anderen, nicht-wissenschaftlichen Kriterien geleitet wird.

Wer sich heute mit dem Verhalten des Menschen zu Tieren beschäftigt, sieht sich unweigerlich auf die insbesondere in den letzten zehn Jahren intensiv geführte Debatte über eine neue Tierethik verwiesen. Der spekulativen Geste mißtrauend, hat sich Horst Stern erst gar nicht auf das philosophische Terrain begeben - um dennoch in seinen Urteilen implizit auch einige Aussagen über den moralischen Status von Tieren zu treffen. Deren Widersprüche sollen am Ende des vorliegenden Aufsatzes zur Sprache kommen.

„Bei mir geht die Tierliebe durch den Kopf"(3)

1 Reflektierte Tierliebe

Wolf im Schafpelz

Rund 6 Millionen Katzen, 5 Millionen Hunde, 5,4 Millionen Ziervögel und 3,8 Millionen Hamster, Schildkröten und andere Kleintiere werden in Deutschland geliebt. Rund 140 Millionen Schweine, Rinder, Kälber und Hühner werden im Jahr gegessen. Zwischen 7 und 15 Millionen Tiere werden jährlich bei Tierversuchen 'verbraucht'.(4) Eine unschätzbare Menge an Schädlingen lebt in Fußbodenritzen und unaufgeräumten Hausnischen. Eine überschaubare Anzahl attraktiver Wildtiere überlebt in Zoos und anderen Gehegen und wird allabendlich im Tierfilmprogamm multipliziert. Der Mensch teilt die animalische Welt nach seinen Bedürfnissen auf: Kuscheltiere, Schlachttiere, Versuchstiere, Ekeltiere, Wildtiere [...]. Daran hat sich auch in den letzten 25 Jahren nichts geändert. Damals schuf Horst Stern jedoch als erster - zumindest unter den Tierfilmautoren - ein Bewußtsein für das Tier hinter all diesen Instrumentalisierungen. Der Ehrendoktortitel, der ihm 1974 für „die allmähliche Veränderung in der privaten und öffentlichen Tierbetrachtung vom Sentimentalen zum Sachlichen"(5) verliehen wurde, verdankte sich im wesentlichen seiner Konzeption von Tierfilmen, den Bemerkungen über das Pferd, das Hausschwein etc., die seit 1970 im Süddeutschen Rundfunk ausgestrahlt wurden. Hatte Stern doch ein Filmgenre quasi revolutioniert, das seit seiner Etablierung in den dreißiger Jahren mit Kulturfilmen wie 'Das letzte Paradies' (Hans Schomburgk, 1932) die Naturreisenden vornehmlich in den zoologischen Kuriositätenkammern des Dschungels stöbern ließ und die exotische Tierwelt als genuine Verkörperung unberührter Natur präsentierte. Stern aber führte den Fernsehzuschauer ebenso in Kuhställe, Hühnerbatterien, Bienenstöcke, Raubtierkäfige, Tierexportfirmen und Tierzuchtstationen wie zu den Rothirschen in den deutschen Wald, den Gemsen ins Hochgebirge und an das Faszinosum am seidenen Faden heran: die Spinne. Gegenstand seiner Tiersendungen waren somit nicht die fernen Repräsentanten einer wunderbaren Wildnis - jener vermeintlich nicht-anthropogenen Restnatur, die die Verantwortlichen des Tierfilmprogramms im Fernsehen (6) noch heute unter Ausblendung der Tatsache, „daß die Natur in mittlerer Größendimension längst eine sozial konstituierte Natur ist"(7), als noch existierende Gegenwelt begreifen und mit missionarischem Eifer vermarkten -, sondern die Kreaturen, die der Mensch für seine wirtschaftlichen, ästhetischen, emotionalen usw. Zwecke benutzt oder, wie im Falle der Spinne, ob ihrer Andersartigkeit verschmäht.(8) Damit war Horst Stern in seinen Tierfilmen die Vorstellung von Natur keineswegs abhanden gekommen. Vielmehr lenkte er den Blick auf die - zumindest rudimentär vorhandenen - natürlichen, nämlich artspezifischen Bedürfnisse der Mit-Geschöpfe, ob sie nun im fernen Saustall oder eigenen Heim wohnten. Indem Stern in seinen Bemerkungen über Tiere nicht wie die Tierfilm-Ikonen des deutschen Fernsehens der fünfziger und sechziger Jahre - Eugen Schuhmacher, Hans Hass und Bernhard Grzimek - die menschliche Sehnsucht nach einer *Natur vor dem Menschen* beantwortete - so bedroht diese Natur auch sein mochte -, konfrontierte er ihn allerdings auch mit sich selbst, mit jener *tier*liebenden und *fleisch*fressenden Kreatur - dem Wolf im Schafpelz.

Die in dieser Metapher enthaltene These, daß der sogenannte Tierfreund seine destruktive Macht über die ihm anvertrauten Wesen entweder verkennt oder die beschämende Tatsache ihrer unmenschlichen Aufzucht und Haltung schlichtweg verdrängt, wird von Stern vielfältig belegt. Schon die polemischen Titel seiner Aufsätze und Reden, wie 'Todesursache: Liebe', 'Rettet das Wild vor der Liebe' oder 'Wer Tiere liebt, liebt nur sich selbst', formulieren ein Paradox, das für Stern den Kern einer naiven Tierliebe trifft. Denn wie der 1960 gesendete Beitrag über Steinmarder darlegt, „nutzt die ganze Liebe nichts, ja, sie kann sogar tödlich sein, wenn nicht sachliche Kenntnisse hinzutreten."(9) Zahlreiche seiner Hörfunkvorträge sind bereits von dem aufklärerischen Impetus getragen, dem Mangel an Wissen über Tiere in Menschenhand abzuhelfen durch kenntnisreiche Anekdoten, sei es über Verdauungsnöte eines Marders, merkwürdige Mägen von Waldohreulen oder Schlafgewohnheiten eines Igels. Verglichen mit der die Tierfreunde desavouierenden Kritik in den späteren Artikeln und Tierfilmen Sterns nehmen sich diese unterhaltsamen Vorträge allerdings noch als wohlwollende Lektionen aus.

'Sterns Stunde - Bemerkungen über das Tier im Handel' deckte schließlich die destruktiven Folgen einer kommerzialisierten Tierliebe auf, die für das 'Glück einiger Tierindividuen, in Deutschland ein Tier zu sein', wie Stern mit bitterer Ironie vermerkte, den Verschleiß unzähliger exotischer Tiere bei Fang und Transport in Kauf nahm. Doch selbst dieser Film mit seinen erschütternden Bildern, etwa eines Elefantenbabys, das die Transportstrapazen nicht überstanden hatte, aber als ausgestopfter Kadaver noch Verwendung fand, oder den auf barbarische Weise, mit brennenden Stöcken, gebändigten Raubkatzen, konnte im Grunde wieder jene von Stern gegeißelten „hochkochende[n] Emotionen"(10) erregen, die sich am Elend ohnehin schon affektiv besetzter Tierarten entzünden. Ob Stern die Fans von „Daktari, Lassie & Co"(11) über die grausamen Dressurmethoden der Tierstars aufklärte oder den Modehundebesitzern die verheerenden Bedingungen, unter denen die Intensivzucht ihrer Dackel- und Bassetlieblinge zum Teil stattfand, enthüllte (12): die selektiv gestreute Tierliebe selbst tangierte das unter Umständen wenig. Viel eher demaskierte Stern den arglosen Tierfreund, indem er ihn mit den Schattenseiten seiner eigenen Existenz konfrontierte: der verdrängten Praxis der industrialisierten Tierhaltung.

In der Einleitung seines zum Film erschienenen Buchs 'Bemerkungen über Hunde' - das, entgegen späterer Praxis, nicht nur den Film-Text wiedergibt - setzt sich Stern mit der „gerechten Empörung" der deutschen Presse über die Scheußlichkeiten italienischer Vogelfänger auseinander, um an diesem Beispiel die ganze Problematik einer verkehrten Mensch-Tier-Beziehung in wenigen Sätzen herauszustellen:

> "Ich vermißte in all diesen Veröffentlichungen jedoch wenigstens einen Hinweis auf eine Ursache solcher Grausamkeiten: eine Tierliebe, die den stark kommerziell getönten Gedanken 'Natur im Heim' gedankenlos verwirklicht. Denn säßen bei uns nicht Tausende von Menschen ver-

zückten Gesichts vor ihren gekäfigten Singvögeln und deren Je-länger-je-lieber-Liedern, dann würden die Italiener (und andere) nicht Zehntausende dieser Sänger der Natur entnehmen und durch blindmachende Dunkelhaltung denaturieren - wie wir die zart- und weißfleischigen Kälber übrigens auch. Doch Kälber haben keine Lieder."(13)

Diese differenzierende Darstellung löst gerade dadurch Betroffenheit aus, daß Stern eine Analogie bildet zwischen der kurzfristigen Aufregung über das den Singvögeln geraubte Augenlicht und der langfristigen Gleichgültigkeit angesichts des lichtlosen Daseins der nicht auf Gesang, sondern Fleisch abonnierten Kälber. Achtzehn Jahre später, als sich an der Massentierhaltung auch der Schweine nach wie vor nichts geändert hat, kommt Stern in seiner Schlußmoderation der im Fernsehen wiederholten Folge 'Bemerkungen über das Hausschwein' auf die ungelösten Widersprüche im Umgang mit Tieren zurück:

"Homo carnivoris, der fleischfressende Mensch, besudelt sich ja nicht, indem er seinem natürlichen Proteinhunger folgt. Er gerät nur dann ins Zwielicht, wenn er das Kainsmal des Tiertöters rosig überschminkt, indem er das Nutztier total aus seinem Bewußtsein verdrängt und sein schlechtes Gewissen darüber oft genug in eine fanatische Afterliebe zu Hund und Katze und zum Kanarienvogel Hansi umfunktioniert."(14)

Abgesehen von Sterns Behauptung einer Evidenz des carnivoren Nahrungsbedarfs des Menschen, der, wenn schon nicht als kulturelle Konvention betrachtet, zumindest aus ethischen Gründen (15) zu relativieren wäre, provozieren die polemischen Vorwürfe, die Stern an die Haustierfreunde adressiert, hier jedoch einen Einwand, der ein Grundproblem seines kritischen Ansatzes benennt.

Anstatt eine differenzierte Sicht zu verschärfen, vereinfacht die Polemik die psychologischen Hintergründe der Bindung zwischen Mensch und Tier. Das Phänomen einer zweifellos exzessiven Haustierhaltung in der Bevölkerung der westlichen Staaten erweist sich komplexer, als daß ihm der Vorwurf von Schuldgefühlen auf seiten der Haustierhalter, die durch eine besitzergreifende Liebe mit fatalen Folgen für die Tiere nur mangelhaft kompensiert würden - so kann man die „fanatische Afterliebe" jedenfalls auslegen -, gerecht werden könnte. Angesprochen ist damit ein meiner Ansicht nach 'blinder Fleck' in Sterns Konzept einer reflektierten Tierliebe. Denn was Stern in seiner Kritik „an den beiden großen Perversionen": „der groteskesten Vermenschlichung und Individualisierung" und „makaberste[n] Maschinisierung und Vermassung"(16) hartnäckig einklagt, ist stets ein defizitäres Wissen - wobei Wissen hier für Stern mit „der seriösen Wissenschaft"(17), d.h. Naturwissenschaft gleichzusetzen ist. Niemals zuvor, sagt er in einer

Rede von 1974, „wußten Menschen dank der Ethologie so viel über die Bedürfnisse der Tiere. Niemals wollten sie in ihrer Mehrzahl weniger davon wissen als heute, [...]. Die Extreme *Daktari* und *Batterie*, *Vermenschlichung* und *Verdauung* beschreiben präzis die Hauptinhalte des heutigen Umgangs mit Tieren."(18) Stern weist der Ethologie somit in beiden Fällen, der Haus- und Nutztierhaltung, die Funktion eines Korrektivs zu. Daß er die Leistung verhaltenspsychologischer Gutachten über die ohnehin nicht von individuellen Interessen, sondern von politischen und wirtschaftlichen Faktoren abhängige Massentierhaltung auch kritisch einschätzt, sei an dieser Stelle eingeräumt. Mir geht es jedoch im folgenden um die Grenzen des Konzepts einer durch ethologisches Wissen determinierten Tierliebe.

Das Tier als Gefühlsanker

Unter den Begriff „Vermenschlichung" subsumiert Stern, wenn ich ihn richtig verstehe, all die Verhaltensweisen, die „nützlich in der Hauptsache dem Menschen und seinen auf Mode, Status, körperliche Fitneß und das Ausleben von auf Autorität gerichteten Bedürfnissen" sind. „Ein echtes, in die Verstandestiefen reichendes Interesse am Tier" sei nur „eine Beschäftigung von Minderheiten", sagt Stern.(20) Daß allein die Einsicht in eine nicht artgerechte Behandlung der Haustiere (z.B. durch eine den Eitelkeiten des Menschen verpflichtete Überzüchtung und dadurch bedingte körperliche Defekte des Tiers) die unbewußten, dem Zugriff des rationalen Selbst entzogenen Motive im Umgang mit ihnen noch verkennen kann, zieht Stern nicht in Betracht.

In ihrem Buch 'Eine tierische Liebe' fragt die Psychologin Hanna Rheinz ebenso wie Stern nach den Gründen einer verhängnisvollen Tierliebe, die allzu oft die Bedürfnisse ihres Objekts ignoriert und aus Enttäuschung über mangelnde Anpassungsfähigkeit des Tieres an die Interessen wiederum des Menschen früher oder später das 'Wegwerftier' erzeugt. Auch Rheinz diagnostiziert die eklatante Spaltung in den Beziehungsformen zum Tier, die einer Exilierung der Gefühle gegenüber den Nutztieren und einer oft Ausschließlichkeit gewinnenden Liebe zum Haustier gleichkommt, welche nicht selten einen Ersatz für menschliche Bindungen liefern soll. Dabei wird die Therapeutin jedoch von einem Impuls geleitet, an dem es dem gewieften Polemiker Stern, so will es scheinen, mitunter mangelt: von Mitgefühl für den laut Stern „zwischen den Extremen schwankenden Psychopathen."(21) So gesehen, trägt die von Stern vielfach zitierte lorenzsche Wendung von der „sozialen Sodomie", die eine auf Kosten des Menschen gehende, auf das Tier projizierte Liebe beschreibe und „ebenso ekelerregend wie die geschlechtliche" sei (22), selbst misanthropische Züge.

Hanna Rheinz entlastet das Individuum zum einen von seiner Verantwortlichkeit für die 'übertriebene' Tierliebe, indem sie auf dessen zivilisationsbedingte seelische Schäden verweist. In dieser Perspektive gewinnt das Haustier den emotionalen Wert einer „Ikone der Konstanz":

> "Das Tier bleibt ein Gefühlsanker in einer Welt der Unberechenbarkeiten, der Trennungen, des permanenten Liebesverlusts, die auch jene betreffen, denen die Kindheit keine lebensgefährlichen Wunden schlug. Daher wird das Tier als Bindungsfigur für den Menschen immer wichtiger in einer Gesellschaft, die auf allen Ebenen, beruflich ebenso wie persönlich, das Ausrangieren und Auswechseln so erfolgreich praktiziert."(23)

Zum anderen spürt sie die unbewußten Mechanismen in den für die Tiere oft fatalen Verhaltensweisen ihrer menschlichen 'Gefährten' auf. Vor der Folie einer differenzierten - von Rheinz keinesfalls als absolut gesetzten - Persönlichkeitsskala werden die unterschiedlichen Formen der projektiven Aneignung der Tiere transparent auf ihre Voraussetzungen und ihren Gewinn für die verschieden strukturierten Persönlichkeitstypen hin - für den Melancholiker, den Ängstlichen, den Narzißten oder den Autoritären etwa. In sensiblen Portraits dieser auf der Grundlage von Interviews entwickelten potentiellen Haustierhalter macht Rheinz ein Stück weit verständlich, wie z.B. „Max" „durch Enttäuschungen mit menschlichen Bezugspersonen auf den Hund gekommen" ist und ihn „zum Zerrbild seiner eigenen Gefühle" macht.(24) Ebenso wie Stern sieht jedoch auch Rheinz die artgerechte Behandlung des Tieres als letzten Maßstab einer nach ihren Vorstellungen 'aufgeklärten' Mensch-Tier-Beziehung. Die Maxime einer Tierliebe, die von dem eigenen komplizierten Gefühlshaushalt absieht, wäre jedoch, so interpretiere ich Rheinz, nicht nur eine Überschätzung der Macht des Subjekts, sondern auch nicht erstrebenswert: „Das Tier ist die Utopie der Gegenwart, ein Schritt auf dem Weg, 'das verborgene Selbst mit dem Anderen zu teilen'", heißt es im überschwenglichen Epilog der Autorin.(25) Gegenüber dieser subjektkritischen Emphase ist Horst Sterns Vertrauen in Homo sapiens noch in der tristen Feststellung, er würde diesem Namen nicht gerecht, denkbar ungebrochen.

Bambi-Mentalität und Jagdsentimentalität

1996 appelliert Horst Stern in einem Artikel erneut an den vermeintlich vernunftbegabten Menschen, sein irrationales Verhalten, diesmal gegenüber den Wildtieren, mit ökologischem Wissen zu kurieren.(26) Ein Aspekt des in der Auffassung Sterns ökologisch unmündigen Handelns ist die in der

deutschen Bevölkerung weit verbreitete Ablehnung der für den Erhalt des Lebensraumes Wald notwendigen Dezimierung des Reh- und Rotwildbestands: die von Stern seit 20 Jahren angeprangerte „Bambi-Mentalität."(27)
Sterns Auseinandersetzung mit dem Thema Jagd ist im hier gesetzten Rahmen insofern von Interesse, als es ihn wieder zu Polemiken gegen eine falsche Tiersentimentalität der Öffentlichkeit veranlaßt, er selbst diese jedoch in einigen seiner Publikationen mit ungewöhnlichem Pathos erwidert. Während Stern also eine unreflektierte Zuneigung für die grazilen, scheinbar harmlosen Pflanzenfresser als klischierte Optik entlarvt, bleibt auch er noch einer in ihrer kulturhistorischen Genese nicht reflektierten Jagdsentimentalität verhaftet.

Der deutsche Jäger, der in einem durch Wildfütterungen entstandenen Überfluß jage und zudem nicht auf überzählige Rehe und geweihloses Rotwild ziele, sondern nur auf die Trophäenträger, betreibe eigentlich ein „Metzeln und bestenfalls ein Ernten", heißt es an einer zentralen Stelle in der veröffentlichten Rede 'Rettet das Wild vor der Liebe'. Dies weise ihn als „Abgenabelte[n] vom archaischen Urstrom der Jagd" aus.(28) In einem anderen Artikel schreibt Stern: „Das Wohl des Wildes, wenn es nicht zum Quasi-Haustier werden soll, erzwingt seine Dezimierung."(29) Stern aber plädiert dafür, daß das Wild wieder selten und wild und die Jagd wieder hart und einfach"(30) gemacht werde. Was aber widerspricht dem Wunsch, in einer ohnehin nicht mehr existierenden Wildnis das ehemals 'reine' Wild zu 'verhaustierlichen' wie Hunde und Pferde auch? „Daß Hunde- und Pferdezüchter ihre 'gelungenen' Lieblinge nicht jagen und erlegen", lautet Sterns entwaffnende Antwort darauf.(31) Doch verwendet Stern in dieser Bemerkung den Begriff 'jagen' in einem emphatischen Sinn, ohne dessen Konnotationen offenzulegen. Er rekurriert in seiner Argumentation für eine „natürliche Jagd" auf eine scheinbar anthropologische Konstante, die Matt Cartmill in seinem Buch 'Das Bambi-Syndrom' als sogenannte „Jagdhypothese" ausweist. Eine ihrer zentralen Aussagen ist, daß sich der frühzeitliche Mensch durch die Jagd „aus dem Tierreich entfremdet und aus der Ordnung der Natur ausgeschlossen habe."(32) Gemäß dieser Einstellung sei die Jagd aber zugleich die Schnittstelle, an der sich Mensch und Natur noch begegneten. „Die Jagd [...] ist *die* urmenschliche Betätigung. Sie führt uns zurück an den Rand der Natur, wo alles Menschliche seinen Anfang nahm."(33) Dieser Gedanke der Grenzüberschreitung wird in Sterns Argumentation für die ursprüngliche Jagd stillschweigend vorausgesetzt. Bedingung dieses Austritts des Menschen aus seiner Welt „in ein echtes Draußen"(34) ist für Stern jedoch ein Wald, der nicht durch eine falsche Jagdpolitik zum Pflegeheim für nicht allein überlebensfähige Wildtiere gemacht wird. Folgt man den Überlegungen Cartmills, so liegt diesem Denken die aus evolutionstheoretischer Sicht überholte Vorstellung einer Tier-Mensch-Grenze zugrunde. Gäbe man diese auf, ließe man „damit zugleich die Gesamtheit symbolischer Sinnzuschreibungen fahren, die die Jägerei in der Geschichte des abendländischen Denkens von der bloßen Schlächterei unterschieden und ihr eine besondere Bedeutung verliehen haben. Wenn der Rand der Natur eine Illusion ist, dann ist die Jagd nichts weiter als ein Töten von Tieren [...]."(35) Cartmill verwendet somit dieselben Argumente gegen die Jagd überhaupt, die Stern nur auf die seiner Ansicht nach von ihren „phylogenetischen Wurzeln entfernt[e]"(36) Jagd bezieht, auf die sich die Jagdzunft in Deutschland gleichwohl dauernd berufe.

Der Fernsehfilm 'Bemerkungen über den Rothirsch', das muß nun einschränkend hinzugefügt werden, macht plausibel, warum Stern in seiner Kritik an der „prestigehaltige[n] Knochensammelei" der „konservativen Jagd" (37) in einigen Momenten noch der Ideologie verhaftet bleibt, die er in einer schockierenden Ton-/Bildmontage als solche entlarvt - nämlich in der kontrastiven Montage von Bildern des blutigen Weidwerks an einem kapitalen Geweihträger und der Festrede eines Renommierjägers. So wird dessen Geständnis, für ihn liege „der edelste Reiz der Jagd in der innigen Berührung mit der Natur" (38), mit der Aufnahme des abgeschnittenen Hirschkopfes gekoppelt und auf diese Weise zur hohlen Phrase gestempelt. Sterns Entzauberung der trophäenfixierten Jagd, indem er sie als einen bequemen Schießbudenspaß an „halbdomestizierten Krippenfressern" karikiert, der die Rituale der ursprünglichen Jagd nicht mehr erfülle, steht letztlich im Dienste seiner Rechtfertigung einer „biologischen Jagd".

Nicht den Bambi-Freund mochte er damit für die 'Jagd' gewinnen, allenfalls für das ökologisch begründete Töten. Die konservativen Jäger mußten sich jedoch ihrer Argumente beraubt sehen - und sie saßen schließlich am längeren Hebel.(39)

„Ein liebstimmiger Peter Alexander der zoologischen
Unterhaltung [...] bin ich nie gewesen."(40)

2 Sensible Tierkunde

Obszön gefühlige Tiernamen

„Ich wage die Behauptung, daß kaum anderswo so wenig vom Tier gesprochen wird wie dort, wo man von morgens bis abends von Tieren spricht: beim Studium der Zoologie."(41) Der das behauptet, weiß jedenfalls, wovon er spricht: von Kleibern, Füchsen, Waldmäusen, Hunden, Falken und Feuersalamandern zum Beispiel. Sterns Funkvorträge vermitteln ein zoologisches Wissen, das der Autor in vielen Fällen durch den unmittelbaren Kontakt mit den Tieren vertiefen konnte oder sogar erst erwarb. Nicht der von Stern betont sachlich-nüchterne Blick dominiert in diesen Tierreportagen, eher sind es Faszination, „das naive Staunen des Neulings"(42), wie er es selbst im Rückblick einschränkt, und affektive Teilnahme, die bei der Begegnung mit Tieren ausschlaggebend sind. Etwa bei der Berührung durch einen Jungfuchs, die Stern so beschreibt: „Das Herz schlug mir im Hals, und mir brach der Schweiß aus. [...] Als es in meinen Stirnadern schmerzhaft zu pochen begann, fiel mir ein, daß ich vor einiger Zeit schon das Atmen eingestellt hatte."(43) Diese affektive Resonanz beim unmittelbar involvierten Beobachter des Tiers ist eine Erfahrung, die Stern noch später artikuliert in seinen an Naturschutzbeauftragte und Zoologen gewandten Plädoyers für ein „Engagement, das nur aus profundem Wissen, aus Leiden vor allem kommt."(44) Keine Wissensdefizite, sondern den Mangel an Sensibilität und praktischer Erfahrung mit Tieren reklamiert Stern nunmehr bei den akademischen Zoologen, die er damit ebenso wie die uneigentlichen Tierfreunde in die Verantwortung für das Leiden der 'Schlachttiere' zieht:

> „[...] hätten die Tiere in den Zoologen mehr als ihre nur zu oft indifferenten Katalogisierer, Beschreiber und Sezierer, dann wäre die moderne Nutztierhaltung nicht unter den Augen der Zoologie zu den bekannten Formen entartet, die wir alle schweigend in uns, nun ja: hineinfressen."(45)

In der für Stern typischen Heftigkeit teilt sich vielleicht auch etwas von dem an der eigenen Person verspürten Ressentiment aufgeklärter Zeitgenossen gegenüber den Zoophilen mit: „Gerät man aber nicht in den Verdacht menschenfeindlicher Schrulligkeit, so hängt einem der Ruf an, ein sanfter Trottel zu sein", schreibt Stern am Anfang seines Werdegangs als Tierautor in dem Feuilletonbeitrag 'Ach, Sie sind Tierfreund?'.(46) Eben diese Geringschätzung von partikularen Kenntnissen über Tiere wirft Stern noch 1973 Helmut Schmidt in einem offenen Brief anläßlich dessen Rede auf einer Versammlung zum Thema Naturschutz vor, die ihn zu der Stellungnahme reizt, in der von Schmidts „positiver Umweltschutzbilanzierung" getragenen Atmosphäre klinge „ein Wort wie 'Blaukehlchen' oder 'Brachvogel' fast obszön gefühlig, beinahe wie ein Anlaß zur Scham für uns, denen die Träger solcher Namen doch Lebensinhalt sind."(47) Daß Stern sich mit diesem öffentlichen Bekenntnis zum Tierfreund auch für die politische Rehabilitierung eines lange Zeit in der Tradition rechts-konservativen Denkens stehenden Interesses für die heimatliche Fauna ausspricht, soll an dieser Stelle erwähnt sein - die historischen und politischen Zusammenhänge, in der die Natur- und Tierschutzbewegung in Deutschland zu sehen ist, können hier allerdings nicht entfaltet werden.(48) Statt dessen will ich im folgenden zeigen, daß die in der zitierten Äußerung angedeutete 'sentimentale Ader' Sterns sich nicht bruchlos mit seinem Konzept kritischer, das Mensch-Tier-Verhältnis reflektierender Tierfilme verbinden läßt.

Blickweisen auf die Tiere

Verkrüppelte Nasen von unter der Schnüffelkrankheit leidenden Schweinen, verwundete Papageien, tänzelnde Schritte von Dressurpferden, die das Bewegungsrepertoire von untereinander wetteifernden Junghengsten imitieren, Rothirsche, die die Rinde von den Bäumen schälen oder sie durch das Fegen des juckenden Geweihs am Baumstamm beschädigen: Die oft verstörenden oder auch verblüffend einleuchtenden Bilder, die Horst Stern in seinen 'aufklärerischen' Fernsehsendungen zeigt, werden nach dem Kriterium der Sichtbarmachung von Fakten präsentiert. Sie funktionieren als sinnlich evidente Beweise, die ein Argument stützen, etwa Sterns Behauptung, daß der Zirkus mit den Dressurpferden weniger Zirkus treibe als das Springreiten, bei dem die Tiere zu Bewegungen gezwungen werden, für die sie körperlich nicht prädestiniert sind.(49) Mit diesem sachlichen Blick auf die Tiere konkurriert zwangsläufig eine Darstellungsweise, die die Tierwelt als beschauliches Naturspektakel inszeniert, das der Zuschauer durch das Fernseh-'Fenster' goutieren kann. In keinem Film Sterns kommt diese Differenz zweier Blickweisen auf die Tiere so krass zum Ausdruck wie in den 'Bemerkungen über den Rothirsch'.

Nachdem die ersten 35 Minuten des Films der Dokumentierung der für den Wald verheerenden Jagdpolitik gewidmet sind, beendet Stern ihn mit einer ca. fünfminütigen Sequenz, die unter dem Motto „Aufregendes im Hirschrevier" eingeleitet wird: Ein bunter Bildwechsel gröhlender, brünstiger Hirsche, ein im Vollmondlicht seinen „Harem" zusammentreibender Platzhirsch und der Auftritt eines Nebenbuhlers kulminieren in einem Kampf der Rivalen. „Das Drama endet friedlich", kommentiert Stern den Ausgang des medialen Naturschauspiels (50), das durch die tableauhafte Aufnahme eines aus einem See trinkenden Hirschs abgerundet wird - der 'locus amoenus' im Fernsehformat.

Stern greift in der Auswahl und Montage dieser Bilder nicht nur auf einen Topos des klassischen Tierfilms zurück - das unbemerkte Beobachten und Belauschen von Tieren in einem wie auch immer begrenzten 'Draußen' -, sondern er rekurriert auch auf dessen Erzählkonventionen. So erzeugt das nur minutenlange 'Drama' die Illusion der Wahrnehmung eines vollständigen Ablaufs der Fortpflanzungsrituale im 'Hirschrevier'; vergleichbar jenen Beutezügen, Wanderungen, Jahreszeiten, Tagesabläufen, die im Tierfilm durch Kommentar und Montage üblicherweise zu ihrem befriedigenden Ende gebracht werden.

Wie ist diese Darstellungsweise, die den Zuschauer versöhnt in den restlichen Feierabend entläßt, nun aber für den Rothirschfilm, der das Publikum eigentlich aufrütteln will, zu erklären? Mit Heiligabend 1971, dem außergewöhnlichen Sendetermin für diesen ungewöhnlichen Festtagsfilm? Oder mit einer nostalgischen Erinnerung Sterns, der nun, von der Kamera begleitet, wiederholt einer alten Neigung frönen kann? Schrieb er doch in den sechziger Jahren einmal über einen Ausflug auf eine Hütte im Hirschrevier:

> „Man sieht das alles wunderschön, und kein Film kann so spannend sein wie eine halbe Stunde in einer solchen Hütte. Das Bild, das sich da draußen bietet, die dampfenden Tierleiber, das Geräusch der mahlenden Kiefer, der Streit ums Fressen - das alles ist gar zu ungewöhnlich, um nicht auch den gleichgültigsten Stadtmenschen zu packen."(51)

Zoologische Kuriositäten seien seine Sache nicht gewesen, äußerte Stern sich zu seinen Tierfilmen in einem Fernsehinterview, er habe den Menschen mit dem Tier konfrontieren wollen.(52) Wenn er den Rothirschfilm mit den Worten beschließt: „Der Sieger nimmt eine heiße Kuh, der Verlierer einen kühlen Schluck"(53), wird damit jedoch auch wieder der uralten Schaulust am Tier Tribut gezollt, die der Tierfilm sich - ebenso wie Menagerie, Jahrmarkt und Zoo in den vergangenen Jahrhunderten - seit jeher zunutze gemacht hat. Neben den kontemplativen Blick, wie er oben beschrieben wurde, gesellt sich somit auch der voyeuristische Blick. Auf den schaumschlagenden Eber und die „rauschig[e]" Sau zum Beispiel (in den 'Bemerkungen über das Hausschwein'); ein frivoler Kommentar dazu tut dann sein übriges: „Das Gesicht dieser Zuchtsau sei, für Schweinebegriffe, ausgesprochen sexy, hörte ich, und Cicerone, der mehrfache Goldmedaillengewinner im Sausprung und im Bodybuilding, ließ sich ihre Witterung voller Vorfreude auf der Zunge zergehen."(54)

Der Blick auf die Tiere in Horst Sterns Fernsehfilmen schweift immer wieder ab in jene Zonen, in denen der traditionelle Tierfilm das Faszinosum Tier geflissentlich verortet: ins Reich der wilden, kuriosen, monströsen und schönen Geschöpfe - ins Reich der Natur im Schweinestall, in der Manege oder in den Alpen allerdings, bei Stern.

„Ich habe mich nie als Tierschützer verstanden."(55)

Die Assisi-Frage

Als Horst Stern im Oktober 1978 seine Filmtrilogie 'Die Stellvertreter - Tiere in der Pharmaforschung' dem deutschen Fernsehpublikum präsentierte, brach eine Welle der Empörung über ihn ein. Als „PR-Agent[en] der Industrie" und „geistigen Handlanger der Sadisten" sah er sich bezichtigt, der sich von Ciba-Geigy, dem Pharmakonzern, in dem er über ein Jahr gefilmt hatte, habe „für dumm verkaufen lassen"(56) angesichts noch viel schlimmerer Greuel als der ohnehin gezeigten, die man ihm vorenthalten habe. Stern fühlte sich mißverstanden ob dieser ungerechten Vorwürfe und mußte in ihnen zugleich wieder das bestätigt sehen, was er in seinem Film zu verhindern gesucht hatte: die Dämonisierung der Ärzte und Wissenschaftler. Kaum ein gesellschaftliches Thema löst in der Tat so starke Emotionen aus wie das Thema Tierversuche, transportiert in schockierenden Bildern, wie Stern sie lieferte, umso mehr. Für Stern lag genau darin das Scheitern seiner Bemühungen um eine „ruhige[n] Betrachtung"(57) dieser in Deutschland nie zuvor filmisch dokumentierten Gewaltanwendung an Tieren begründet: „Die emotionale Schubkraft solcher Bilder nimmt jedem um Sachlichkeit bemühten Begleitkommentar die Chance, gehört zu werden."(58) Was jedoch versuchte dieser Kommentar zu rationalisieren?

Stern bezieht zu dieser Frage eine seiner Ansicht nach klare Stellung: „Ich befürworte die Tierversuche nicht, ich verteidige sie nicht einmal. Ich relativiere sie nur an menschlichen Leiden [...]."(59) Er hält es demnach für möglich, das Leid der für die Versuche benutzten Tiere durch den Vergleich mit dem Leid von kranken Menschen, denen durch die Ergebnisse der Tierversuche - im besten Fall - geholfen wird, in seiner Gültigkeit einzuschränken: es zu relativieren; wobei Stern diese Rechnung durchaus auch auf Kosten der modernen Zivilisation stellt, an die sich der Mensch „mit Hilfe von Pillen, die über Tierleichen gehen"(60), anzupassen versuche. So kritisch sich Stern auch mit den Gründen, die für Tierversuche herangezogen werden, auseinandersetzt, rangiert für ihn die Höherbewertung menschlichen Leidens vor tierischem Leiden als übergeordnete Begründungsinstanz.

„Das Elend dieser Tiergesichter", äußert Stern zu den Bildern von unter dem Einfluß von Psychopharmaka stehenden Rhesusaffen, „ist nur zu ertragen, wenn man seine menschlichen Entsprechungen im Auge behält."(61) Die Kamera zeigt im Anschluß die Bilder psychotisch gestörter Menschen. Zweifellos hält Stern mit dieser Schockmontage dem Zuschauer einen Spiegel vor, der in blinder Aufregung beim Anblick gequälter Tiere seine Parteilichkeit vergißt, die er für legitim hält, wenn es um die Rettung der eigenen Haut oder die der ihm nahestehenden Menschen geht. Stern weicht jedoch in seinem Film einer Problematisierung dieser 'doppelten Alltagsmoral'(62) aus, bzw. als *moralisches* Dilemma will er das Thema Tierversuche nicht diskutieren. Um eine gespaltene moralische Haltung gegenüber Menschen und Tieren handelt es sich jedoch beim Bemühen, Tierversuche zu rechtfertigen, indem einerseits das Leid der Tiere einer utilitaristischen Logik untergeordnet wird, in der das Tierindividuum dem Gesamtwohl - und das heißt: der menschlichen Leidensverringerung - geopfert werden kann, während andererseits der Mensch aus dieser „utilitaristische[n] Abwägung zwischen beliebigen Gütern" (63) herausgenommen wird, indem ihm ein individuelles Recht auf Freiheit und Leben zugestanden wird, das für jeden anderen - idealerweise - eine Grenze seiner Bedürfnisse und seines Handelns markiert.

Ursula Wolf arbeitet in ihrem Buch 'Das Tier in der Moral' diesen Widerspruch heraus, dem, wie sie zunächst zeigt, das Tierschutzgesetz von 1972 ebenso wie dessen Novellierung von 1986 aufsitzen. Das Tierschutzgesetz laviert zwischen Mitleid für die Tiere und mitleidslosen Ausnahmeklauseln, die Tierversuche legitimieren. Auch Stern stützt sich in seiner Beurteilung von Tierversuchen auf die vom Tierschutzgesetz angeführten 'vernünftigen Gründe'.(64) Töten sei dort frivol, heißt es in der Schlußmoderation der Pharmaforschungs-Filme, wo es dieser Gründe entbehre, zum Beispiel wo es im Namen des kosmetischen Schönheitswahns geschieht.(65)

In Anbetracht der Inkonsistenz der vom Gesetzgeber zementierten Alltagsmoral entwickelt Ursula Wolf das Modell einer allgemeinen Moralkonzeption, die Menschen und Tiere nach einem 'universalistisch-egalitären' Kriterium berücksichtigt. Es handelt sich um das in der Tier-Ethik-Debatte inzwischen weitgehend anerkannte pathozentrische Argument, das „moralischen Respekt für das leiblich-emotionale Wohlbefinden aller Menschen auf die empfindungsfähige Natur ausdehnen" will.(65) In pathozentrischer Sicht ist die Leidensfähigkeit die ausschlaggebende Eigenschaft, die Mensch und Tier gleichermaßen einen moralischen Wert verleiht, der zur Rücksichtnahme auf den anderen auffordert. Daß auch Stern das Argument einer „kreatürlichen Kontinuität zwischen Mensch und Tier", einer „Gleichheit unter dem Aspekt der Leidensfähigkeit" (66) in seinen wenigen expliziten Aussagen über den moralischen Status von Tieren in Erwägung zieht, deutet seine oft wiederholte Rede vom „Bruder Tier" an. Stern bleibt jedoch auch in dieser Formulierung der Hierarchisierung von menschlicher und tierischer Leidensfähigkeit treu, indem er dem „Bruder Tier" meist das Attribut „geringfügiger" hinzufügt oder diesen „im Vorhof des Menschen" ansiedelt.(67)

„Wieviel Elend muß es denn sein?": Mit dieser traurigen Frage beendet Stern die zweite Folge der Filmtrilogie. Für Stern ist eine Reduzierung der Gewalt an Tieren die einzige Perspektive vor dem Horizont seiner fatalistischen Auffassung der Mensch-Tier-Beziehung, die darauf fußt, daß menschliches Heil nicht ohne tierisches Elend zu verwirklichen sei.(68) Der bescheidene Trost, daß weniger Tierversuche weniger Elend erzeugten, basiert allerdings nach wie vor auf einem utilitaristischen Denken, demgemäß das Leiden oder Wohlbefinden von Tieren abstrakte Größen wären. Wer einem Menschen Schmerzen zufügt, so sieht es die bisher allgemein verbindliche Moral, verletzt hingegen immer auch die Würde des einzelnen. Leiden ist jedoch per se an Individuen gebunden und nicht losgelöst von ihnen zu reduzieren oder zu maximieren. Ursula Wolf führt in diesem Zusammenhang den Begriff des 'Leidenssubjekts' ein. Auch Tiere sind demnach „nicht einfach Gefäße für Bündel oder Reihen von Empfindungen [...], sondern Subjekte eines Lebens."(69)

Die resignative Geste, mit der Stern das Thema Tierversuche beschließt, ist auf der Grundlage seiner impliziten Alltagsmoral, die den Menschen kraft seiner „Zugehörigkeit zur Welt der Vernunft"(70) - wie Wolf die metaphysische Prämisse dieser auf Kant zurückgehenden, einflußreichen Argumentationsweise in der kontinental-europäischen Moralphilosophie interpretiert - zum einzigen Wesen deklariert, demgegenüber moralische Rücksicht zu nehmen ist, die einzig mögliche Haltung. Ob Tierversuche damit wirklich ethisch vertretbar sind, darüber spricht sich Stern nicht direkt aus - während das Tierschutzgesetz von 1986 „ethisch vertretbar[e]" Gründe (nach § 7 (3)) für sie bestimmen will.(71) Die Mitleidsmoral hingegen, für die Ursula Wolf argumentiert, bezieht in der Frage der Tierversuche die kompromißlose Position, „daß eine moralische Rechtfertigung solcher Versuche nicht möglich ist."(72) Wie schwierig es ist, aus dieser Position heraus konsequente Verhaltensmaßstäbe zu entwickeln, zeigt bereits die bei Angelika Krebs abgeschwächte Variante, die das Maß an Leidzufügung zum Maßstab des Handelns macht. „Konkreter bedeutet moralische Rücksicht auf Tiere zum Beispiel den Verzicht auf Tierhaltung und Tierversuche, sofern sie schwere und/oder dauerhafte Schmerzen, große Angst, ständige Isolation und eingeschränkte Bewegungsfreiheit mit sich bringen."(73) In der Frage der Tierhaltung kommt Stern dieser Option selbst entgegen, wenn er einräumt, es ginge um die Möglichkeit der Tiere, „ein wenig zu leben, bevor sie sterben müssen."(74) Aus der Sicht einer konsequenten Mitleidsmoral gehorcht auch diese Bemerkung wieder der utilitaristischen, und zwar anthropozentrisch orientierten Logik - 'müssen' die Tiere doch sterben, um das durch Fleischverzehr garantierte Wohlbefinden des Menschen zu ermöglichen. Nach Ursula Wolf müßte das Tötungsverbot auch auf Tiere ausgeweitet werden.

Mit den hier dargestellten, in Anbetracht ihrer argumentativen Fülle nur gestreiften Positionen der Tier-Ethik (75) ist gegenwärtig wohl nur eine Denkmöglichkeit skizziert, die von den meisten Menschen - geschweige denn von Industrie und einem ihr verbundenen Gesetzgeber - nicht einmal in Erwägung gezogen wird. Die „Utopie vom 'Bruder Tier'"(76) - zu dieser Formulierung greift Stern in einem jüngeren Artikel - deshalb zu verwerfen, wäre jedoch verheerend angesichts der ihr entgegengesetzten Vision einer schier grenzenlosen Manipulierung von kreatürlichen Prozessen, wie sie kürzlich erst wieder durch die genetische Erfindung von 'Muskelmäusen' als Modell für noch mehr fettfreies Schweinefleisch verwirklicht schien.(77) Denn, so ähnlich sah es Stern bereits vor 20 Jahren, darüber geriete leicht in Vergessenheit, „daß wir ein Teil der Natur sind, nicht ihr ein und ihr alles."(78)

Anmerkungen

(1) Vgl. die fotografische Abbildung im Schutzumschlag des Buches von Horst Stern: In Tierkunde eine 1. Stuttgart 1965.
(2) Zit. n. Gernot Böhme: Anthropologie in pragmatischer Hinsicht. Frankfurt a. M. 1985, S.249.
(3) Titel eines Artikels von Stern im seinem Sammelband: Mut zum Widerspruch. München 1974.
(4) Die Zahlen stützen sich auf die Angaben in: Spiegel Special, Nr.1/1997, S.18; 122; 124.
(5) Horst Stern: Wissenschaft und Journalismus. In: Stern, Mut zum Widerspruch [Anm. 3], S.148.
(6) Hier ist einzuräumen, daß es inzwischen einen Trend gibt weg vom puristischen, beschaulichen Tierfilm hin zu hochästhetischen, technisch-aufwendigen Produktionen (mit Animationen, Computersimulationen, komplizierten Studio-Naturkulissen), wie sie u.a. die britische Naturfilmproduktion 'Natural-History-Unit' hervorbringt, welche die Tierwelt als phantastische Wirklichkeit präsentieren. So z.B. die im Juni 1997 im ZDF ausgestrahlte dreiteilige Folge 'Alien-Empire'.
(7) Zit. n. Hartmut Böhme: Aussichten einer ästhetischen Theorie der Natur. In: Jörg Huber (Hrsg.): Wahrnehmung von Gegenwart, Interventionen. Basel/Frankfurt a. M. 1992, S.32/33.
(8) Hier ist einzuräumen, daß auch Stern einige eher als klassisch zu bezeichnende Tierfilme gedreht hat, in denen die Faszination für die Tierwelt ausschlaggebend ist für ihre Präsentation und nicht ihre Betrachtung in politischen und ökologischen Zusammenhängen. Etwa die 'Bemerkungen über Gemsen' oder die 'Bemerkungen über Bienen'.
(9) Stern, Tierkunde [Anm. 1], S.41.
(10) Zit. n. einem Interview mit Stern in: Sports, Nr. 10/1990, S.20.
(11) Zit. n. Stern: Bemerkungen über Hunde. Hamburg 1974, S.12.
(12) Tiere zwischen Vermenschlichung und Vermassung. In: Mut zum Widerspruch [Anm. 3], S.21.
(13) A.a.O. S.11.
(14) Sterns Stunden: Bemerkungen über das Tier im Handel. Bemerkungen über das Hausschwein. München 1989, S.170f.
(15) Ursula Wolf z.B. hält das die intensive Fleischproduktion rechtfertigende Argument des menschlichen Eiweißbedarfs für irrelevant angesichts der Möglichkeiten, diesen auch durch pflanzliche Kost abzudecken. Vgl. Das Tier in der Moral. Frankfurt a. M. 1990, S.18.
(16) Mut zum Widerspruch [Anm. 12], S.7 u. S.14.
(17) Zit. n. Stern: Bärenporno. Der Mensch kennt kein Maß: Entweder er vernichtet die Natur - oder er liebt sie zu Tode. In: Die Woche, Nr. 33/1996, S.27.
(18) Tiere zwischen Vermenschlichung und Vermassung. In: Mut zum Widerspruch, S.18.
(19) In diesem Zusammenhang steht Sterns Beharren in den siebziger Jahren auf einer Revision der Expertengutachten, die der Batteriehaltung der Hühner Unbedenk-

lichkeit attestierten und damit von den stammesgeschichtlich vererbten Bedürfnissen des Huhns, wie Bewegungsfreiheit und Bildung von Rangordnungen, abstrahierten. Vgl. Stern: Naturschutz und Tierschutz in dieser Zeit. Sonderbeitrag. In: Meyers Enzyklopädisches Lexikon. Bd. 16. Mannheim/Wien/Zürich 1976, S.826.
(20) Tiere zwischen Vermenschlichung und Vermassung. In: Mut zum Widerspruch [Anm. 3], S.23 u. S.25.
(21) Ebd., S.14.
(22) Bei mir geht die Tierliebe durch den Kopf. In: Mut zum Widerspruch [Anm. 3], S.30.
(23) Hanna Rheinz: Eine tierische Liebe. Zur Psychologie der Beziehung zwischen Mensch und Tier. München 1994, S.93.
(24) Ebd., S.106.
(25) Ebd., S.255.
(26) Vgl. Bärenporno [Anm. 17].
(27) Zit. n. Rehe ohne Raum. In: GEO-Magazin Nr.3/1977, S.56.
(28) Rettet das Wild vor der Liebe. Abdruck der Rede in der Sonderbeilage der Zeitschrift Nationalpark. 1978 [ohne Seitenang.] (jetzt auch in Horst Stern: Das Gewicht einer Feder. Hrsg. v. Ludwig Fischer. München 1997 [im Druck], S.204-228).
(29) Rehe ohne Raum [Anm. 27], S.56.
(30) Rettet das Wild [Anm. 28].
(31) Rehe ohne Raum [Anm. 27], S.54.
(32) Matt Cartmill: Das Bambi-Syndrom. Jagdleidenschaft und Misanthropie in der Kulturgeschichte. Hamburg 1995, S.29.
(33) Ebd., S.293.
(34) So zitiert Stern José Ortega y Gasset in: Rettet das Wild [Anm. 28].
(35) Das Bambi-Syndrom [Anm. 32], S.295.
(36) Rettet das Wild [Anm. 28].
(37) Diese und die folgenden Zitate sind dem veröffentlichten Drehbuchtext entnommen in: Sterns Stunden. Bemerkungen über eine Urlaubslandschaft. Bemerkungen über den Rothirsch. München 1989, S.106;164.
(38) Ebd., S.153.
(39) Vgl. in diesem Zusammenhang Sterns offenen Brief an den Jäger Walter Scheel, der den damaligen Bundespräsidenten zur Abschaffung der Diplomatenjagd veranlaßte. Veröffentlicht in: Ulli Pfau (Hrsg.): Das Horst Stern Lesebuch. München 1992, S.103 ff.
(40) Zit. n. Horst Stern in: HÖRZU, 2.12.1978.
(41) Was ist an der Naturwissenschaft noch natürlich? Veröffentlichte Rede in: Mut zum Widerspruch [Anm. 3], S.79.
(42) Zit. aus dem Vorwort Sterns in: Stern für Leser: Tiere und Landschaften. Stuttgart 1973.
(43) Stern, Tierkunde [Anm. 1], S.63.
(44) Ende der Bescheidenheit - auch im Naturschutz. In: Mut zum Widerspruch [Anm. 3], S. 98.
(45) Was ist an der Naturwissenschaft noch natürlich? In: Mut zum Widerspruch [Anm. 3], S. 80.
(46) Zit. n. Stern: Tiere und Landschaften [Anm. 42], S.9.

(47) Zit. n. Stern: Sehr geehrter Herr Bundeskanzler. In: Pfau, Lesebuch [Anm. 39], S.168.
(48) Dazu: Rolf Peter Sieferle: Fortschrittsfeinde? Opposition gegen Technik und Industrie von der Romantik bis zur Gegenwart. München 1984, S.155 ff.
(49) Dazu der Film: Sterns Stunde - Bemerkungen über das Pferd im Zirkus (1973).
(50) Bemerkungen über den Rothirsch [Anm.37], S.168.
(51) Zit. n. Gesang der Regenwürmer. Stuttgart 1967, S.129.
(52) In: Horst Stern - Die ermüdete Wahrheit. Süddeutscher Rundfunk, 6.10.1991.
(53) Bemerkungen über den Rothirsch [Anm.37], S.168
(54) Zit. n. Bemerkungen über das Hausschwein [Anm.14], S.123.
(55) Zit. n. einem Interview mit Stern in: HÖRZU, 7.7.1995, S.117.
(56) Zit. n. HÖRZU [Anm. 40].
(57) Zit. aus dem Vorwort von Stern. In: Tierversuche in der Pharmaforschung. München 1979, S.7.
(58) HÖRZU [Anm. 40].
(59) Stern, Tierversuche [Anm. 56], S.9.
(60) Dies und die folgenden Zitate Sterns sind dem Drehbuchtext entnommen, veröffentlicht in: Tierversuche [Anm. 56].
(61) Ebd., S.95.
(62) Diese Erkenntnis stammt von Ursula Wolf aus ihrem Buch: Das Tier in der Moral [Anm. 14], S.15 ff.
(63) Zit. n. Ursula Wolf: Haben wir moralische Verpflichtungen gegen Tiere? In: Angelika Krebs (Hrsg.): Naturethik. Frankfurt/M. 1997, S. 49.
(64) Das Tierschutzgesetz vom 18.8.1986 besagt in § 1: Niemand darf einem Tier ohne vernünftigen Grund Schmerzen, Leiden oder Schäden zufügen.
(65) Angelika Krebs: Naturethik im Überblick. In: Naturethik [Anm. 63], S.347.
(66) Zit. n. Martin Seel: Ethisch-ästhetische Studien. Frankfurt/M. 1996, S.234.
(67) Vgl. die Äußerung: „[...] als sei Tierschutz [...] nicht eine Assisi-Frage nach dem geringeren Bruder, nach dem geheimnisvollen Wesen im Vorhof des Menschen." Stern: Verlogene Paradiese. In: Der Spiegel, Nr. 20/1973, S.155.
(68) Vgl. Tierversuche [Anm. 56], S.102.
(69) Die Autorin bezieht sich hier auf Tom Regan. In: Wolf, Moralische Verpflichtungen [Anm. 63], S.64.
(70) Wolf, Das Tier in der Moral [Anm. 62], S.34.
(71) Dazu Wolf, ebd., S.26 f.
(72) Wolf, Moralische Verpflichtungen [Anm. 63], S.73.
(73) Krebs, Überblick [Anm. 65], S.349.
(74) Zit. n. Wissenschaft und Journalismus. In: Pfau, Lesebuch [Anm. 39], S.93.
(75) In den angelsächsischen Ländern wird die Debatte seit Jahren viel intensiver geführt als in der Bundesrepublik. Vgl. Zusammenfassungen u.a. bei Klaus Bosselmann: Im Namen der Natur. Bern u.a. 1992; Dietmar v. d. Pfordten: Ökologische Ethik. Reinbek 1996.
(76) Wut und Steine. In: Die Woche, Nr. 31/1995, S.28.
(77) Dazu: Zahme Giganten. In: Der Spiegel, Nr. 20/1997, S.211.
(78) Zit. n.: Auch 1985 noch ein Veilchen. In: Pfau, Lesebuch [Anm. 39], S.122.

Bernhard Pörksen

Der journalistische Denkstil

Horst Sterns Lebensweg im Spiegel der Medien – ein erkenntnistheoretischer Versuch über die Entstehung einer öffentlichen Tatsache

1 Begriffskonstruktion

Zu der Frage, was denn das Ziel journalistischen Arbeitens sei, hat sich Klaus Bresser, heute Chefredakteur des ZDF, einmal folgendermaßen geäußert: „Journalisten haben zu berichten, was ist. Sie haben Wahres vom Falschen, die Spreu vom Weizen zu trennen."(1) Und weiter: „Philosophen haben uns in den letzten Jahren weismachen wollen, die Medien informierten gar nicht, sondern sie erfüllten nur Erwartungen, lieferten marktgerechte Entwürfe von Wirklichkeiten. Ich beharre darauf, daß die Medien [...] in der Lage sind, Wirklichkeit darzustellen. Der Anspruch auf Wahrheit ist nicht naiv."(2)

Man kann diese Äußerung als Beschreibung oder als Appell, deskriptiv oder präskriptiv deuten, aber das ändert nichts an den erkenntnistheoretischen Prämissen, die hier vorausgesetzt werden. Vorausgesetzt wird in jedem Fall die Möglichkeit der Wahrheitserkenntnis. Geglaubt wird an die - bei gewissenhafter Anstrengung - immerhin vorhandene Chance, das Gegebene mit dem Gesagten, Gedruckten oder Gesendeten zur Deckung zu bringen; Klaus Bresser gehört zu der Mehrheit der Journalisten, die das Ziel für erreichbar halten, die tatsächliche Wirklichkeit medial abzubilden.(3) Und wenn man zu der These gelangt, daß eine solche Abbildung stattgefunden hat und eine exakte Korrespondenz von Ereignis und medialer Reproduktion vorherrscht, spricht man in einem emphatischen Sinne von Wahrheit, Objektivität und realistischer Darstellung. Dann hat der Journalist, legt man das hier ausgesprochene Berufsverständnis zugrunde, seine Aufgabe und Pflicht erfüllt.

In diesem Beitrag wird vorausgesetzt, daß es gute Argumente gibt, die gegen die realistische Erkenntnistheorie eines Klaus Bresser sprechen. Ein (logisch paradoxer) Anspruch auf (absolute) Wahrheit wird damit nicht erhoben, vielmehr geht es um die begründbare Plausibilität der eigenen Annahmen. Meine These ist, daß Journalisten von Wahrnehmungsregeln regiert werden, die unhintergehbar sind. Diese Wahrnehmungsregeln bestimmen die Themenfindung, sie beeinflussen die Wahl der Darstellungsform oder Gattung, sie prägen die Auswahl der zur Verfügung stehenden Sprach- und Bildmittel. Erkenntnis der Wahrheit, wie sie hier eingefordert wird, kann demzufolge gar nicht zustande kommen: Und die Wahrheitsbehauptungen (der Medien) werden in einem spezifischen Sinne relativ. Sie sind keineswegs beliebig oder willkürlich, sondern - im Gegenteil - auf vielfache Weise bedingt und nur in Relation zu etwas Unhintergehbarem herstellbar. Die Bilder des Wirklichen und die vermeintlich ontologisch exakten Darstellungen des Gegebenen möchte ich hier als das Resultat sozial normierter Konstruktionen verstehen.(4) Wie lassen sich, so muß allerdings gefragt werden, diese Wahrnehmungsregeln genauer beschreiben? Wie kann die Differenzierung von Erkenntnissubjekt und -objekt und dem Produkt der Erkenntnis geleistet werden, die Basis jeder epistemologischen Denkanstrengung ist?

Um einer Antwort zumindest näherzukommen oder ihr eine terminologische Basis zu bereiten, wird auf das faszinierende Begriffsinstrumentarium von Ludwik Fleck zurückgegriffen, das dieser in seiner Arbeit 'Entstehung und Entwicklung einer wissenschaftlichen Tatsache. Einführung in die Lehre vom Denkstil und Denkkollektiv' veröffentlicht hat.(5) Dieses Begriffsinstrumentarium - „wissenschaftliche Tatsache", „Denkstil", „Denkkollektiv" usw. - möchte ich aus seiner wissenschaftstheoretischen Umgebung herauslösen und auf die Erkenntnissituation der Medien übertragen; gewonnen ist damit die Möglichkeit der präzisen Differenzierung von Erkenntnissubjekt, - objekt und -produkt in Bezug auf die Welt der Medien. Konkret: Als das Erkenntnissubjekt wird hier der einzelne Journalist bezeichnet, der Mitglied eines *journalistischen Denkkollektivs* ist. Gemeinsam ist dieser Gruppe, daß sie sich einem bestimmten Kulturmilieu verbunden fühlt, daß sie zumindest ähnlichen Arbeitsprinzipien unterworfen ist und ihre ganz eigenen Verhaltens- und Sprachformen ausgebildet hat, die sich aus soziologischer oder auch linguistischer Perspektive erfassen lassen. Vor der Aufnahme in ein solches Denkkollektiv steht eine - im Vergleich zu anderen Professionen - weitgehend ungeregelte 'Einführungsweihe', eine Initiation in die Denk- und Arbeitsregeln des Berufs in Form von Praktika, Volontariaten, Versuchen der freien Mitarbeit bei einer Zeitung, dem Radio, dem Fernsehen.(6)

Der einzelne Journalist sieht die Wirklichkeit, so wird angenommen, gewissermaßen durch die Brille seiner Profession, die hier - wieder in Analogie zu Ludwik Fleck - als *journalistischer Denkstil* bezeichnet wird.(7) Der journalistische Denkstil ist die das Erkennen bestimmende Leitlinie, eine eher unbewußt wirkende Bündelung aus Voraussetzungen, Methoden der Recherche, Vorannahmen, Festlegungen, Vorentscheidungen für das, was wichtig, relevant und berichtenswert ist und die Schwelle medialer Aufmerksamkeit zu überspringen vermag. Zum journalistischen Denkstil gehört - so ergibt die Lektüre entsprechender Handbücher oder nachrichtentheoretischer Untersuchungen - als entscheidendes Prinzip die Auswahl von Thesen und Themen nach dem Grad ihrer mediengerechten Verwertbarkeit.(8) Eine Beobachtung wird einer anderen vorgezogen, einem Standpunkt widmet man größere Aufmerksamkeit als einem anderen; aus einem stundenlangen Gespräch mit einer prominenten Person wird ein kurzes gedrucktes Interview. Und aus den abgedruckten Sätzen greift man einige heraus, um Titelzeilen und Zwischenüberschriften zu formulieren. Es werden passende Fotos oder andere Illustrationsmaterialien hinzugefügt, und auch hier muß ausgewählt, müssen Akzente gesetzt, Kernbotschaften konstruiert werden. Daß bei dieser Tätigkeit der Auswahl aus dem ungeheuer vielfältigen Bereich des Wirklichen und Möglichen das Prinzip des Zufalls regiert, ist unwahrscheinlich. Vielmehr sind es die einzelnen Elemente des journalistischen Denkstils, die hier ihre Wirkung entfalten. Zu ihnen gehören: die Prominenz einer Person, eine generelle Bevorzugung des Ungewöhnlichen, Dramatischen, Kuriosen und Aktuellen gegenüber dem Alltäglichen und Normalen und eine Fixierung auf die Extremformen menschlicher Handlung (Konflikte, Rekorde, Schäden, Tabuthemen), deren Darstellung nicht nur informieren, sondern vor allem auch unterhalten soll. Diese Denkstilelemente sind es, die den Vorgang der Auswahl auf einer thematisch-inhaltlichen, (text)optischen und auch sprachlich-stilistischen Ebene steuern und bestimmen. Die Festlegung auf einen Denkstil, in dessen Rahmen Wirklichkeitsvorstellungen generiert werden, bedeutet, daß es unmöglich wird, andere, nicht denkstilgemäße Einsichten zu erlangen: Es wird - eben durch die publizistische Aufbereitung - eine Welt hervorgebracht, die dem Medienkonsumenten präsentiert wird.

Die *öffentliche Tatsache* ist schließlich das Erkenntnisprodukt, das sich aus den Wahrnehmungsanstrengungen journalistischer Denkkollektive ergibt. Die öffentliche Tatsache ist eine Deutung der Ereignisse, ist die denkstilgemäße Konkretion und Interpretation dessen, was vorgefunden wird. Vielfach werden öffentliche Tatsachen mit dem Gestus absoluter Sicherheit präsentiert, sie sind schwer korrigierbar, weisen eine, wie Ludwig Fleck in anderem Zusammenhang schreibt, gewisse Beharrungstendenz auf.(9) Es gibt also - wenn man den Erkenntnisvorgang modellhaft zerlegen will - das individuelle Subjekt, den jeweiligen Journalisten, der Teil eines Denkkollektivs ist und je nach seiner individuellen Disposition und vor allem nach den eher unbewußt wirkenden Maßgaben des Denkstils sich dem zu erkennenden Objekt (dem Thema, der Person, dem Sachverhalt) nähert. Zu den geschilderten Einflußgrößen, die mediale Wahrnehmungsregeln konstituieren, treten jedoch m. E. noch weitere hinzu, die auf das diffuse Feld epochenspezifischer und besonderer kultureller Voraussetzungen verweisen. Sie sind dann am Einzelfall zu diskutieren: Ludwik Fleck nennt sie Präideen oder Urideen. Als im Journalismus wirksame Präideen können allgemeine Urteile und Vorurteile fungieren, die nicht zum Denkstil gehören, sondern im größeren (und diffuseren) Rahmen der Kultur zu situieren sind. Sie prägen jedoch, wie hier nur exemplarisch und am Einzelfall angedeutet werden soll, ebenfalls die Konstruktion der Medienwirklichkeit.

2 Das Material

Es soll versucht werden, die vorausgreifend skizzierten Begriffe und Thesen zu den Bedingungen journalistischen Erkennens am konkreten Material zu erproben und zu testen. Ausgangspunkt war die Beobachtung, daß Werk und Person Horst Sterns in auffälliger Weise zur 'öffentlichen Tatsache' gemacht worden sind. Zum Zweck der Untersuchung wurden zahlreiche Artikel - Porträts, Reportagen, Interviews, Rezensionen, Berichte - ausgewertet, die in so unterschiedlichen Medien des Printbereichs wie etwa der 'Frankfurter Allgemeinen Zeitung', der 'BILD'-Zeitung, der 'tageszeitung' und - ein weiteres Beispiel - dem 'Echo der Frau' erschienen sind. Gemeinsam ist ihnen: Sie beschäftigen sich mit der Deutung und der Interpretation des Lebensweges von Horst Stern, sie beschreiben seine journalistische Arbeit und den Rückzug aus dem Mediengeschäft, annoncieren seine Tätigkeit als Schriftsteller - und deuten diese. Ihr Thema ist ein besonderer biographischer Moment im Leben Horst Sterns: die Abwendung von der Profession des Journalisten, der Neubeginn auf einem anderen Terrain, die Arbeit des Schafezüchtens oder die Tätigkeit der Literaturproduktion. Oder anders und gemäß der zugrundegelegten Begrifflichkeit formuliert: Die aus verschiedenen Archiven zusammengestellten Texte aus den Jahren von 1974-1993 enthalten im journalistischen Denkkollektiv fabrizierte öffentliche Tatsachen, die - und eben dies soll immer wieder gezeigt werden - mit den Elementen des journalistischen Denkstil korrelierbar sind.(10) Exemplifiziert werden soll auch, daß sich die Verwendung einzelner journalistischer Mittel (Verkürzungen, Stimmungsbilder usw.) und bestimmter sprachlicher Besonderheiten (z. B. besondere Metaphern, Neologismen bzw. Augenblickskomposita, Anspielungen) mit dem Hinweis auf ihre Denkstilgemäßheit - ihr unterhaltendes oder dramatisierendes Wirkungspotential (11) - begründen lassen. Deutlicher formuliert: Es geht in diesem Beitrag nicht um Sachfragen, es geht nicht um eine bestimmte Form der medienkritischen Entlarvung, die auf dem Vergleich des Medienereignisses mit der sogenannten Realität beruht und auf eine Falsifikation der Medienwirklichkeit zielt, um der Wahrheit Gehör zu verschaffen.(12) Was Horst Stern tatsächlich umtreibt, wie sein Lebensweg tatsächlich verlaufen ist, das kann und soll nicht beantwortet werden. Ziel ist es lediglich, die Behauptung, die zu Beginn formuliert wurde, zu illustrieren: Journalisten fabrizieren Bilder des Wirklichen, die sich aus den Wahrnehmungsregeln der Profession ableiten lassen. (Der Prozeß der Realitätsbeobachtung und -auswertung in Form von Medienprodukten kann demzufolge als zirkulär begriffen werden.) Nach der konkreten Erprobung dieser Annahmen, die womöglich im Vergleich zu den allgemeinen erkenntnistheoretischen Überlegungen etwas bieder wirkt, möchte ich erneut einige generelle Thesen wagen. Sie beschließen den Beitrag.

3 Die öffentliche Tatsache: Flucht in die Literatur

Es gibt, dies sei zu Beginn festgehalten, drei verschiedene thematische Stränge, die sich aus den Veröffentlichungen über Horst Stern herauspräparieren lassen:

A. Die Artikel behandeln seine Arbeit und Tätigkeit als Sachbuchautor, Fernsehjournalist und Schriftsteller. Generell lassen sich - grob - die journalistische und die 'postjournalistische' Phase in der Darstellung des Lebensweges unterscheiden: Die erste Veröffentlichung literarischer Arbeiten wird als Bruch wahrgenommen, der vielfach eine psychologisierende Deutung provoziert. Schon die Wahrnehmung eines Bruchs ist im übrigen aufschlußreich, sie ist bereits Interpretation, wird hier doch - denkstiladäquat - eine Diskontinuität konstruiert, die sich (bei andersgearteter Betrachtung) ebensogut als Kontinuität wahrnehmen ließe. So lassen sich etwa einzelne Themen und Motive in Horst Sterns journalistischen und in seinen literarischen Arbeiten wiederfinden; seine literarischen und journalistischen Veröffentlichungen verbindet auch, dies sei hier nur angedeutet, vielfach das Ringen um äußerste begriffliche Präzision und die Signalisierung allgemeiner biologischer oder besonderer ethologischer Fachkenntnisse. Man könnte also auch die These aufstellen, daß die Abwendung vom Journalismus (und die Hinwendung zum literarischen Schreiben) lediglich einen Wechsel der Darstellungsebene bedeutet und zentrale Themen (Kritik eines sentimentalen Verhältnisses zu Tieren, Auseinandersetzung mit den Folgen des Massentourismus, Leiden an der Naturzerstörung und -mißhandlung) in jedem Fall auch in den fiktiven Texten erhalten bleiben.(13)

B. Der zweite thematische Strang ist die Wirkungsfrage: Man fragt nach Erfolgen und Mißerfolgen und den Wirkungen des Engagements von Horst Stern für Natur und Kreatur.

C. In diversen Artikeln wird der Zustand und das Schicksal von Planet und Mitwelt immer wieder nach dem Modus linearer Kausalität mit dem Wirken und Arbeiten Horst Sterns verknüpft. Das bedeutet: Eine individuelle (und notwendig immer begrenzte Aktivität) wird im Spiegel globaler Geschehnisse betrachtet; der Verantwortungsradius wird ins Unleistbare und Utopische vergrößert; und es ist diese Verknüpfung der einzelnen Handlung mit dem Zustand der Welt, die das Motiv des resignierten Einzelkämpfers, der gescheitert ist, vorbereitet. Um nur ein Beispiel zu nennen: „Sterns Buch", so schreibt etwa 'Die Welt' über einen seiner Titel, „soll die Wildtiere retten."(14) Dieser Typ von Zielvorgabe ist es, der eine denkstiladäquate Modellierung einer Extremsituation von Verzweiflung und Niederlage gestattet.

Die hier geschilderten thematischen Stränge ermöglichen in der Verknüpfung die Generierung einer immer wieder präsentierten öffentlichen

Tatsache: Behauptet wird, daß Horst Stern, der im übrigen heute wieder journalistisch arbeitet und Kolumnen für 'Die Woche' schreibt oder Reportagen in anderen großen Zeitungen veröffentlicht, in seinem Engagement für die Natur gescheitert ist und sich - aus der Sparte des Faktischen (Journalismus) - in die Welt des Fiktiven (Literatur) zurückgezogen habe. Diese Deutung kann man als denkstiladäquate Interpretation eines Lebensweges bezeichnen: Sie trägt der - auch von Horst Stern beschriebenen und in verschiedenen Nachrichtentheorien angenommenen - Fixierung des Journalisten auf das Dramatische, Ungewöhnliche und Diskontinuierliche (im Gegensatz zum Normalen, Gewöhnlichen und Kontinuierlichen) Rechnung.(15) Die Zeit, die Horst Stern als Journalist gearbeitet und sich als Fernseh- und Sachbuchautor ein zivilisationskritisches Profil erarbeitet hat, wird als Phase des Engagements, der Aktivität - oder drastischer - des Kampfes beschrieben. Die Phase der literarischen Produktion, die er immerhin im durchaus pensionsfähigen Alter von 64 Jahren öffentlich macht, gilt dagegen als Zeit der Beschaulichkeit, der inneren Emigration, der Weltflucht.

Allerdings: Das Motiv der Verzweiflung von Horst Stern, das etwa 1984 inflationär wird, ist alt. Schon einmal, im Jahre 1974, klingt es an. In dieser Zeit beschließt Horst Stern, neben dem Fernsehgeschäft Schafe zu züchten, auf einem abgelegenen Hof im Allgäu. Der Rollenwechsel (vom beobachtenden Journalisten mit Millionenpublikum zum konkreten Engagement) wird ihm schon damals als Resignation ausgelegt. Es heißt, er sei durch zahlreiche Angriffe zermürbt; die Fernseharbeit habe „bei dem engagierten TV-Journalisten fast zu Depressionen geführt". Konsequenz: Er habe sich „heimlich" entschlossen, fortan im Allgäu Schafe zu züchten.(16) Die 'Deutsche Zeitung' will wissen, ob er sich nicht ein wenig als Michael Kohlhaas fühle, kurzum: ob ihn nicht die Resignation eines allzu Radikalen ergriffen habe.(17) (Hier scheint mir eine zum journalistischen Denkstil hinzutretende Präidee gegeben, die - achselzuckend - die Unmöglichkeit kompromißloser Haltungen konstatiert und Figuren wie Michael Kohlhaas (oder wahlweise auch: Don Quichotte) zur Illustration des allgemeinen Vorurteils heranzieht, daß es aussichtslos sein muß, gegen eine Übermacht zu kämpfen oder allzu prinzipiell zu denken oder zu handeln.) Doch Stern verneint: Er fühle sich nicht als Michael Kohlhaas. Er wolle eben nur Schafe züchten, ausprobieren, ob die Brache durch Schafweidung vor der Versteppung bewahrt werden könne, vielleicht auch mehr schreiben, beispielsweise ein Buch über Friedrich II. Nichts weiter. Andere Zeitungen berichten gleichwohl, er sei „müde" geworden.(18) Im Jahre 1978 listet die Illustrierte 'Stern' seine Erfolge auf, zitiert ihn mit der pessimistischen Formulierung, die anderen, die Lobbyisten der Industrie seien „Sieger" geblieben. Horst Stern, so heißt es, wirke „müde."(19) Allerdings zeigen ihn die Fotos immer noch als einen tätigen, aktiven Menschen: Die öffentliche Tatsache der Resignation ist noch im Entstehen.

Sie kommt jedoch mit Horst Sterns Abschied vom Journalismus, der sich abrupt im Jahre 1984 vollzieht, aus diesem Anfangsstadium heraus: Jetzt kann sie sich, trotz versuchter heftiger Einsprüche, im Bewußtsein festsetzen.(21) Wiederum in Analogie zu der von Ludwik Fleck geschaffenen Begrifflichkeit läßt sich von einer *Beharrungstendenz der journalistischen Meinungssysteme* sprechen.(22) Das heißt: An der einmal gefaßten Idee und der kollektiv entwickelten öffentlichen Tatsache wird - trotz durchaus möglicher anderer Beobachtungen - unbeirrbar festgehalten. Das Resultat ist, um die Sternsche Metapher aufzugreifen, die er in seinem bislang letzten Roman 'Klint' entwickelt, eine „Punktförmigkeit des Sehens", ein Starrblick, der nicht mehr in der Lage ist, den eigenen Annahmen widersprechende Phänomene oder überhaupt Kontexte und Bedingungsgefüge zu registrieren.(23)

In der postjournalistischen Phase des prominenten Autors, mit dem Abschied aus der Chefredaktion bei 'natur' und der Veröffentlichung seines ersten Romans 'Mann aus Apulien' (1986), erscheint die öffentliche Tatsache der Resignation als das vorherrschende Muster biographischer Deutung, wobei es - auch dies sei vermerkt - selbstverständlich auch immer Artikel gibt, die sich der Interpretation enthalten und klassische Rezensionsarbeit (Darstellung des Buchinhalts, Bewertung des Stils, Einordnung der Veröffentlichung in eine Tradition u.ä.) leisten. Dominant und für die Veröffentlichungen paradigmatisch ist jedoch ein Bericht über 'Mann aus Apulien', der die schriftstellerische Tätigkeit Horst Sterns auf folgende Weise psychologisiert. Er habe „alles gesagt", so wird Stern zitiert, er wirke resigniert und müde, er habe „die Nase voll vom Naturschutz."(24) Zwei Jahre später wird die öffentliche Tatsache der Verzweiflung und des Niedergangs in der Zeitschrift 'Echo der Frau' auf dramatische Weise akzentuiert: „Horst Stern - Deutschlands beliebtester Fernseh-Tierschützer todkrank."(25) Neben zahlreichen sich auf die Analyse des Werkes beziehenden Rezensionen von 'Mann aus Apulien' und der 1989 erschienen 'Jagdnovelle' gibt es immer wieder die Tendenz zur Psychologisierung, die sich aus der schlichten Identifizierung von Autor und seinen literarischen Figuren ergibt. Nach dem Erscheinen seines bislang letzten Romans 'Klint' verstärkt sich die Tendenz noch, den Autor mit einer seiner Figuren gleichzusetzen: Auch andere Medien wie 'Die Zeit', 'Süddeutsche Zeitung' und die 'tageszeitung' greifen zu solchen denkstilgemäßen Deutungen, die es erlauben, eine trockene Buchbesprechung mit dem vermeintlich tragischen Schicksal des Verfassers zu liieren. So entsteht im Laufe der Jahre die öffentliche Tatsache der Resignation - und sie bleibt, oft wiederholt, in den Medien, obwohl Horst Stern, der allerdings der Verzweiflungsthese auch in verschiedenen Äußerungen neue Nahrung liefert (26), immer wieder eine Korrektur versucht hat.(27) In einem Gespräch mit der 'Berliner Zeitung' gibt er beispielsweise zu Protokoll:

> „Ach, da kursieren über mich ganz seltsame Gerüchte. Ich bin in den Medien zu einem tragischen Helden stilisiert worden. Also ich lese so merkwürdige Dinge wie: Horst Stern sitzt vor seinem Haus und ergötzt sich an den Seerosen und Reihern. Vor meinem Haus gibt es keine einzige Seerose. Aber wenn ich dann lese, wie verbittert ich bin, wie verzweifelt an der Menschheit – das greift alles viel zu kurz."(28)

Und an anderer Stelle heißt es:

> „Wenn Sie in ein Alter kommen wie ich, werden Sie lernen, mit ihrer Zeit hauszuhalten und sie werden sie nicht mehr an Dinge verschwenden, von denen sie vorher wissen, daß es verloren ist. Ich will die Welt nicht retten, das ist nicht meine Illusion. Wollte ich eigentlich nie. Es gab immer ein großes Mißverständnis, was mich betraf."(29)

Zu fragen ist, wie – das heißt: mit welchen Mitteln des Journalismus – sich jenes Konglomerat aus Beschreibung und Deutung präsentieren läßt, das Horst Stern hier ein „Mißverständnis" nennt. Öffentliche Tatsachen sind ja nicht einfach Behauptungen, die sich auch als solche zu erkennen geben und dem Zweifel aussetzen. Sie besitzen vielmehr eine bestimmte Suggestivität und Autorität, die sich mit den Techniken, die im journalistischen Denkkollektiv verbreitet sind, herstellen lassen. Die öffentliche Tatsache der Resignation ist, wie zu zeigen sein wird, in Stimmungsbildern und atmosphärischen Skizzen angelegt. Sie läßt sich durch typische Verkürzungen, die Attribuierung von Krankheit und durch Kontraste, Gegenüberstellungen und Übertreibungen plausibel machen. Wie dies geschieht, soll im folgenden gezeigt werden.

Stimmungsbilder und atmosphärische Skizzen:

Ein Stimmungsbild, das Resignation ausdrücken und die öffentliche Tatsache vom tragischen Helden Stern autorisieren soll, findet sich beispielsweise in der Zeitschrift Hörzu. Titel des Textes: "Herr Stern, warum haben Sie sich zurückgezogen?" Horst Stern wird als jemand beschrieben, der "seit Jahren verstummt" sei, der müde geworden, nicht mehr daran glaube, durch Aufklärung noch wirken zu können. Es heißt hier über einen Leseabend mit dem Journalisten und Schriftsteller:

> „Manchmal huscht ein sparsames Lächeln über sein Gesicht, das zwischen Mund und Wangen steckenbleibt und die Augen nicht erreicht. Wie mag einem Mann zumute sein, der wie kein zweiter aufrüttelte, erklärte, beschwor und dann erfahren mußte, daß Menschen offen-

sichtlich unbelehrbar sind? (...) Geduldig sitzt er vor einem kleinen gelben Blumenstrauß im Neonlicht und kritzelt seinen Namen immer wieder in sein Buch. Die Leute lachen, strahlen ihn an, aber seine Antwort ist wieder jenes sparsame Lächeln."(30)

Die Kernbehauptung des Artikels: "Horst Stern hat sich genauso leise zurückgezogen, wie die Natur stirbt."(31)
In der Wochenzeitung 'Die Zeit' wird die Resignationsthese durch Stimmungsbilder plausibilisiert. Die grüne Insel Irland, sie ist grau, verwittert, von Wolken verhangen - eine Welt der Traurigkeit. Der Artikel beginnt mit einer atmosphärischen Skizze:

„Hinter der Weggabelung führt das Sträßchen in die Wildnis. Stechpalmen, Gaspeldorngestrüpp und Rhododendronbüsche wuchern wie in einem Tropenwald. Schrumpfwüchsige Schafe suchen, wie Büßer auf den Knien rutschend, nach Gras. Feldzäune und Steinmauern verfallen, Gräben und Drainagen sind verstopft, das immergrüne Gesträuch kriecht über versumpfende Wiesen und Weiden. Der melancholische Südwesten Irlands."(32)

Auch läßt sich, dafür liefert die 'Stuttgarter Zeitung' den Beweis, die Resignation eines "Schriftstellers, der einmal Ökologe war", durch Beobachtungen illustrieren, die den Porträtierten an einem "trüben Samstag" zeigen. Er wirkt, als sei er auf der Flucht in eine andere Welt: die Welt der Literatur.

„Auffallend unauffällig bewegt sich Horst Stern durch die Münchner Innenstadt. Die Schultern eingezogen, als wolle er sich kleiner machen, hastet der Autor über die Theatinerstraße. Ein trüber Samstag, aber Stern trägt eine Sonnenbrille. Er streift dicht an den Häuserwänden entlang."(33)

Später im Artikel wird die Frage gestellt: „Nahm er Zuflucht zur Poesie, weil er sich den Frust von der Seele schreiben mußte?"(34)

Attribuierung von Krankheit:

Eine andere Variante, die öffentliche Tatsache des Scheiterns zu konstruieren, ist die Attribuierung von Krankheit, die einen Gefühlstrend scheinbar belegt. Man zitiert einen Informanten, verkörpert durch den "früheren Kollegen." So meldet 'Echo der Frau' im Jahre 1988: „Horst Stern - Deutschlands beliebtester Fernseh-Tierschützer todkrank".

"Jetzt ist Horst Stern (65) todkrank und hat sich wie ein waidwundes Tier zurückgezogen. Das befürchten seine Freunde. Tierfilmer Heinz Sielmann zu ECHO DER FRAU: 'Er will niemanden mehr sehen, geschweige denn sprechen. Auch nicht seine Kollegen. [...] Von seinen zahlreichen engagierten und kritischen Naturschutzaufgaben hat sich Horst Stern völlig gelöst. [...] Gute Bekannte vermuten Horst Stern in Italien, dem Land, das er am meisten liebt. [...] Ein früherer Kollege von Horst Stern will nun erfahren haben: Er hat sich in Italien verborgen und wartet auf den Tod.'" (35)

Gemäß der klassischen und zum Protest gegen diese Darstellung einladenden Dichotomie von 'wahr' oder 'falsch' müßte man, wenn es um eine Einschätzung dieses Artikels geht, von einer böswilligen Erfindung sprechen. Horst Stern wies durch einen Anwalt, der eine Gegendarstellung durchsetzte, darauf hin, daß er keineswegs todkrank sei; ein Arzt lieferte ein Attest; und die Kosten für den juristischen Beistand hatte die Zeitschrift zu tragen. Allerdings ist gemäß der hier vorgeschlagenen konstruktivistischen Fundierung des gesamten Ansatzes der Analyse die klare Unterscheidung von 'wahr' oder 'falsch' nicht mehr möglich; schon der Begriff der Erfindung, der sich hier aufdrängt, ist eben mit realistischen Vorannahmen kontaminiert, die - bleibt man konsequent - an dieser Stelle nicht einfach wieder hervorgeholt und verwendet werden können. Was aus der Perspektive einer konstruktivistischen Ausgangsposition vor allem übrigbleibt, ist der Versuch, *Typen von Inszenierungen* zu vergleichen und Versionen der Realität zueinander in Beziehung zu setzen, die deutend und interpretierend ein und dasselbe Ereignis oder Phänomen umspielen. Auf diese Weise werden immerhin Deutungsmonopole gebrochen und die Vertreter der einen Wahrheit womöglich irritierbar. Aber sind, so muß dann doch gefragt werden, diese verschiedenen Versionen, die von der Krankheit oder der Gesundheit eines Menschen handeln, wirklich gleichberechtigt? Wie läßt sich ihre Qualität einschätzen, wenn das Kriterium nicht mehr die Nähe zu einem imaginierten Absoluten ist? Und: Gerät eine konstruktivistische Medientheorie, die sich um diese Qualitäts- und Einschätzungsfrage herumdrückt, nicht in die Gefahr, einen haltlosen und absurden Totalzweifel zu propagieren und alle Versionen eines Geschehens als in gleicher Weise gültig zu betrachten?

Mir scheint es sinnvoll, an dieser Stelle eine begriffliche Unterscheidung einzuführen, mit der Einschätzungen einer Realitätsversion auf der Basis eines relativen Wahrheitsverständnisses möglich sind. Die Dichotomie von 'wahr' oder 'falsch', auf deren Grundlage man vielfach absolute Objektivitätsansprüche anmeldet, möchte ich durch die etwas weniger emphatische von 'Fakt' oder 'Fiktion' ersetzen. Anders formuliert: Die Dichotomie von 'Fakt' oder 'Fiktion' soll - so mein Vorschlag - nicht mehr innerhalb einer objektivistischen Axiomatik verstanden werden, es geht vielmehr um Annahmen, die in unterschiedlichem Ausmaß *intersubjektivierbar* sind. Denn natürlich läßt sich innerhalb einer Kommunikationsgemeinschaft Einigung darüber erzielen, ob ein Mensch todkrank ist oder nicht; aber diese intersubjektive Einigung bietet keine Möglichkeit, um *absolute* Wahrheitsbehauptungen zu stützen.(36) Und was sehr wohl aus einer konstruktivistischen Perspektive bezweifelt werden darf, ist die Frage, ob der Begriff der Krankheit dem Wesen des Phänomens entspricht, das er beschreiben soll. Das bedeutet: Auch Fakten sind, so möchte ich definieren, intersubjektivierbare (und prinzipiell nicht letztgültig verobjektivierbare) Ergebnisse eines Konstruktionsprozesses; auch sie lassen sich - gemäß einer wissenssoziologischen Perspektive - als etwas Gemachtes und Hergestelltes begreifen.(37) Auch Fakten sind also Konstrukte; aber man kann sich eben - das unterscheidet sie von Fiktionen - auf ihre Gültigkeit verständigen. Fiktionen können, folgt man der hier anvisierten Unterscheidung, demgemäß nicht intersubjektiv belegt werden; vielmehr läßt sich zeigen, daß sie in Relation zu den Erkenntnisprinzipien eines Denkkollektivs nicht stimmen und nicht richtig sind. Mit Hilfe dieser Unterscheidung von Fakten und Fiktionen wird es möglich, die Qualitäten einer Inszenierung von Realität einzuschätzen und auch zu bewerten, ohne auf realistische und wahrheitsemphatische Vorannahmen rekurrieren zu müssen. Man kann auf diese Weise - ohne die Kohärenz einer konstruktivistischen Position zu zerstören - über die Gültigkeit von Realitätsversionen sprechen, die von ein und demselben Geschehen handeln. Konkret und am Beispiel: Bei der Stilisierung Horst Sterns zu einem todkranken Menschen handelt es sich zweifellos um eine Fiktion, um ein unbeweisbares Konstrukt - und nicht um ein (natürlich ebenfalls konstruiertes) Faktum, das sich beweisen und belegen läßt.(38)

Verkürzungen:

Ein Beispiel für eine typisch journalistische Verkürzung ist die schlichte Identifizierung von Autor und Erzähler, von Schriftsteller und Romanfigur, wobei ja gerade in dem Roman 'Klint' der schlichten Autor-Erzähler-Identifizierung durch die Präsentation von zwei Erzählfiguren vorgebeugt wird. Und doch: Der tragische Held 'Klint' sei, so schreibt die 'Münchner Abendzeitung', „natürlich ein alter ego Sterns" - er habe sich hier sein „ökologisches Vermächtnis" geschrieben.(39) In zahlreichen Texten - von der 'Süddeutschen Zeitung' bis zur 'tageszeitung' - wird die Nähe des Autors zu *diesem* Protagonisten und Erzähler diagnostiziert. Die Zeitschrift 'HÖRZU' schreibt:

„Eine Nähe zwischen dem Autor und seiner Romanfigur ist unübersehbar. Wobei Stern zwar nicht schizophren ist, mit Sicherheit aber verzweifelt über die Erfolglosigkeit seines Engagements. Und: auch er hat sich zurückgezogen. 30 Jahre lang war er für seine Leidenschaft und Unbeugsamkeit für die Natur bekannt. (...) Jetzt hat Horst Stern aufgegeben. Tief getroffen."(40)

Kontraste, Gegenüberstellungen, Übertreibungen:

Auch ist die einfache Gegenüberstellung, der Vergleich zwischen 'damals' und 'heute', eine Möglichkeit, die öffentliche Tatsache, daß Horst Stern sich resigniert zurückgezogen hat, zu illustrieren. Die biographische Verwandlung wird entlang der Extrempole 'Sieg' und 'Niederlage' interpretiert - und diese Extrempole entsprechen, wie schon gesagt, der denkstilgemäßen Fixierung auf das Dramatische. Wiederum in der 'HÖR ZU' war zu lesen:

„Horst Stern - Ein Mann hat aufgegeben. Er war auf dem Bildschirm der erste, der uns vor Augen führte, wie schändlich wir mit der Natur umgehen. Er hat sich mit großen Konzernen angelegt und mit der Trägheit der Menschen - und allzuoft verloren. Jetzt hat er die Konsequenzen gezogen."(41)

Allerdings lassen sich die Konstruktionselemente zur Herstellung öffentlicher Tatsachen und zur denkstilgemäßen Präsentation noch präziser beschreiben; man kann sie bis auf die Mikroebene einzelner sprachlicher Äußerungen oder gar Wörter zurückverfolgen. Das Interesse am Spektakulären, Emotionalen und Persönlichen, am Sensationellen und über dem Durchschnitt liegenden Ereignis verlangt nach einer besonderen Sprache: Metaphern und Vergleiche, Augenblickskomposita, Anspielungen und superlativistische Formeln lassen sich als denkstiladäquate Sprachmittel deuten, um das an für sich eher 'schwere' Thema des Sternschen Engagements für den Naturschutz aufzulockern.(42)

Metaphern, Vergleiche:

Auffällig ist, daß die Metaphern, die in den Texten über Stern auftauchen, schon seit dem Jahre 1974 vornehmlich aus den Bereichen Sport und Krieg stammen, diesen entlehnt sind. Das heißt: die Sachfragen, um die es dem Journalisten und Schriftsteller geht, werden von Anfang an in der Metaphorik eines Privatkampfes verhandelt. Stern, „Tier- und Naturschützer ohne Maulkorb", so heißt es in einer Filmankündigung, „reitet heute abend wieder zur Attacke."(43) Er würde, meint die 'Süddeutsche Zeitung', „Kampfschriften zugunsten des bedrohten Forstes" formulieren.(44) Und das Magazin 'Brigitte' stellt fest: „Horst Stern ist noch am Ball. Und immer noch schwer am

Schicksal des Erdballs interessiert."(45) Er sei ein „Einzelkämpfer mit harten Bandagen."(46) Hier wird, schon allein sprachlich, die Richtung der Berichterstattung fixiert und die Konstruktion der öffentlichen Tatsache vorbereitet: Bleibt man den gewählten Sprachbildern treu und spinnt den metaphorischen Faden weiter, muß Horst Stern der späte Berufswechsel - vom Journalisten zum Schriftsteller - als Niederlage ausgelegt werden.(47) Aus dieser metapherntheoretischen Sicht ist es auch nicht weiter verwunderlich, daß Kriegs- und Kampfmetaphern den Gedanken an Scheitern, Rückzug und das Verlieren der Schlacht ins Leben treten lassen: Die 'Frankfurter Allgemeine Zeitung' schreibt zu seinem 70. Geburtstag vom "Abtreten eines Naturkämpfers"(48), und die 'tageszeitung' meint, Horst Stern sei doch „ein glänzender Verlierer."(49) Einleitend heißt es im Text:

„Es soll Menschen geben, die sich aus Verzweiflung über diese Welt eine Kugel in den Kopf schießen. Andere schreiben Romane und ziehen sich auf einsame Inseln zurück. Zu den letzteren gehört Horst Stern, Journalist, Schriftsteller, Tierfilmer, Umweltkämpfer und Moralist, der heute 70 Jahre alt wird. Der Rückzug in die Literatur habe ihm das Leben gerettet, sagt Stern."(50)

Augenblickskomposita, Bezeichnungen:

Die Bezeichnungen, die Horst Stern zugedacht werden, wirken emotionalisierend, frech, antiautoritär, sie tragen dem denkstilgemäßen Wunsch des Journalisten, seine Leser zu unterhalten, Rechnung. Sie stiften Gefühlsbindungen zwischen Person und Thema, Autor und Gegenstand und können die Form von Augenblickskomposita und Neologismen haben.(51) Stern wird als "Tiervater" ('Gong') bezeichnet; er gilt als ein „netter und populärer Tierpapst" ('Süddeutsche Zeitung'), als eine „Art Vaterfigur für die Umweltschützer der Nation" (die Illustrierte 'Stern'). Schon despektierlicher klingt die Rede vom „einsamen Kassandrarufer", „TV-Zoologen", „Mahner", „Naturschutzherold" ('Der Spiegel') und „Rauhhaar-Grzimek" ('Süddeutsche Zeitung'). Gemeinsam ist all diesen Etiketten die markante Gefühlsträchtigkeit, die einen sentimentalen („Tiervater") oder auch einen leicht abwertenden Touch („Tierpapst") haben kann. Ebenso bereiten diese Bezeichnungen das Motiv des Scheiterns vor, weil sie den Verantwortungs- und Zuständigkeitsradius ins Globale und Umfassende vergrößern: Stets geht es um das Gesamt einer Gattung, um die Tiere an sich, die von Stern gerettet werden sollen, oder um die Natur als solche, die zu schützen ist. Als „Vaterfigur für die Umweltschützer der Nation" kann man nur verzweifeln.

Anspielungen, Wortspiele, Variationen des Gängigen:

Oft wird in den Artikeln über Horst Stern auf seine Fernseharbeit angespielt: es dominiert das Wortspiel mit dem Namen, der gleichzeitig Titel einer Fernsehsendung ('Sterns Stunden') war. Der Name von Horst Sterns Fernsehsendung wird öffentlich durchgesetzt, er wird bekannt - und es ist dieser Bekanntheitsgrad, der erst die publikumswirksame und aufmerksamkeitserzeugende Variation gestattet. So lobt der 'Der Spiegel' den Roman 'Mann aus Apulien' als „Friedrichs Sternstunde"(52), die 'Hamburger Morgenpost' bezeichnet die 'Jagdnovelle' als „eine bärige Sternstunde"(53); ein Autor der 'Weltwoche' schreibt: „Nicht Sterns Stunde, oder doch nur zum kleineren Teil. Autor, bleib bei deinen Bären, möchte man ihm zurufen."(54) Und in einem Porträt in der 'Stuttgarter Zeitung' heißt es: „Nachrichten von einem anderen Stern."(55) Diese Variationen des Gängigen lassen sich m. E. ebenso als Realisationen denkstilspezifischer Prinzipien interpretieren - derartige Anspielungen wirken amüsierend und eventuell witzig, dienen der Leserwerbung, sie geben dem Rezipienten kleine Verstehensrätsel auf und erzeugen Aufmerksamkeit.

Superlativismus, hyperbolische Formeln:

Auch die Suche nach dem Rekord, dem Anormalen und irgendwie Überdurchschnittlichen manifestiert sich in der journalistischen Sprache, die von Hyperbeln und superlativistischen Formulierungen durchsetzt ist.(56) Horst Stern wird als „mutigster Tierfilmer" ('Hören und Sehen'), als „Deutschlands streitbarster Naturschützer" ('Der Spiegel') und „einer der bekanntesten deutschen Naturschutz-Experten" ('Hamburger Morgenpost') bezeichnet. Es werden „die bissigsten Bemerkungen aus der Sendung" für die Leser zusammengestellt ('HÖRZU'). Vorherrschend ist in jedem Fall: eine gewisse sprachliche Aufgeregtheit, die dem journalistischen Denkstil in der Art der Formulierung Rechnung trägt.

4 Schlußfolgerungen

Zu Beginn wurde Klaus Bresser mit der Formulierung zitiert: „Journalisten haben zu berichten, was ist." Die Frage nach dem 'Was' steht - erkenntnistheoretisch formuliert - im Zentrum der Ontologie: Man will das Wesen des Seins, die Wahrheit, das Gegebene erkennen. In meinen Überlegungen wurde versucht, die ontologische Frage nach dem 'Was' durch die epistemologische Frage nach dem 'Wie' zu ersetzen und nicht das zu Erkennende, sondern den vielfach bedingten Prozess des Erkennens selbst in den Vordergrund zu rücken und den journalistischen Denkstil als eine Sammlung von Wahrnehmungsregeln zu präsentieren. Die Begrifflichkeit des Autors Ludwik Fleck wurde auf die Situation der Medien übertragen, sie diente dem Versuch, die Erkenntnis- und Wahrnehmungssituation des Journalisten begrifflich zu erfassen. Der Darstellung der vorgeschlagenen Terminologie, die sich - sicherlich - noch medienspezifisch präzisieren ließe (57), folgte der Versuch, die eigenen Thesen zu exemplifizieren: die eher allgemein gehaltenen Überlegungen sollten durch ein besonderes Beispiel eine Konkretion erfahren, nicht um sie in dem alten, objektivistischen und wahrheitsemphatischen Sinne zu 'beweisen', sondern um sie zu plausibilisieren und zu illustrieren. Als Materialbasis dienten Veröffentlichungen über Horst Stern, die seinen - inzwischen wieder rückgängig gemachten - Rückzug aus dem Journalismus deuten. Die Generierung der öffentlichen Tatsache der Resignation wurde beschrieben, und es offenbarte sich eine innere Verbundenheit der verschiedenen Darstellungsebenen, die man in einem Text unterscheiden kann: thematische Konstellationen und Verknüpfungen, Präsentationsideen (z. B. in Form von Stimmungsbildern und Kontrastierungen) korrespondieren etwa mit metaphorischen Welten, die eher auf der mikrosprachlichen Ebene der Lexik anzusiedeln sind. Immer wieder galt es, einzelne Deutungen und die verwendeten Gestaltungs- und Sprachmittel mit den Elementen des journalistischen Denkstils in Verbindung zu bringen. Die Entstehung und Entwicklung einer öffentlichen Tatsache wurde nicht aus dem Gegebenen und einer subjektunabhängigen Wirklichkeit abgeleitet, sondern als Ergebnis der denkstilabhängigen Konstruktionsarbeit des journalistischen Denkkollektivs präsentiert. Wenn man, wie hier vorgeschlagen, diesen Generierungsmodus von öffentlichen Tatsachen als medienspezifisches Prinzip zugrundelegt, muß die Vorstellung, die Wahrheit sei von Journalisten (oder anderen Menschen) erkennbar, verneint werden.(58) Denn man kann, so die hier vertretene Begründung, die eventuelle Übereinstimmung zwischen einer öffentlichen Tatsache und der Wirklichkeit, zwischen dem Bild der Welt und der Welt selbst nicht feststellen, weil man nie aus dem Erkenntnisbereich (in dem es nur denkstilgemäß konstruierte Tatsachen und Abbilder gibt) heraustreten kann, um voraussetzungslos auf die Dinge zu schauen. Das heißt: Es lassen sich nur Abbilder mit Abbildern oder öffentliche Tatsachen mit öffentlichen Tatsachen vergleichen. Ob diese in einem absoluten Sinne wahr sind, ist unentscheidbar.

Anmerkungen

(1) Klaus Bresser: Was Nun? Über Fernsehen, Moral und Journalisten. Hamburg/Zürich 1992, S.12.
(2) Ebd., S.17.
(3) Zu den erkenntnistheoretischen Prämissen der Mehrheit der Journalisten siehe Siegfried Weischenberg/Armin Scholl: Konstruktivismus und Ethik im Journalismus. In: Konstruktivismus und Ethik. DELFIN 1995. Herausgegeben von Gebhard Rusch und Siegfried J. Schmidt. Frankfurt/ M. 1995. S.214-240; hier S.218.
(4) Dieser Aufsatz ist stark von jener Diskurswelt beeinflußt, die unter dem Etikett Konstruktivismus für Furore sorgt. Eine erste Einführung in den Konstruktivismus und die Übertragung konstruktivistischer Prämissen auf die Situation der Medien wird in dem Gespräch von Pörksen und Schmidt versucht, das auch weiterführende Literaturhinweise enthält. Siehe Bernhard Pörksen: „Die unaufhebbare Endgültigkeit der Vorläufigkeit." Im Gespräch mit Siegfried J. Schmidt. In: Communicatio Socialis. H. 1/1997, S.17-27.
(5) Siehe insgesamt Ludwik Fleck: Entstehung und Entwicklung einer wissenschaftlichen Tatsache. Einführung in die Lehre vom Denkstil und Denkkollektiv. Mit einer Einleitung herausgegeben von Lothar Schäfer und Thomas Schnelle. 2. Aufl. Frankfurt/M. 1993.
(6) Zu Flecks Ausdeutung des Begriffs Denkkollektiv siehe Fleck, Entstehung [vorst. Anm.], S.135.
(7) Ebd., S.5.
(8) Diese Denkstilelemente haben sich für mich aus der Lektüre journalistischer Handbücher, Beschreibungen der journalistischen Arbeitswelt und dem Studium zentraler nachrichtentheoretischer Konzeptionen und Überlegungen ergeben. Siehe etwa Walter von La Roche: Einführung in den praktischen Journalismus. Mit einer genauen Beschreibung aller Ausbildungswege. 10. Aufl. München 1987; Guido Bröer: Journalismus als Lebensform. Wege aus der Fremdheit im journalistischen Alltag. Münster 1994; Heinz Pürer (Hrsg.): Praktischer Journalismus in Zeitung, Radio und Fernsehen. München 1991, und Winfried Schulz: Die Konstruktion von Realität in den Nachrichtenmedien. Analyse der aktuellen Berichterstattung. 2. Aufl. Freiburg/München 1990. Auch meine eigenen Erfahrungen als Journalist sind in die - selbstverständlich noch spekulative und heuristischen Zwecken dienende - Zusammenstellung der Denkstil-Merkmale eingegangen.
(9) Zum Begriff der Beharrungstendenz siehe Fleck, Entstehung [s.Anm.5], S.40ff.
(10) Die Zeitungstexte, die sich mit dem Wirken und Arbeiten Horst Sterns befassen, werden jeweils mit dem Textausschnitt zitiert. Genannt werden im Nachweis: der vollständige Titel des Textes, Medium und Datum der Veröffentlichung.
(11) Den Begriff des Wirkungspotentials, der Wirkungsbehauptungen als solche kennzeichnet, entnehme ich Jörg Hennig: Die Sprache der Medien und die politische Kultur in Deutschland. Vortrag beim ersten „dpa-Gespräch im Schloß" am 18. März 1994. (Unveröffentlichtes Manuskript). S.1-14; hier S.1.
(12) Allerdings wird, wenn es um die Unterscheidung von 'Fakt' oder 'Fiktion' geht, die m. E. die alte objektivistische Dichotomie von 'wahr' oder 'falsch' ersetzen soll-

te, ein Vorschlag gemacht, wie sich die Gültigkeit von Realitätsvorstellungen auf der Basis eines relativen Wahrheitsbegriffs einschätzen läßt.
(13) Nur hingewiesen sei an dieser Stelle auf die Möglichkeit, thematische Stränge in den veröffentlichten Fernsehfeatures Sterns (Sterns Stunden. Bemerkungen über eine Urlaubslandschaft. Bemerkungen über den Rothirsch.München 1989) z. B. mit der 'Jagdnovelle' (München 1991) oder auch 'Klint' (München 1993) zu vergleichen.
(14) Die Welt vom 15.8.1980: Sterns Buch soll die Wildtiere retten.
(15) Siehe Horst Stern: Wissenschaft und Journalismus. In: Ulli Pfau (Hrsg.):Das Horst Stern Lesebuch. München 1992, S.78-94.
(16) Bild und Funk vom 8.11.1975: Jetzt hütet Horst Stern Schafe.
(17) Siehe Deutsche Zeitung vom 8.2.1974: Hühner sind ganz arme Schweine.
(18) Bild und Funk vom 15.2.1974: Der 'Krawallmacher' zieht sich zurück.
(19) Stern vom 20.7.1978: Scheiß auf die Vögel.
(20) Die Fotos, die den einzelnen Texten beigegeben sind, wurden für diese Arbeit nicht systematisch untersucht, da das verwendete Archivmaterial in dieser Hinsicht etwas lückenhaft ist. Ich möchte jedoch ausdrücklich auf die Möglichkeit verweisen, eine öffentliche Tatsache visuell durch eine entsprechende Bildauswahl zu unterstützen.
(21) 1984 gab Stern das Amt des Herausgebers der Zeitschrift 'natur' ab, um sich verstärkt literarischen Arbeiten zu widmen.
(22) Siehe Fleck, Entstehung [s.Anm.5], S.40ff.
(23) Siehe Klint [s.Anm.13], S.24.
(24) Kölner Express vom 30.10.1986: Horst Stern: Nase voll vom Naturschutz.
(25) Echo der Frau vom 10.8.1988: Horst Stern - Deutschlands beliebtester Fernseh-Tierschützer todkrank.
(26) Sterns Verhältnis, auch das zeigen die Veröffentlichungen, zu der Resignationsbehauptung ist durchaus ambivalent: Sie läßt sich durch seine Äußerungen belegen und auch widerlegen. Ich möchte nochmals darauf verweisen, daß die Verifizierung oder Falsifizierung der Verzweiflungsthese nicht Ziel und Anliegen dieses Aufsatzes ist.
(27) Manche Medien nehmen jedoch auch bewußt eine andere Position, reproduzieren die öffentliche Tatsache der Resignation mit neuen, umgekehrten Vorzeichen. So schreibt etwa die Zeitschrift 'Brigitte' in der Ausgabe vom 21.12.1992 (Titel: Horst Stern), Stern habe sich keineswegs zurückgezogen; auch seine literarischen Arbeiten dienten noch dem ökologischen Engagement. Fazit des Artikels: „Horst Stern ist noch am Ball. Und noch immer schwer am Schicksal des Erdballs interessiert. Man muß nur genau zwischen den Zeilen lesen."
(28) Berliner Zeitung vom 6.2.1993: Unsere Wirklichkeit hat etwas Rattenhaftes.
(29) Ebd.
(30) HÖRZU vom 10.1.1989: Herr Stern, warum haben Sie sich zurückgezogen?
(31) Ebd.
(32) Die Zeit vom 5.3.1993: Schwimmer gegen den Strom.
(33) Stuttgarter Zeitung vom 7.10.1989: Nachrichten von einem anderen Stern.
(34) Ebd.
(35) Echo der Frau vom 10.8.1988: Horst Stern - Deutschlands beliebtester Fernseh-Tierschützer todkrank.
(36) Daß Intersubjektivität kein absoluter Wahrheitsbeweis ist, läßt sich leicht zeigen: Verwiesen sei hier nur auf die Geschichte der Krankheit Syphilis, die Fleck in äußerst

präziser Weise nachzeichnet. Man konnte und kann sich - je nach Jahrhundert und Epoche - innerhalb einer Gemeinschaft intersubjektiv darauf einigen, daß die Syphilis die gerechte und zu akzeptierende Strafe Gottes darstellt oder eine bakterielle Erkrankung, die durchaus behandelbar ist. Siehe Fleck, Entstehung [s.Anm.5], S.3-29.
(37) Siehe hierzu auch Foersters etymologische Hinweise auf das Wort facere. Heinz von Foerster: Verstehen verstehen. In: H.v.F.: Wissen und Gewissen. Versuch einer Brücke. Herausgegeben von Siegfried J. Schmidt. Frankfurt/M. 1993, S. 282-298; hier S.291.
(38) Es sei an dieser Stelle selbstkritisch darauf verwiesen, daß nun die Begriffe 'Tatsache', 'Fakt' und 'Fiktion' in eine Beziehung gebracht werden müßten. Mein Versuch, Begriffe zu fundieren, ist in dieser Hinsicht noch nicht ausgereift. Es ließe sich vielleicht sagen, daß der Begriff der öffentlichen Tatsache als Oberbegriff zu sehen ist: Bei der Differenzierung von Fakt und Fiktion handelt es sich demgemäß um eine Differenzierung, mit der auf das Spezialproblem einer nichtobjektivistischen Realitätseinschätzung reagiert werden soll.
(39) Münchner Abendzeitung vom 9.1.1993: 'Rent a Kentaur' im Garten der Lüste.
(40) HÖR ZU vom 9.10.1992: Horst Stern - Ein Mann hat aufgegeben.
(41) Ebd.
(42) Stern meint selbst, daß das Thema der ökologischen Bedrohung im Nachrichtengestöber - „zwischen Bomben und Busen" - unterzugehen drohe. Siehe Stern Lesebuch [s.Anm.15], S. 174-178.
(43) tageszeitung vom 12.12.1974: Kein Ersatz für die Kuh.
(44) Süddeutsche Zeitung vom 11.1.1980: Horst Stern als Zugpferd für eine allgemein verständliche Kampfschrift zugunsten des bedrohten Forstes.
(45) Brigitte vom 21.12.1992: Horst Stern.
(46) Berliner Morgenpost vom 24.10.1992: Horst Stern - ein grimmiger Kämpfer für das Gleichgewicht der Natur.
(47) Zu der engen Verbundenheit einzelner metaphorischer Welten in der politisch-ideologischen Sprache (von Neonazis) und zum persuasiven Mißbrauch dieser Verbundenheit siehe Bernhard Pörksen: Feindwörter. In: Universitas. H. 10/1996, S. 965-974; hier S.971f.
(48) Frankfurter Allgemeine Zeitung vom 24.10.1992: Imponiergesten des Unterlegenen.
(49) tageszeitung vom 24.10.1992: Ein glänzender Verlierer.
(50) Ebd.
(51) In diesem Abschnitt habe ich, um unnötige Fußnotenanhänge zu vermeiden, keine präzisen Quellenangaben genannt. Allerdings wird das Medium, aus dem die Bezeichnung entnommen ist, angeführt.
(52) Der Spiegel vom 29.9.1989: Friedrichs Sternstunde.
(53) Hamburger Morgenpost vom 23.10.1989: Eine bärige Sternstunde.
(54) Die Weltwoche vom 26.10.1989: Durch die Nase des Bären.
(55) Stuttgarter Zeitung vom 7.10.1989: Nachrichten von einem anderen Stern.
(56) Auch in diesem Abschnitt habe ich aus Platzgründen auf Fußnotenanhänge verzichtet.
(57) Gewiß ließe sich die Rede von einem journalistischen Denkstil präzisieren, indem man Leserkreise analysiert, Erscheinungsrhythmen beachtet, die basale Differenzierung von Boulevard- und Qualitätsmedien vornimmt. Allerdings müßte dann

die Materialbasis stark erweitert werden, um überhaupt aussagekräftige Unterscheidungen wahrnehmen zu können.
(58) Die hier am Beispiel der Medien entfaltete Erkenntnistheorie ist selbstverständlich nicht nur für diese gemeint. Vielmehr wird vorausgesetzt, daß menschliche Erkenntnis grundsätzlich begrenzt und beschränkt ist, daß Wahrheitserkenntnis grundsätzlich unmöglich sein muß. Daß ich mich hier in die Nähe einer logischen Paradoxie manövriere, ist mir bewußt. Deshalb wird in diesem Beitrag versucht, die These von der Unmöglichkeit der Wahrheitserkenntnis nicht mit einem objektivistischen Sprachgestus zu präsentieren. Ob das in einer mit realistischen Prämissen kontaminierten Sprache überhaupt gelingen kann, ist allerdings fraglich.
(59) Ich greife hier ein Argument der Skeptiker wieder auf, das diese bereits im 6. vorchristlichen Jahrhundert benutzten. Siehe Hans Rudi Fischer: Zum Ende der großen Entwürfe. In: H.R.F./Arnold Retzer/Jochen Schweitzer: Das Ende der großen Entwürfe. Frankfurt/M. 1992, S.9-34; hier S.21.
(60) Auf den womöglich unterschiedlichen Grad intersubjektiver Gültigkeit von Realitätsversionen bzw. öffentlichen Tatsachen habe ich verwiesen.

Ludwig Fischer

Vom Nutzen einer Begabung

Der Schriftsteller Horst Stern

1 Die Option Literatur

Wenn Horst Stern über seine Kindheit und Jugend nachdenkt, kommt er zu einem merkwürdigen, ihm selbst rätselhaften Befund: Schon in der Schulzeit ist ihm eine Befähigung scheinbar zugeflogen, gewandter, freier und farbiger zu schreiben als die anderen. Im Fach Deutsch liefert er Aufsätze ab, die ihn sogar seinen Lehrern überlegen zu machen scheinen.(1) Stern findet keine Erklärung für dieses Talent. Das häusliche Milieu stimuliert seine Sprachbegabung nicht merkbar, selbst die Schule fördert ihn nicht sonderlich. Und der Junge 'verschlingt' keineswegs im Alleingang ihn anregende literarische Werke, weder Jugendliteratur noch anspruchsvolle Belletristik interessieren ihn auch nur näher. Einzig Geschichtswerke und Sagen liest er, wo immer er ihrer habhaft werden kann.(2) Horst Sterns Begabung wächst weder in der unsichtbar prägenden 'Atmosphäre' einer bildungsbürgerlichen Familie (3), noch arbeitet er früh als bemühter Autodidakt auf die Vervollkommnung einer Anlage hin. Die besondere Fähigkeit, 'gut zu schreiben', versteht und behandelt er selbst gar nicht als Ansatz für eine literarische Kompetenz. Mit dem „Impetus zu schreiben" kann der Schüler und Heranwachsende eigentlich nichts anfangen, er entwickelt daraus keine 'Laufbahn-Perspektive'. So bleibt es auch in der autobiographischen Reflexion bei der Feststellung: „Das war plötzlich da [...], und wo es herkam, weiß ich nicht."(4)

Banklehre, Arbeits- und Kriegsdienst, zunächst auch das Dasein in der Gefangenschaft drängen den Impuls zu sprachlicher Kreativität ab. Immerhin aber wählt der dolmetschende Kriegsgefangene, da die Möglichkeiten zu einem Fernstudium angeboten werden, angelsächsische Literatur im Nebenfach, und in der Lagerbibliothek entdeckt er dann die eigene Lust an der Sprache wieder, stimuliert durch die Lektüre verfügbarer Klassiker, allen voran Lessing und Lichtenberg.(5)

Es könnte nun den Anschein haben, als schwenke die Schreib-Biographie Horst Sterns auf ein symptomatisches, vielfach beglaubigtes Lebensmuster der 'Jungen Generation' ein: nach den auch geistigen Entbehrungen und Gefährdungen durch NS-Regime und Krieg nun in den amerikanischen Gefangenenlagern ein weltanschaulich-politisches und literarisch-kulturelles Erwachen, ja fast eine Art Erweckung, gezielt durch das Programm einer 're-education' gefördert.(6) Manches in Horst Sterns Entwicklung paßt auf den ersten Blick auch in dieses Deutungsmuster: Aneignung nicht nur der amerikanischen Sprache, sondern auch der Denkweisen über das Fernstudium; Lektüre der literarischen Leitbilder Hemingway und Faulkner; bald darauf erste eigene belletristische Versuche. Aber Camp Breckinridge in Kentucky war nicht Fort Getty - es bildete sich dort nicht die literarisch-politische Szene aus, die z.B. zur Gründung ambitionierter Lager-Zeitschriften wie der amerikanischen Version des 'Ruf' und zum Entstehen von Personenverbindungen geführt hatte, die einige Strukturen des literarischen Feldes in den westdeutschen Zonen entscheidend prägten.(7)

Horst Stern läßt sich also nicht der 'Jungen Generation' deutscher Intellektueller und Literaten zurechnen, die nach der Rückkehr aus der amerikanischen Kriegsgefangenschaft eine politisch-programmatisch, literarisch und publizistisch sich deutlich artikulierende Konfiguration bildeten und durchaus mit dem Anspruch auftraten, ein 'anderes Deutschland' und eine 'andere Literatur' zu vertreten.(8) In den USA ist er, was die literarisch-publizistische Szene angeht, ebenso isoliert wie nach der Entlassung in Westdeutschland. Stern veröffentlicht 1946 ein Gedicht im 'Horizont' und 1949 eine Kurzgeschichte im 'Ruf', aber weder nutzt er die Gelegenheiten, sich über die Kontakte einen ersten Zugang zum literarischen Feld zu verschaffen, noch nimmt er die Chance wahr, mit weiteren Texten eine Basis für eine literarische Laufbahn zu legen.

Das Gedicht - das einzig erhaltene von wohl mehreren poetischen Versuchen - ist eine konventionelle Etüde, gebunden in eine traditionalistische Form. Es gehört zu der reichen Flora der Bekenntnis- und Reflexionslyrik der ersten Nachkriegsjahre, die durch eine 'unzeitgemäße' Ästhetik und den Gestus der Ratlosigkeit, des existentiellen Zweifels, der Suche nach Orientierungen gekennzeichnet ist.

Der Zweifler

Die ihr gläubig zeugt
für ein Gottgesicht,
eure Scheitel beugt
seinem Hochgesicht,

voller Glück besingt
ihn, dem Schatten nie
auf die Wege springt -
lehrt mich Zweifler, wie

geb dem Wort ich Sinn,
dem Gedanken Blut ? -
Fände da ich hin,
dient' ich, leis und gut.(9)

Das Gedicht bezeugt Sterns versierte Aneignung traditionaler lyrischer Ausdrucksweisen, damit aber auch den Abstand selbst zur 'gemäßigten Moderne' etwa der Naturlyriker des 'Kolonne'-Kreises oder der Rilke- und George-Nachfolger in jenen Jahren. Der junge Autor, der eine umfassendere literarische Bildung nicht mitbrachte, hat sicher erkannt, daß seine poetischen Versuche nicht Ansatzpunkte für eine literarische Professionalisierung werden können.

Auch die drei Jahre später veröffentlichte Kurzgeschichte dokumentiert Sterns Fähigkeit, sich zeitgeschichtlich dominante literarische Ausdrucksweisen anzueignen. Sie ist in dem unprätentiösen, verknappenden Ton des an Hemingway geschulten 'Nachkriegs-Realismus' geschrieben, der in dieser Zeit sozusagen nachträglich mit der Programmatik des 'Kahlschlags' und des 'anti-kalligraphischen' Stils definiert wurde.(10) Der Text präsentiert mit stark paratakischen Konstruktionen, aus der Perspektive eines verborgen-auktorialen, aber weitgehend 'unwissenden' Erzählers ein Kriegserlebnis und verlagert dessen 'Kommentierung' ganz in die Diskrepanz von menschenfeindlichen Vorgängen bzw. ihrer zynisch-technokratischen Bewerkstelligung durch einen 'Befehlshaber' und die umgangssprachlich artikulierte Schlauheit eines Untergebenen. Er entspricht damit einer Erzählpoetik, wie sie vor allem Hans-Werner Richter favorisierte, so daß die Publikation im 'Ruf' nicht verwundert.(11)

Wiederum muß Stern gespürt haben, daß sein Geschick, etablierte Schreibweisen aufzugreifen, aus der literarischen Ambition noch kein tragfähiges Fundament für einen 'Dichter-Beruf' macht. Daß er mit der Befähigung aber nicht weiter gezielt arbeitet, ist Anzeichen dafür, daß ihm auch der dezidierte 'Wille' zum Eintritt in das literarische Feld abgeht.

Es tut sich also eine bemerkenswerte Diskrepanz auf, die Horst Stern über Jahrzehnte nicht mehr losläßt: Die Befähigung zum prägnanten, ja literarisch ambitionierten sprachlichen Ausdruck wird, obwohl der junge Mann sie mehrfach mit gewissem Erfolg in verschiedenen Genres erprobt und obwohl er sie bald als eine entscheidende 'Qualität' in seiner Berufsarbeit versteht, nicht zum bestimmenden Faktor des Werdegangs. Es wirkt fast so, als weiche Stern der Möglichkeit aus, sich über die früh als auszeichnend empfundene Begabung bzw. die im genauen Sinn literarische Professionalisierung zu definieren. Mit anderen Worten: Obwohl sich ihm Gelegenheiten boten, 'zum Schriftsteller zu werden', obwohl man ihm dies sogar freundschaftlich nahelegt (12), gibt er der Neigung nicht nach.

Daß Neigung und Ambition bestehen bleiben, verraten nicht zuletzt die Ausflüge ins genuin Literarische, die Stern auch nach dem Übergang in den Brotberuf des Tageszeitungs-Journalisten unternimmt, mit Texten für das Kabarett und mit einem Hörspiel.(13) Es bleiben 'Nebentätigkeiten'.

Man kann nach Gründen dafür suchen, weshalb Stern sein ansatzweise erprobtes literarisches Talent auf das journalistische Schreiben sozusagen umleitete. Er selbst verweist auf die Notwendigkeit, seine Familie zu versorgen. Aber die Bemerkung „[. . .] ich habe mich dann gefragt: Was ist das, ein Dichter, und was machst du damit, du mußt Geld verdienen."(14) gibt doch auch zu erkennen, daß der junge Journalist die sozio-kulturelle Definition als Schriftsteller nicht zu füllen vermag. Die 'Identität eines Dichters' bleibt ihm fraglich; auf sie hin als Möglichkeit sich zu entwerfen, wäre aber die erste Voraussetzung, um Neigung und Ambition ins Zentrum der Existenz zu rücken.

Was Stern zu jener Zeit also fehlt, ist die Sicherheit zu einer Legitimierung der Existenz aus 'kulturellem Kapital'.(15) Die Selbstverständlichkeit und innere 'Werteverteilung', die entsprechend sozialisierten Angehörigen der kulturellen Eliten eine auch riskante Selbstdefinition über eine beanspruchte Position im literarischen Feld erlaubt, hat Horst Stern nicht erwerben können - der Mangel an entsprechender 'Mitgift' schlägt tatsächlich durch. So treten Neigung und zunächst eher intuitiv erfaßte Befähigung in eine anhaltende Spannung zum Hauptberuf, der bald auch den Angelpunkt der Identität bildet: „Ich war mit Leib und Seele Journalist und sonst gar nichts."(16)

Das ihm zugefallene Talent bleibt, als dem Beruf anverwandeltes, wirksam in dem Anspruch, „besser [zu] schreiben, als die meisten Journalisten schrieben, aber mit Literatur hatte das alles noch nichts zu tun."(17) Der Verzicht darauf, die Begabung als 'geschenktes Kapital' einer schriftstellerischen Existenz zugrundezulegen, läßt sich zweifach bewerten: Angesichts der relativ offenen Gesamtlage im literarischen Feld der ersten Nachkriegsjahre hätte Stern auch mit solchen Texten, wie er sie mit den wenigen publizierten Versuchen vorlegt, gewisse Chancen gehabt, sich einen Zutritt ins Feld zu eröffnen. Sie haben den Charakter von Anfängerübungen, zweifellos, stimmen aber genau mit dem vorherrschenden Ton sowohl einer bekenntnishaften Reflexionspoesie im Areal der 'Trümmerlyrik' (18) als auch mit dem verknappenden 'Realismus' der an den Amerikanern geschulten Kurzgeschichte zusammen. Das macht verständlich, weshalb die Redakteure des 'Ruf' nachfragen, „ob ich noch andere Texte hätte".(19)

Andererseits spürt Stern, für den die reflexive Überprüfung des eigenen Tuns offenbar bald zur habituellen Selbstverständlichkeit wurde, sicherlich recht gut, daß es entbehrungsreicher und eben riskanter Anstrengungen bedurft hätte, das dokumentierte Können zu einer anerkennungsfähigen, nicht zuletzt materiell leidlich zu Buche schlagenden Profession weiterzuentwickeln.

Für diese Professionalisierung fehlten ihm, wie gesagt, entscheidende, nicht kompensierbare Ausstattungen mit 'kulturellem Kapital'.

Deshalb sollte man den langen Weg, den Horst Stern durch den journalistischen Beruf in verschiedenen Medien bis zum späten Übertritt in die schriftstellerische Existenz ging, weder von der schließlich erreichten, wenn auch ungefestigten materiellen Absicherung aus noch nach dem simplifizierenden Konstrukt der 'Flucht aus den Niederlagen des Journalisten in die Literatur' erklären. Stern gleicht, wenn man so will, die anfänglich fehlenden literarisch-kulturellen 'Mitgiften' durch sehr hohe Anerkennung, ja zeitweise eine breite Popularität im publizistischen Feld aus: Dort kann er eine markante Position besetzen, eine stabile Identität austarieren, einen Rang einnehmen, der beim Wechsel zur Literatur zumindest potentiell einen außerordentlich hohen 'Vorschuß' erbringt.

Daß der Wechsel dann zugleich auch Risiken enthält - etwa weil die 'Konsekrationsinstanzen' im literarischen Feld in ihm einen Quereinsteiger sehen, dem die Initiationen und lang erworbenen Beglaubigungen der legitimen literarischen Laufbahn fehlen -, diese Hypotheken des sehr späten Debüts wären an den Rezensionen und Kommentaren eingehend zu belegen und zu untersuchen.

Stern ist auch nach seinen literarischen Erfolgen mit dem 'Alterswerk' in besonderer Weise ein Einzelgänger der literarischen Szenerie geblieben. Nie hat er einer Gruppierung nahegestanden oder angehört, nie sich in die markierenden Rivalitäten eingemengt, nie sich in das Netz eingefädelt, das in von außen oft kaum durchschaubarer Weise Verbindungen zwischen Verlegern und Lektoren, Kritikern und Juroren, Funktionären und 'Multiplikatoren' knüpft. Stern kannte und kennt manchen Verleger, Lektor, Kritiker und Autor. Aber er hat sich auffällig strikt herausgehalten aus dem eigentlichen Literaturbetrieb, aus jener spezifischen Sphäre der über Literatur definierten Akteure. Die beglaubigte zeitgenössische Literatur ist ihm weithin fremd geblieben, noch an den moderaten Vertretern einer 'anverwandelten klassischen Moderne' (20) entzündet sich ihm kein beteiligtes Interesse. Das bedeutet nicht, daß er eine ästhetisch und konzeptionell konservative Distanz-Position einnähme. Er wird nur zeitlebens nicht zu einem jener 'existentiellen Literaten', die sich ganz und gar über die 'symbolischen Kämpfe' im literarischen Feld definieren. Deshalb hat er auch nie ein Selbstverständnis und eine Strategie entwickelt, um den 'eigentlichen' Beruf eines Schriftstellers durch publizistischen Broterwerb abzusichern, wie die meisten der ambitionierten Literaten es zu halten gezwungen waren.(21) Auch nach der hohen Anerkennung, die 'Mann aus Apulien' ihm erbringt, gehört er sozusagen nicht ganz und gar dazu. Die Stellung ist nicht zu verwechseln mit der des programmatischen Außenseiters, der - wie etwa Wolfgang Koeppen - aus der Absonderung einen besonderen Anspruch gewinnt.(22)

Horst Sterns Randstellung im aktuellen Literaturgemenge ist, vereinfacht gesagt, Ergebnis einer Situierung im Überschneidungsbereich zwischen journalistischem und literarischem Feld: Er bleibt nicht nur vielen seiner Themen - wie man so sagt - treu, sondern er nimmt den politisch-moralischen Impetus der 'journalistischen Identität' mit in die schriftstellerische hinein. Das verleiht seinen belletristischen Werken eine innere Spannung zwischen ästhetischer Ambition und sublimierter Moralität, wie sie selten geworden ist in der Gegenwartsliteratur.

2 Literarische Energie im journalistischen Schreiben

Der Verzicht auf eine früh erarbeitete schriftstellerische Position - als solchen hat Stern seinen Berufsweg im Nachhinein, unter den Vorzeichen der biographischen 'Kehre', durchaus bewertet (23) - erbringt, leicht psychologisierend ausgedrückt, für das journalistische Schreiben eine Art produktiver Widerstandsenergie: Denn ein Stück weit muß das ambitionierte Handhaben der Sprache auch gegen den Anpassungsdruck, das Ausrichten der journalistischen Texte an der Empfänglichkeit des 'breiten Publikums' behauptet werden. Was oft und oft an Sterns Arbeiten für die Presse, für Hörfunk und Fernsehen gelobt und gewürdigt worden ist - die Sicherheit und Eleganz der pointierenden Formulierung, die Kraft einer nicht selten verblüffenden Metaphorik, der Reichtum rhetorischer Finessen, die durchgearbeitete Verbindung von Genauigkeit und sprachlicher Nuancierung - , verdankt sich zum guten Teil eben einem unerfüllten Antrieb. Zugleich vermag aber Stern bei seiner journalistischen Schreibpflicht das literarische Vermögen immer wieder auch zu trainieren, ihm so viel Raum zu verschaffen, daß er auch als Schriftsteller 'wächst'. Das läßt sich zum Beispiel daran ablesen, daß die eher spielerisch-ironische Färbung, die das kunstreiche Umgehen mit der Sprache in den frühen Texten für Zeitungen, Zeitschriften und Rundfunk hat, immer mehr dem beherrschten Ernst eines kalkulierten rhetorischen Pathos' weicht. Der zunehmenden Radikalität der ökologisch-politischen Einsichten korrespondiert die anspruchsvolle, sichere Virtuosität einer kühneren Metaphorik, des schärferen Aperçus, der längeren Periode, des raffinierteren Stilwechsels, der riskanteren Wortspiele. Die Texte zu den Tierversuchs-Filmen geben dafür ebenso Zeugnis wie die späten Essays 'Das Gebirge der Seele' und 'Baum oder Zahl'.(24)

Stern erweitert auch mit vielen der publizistischen Tagesanforderungen sein literarisches Können. Deshalb erscheint der Verweis darauf zwingend, er habe 'alt' werden müssen, um seinen ersten Roman 'Mann aus Apulien' zu Ende schreiben zu können: Der 'gehobene Ton' dieses Werks, dessen Text

„aus dem Innersten dieses Kaisers" zu stammen vorgibt, setzt eine Variationsbreite des Ausdrucks voraus, aus der erst „mehrere stilistische Versuche" die angemessene Schreibweise zu finden erlaubten.(25) Über die Variationsbreite der Ausdrucksmöglichkeiten verfügt er erst mit der Entwicklung, die seine Schreibfähigkeit auf den Gefilden des journalistischen Berufs nehmen kann.

Was im journalistischen Hauptgeschäft immer wieder als Verzicht auf die 'freie' literarische Betätigung erfahren wird, vermag Stern zugleich in eine anhaltende Energie einer fortwährend reicher ausgebildeten schriftstellerischen Sättigung der zweckgebundenen Berufsarbeit zu verwandeln. Die Differenz von Ambition und Profession wird nicht abgeschliffen, im Gegenteil, sie zeitigt je länger, desto deutlicher 'Grenzüberschreitungen' vom Journalismus zur Literatur.

Aber die Lust am literarischen Schreiben durchzieht wie ein unterirdischer 'Wärmestrom' (Ernst Bloch) das gesamte Werk Horst Sterns. Die Energien aus diesem tief hinabreichenden Reservoir speisen noch die Sprachbewegung solch routinierter Pflichtarbeiten wie die Herausgeber-Kolumnen für die Segler-Zeitschrift 'Die Yacht'.

Wenn Stern ein Editorial mit dem Satz beginnt „Es ist jetzt, auf das Heft genau, zwei Jahre her, daß ich den Auftrag erhielt, der YACHT ein modernes Rigg zu geben, um sie mehr Höhe laufen zu lassen an einem Wind, der auch im Zeitungsgeschäft mehr und mehr von vorne kommt."(26) , dann ist dies ein gekonntes Spiel mit der Fachsprache der Leserschaft, dem er die tragende Metaphorik für den ganzen Artikel abgewinnt. Aber eben diese gekonnte, hier ganz lockere Artistik wird in anderen Herausgeber-Spalten energischer und kehrt die reflektierte sprachliche Ambition heraus, die zwischen „wissenschaftliche[r] Kürzel" und „populäre[m] Kitsch"(27) einen nuancierten Ausdruck für die Sensibilität auch gegenüber den Naturerscheinungen wie den gesellschaftlichen Vorgängen fordert wie demonstriert. Der Aufmerksamkeit für den besonderen sprachlichen Ausdruck entspricht - zugleich mit der genauen Reflexion über den Standort des Blattes und die Verfassung der Klientel - die Wahrnehmungsfähigkeit für signifikante soziale und ökologische Vorgänge. So kann Sterns sprachliches Vermögen gewissermaßen auch als Indikator des immer stärker aktivierten politisch-moralischen Engagements gelesen werden.

Freilich hat die literarische Ausdrucksweise im allgemeinen Bewußtsein eine eher gegenläufige Richtungsenergie: Ihr ist in besonderem Maße die Artikulation des Persönlichen, ja der je individuellen 'inneren Wahrnehmung' zugewiesen. Literatur ist per definitionem die 'sprachliche Fassung der Welt nach dem Durchgang durch ein Gemüt'. So neigen Sterns publizistische Texte dort am meisten der Literatur zu, wo das 'Innere der Person' verstärkt zu Wort kommen darf. Das steht dem sachbezogenen Informationsgebot des Metiers entgegen.

Daher ließ in all den Jahren des journalistischen Hauptberufs Stern die Quellen seines literarischen Vermögens nur ganz selten an der Oberfläche fließen, mit Texten, von denen er halb entschuldigend, halb stolz sagte, daß sie „bei aller wissenschaftlichen Faktizität doch das Subjektive, das Literarische wohl auch, hart streifen."(28) Es waren, bezeichnenderweise, fast ausschließlich Reiseberichte und in die Wissensvermittlung eingesprengte Erlebnisschilderungen, in denen er dem Erzählerischen partienweise Raum gab und das Bilderreiche seiner Sprache zu kühnen Kombinationen, aufleuchtenden Metaphern verdichtete.

Der Text 'Bemerkungen zur See', 1968 für den 'Kosmos' geschrieben, gibt ein illustratives Beispiel für solche Anreicherungen publizistischer Arbeiten mit dem literarischen Unterstrom. (29) Hier montiert Stern Auszüge aus dem Logbuch, das er - inzwischen zum Hochsee-Segler avanciert - zeitweise geführt hat, mit beinahe klassisch 'naturkundlichen' Wissensbeständen zu Seegang, Wellendynamik und Brandungswucht. Das Logbuch - es muß leider als verloren gelten - gehörte zu den 'privaten Papieren' des Horst Stern; den nicht selten pedantischen journalistischen Berufsschreiber in sich konnte er an der Kaimauer zurücklassen und am Kajütentisch den Schemen Joseph Conrads begrüßen: Das elementare Erleben auf See wollte erzählt werden. Die Auszüge demonstrieren, wie ambitiös dieses private Erzählen aber angelegt wurde, mit gedrängten Folgen sprachlicher Bilder, mit einem Großaufgebot von anreichernden Adjektiven, mit beglaubigenden Zitaten, mit Anspielungen auf Homer, mit ironischen Lichtern. Es wirkt, als sei das Logbuch eine verborgene, auch späterhin unterdrückte Kladde gewesen, in der Stern das 'freie Schreiben' erprobte, das ihm die Anforderungen des Brotberufs nicht erlaubten.

> „R. kam den Niedergang herauf an Deck, schwerfällig in Ölkleid und Seestiefel, den Sextanten in der Hand, die wasserhellen Augen unter dem weißen Haar beutelustig auf die unseren Schiffsort verheißende Venus gerichtet, die im Morgengrauen gelb und groß wie ein aufkommendes Dampferlicht über unserem schäumenden Kielwasser schwankte. 'Wer das Alter der Erde erfahren will, der schaue bei Sturm auf die See!' Er schrie mir das Conrad-Zitat mit dem Winde zu, Ironie gegen das Pathos der hochgehenden See setzend."(30)

Aber in dem 'Kosmos'-Beitrag durchtränken die Passagen aus dem literarisch eingefärbten Logbuch, die Stern abzudrucken sich gestattete, sozusagen die eher trockenen Partien der Wissensvermittlung. Auch wo er zusammengeholte Informationen aus der Physik der Wasserbewegungen und der Meteorologie arrangiert, gerät er immer wieder ins Erzählen, gibt gar Emotionen des recherchierenden Berufsschreibers preis.

„Während der Wellenkamm vorwärts stürmt, bewegen sich die Wassermoleküle mit ihm in dieser Richtung, aber schon im Wellental werden sie durch den Einfluß der Schwerkraft der Erde rückläufig. Die tatsächliche Versetzung der Wasserteilchen in der Richtung der Welle ist nur gering. Wäre es anders, keine Küste hielte dem Ansturm der Wassergebirge stand.
Es ist schon so schlimm genug."(31)

Das Bildhafte am Sprachgewand seines Wissenschaftsjournalismus findet sich allenthalben in Sterns Texten. Manchmal bekommt dieser belebende Redeschmuck sogar etwas Angestrengtes, wirken die herbeigeholten Metaphern forciert. Aber in einem Stück wie den 'Bemerkungen zur See', die das auflockernde Frage-Antwort-Spiel und das anekdotisch Informierende anderer Texte jener Zeit ja auch enthalten, reißt der partienweise offengelegte, erlebnishafte Energiefluß des Mitgeteilten den Stil der informativen Partien mit, indem Stern nicht nur gekonnt formuliert, was er weiß, sondern auch erzählend veranschaulicht, welchen Erlebnissen, welchen Erfahrungen mit sich selbst das Wissen aufliegt.

Solche erzählerischen Schübe, die zum Literarischen hin öffnen, konnte Stern am ehesten in Reiseberichten vor sich und den Redaktionen rechtfertigen. Er schloß damit ja auch an die beglaubigten Traditionen älterer und neuerer Reiseberichte an, die seit je ein Zweig der anspruchsvollen Literatur sind. Die 'Kosmos'-Redaktion und dann der Verlag Delius Klasing boten in den sechziger und siebziger Jahren Stern viele Gelegenheiten zu Reisen in nähere und ferne Weltgegenden. Manche dieser Reiseerfahrungen sind der Stoff eigenständiger Texte geworden wie 'Lanzarote' oder 'Antarktis'.(32) Der Antarktis-Text zum Beispiel verschiebt nicht nur das Genre der wissenschaftsjournalistischen Erkenntnisvermittlung hin zum anekdotisch verdichteten Erzählfluß, sondern reichert es auch noch an mit den persönlichen, quasi bekenntnishaften Mitteilungsformen aus Erlebnisbericht und hochreflexivem Tagebuch. Was in frühen Texten Sternscher 'Tierkunde' noch eine Plauderei aus eigenem Erleben ergibt, wird nun, von unverkennbar literarischer Energie durchzogen, zugleich mit der informierenden Narration vom 'Kontinent der Spekulation' zum Erkunden auch des eigenen Inneren, in einem stellenweise kaum verdeckten Pathos. Mit Mitteilungen vom Albatros schließt der Text, sich auf einen Forscher beziehend, „dessen Welt gemeinhin aus hochinteressanten Knochen gefügt ist", der aber nach dem Anblick des Vogels „einer höheren Ordnung von Menschen" angehören will:

> „Seit ich ihm auf den Falklands beim Brüten auf Armlänge gegenübersaß, kann ich das höhere Lebensgefühl Murphys begreifen. Wer den Luftzug der Schwingen dieser legendären Ozeanflieger auf der Wange spürte, kommt als ein anderer heim . . ."(33)

Die Bindung der literarischen Ambition an solche Erlebnisgründe hat Stern dann auch, relativ spät, in den Ansatz zur wissenschaftlichen Arbeit selbst hinübergenommen. In dem zweifellos anspruchsvollsten 'tierkundlichen' Projekt, auf das er sich je eingelassen hat, in dem Buch über die Spinnen ('Leben am seidenen Faden'), finden sich erzählende Textblöcke, die auf den ersten Blick der strengen Wissenschaftsprosa des übrigen Werks fremd gegenüberstehen. Diese Textblöcke schließen thematisch und stilistisch direkt an die literarisch aufgehöhten Reiseberichte an. Stern gibt zu verstehen, daß sie beim Verlag und bei manchen Lesern Befremden verursacht haben.

Aber mit diesen Bestandteilen des Buches erreicht Stern, daß er - ohne je die Absicht verfolgt zu haben - Reflexionen aus neuester Wissenschaftstheorie und Wissenschaftsgeschichte auf erzählerische Weise in das Buch hineinholt: Er macht die Verfassung der Forschenden selbst mit zum Thema, bis hin zu ihrer kruden Körperlichkeit, dem Essen und Trinken und Schlafen.

Zum Beispiel wird von der Ankunft auf Sardinien erzählt:

> „Der erste Gang war deprimierend. Hatte mich bei allen vorausgegangenen Mittelmeerreisen der erste Weg nach der Ankunft stets ans Meer geführt, zur Gewöhnung von Ohr und Lunge an die atmende Körperhaftigkeit der See, zur Einstimmung auf kommende mediterrane Tage, so endete ich diesmal nach wenigen Schritten aus dem strandnahen Hotel in einer verwahrlosten, vom Autoverkehr fast gestreiften Opuntienhecke, den Blick, statt geweitet von Himmel und Meer, verengt auf der Suche nach *Cyrtophora citricola*."(34)

Die gewandelte Perspektive zwingt auch zu verändertem Ausdruck: „Neue Sprachfacetten blitzen auf." Entscheidend ist aber, daß die Narration ganz unmittelbar den wissenschaftlichen Antrieb mit der Reflexion auf die eigene Zuständlichkeit verbindet:

> „Das Nichtdenken, das vegetative Dämmern hinter selig geschlossenen Augen, das mich auf früheren Reisen ans Mittelmeer in den ersten ruhigen Momenten der Ankunft stets befallen hatte, ist auf Gängen zu den Spinnen ausgeschlossen.
> Meine Depression weicht. Ernst Kullmann, den nur die Spinnen noch

mehr zu beflügeln vermögen als die Aussicht auf ein gutes Essen, ist zufrieden mit mir, als er sieht, daß ich die erste *Cytrophora*, wenn auch mit vorsichtigen Fingern, ins Glasröhrchen klopfe. Wir sind da, heiter angepaßt an Sardinien schon in der ersten halben Stunde."(35)

Was wie eine literarisch versierte Lockerungsübung in der Masse der Wissenschaftsdarbietung gelesen werden könnte - und vielleicht auch so gedacht war -, zieht dem Buch doch zugleich eine zweite Ebene ein, von der aus der blinde Fleck konventioneller Wissenschaft aufgefüllt wird und zu leuchten beginnt: die Anwesenheit der forschenden Subjekte im Prozeß des Suchens und Erkennens.(36)

Stern weiß, daß die rigorose Spaltung, die den klassischen sog. empirischen Wissenschaften axiomatisch zugrundeliegt - die Abtrennung der forschenden und erkennenden 'res cogitans', sei es als 'Vernunft' oder 'Bewußtsein' oder 'Erkenntnisvermögen', von der 'res extensa', der im Wissengewinn negierten Leiblichkeit, nur in einer anderen Sprachform als dem legitimierten Fachidiom oder der daran orientierten Prosa des Wissenschaftsjournalismus aufgehoben werden kann. Deshalb erzählt er; deshalb führt er den 'Forschungsbericht' wenigstens partienweise hinüber in die literarische Redeweise, die beglaubigte Ausdrucksmöglichkeit für das 'innere Erleben'.

Daß Horst Stern in demjenigen Buch, das ihn der immer insgeheim ersehnten eigenen wissenschaftlichen Arbeit am nächsten bringt, zugleich der literarischen Fähigkeit am weitesten nachgibt, hat eine zwingende Logik. Denn er setzt damit in die Schreibpraxis um, was sein durchaus ambivalentes Verhältnis zu den Naturwissenschaften immer bestimmt hat: Sind sie auf der einen Seite zwingend gebotenes und allein verläßliches Mittel zum Erlangen der notwendigen Kenntnisse, so bewerkstelligen sie im gleichen Zuge eine unerträgliche und regelrecht destruktive Reduktion der Wahrnehmung von 'Natur'.(37)

Die erzählerischen Textpartien in dem Buch 'Leben am seidenen Faden' enthalten daher eine immanente Problematisierung und Kritik der praktizierten und dokumentierten Forschungsarbeit. Man kann darin sehr wohl eine avancierte, wenn auch nicht methodisch-programmatische Bearbeitung von grundlegenden Problemen der wissenschaftlichen Erkenntnisweisen und ihrer sprachlichen Vermittlung sehen. Stern erreicht, ansatzweise und keineswegs bereits durchreflektiert, eine wissenschaftskritische Position für den Sektor der Naturwissenschaften, wie sie z.B. für die 'verstehenden' Disziplinen der Ethnologie und der Geschichtswissenschaften spätestens mit dem sog. 'linguistic turn' in den siebziger Jahren zum zentralen Diskussionsfeld gehört.(38) Daß trotz dem Eingang, den der 'subjektive Faktor' in die Theorien und Methodologien der Naturwissenschaften ja längst gefunden hat, die mit Sterns erzählerischem Ansatz markierte, essentielle Frage der wissenschaftlichen Wahrnehmung bislang nirgends in die systematische Reflexion hineingeholt worden ist, darf nicht verwundern: Zu ihr hat wohl überhaupt nur Zugang, wer ein Stück weit außerhalb des eigentlichen wissenschaftlichen Feldes steht und mit der Repräsentation von Wahrnehmung in Erzählung vertraut ist.

Stern ist mit seinem Roman 'Mann aus Apulien' Jahre später auf anderem Weg den erfaßten Fragen weiter nachgegangen: Zentrum der erzählerischen Fiktion ist dort ja die Wahrnehmung der eigenen Leiblichkeit bei dem Mann, den Stern als einen frühen Vorläufer neuzeitlicher Naturwissenschaft sieht.(39)

Die Linie der Reiseberichte, die für Stern im journalistischen Hauptgeschäft fast die einzigen Zonen boten, wo seine literarischen Kräfte freier an den Tag treten konnten, setzt sich bis in die späten Jahre fort: Die großen, ins Essayistische hinübergeführten Texte über Montserrat (Portugal) und Triest (40) sind dann schon offenkundig Vorstudien zu Romanen. Sie thematisieren die mit diesen Orten verbundene literarische Tradition denn auch in herausgehobener Weise.

Als sie erscheinen, hat Stern schon den scheinbar abrupten Wechsel ins literarische Feld vollzogen, den ihm nicht wenige Weggefährten aus der ökologischen Bewegung verübelt haben und der vielfach mit dem Stereotyp der Altersresignation interpretiert wurde.

3 Lebens-Romane

Abrupt ist der Wechsel ins literarische Feld schon deswegen nicht, weil Stern ja aus dem Zug zum Literarischen nie einen Hehl gemacht hatte. Aber die Entstehungsgeschichte des ersten Romans, der in einem Lebensalter erscheint, da mancher Beamte sich pensionieren läßt, reicht bis in die ersten Jahre der journalistischen Arbeit zurück: Eher zufällig gelangte ein Turmfalke zum 'Tierfreund' Horst Stern (41), und aus dem Interesse für den Vogel wurde die Beschäftigung mit der Falknerei. 1960 schon hatte Stern das epochemachende Lehrbuch des mittelalterlichen Kaisers über die Falkenjagd gelesen, und die Faszination durch diese ferne historische Gestalt hatte begonnen.

Der Plan, ein Buch nur über die naturkundlichen Erkenntnisse des Staufers zu schreiben, erwies sich als unangemessen. Um die monumentale 'Gesamtperson' des Kaisers in einen literarischen Entwurf zu fassen, fand Stern aber noch nicht den Ermöglichungsgrund. Zwar konnte er sich im Lauf der Jahre weitläufige Kenntnisse über Friedrich und seine Zeit anlesen, die bis in Details der Reichspolitik und in Subtilitäten der Theologie reichten. Den Schlüssel, der ihm eine groß angelegte literarische Phantasie 'aus dem Inneren des Kaisers' eröffnet, findet er jedoch erst im Alter: eben mit dem eigenen Erleben des Alterns.(42)

Der Roman räumt deshalb der Selbstwahrnehmung des alternden Herrschers so viel Gewicht ein. Die Beobachtung der eigenen Körperlichkeit ist verbunden mit den Reflexionen über einen drohenden Zerfall des Reiches, vom Alter her richtet sich der Blick auf die Jugend und die Jahre der 'Manneskraft'. Zweifel, Selbstbefragung, ja Selbstanklage werden mit Zeichen des körperlichen Verfalls zusammengesehen. Und am Ende verknüpfen sich in den großen Fieberphantasien des todkranken Imperators visionär Reichspolitik, Leiblichkeit und Falknerei - 'die Kunst mit Vögeln zu jagen', lebensgeschichtlicher Springquell des ganzen Werks, hat im vollendeten Roman die zentralen Großmetaphern freigesetzt, mit denen das Buch beginnt und schließt.

Horst Stern hat das klassische Problem des historischen Romans - die erzählerische Behauptung eines 'Wissens', das mit der fiktiven Vergegenwärtigung des Vergangenen präsentiert wird - auf souveräne Weise gelöst: indem er auf das in dieser Radikalität selten gehandhabte Modell der fingierten Autobiographie einer geschichtlichen Figur zurückgreift. Die unerläßliche 'Präsenz einer Erzählinstanz in der Vergangenheit'(43) wird nicht über einen allwissenden oder personalen, wenn auch verborgenen Geschichts-Erzähler konstruiert, sondern durch die Verlagerung der Erzählung auf die 'historische Stimme'. Stern benutzt dafür die beglaubigten Genres der - freilich fingierten - Lebenserinnerung und des Tagebuchs bzw. der diarischen Reflexion, zu denen die extrem 'präsentischen' Modi des Traumnotats und des 'inneren Monologs', die Schreibstrategie noch radikalisierend, hinzutreten. Die Mischung dieser Erzählverfahren ergibt einen aus unterschiedlichen 'Haltungen' produzierten Text: „Die privaten Papiere des italienischen Staufers Friedrich II.", so der Untertitel des Buchs, lagern in lebensgeschichtliche Rückblicke die unmittelbar gegenwärtigen Reflexionen und Aufzeichnungen ein, schieben sie ineinander, so daß die erzählte Gestalt - als Bestandteil von Geschichte - zum präsenten Erzähler wird.

Das Verfahren konkretisiert sich im Sprachgestus selbst: Das 'Nacherzählen' einer historischen Ausdrucksweise, bis hin zum Erfinden bislang unbekannter Gedichte des mittelalterlichen Lyrikers Walther von der Vogelweide, verbindet sich fast mühelos mit dem 'state of art' moderner Literatur.

So erstaunlich sicher der späte autodidaktische Debütant Stern die Mittel gebraucht, mit denen er einen genuin modernen historischen Roman schreibt, die Fatalitäten konventioneller 'Erzählungen aus der Geschichte' weit hinter sich lassend, so hoch ist der Preis, den er bei der Leserschaft dafür zahlt: Selbst die professionelle Kritik verkennt zuhauf die grundsätzliche, strukturelle Differenz nicht nur zwischen 'empirischem Autor' und in der Rezeption entworfenem 'idealen Autor', sondern sogar zwischen fingiertem Autor (hier: Friedrich II.) und 'idealem Autor'.(44) Immer wieder wird über die Kongruenz der Innensicht des staufischen Kaisers mit den Gedanken und Gefühlen des Horst Stern spekuliert.(45) Immer wieder verstellt die törichte Verkennung der artistischen Konstruktion den Blick auf die faszinierende Leistung des Buchs: daß Horst Stern mit seinen Darstellungsweisen eine außerordentlich ernsthafte, gleichwohl kunstvoll-spielerische Lösung des Problems erarbeitet hat, wie Geschichte als gegenwärtige und entsprechend Gegenwärtiges als in Geschichte 'enthalten' erzählt werden könne.

Aber die Erzählkonstruktion ist noch in anderer Weise aufschlußreich: Stern verleiht den fiktiven autobiographischen Papieren, den Selbstverständigungsprotokollen, die „aus dem Innersten dieses Kaisers heraus" (46) entsprungen zu sein vorgeben, über weite Strecken gerade nicht den Charakter reflexiv-'selbstbeherrschter' Aufzeichnungen. Vielmehr läßt er die historische Figur vor allem Obsessionen und quälerische Introspektionen notieren, 'zügellose' Phantasien und impulsive, manchmal geradezu zwanghafte Erinnerungen, assoziative Gedankenketten und hybride Bespiegelungen, zum Ende hin schließlich die großen Fieberträume eines auch in der 'Seele' tödlich Erkrankten. Mit dieser Konzeption setzt Stern ein für ihn entscheidendes Problem produktiv um, das er selbst genau benannt hat: die Zensierung seines literarischen Vermögens durch die zum Habitus gewordene journalistische Routine.

> „Ich bekam [...] regelrecht halluzinatorische Zustände, morgens zwischen 3 und 4 Uhr, wenn ich eigentlich gar nicht mehr wußte, was ich da schrieb. Ich hatte mich freigemacht von diesem journalistischen Zwang, der mich mein Leben lang beherrscht hatte: 'Kannst du das beweisen, wenn es justitiabel wird? Und steigert das die Auflage? Was sagt dein Chef dazu?' Das hatte ich von mir weggeschoben, und ich ließ einfach laufen, was mir in den Kopf und in die Finger kam. Schlimm wurde es dann immer nur am nächsten Vormittag, wenn ich las, was ich in der Nacht getippt hatte. Dann war ich halbwegs ausgeschlafen, und da saß mir der Journalist wieder auf der Schulter und nörgelte an mir herum."(47)

Es muß auffallen, daß Horst Stern dort den größten 'Mut zur Sprache' findet, wo er seine Figuren in außergewöhnliche, ja bedrohliche Gemütszustände versetzt. Das ist so bei den Träumen und Fieberphantasien des Staufenkaisers, und das gilt in noch höherem Maße für den Journalisten Klint im gleichnamigen Roman. Dessen berufliche und privat-intime Identität, wesentlich über die Sprache und das Schreiben gesichert, zerfällt im schließlich klinischen Sinne, mit der schizophrenen Spaltung. Die grundlegende

Konstruktion des Romans besteht darin, die aufgefundenen Notizen und Berichte des in der Meditation erfrorenen Journalisten in der Schwebe zwischen nachprüfbarem Erlebnisbericht und immer grelleren, wüsteren Phantasien eines 'Verwirrten' zu belassen. In der erzählerischen Füllung ungeheuer großräumiger Metaphern - z.B. von der 'Sodomie' eines pervertierten Naturverhältnisses, von der Staffage eines Arkadien der Natursehnsucht, von den kentaurischen Chimären manipulierter Geschöpfe - gelingt es Stern, in der Verzweiflung eines sensiblen Menschen, der das Innere seiner Haut nach außen gewendet fühlt, einen beispiellosen literarischen Ausdruck für die „Hochrechnung" seiner ökologischen Ängste und Erwartungen zu finden.(48)

Das Buch ist ihm selbst nicht ganz geheuer. Kein Wunder, hat er sich dort doch am weitesten vorgewagt auf das gänzlich ungesicherte Terrain der halluzinatorisch erschriebenen Phantasien. Er mußte sich offenkundig den Kopf eines 'Kranken', eines von der Welt in der Seele Verstörten erfinden, um einen legitimen Ort für die kühnen Bilder, für die hochfliegenden sprachlichen Fügungen, für das visionär Fabulierte zu erreichen.

Darin läßt sich ein Grundkonflikt erahnen, in den Sterns literarische Ambition eingebaut ist: Sie ist von früher Jugend an bis ins hohe Alter, bis zum Erfolg des ersten Romans, nie 'beglaubigt' worden, auch wenn in den ersten Nachkriegsjahren ein Gedicht und eine Kurzgeschichte gedruckt, ein Hörspiel gesendet worden sind. Stern war, wie gesagt, auch als Literat immer 'Autodidakt', hat nie die Feuertaufen und Weihen der Schriftsteller-Karriere, den Eintritt in die literarische 'Szene' gesucht.

Für ihn selbst stand die literarische Begabung, derer er sich eigentlich sicher war und aus deren Potential sich auch seine journalistische Sprachkunst speiste, lange Zeit unter dem Verdacht, nichts 'Gewisses', Verläßliches, Geltung Beanspruchendes hervorzubringen. Erst als er sich sagen konnte, er habe lange genug sein Können auf dem Feld des sicher Gewußten, des gut Recherchierten bewiesen, er habe wahrhaftig genug Energie in die öffentliche Argumentation für die richtige Sache gesteckt, erst da gab er dem zurückgehaltenen Bedürfnis nach, die Überzeugungskraft seiner Phantasien zu erproben. Am wenigsten 'angreifbar' aber mögen diese Phantasien erscheinen, wo sie als Ausdruck eines inneren Zustands fabuliert werden, der rationaler Kontrolle mehr oder weniger entrückt ist.

Der Konflikt ist ihm bei der schriftstellerischen Arbeit geblieben. Auch für diese grundlegende Konstellation hat Stern in 'Klint' die beispielhafte literarische Ausgestaltung gefunden: Die fiktiven Texte des unglücklichen Journalisten, die immer stärker unter dem Verdacht der krankhaften Phantasie stehen, werden von einem zweiten Journalisten gefunden und herausgegeben, der berufsmäßigen Abstand zu wahren sucht und doch ein gutes Stück in den Sog der erschreckenden Visionen gerät.

Die Figur des namenlosen Journalisten notiert am Ende des Romans, das Zusammenstürzen der Distanz-Konstruktion eingestehend:

> „Die Wahrheit verlangt es an dieser Stelle, mein Unvermögen einzugestehen, weiter von innen heraus aus einem Menschen zu berichten, dessen Leben offensichtlich einen Punkt erreicht hatte, den man in der Sprache der Flieger den Point of no return nennt, ein Ort dies, der jeden Gedanken an eine Rückkehr ausschließt und auch den Weg nach vorn mit der Wahrscheinlichkeit des Scheiterns behaftet [...]"(49)

Diese Passage enthält eine bemerkenswerte Unschärfe: Der Journalist, der die Texte „mitteilt", sie mit kurzen Zwischenbemerkungen herausgibt, hat seinen Versuch, „eine zeitliche Lücke" im Text durch eigene „Rekonstruktionen" - d.h. 'Einfühlungen' in den recherchierten Klint - zu schließen, wieder aufgeben können, als er den Punkt in der Spurensicherung nach Klint erreicht, an dem „auch sein Text wieder ein[setzt]."(50) Dennoch schreibt der Editor-Erzähler nach dem wiedergegebenen Text die zitierten Sätze auf, obwohl er soeben gerade nicht mehr „von innen heraus berichtet" hat.

Zwischen einigen wenigen Wörtern macht sich an dieser Stelle die Mechanik der Konstruktion bemerkbar: Es ist ja der 'empirische Autor', der über Klint „von innen heraus" berichtet und der den nachforschenden Journalisten nur eingeschaltet hat, um sowohl Distanz zur fortschreitenden „Verwirrung" der erschriebenen Figur halten zu können als auch eine beschreibbare Objektivierung des eigenen, andauernden Produktivitätskonflikts zwischen 'freier' literarischer und 'kontrollierter' publizistischer Arbeit zu gewinnen.

Die gesamte Konzeption des Romans ist darin in höchstem Maße authentisch, daß sie die konfliktuöse Praxis des literarischen Schreibens nicht bloß in die Figur des Klint einbaut - mit dessen zwei „Schreibsträngen", dem mehr und mehr verabscheuten journalistischen und dem literarischen, „spekulativen".(51) Vielmehr verdoppelt Stern diese Divergenz, indem er den namenlosen Journalisten an ihr 'scheitern' läßt, obwohl das Buch abgeschlossen wird: Bei seiner „an Fakten orientierten und von Recherchen getragenen" (52) Arbeit muß dieser sein „Unvermögen" eingestehen, das 'Innere' Klints zu rekonstruieren - aber nur das könnte wirklich Aufschluß über die verborgenen Gründe und die erfahrenen Befindlichkeiten bei der in den Tod führenden „Verwirrung" erbringen.

'Klint' hat, von dieser Konstruktion her, mit 'Mann aus Apulien' auch noch ein weiteres gemeinsam: In beiden Büchern werden die Figuren nicht 'psychologisiert'. Gerade weil die Texte als Notate 'aus dem Inneren' angelegt sind, fehlt ihnen nahezu jeder Einschlag einer erklärenden Psychologie. Deshalb ist wiederum eine Rezeption unangemessen, die - so ist es bei beiden Romanen zur Genüge geschehen - von einer tölpelhaften und nicht selten dreisten Psychologisierung des Autors aus sich der offensichtlichen Provokation zu entziehen versucht, die in dem nicht Erklärten, dem konsequent die Innenperspektive beibehaltenden Schreibmodus besteht.

Der Verzicht auf 'erzählte Psychologie' ist in 'Klint' um so auffälliger, als der Protagonist ja direkt in die Psychiatrie-Szene hineingeführt wird: Die Recherche rekonstruiert aus Protokollen, Aussagen von Ärzten und aus Selbstbeobachtungen Klints Schübe einer psychischen Erkrankung, deren äußere und innere Symptome faßbar sind, für die aber keine Deutung geboten wird.

Dadurch erreicht Stern zum einen, daß die Leser in hohem Maße herausgefordert werden. Ihnen bleibt die Beruhigung bei einer konventionellen Erklärung der dokumentierten Verstörung verwehrt. Sie haben daher kaum eine andere Wahl als die zwischen Abwehr und 'Eintauchen'. Auch das belegt die faßbare Rezeption des Buchs. Die Distanzkonstruktion des recherchierenden Journalisten ist, wie erwähnt, dort aufs Scheitern hin angelegt und bietet zwar eine zweite, Haltepunkte versprechende Textebene, enthält aber eine Absicherung aus erklärendem Verstehen gerade nicht. Wiederum wird diese Anlage des Ganzen von Stern auf eine bestechende Weise in den Textcharakter selbst eingeschrieben: Der Journalist scheitert eben auch bei seinem Bemühen, zwischen 'Fiktion' und Erlebnisbericht, zwischen stilisierter Phantasie und authentischer Reflexion, zwischen artistischer 'Täuschung' und glaubhafter Niederschrift bei Klints Texten zu unterscheiden.

Die beiden großen Romane ähneln einander also in der rigorosen Beschränkung auf eine Innensicht, in der das verstörende Treiben von Phantasien, Träumen, halluzinatorischen und wahnhaften Zuständen überwiegt.

Bei 'Klint' gelingt Stern dadurch auch eines der ganz wenigen bedeutenden und überzeugenden literarischen Kunstwerke im trend der aktuellen Textproduktionen zur 'ökologischen Apokalypse'. Er verfaßt eben gerade nicht eine 'Warnliteratur', die das befürchtete 'Ende der Menschheit' oder gar den 'Weltuntergang' fiktional vorauszuerzählen versucht.

Seit den siebziger Jahren kamen immer mehr der unterschiedlichsten Texte auf den Markt, die aus den massiven Indizien für eine globale Krise des menschlichen Naturverhältnisses und der 'Systemregulationen' des Naturhaushalts überhaupt eine mehr oder weniger nahe bevorstehende ökologische Katastrophe prognostizierten. Epochemachende Vorläufer für die Beiträge zu einer erneuerten 'Apokalyptik' (52) waren zum Beispiel Rachel Carsons 'Der stumme Frühling' (1962) (53) und Ehrlichs 'Der lautlose Tod' (54) oder auch Farley Mowats 'Der Untergang der Arche Noah' (55). In der Bundesrepublik erschienen dann nicht nur zahlreiche Sachbücher, die entweder 'Die letzten Jahre der Menschheit' aus den Fakten der Evolution und der Zivilisationsgeschichte extrapolierten (56) oder den anthropogenen Zusammenbruch der Biosphäre argumentativ entwarfen. Das wohl bekannteste und wirkungsträchtigste Buch dieser Art war Hoimar von Ditfurths 'So laßt uns denn ein

Apfelbäumchen pflanzen'.(57) Alsbald beschäftigten sich auch die Sozial- und Kulturwissenschaften von unterschiedlichen Urteilsgründen aus mit den 'destruktiven Potentialen' der zivilisatorischen Entwicklung.(58)

Es konnte nicht ausbleiben, daß spätestens nach dem Ende der 'atomaren Bedrohung' - auf die seit dem Zweiten Weltkrieg die Beschäftigung mit der „Apokalypseblindheit" der Zeitgenossen sich konzentriert hatte (59) - auch auf dem Feld der fiktionalen Literatur sich Texte zur 'ökologischen Apokalypse' mehrten. Die meisten von ihnen suchten das Eintreten katastrophaler Ereignisse auszuphantasieren, wie z.B. Anton-Andreas Guha mit der Konstruktion eines fiktiven Tagebuchs.(60) Zumeist handelten sich diese Erzähltexte damit nicht nur die Unwägbarkeiten der wissenschaftlichen Prognostik ein, auf der sie aufbauen, sondern auch fundamentale Probleme der narrativen Vergegenwärtigung zum Teil langwieriger, verdeckter Prozesse.(61)

Literaturkritik und Literaturwissenschaft äußerten sich bald ironisch bis sarkastisch zu den erzählten 'Visionen' diverser Weltuntergänge.(62) Aber es gab auch Autoren, die zwischen dem populärwissenschaftlichen Sachbuch und der mehr oder weniger konventionellen Narration andere Textformen entwickelten, die das Thema der evolutionsgeschichtlichen bzw. ökologischen Katastrophe provokativ darzustellen erlaubten.(63) Inzwischen ist dieses Thema längst zum Tummelplatz philosophischer Erörterungen und prognosekritischer, nicht selten zeitgeistiger Einlassungen geworden.(64)

Horst Stern wählt einen ganz anderen Erzählmodus, um die 'Hochrechnung seiner Ängste' (65) literarisch darstellbar zu machen: Er vermeidet jedes Ausbuchstabieren möglicher 'Katastrophen', ja sogar der als Erfahrungsgrund angespielten bedrohlichen Entwicklungen überhaupt. Statt dessen verlagert er die Ausdrucksform des Schreckens, der Ängste und Befürchtungen ganz in die alptraumhaften Phantasien eines Menschen, der in der Gegenwart 'krank' wird an der Welt. Die Wahrheits- bzw. Wahrscheinlichkeitsfrage verschiebt sich damit auf die 'Krankheit als Erkenntnisorgan'. Das heißt: Die Konfrontation mit dem narrativ entworfenen 'abweichenden Verhalten eines geistig Verwirrten' fordert zur Überprüfung der 'normalen' Wahrnehmung heraus. Dieses längst klassische Modell wird in Sterns Roman extrem hochgespannt: Nicht nur durchzieht die Dialektik von Krankheit und Normalität die sprachliche Artikulation selbst, indem 'Wahn' und verbürgte Erfahrung an den gefundenen Texten Klints ununterscheidbar werden.(66) Sondern die vom zunehmend 'verwirrten' Subjekt selbst - so die über den herausgebenden Journalisten immer neu bekräftigte Erzählsituation - entworfenen Notate transformieren die Visionen von katastrophalen Entwicklungen ganz in die großräumigen Metaphern des Phantastischen. Eines dieser mehrschichtigen Phantasiebilder ist der Aufenthalt Klints „im Kopf des Vergil"(67), und am weitesten vorangetrieben erscheint diese visionäre Metaphorik im Ritt Klints auf der Kentaurin Melanippe „im

Tal der Chimären" über ein konvulsivisch bewegtes „Meer" aus Molekülen, Genen und Chromosomen, schließlich aus abartigen Vermengungen aller möglichen Errungenschaften der Evolution.(68)
Durch das Verfahren, die Schrecken ökologischer Verwüstungen und zivilisatorischer Perversionen völlig in die phantastischen Großmetaphern aus einem verstörten Gemüt umzubilden, erreicht Stern ein Doppeltes: Die bildhafte Erkenntnis gewinnt dadurch, daß weiträumige 'Szenen' ausphantasiert werden, eine streckenweise elementare Kraft. Denn 'szenische Bilder' spielen bei der Genese und Strukturierung von Erfahrung wie von Erinnerung eine entscheidende Rolle.(69) Und Stern kann die Wahrnehmung ökologischer Gefährdungen von den Debatten um Fakten und Wahrscheinlichkeiten gänzlich abziehen und sie überführen auf Fragen einer Angemessenheit von 'Sensibilität': Nicht *ob* ein ökologisches Desaster ins Haus steht und *wie* es eintreten könnte, sucht der Roman erzählerisch zu beantworten, sondern er provoziert mit seinen Bildern ein Nachdenken darüber, ob die Visionen aus einer scheinbar krankhaft zugeschärften Sensibilität nicht womöglich eine angemessenere Wahrnehmung von erfahrbarer Realität enthalten.

Die Schwächen, die der Roman auch hat - eine ziemlich biedere Version der viel benutzten Konstruktion vom 'gefundenen Text'; eine gelegentlich überstrapazierte Symbolik und konkretistisch überreizte Metaphorik; eine nicht durchgehend gelungene Adaption der Antiken-Tradition (70) -, wiegen im Verhältnis zu der Kraft des artistischen Wurfs nicht schwer. Er ist zweifellos nicht nur „eines der schwärzesten Bücher, die je geschrieben worden sind"(71), sondern auch eine der bewegendsten Phantasien aus der sensiblen Wahrnehmung unserer Weltverfassung. Stern selbst rückt das Buch ein wenig von sich ab - es sei „sicherlich nicht [s]ein bestes"(72) -, aber das ist nur zu verstehen: „Ich hab mir dieses Buch von der Seele geschrieben."(73) Es gehört in der Verbindung von literarisch-ästhetischem Rang und politisch-moralischer 'Empfindlichkeit' zu den großen Texten der deutschsprachigen Gegenwartsliteratur.

Die 'Jagdnovelle', zwischen 'Mann aus Apulien' und 'Klint' geschrieben, weicht von den diesen beiden Büchern gemeinsamen Schreibstrategien stark ab. Sie hat mit ihrem klaren Aufbau eines regelmäßigen Perpektivwechsels - unzweifelhaft am Modell der Parallelmontage des Films ausgerichtet -, mit ihrer moderaten Stillage nichts von den riskanten literarischen Operationen der beiden Romane. Sie rückt den journalistischen Themen und Thesen Sterns viel näher: falsche Forstpolitik, abscheuliche Trophäensucht bei der Jagd, korrupte Umwelt-Politiker, Macht des Geldes auch in ökologischen Belangen. Eben dadurch wird aber auch leichter sichtbar, daß Stern mit den literarischen Werken die ethischen Grundlagen seines im Journalismus bewiesenen Engagements nicht verläßt. Die Literatur bietet nicht eine 'andere Wahrheit', sondern die eine, nur von einem anderen Wahrnehmungs- und Gestaltungsvermögen aus. Der Nachweis, daß Stern in der 'Jagdnovelle' dieselben Themen wie in den publizistischen Arbeiten zur Sprache bringt, ist müßig. Denn sie werden auf eine andere Weise verhandelt: von den Erlebnisgründen aus, die allemal nur sichtbar werden können, wenn 'das Innere nach außen gewendet wird' - ein öffentliches Medium dafür ist in unserer Kultur die Literatur.

Man kann die 'Jagdnovelle' auch als Gegenstück zu den Genres immer noch weit verbreiteter Tierliteratur lesen, deren Grundlage eine ziemlich hemmungslose Anthropomorphisierung der Tiere bildet. Stern hat sich abwägend mit einer eher artifiziellen Spielart solcher Literatur auseinandergesetzt, in einer Rezension von Richard Adams' 'Unten am Fluß'.(74) Er erkennt das relative Recht der fiktiven Analogisierungen zwischen Menschen und Tieren an, markiert aber dort deutlich die Grenzen einer 'Vermenschlichung', wo ein mögliches Wissen von den Tieren berührt ist. Daher vermeidet Stern in der 'Jagdnovelle' auch strikt eine menschen-analoge Innensicht des Tiers - der Bär 'denkt und fühlt nicht wie ein Mensch'. Wohl aber entwickelt Stern im Text mit dem auktorialen Erzähler-Blick auf das Tier eine 'Einfühlung', von einem genauen Wissen über die Lebensweise der Bären aus, so daß es scheint, er könne in das 'Innere' des Tiers sehen. Daß die Hauptfigur des Buchs, der rheinische Industrielle Joop, aus der gleichen distanziert-kundigen Haltung erzählerisch vergegenwärtigt wird, verleiht der strengen Parallelmontage erst die Unerbittlichkeit auf die finale Konfrontation hin.

Stern hat sich auch, nach den frühen Gedichten, immer wieder einmal an Lyrik versucht. Gelegentlich wirft er mit lockerer Hand einen Gedichttext hin, meistens mit ironischem Gestus. In 'Mann aus Apulien' ist fingierte mittelalterliche Lyrik eingestreut, die von einer manchmal bestechenden Virtuosität zeugt. Unter den späten Gedichten - durchstilisierte Erlebnislyrik einer 'gedämpften Modernität' - finden sich einige bemerkenswerte Stücke. Stern 'kann' auch dies, aber die gelegentlich strapazierte Metaphorik zeigt an, daß ihm die größeren Bögen der Prosa gemäßer sind. Nicht selten gerät ihm die symbolische Verdichtung konventionell, überdeutlich, gefährlich gefühlig auch. Liebeslyrik ist heute, nach dem Durchgang durch diverse Avantgarden, ein höchst riskantes Unterfangen, und am ehesten dort, wo Stern spielerisch mit der eigenen emotionalen 'Besetzung' umzugehen vermag, gelingen ihm überzeugende Verse, wie im Gedicht 'Fensterrede' über ein Interregio-Erlebnis mit seiner eigenen Kunstfigur Klint.(75)

Horst Stern hat bei seinem späten Eintritt in das literarische Feld die innere Ambivalenz zu seiner schriftstellerischen Neigung, die er über Jahrzehnte zurückgehalten hat, in einige der bewegendsten Texte der deutschen Gegenwartsliteratur als produktive Energie einzubringen vermocht. Daß er gegenüber den beglaubigten Laufbahnen, den Institutionen und Szenen des Feldes immer noch eine Randfigur bleibt, gehört eher zu den auszeichnenden Merkmalen dieser ungewöhnlichen Leistung.

Anmerkungen

(1) Vgl. das Interview in diesem Band S.10.
(2) Ebd., S.11.
(3) Zur Bedeutung familiärer 'Mitgift' gerade in Relation zu der 'weniger legitimen' schulischen Bildung für die Akkumulation 'kulturellen Kapitals' s. Pierre Bourdieu: Die feinen Unterschiede. Frankfurt/M. 1982, S. 120ff;143ff.
(4) Interview, in diesem Band S.10.
(5) Ebd.,S.15.
(6) Dazu nach wie vor inbes. Volker Christian Wehdeking: Der Nullpunkt. Über die Konstituierung der deutschen Nachkriegsliteratur (1945-1948) in den amerikanischen Gefangenenlagern. Stuttgart 1971.
(7) Vgl. Jérome Vaillant: Der Ruf. Unabhängige Blätter der jungen Generation (1945-1949). München u.a.1978.
(8) Dazu u.a. Karl Esselborn: Neubeginn als Programm. In: Ludwig Fischer (Hrsg.): Literatur in der Bundesrepublik Deutschland bis 1967. München 1986, S.230-242; Friedhelm Kröll: Die konzeptbildende Funktion der Gruppe 47. Ebd., S.368-378; Ralf Schnell: Die Literatur der Bundesrepublik. Stuttgart 1986, S.70ff; Justus Fetscher u.a.(Hrsg.): Die Gruppe 47 in der Geschichte der Bundesrepublik. Würzburg 1991.
(9) In: Horizont. 1.Jg. 1945/46, Nr.21 (15.Sept.1946), S.23.
(10) S. dazu informierend Esselborn, Neubeginn, und Schnell, Literatur [s.Anm.8], S.88ff, sowie Jost Hermand u.a.(Hrsg.): Nachkriegsliteratur in Westdeutschland. Bd. 1 u. 2. Berlin 1982 u.1984.
(11) Horst Stern: Obergefreiter Kluncke. In: Der Ruf. 4.Jg./1949, Nr. 6 (15.März 1949), S.12-14.
(12) Lauter Geschichten. Redigierte Auszüge aus einem Interview mit Horst Stern. In: Horst Stern: Das Gewicht einer Feder. Hrsg. v. Ludwig Fischer. München 1997 [im Druck], S.33-79; hier S.39f (vgl. in diesem Band S.18).
(13) S. dazu den Beitrag von Horst Ohde in diesem Band.
(14) Lauter Geschichten [s.Anm.12], S.40.
(15) Der Begriff und der damit verbundene theoretische Entwurf entstammen der Erörterung möglicher habitueller Situierungen und feldbezogener Positionierungen durch Pierre Bourdieu. Vgl. Bourdieu, Unterschiede [s.Anm.3], S.115ff. u.ö.; ders.: Ökonomisches Kapital, kulturelles Kapital, soziales Kapital. In: Soziale Welt. Sonderbd. 2. Göttingen 1983, S.183-198; aus der vielfältigen Forschungsliteratur wird an dieser Stelle nur genannt Martin Herz: Disposition und Kapital. Ein Beitrag zur Bourdieu-Debatte. Wien 1996.
(16) Lauter Geschichten [s.Anm.12], S.41(in diesem Band S.20).
(17) Ebd., (in diesem Band S.20)
(18) Gustav Zürcher: 'Trümmerlyrik'. Politische Lyrik 1945-1950. Kronberg 1977;
(19) Interview, in diesem Band S.15.
(20) Vgl. Friedhelm Kröll: Anverwandlung der klassischen Moderne. In: Fischer, Literatur [s.Anm.8], S.244-262
(21) Vgl. dazu die Daten für die sechziger Jahre bei Karla Fohrbeck/Andreas Wiesand: Der Autorenreport. Reinbek 1972.

(22) S. Ludwig Fischer: Dominante Muster des Literaturverständnisses. In: Fischer, Literatur [s.Anm.8], S.179-213; hier S.209ff.
(23) S. meinen Beitrag 'Horst Stern - ein Lebensentwurf' in diesem Band, S.53-78.
(24) Zuletzt in Ulli Pfau (Hrsg.): Das Horst Stern Lesebuch. München 1992, S.297-304 und 305-316 (jetzt auch in Stern, Gewicht [s.Anm.9], S.238-247 und 248-260).
(25) Lauter Geschichten [s.Anm.12], S.75.
(26) Sekt - warm. In: Die Yacht. Nr.19/1967.
(27) Wie man heute so liebt. In: Die Yacht. Nr.8/1969.
(28) Vorwort zu: Stern für Leser - Tiere und Landschaften. Stuttgart 1973, S.7.
(29) Ebd., S.265-271 (jetzt auch in Stern, Gewicht [s.Anm.12], S.347-356).
(30) Ebd., S.265.
(31) Ebd., S.266.
(32) Lanzarote - Land aus Asche. In: Stern für Leser [s.Anm.28], S.259-264; Zurück aus der Eiszeit, ebd.,S.231-258.
(33) Zurück [s.vorst. Anm.], S.257.258.
(34) Horst Stern/Ernst Kullmann: Leben am seidenen Faden. Die rätselvolle Welt der Spinnen. München 1981, S.37 (jetzt auch in Stern, Gewicht [s.Anm.9], S.397).
(35) Ebd.
(36) Kultur- und bewußtseinsgeschichtlich erörtert Werner Kutschmann höchst instruktiv die klassische „Verleugnung der inneren Natur" in der Axiomatik neuzeitlicher Naturwissenschaft: Der Naturwissenschaftler und sein Körper. Die Rolle der 'inneren Natur' in der experimentellen Naturwissenschaft der frühen Neuzeit. Frankfurt/M. 1986.
(37) Vgl. meinen Beitrag 'Horst Stern - ein Lebensentwurf', in diesem Band S.53 bis 78, sowie den Beitrag von Ariane Heimbach in diesem Band.
(38) Zur Debatte um die methodologische Rolle und die Erkenntnisform von 'Narration' in den Kulturwissenschaften können hier nur wenige Verweise gegeben werden. S. u.a. Reinhart Koselleck/Wolf-Dieter Stempel (Hrsg.): Geschichte - Ereignis und Erzählung. München 1973; Clifford Geertz: Dichte Beschreibung. Beiträge zum Verstehen kultureller Systeme. Frankfurt/M. 1983; Hayden White: Die Bedeutung der Form. Erzählstrukturen in der Geschichtsschreibung. Frankfurt/M. 1990; Hartmut Eggert u.a. (Hrsg.): Geschichte als Literatur. Formen und Grenzen der Repräsentation von Vergangenheit. Stuttgart 1990; Eberhard Berg/Martin Fuchs (Hrsg.): Kultur, soziale Praxis, Text. Die Krise der ethnographischen Repräsentation. Frankfurt/M. 1993; Doris Bachmann-Medick (Hrsg.): Kultur als Text. Die anthropologische Wende in der Literaturwissenschaft. Frankfurt/M. 1996; Wolfgang Kaschuba (Hrsg.): Kulturen - Identitäten - Diskurse. Perspektiven Europäischer Ethnologie. Berlin 1995; Thomas Hauschild (Hrsg.): Ethnologie und Literatur. Bremen 1995.
(39) Vgl. Lauter Geschichten [s.Anm.12], S.73f. Zur Auslegung des Romans s.den Beitrag von Martina Schweitzer in diesem Band.
(40) 'Sintra - diesseits von Eden' (in Pfau, Lesebuch [s.Anm.20], S.231-248, jetzt in Stern, Gewicht [s.Anm.9], S.446-465), 'Das unerlöste Land' (Pfau, S.281-296, bzw. Stern, Gewicht, S.466-483).
(41) Lauter Geschichten [s.Anm.12], S.38f (in diesem Band S.20)
(42) S. den Beitrag von Martina Schweitzer in diesem Band.
(43) Zum Begriff der 'Erzählinstanz' und ihrer verschiedenen narrativen Realisierungen vgl. Gérard Genette: Die Erzählung. München1994, S.151ff.

(44) Die - nicht unproblematischen - Begriffe in Anlehnung an Umberto Eco: Lector in fabula. München 1990, S.74ff; ders.: Zwischen Autor und Text. München 1996, S.75ff.
(45) Dazu instruktiv Martina Schweitzer zu Beginn ihres Beitrags in diesem Band.
(46) Lauter Geschichten [s.Anm.12], S.75.
(47) Ebd., S.55
(48) Vgl. ebd., S.76f.
(49) Horst Stern: Klint. München 1993, S.312.
(50) Ebd., S.307.
(51) Ebd., S.15.
(52) Zu Recht ist darauf hingewiesen worden, daß die allermeisten der hierher zu rechnenden Texte nicht mehr dem Denkmodell und dem Gestus der klassischen Apokalyptik entsprechen: Ihnen fehlt sowohl der 'Offenbarungscharakter' als auch die Struktur von Heilsgeschichte, d.h. der 'Untergang' wird in der Regel nicht als Schwelle zu einer 'neuen Zeit' definiert. Vgl. dazu u.a. Hartmut Heuermann: Medienkultur und Mythen. Regressive Tendenzen im Fortschritt der Moderne. Reinbek 1994, S.96ff;118f; Josef Hainz: Biblische Apokalypse und säkulare Weltuntergangsstimmung. In: Wulff D.Rehfus (Hrsg.): Die Apokalypse denken. Langenfeld 1989, S. 12-24.
(53) Deutsch: München 1968 u.ö.
(54) Paul und Anne Ehrlich: Der lautlose Tod. Das Aussterben der Pflanzen und Tiere. Frankfurt/M. 1983 [zuerst 1981].
(55) Reinbek 1987 [zuerst 1984].
(56) Theo Löbsack: Die letzten Jahre der Menschheit. Vom Anfang und Ende des Homo sapiens. München 1983. (Vgl. vorher schon ders.: Versuch und Irrtum - Der Mensch, Fehlschlag der Natur. München 1974.)
(57) Hamburg 1985.
(58) S. etwa Hans Peter Dreitzel/Horst Stenger (Hrsg.): Ungewollte Selbstzerstörung. Reflexionen über den Umgang mit katastrophalen Entwicklungen. Frankfurt/M./ New York 1990; Hans Jürgen Heinrichs: Die katastrophale Moderne. Endzeitstimmung - Aussteigen - Ethnologie - Alltagsmagie. Frankfurt/M. 1984.
(59) Zum Begriff und der Thematik das entscheidende Buch von Günther Anders: Die Antiquiertheit des Menschen. 2 Bde. München 1956 u.ö.
(60) Der Planet schlägt zurück. Ein Tagebuch aus der Zukunft. Göttingen 1993.
(61) Bei Guha konkretisiert sich das u.a. darin, daß eine geradezu abstruse, komprimierte Folge von 'Superkatastrophen' ausfabuliert wird. Auf die grundlegenden Schwierigkeiten der fiktionalen Vor-Erzählung von drohenden Welt-Katastrophen kann ich hier nicht eingehen.
(62) Heiner Boehncke u.a.: Weltuntergänge. Reinbek 1984. Mit den literarischen Traditionen 'apokalyptischer Belletristik' befaßt sich Gunter E.Grimm u.a. (Hrsg.): Apokalypse. Weltuntergangsvisionen in der Literatur des 20.Jahrhunderts. Frankfurt/M. 1986.
(63) Zu nennen ist hier vor allem Ulrich Horstmanns zynisch-unwirscher, zum Teil regelrecht effekthascherischer Essay 'Das Untier. Konturen einer Philosophie der Menschenflucht' (Wien/Berlin 1983) sowie die beeindruckende Reflexions-Prosa von Gregory Fuller: Das Ende. Von der heiteren Hoffnungslosigkeit im Angesicht der ökologischen Katastrophe. Zürich 1993.

(64) Zur philosophischen Debatte bes. Jaques Derrida: Apokalypse. Graz/Wien 1985; prognosekritisch u.a. Lorenzo Pinna: Fünf Hypothesen zum Untergang der Welt. München 1996; auf fragwürdige Weise 'beschwichtigend' Sonja Margulina: Die gemütliche Apokalypse. Unbotmäßiges zur Klimahysterie und Einwanderungsdebatte in Deutschland. Berlin 1995. Die Problematik einer 'Vorhersage ökologischer Katastrophen' kann hier nicht erörtert werden.

(65) Die immer wiederkehrende Formulierung u.a. zitiert bei Stephanie Hoenig: Eine Hochrechnung meiner Ängste. Horst Sterns neuer Roman 'Klint' - Tod eines Ökojournalisten. In: Südwest-Presse, 24.2.1993.

(66) Dies ganz im Gegensatz zu Texten wie etwa Rainald Goetz 'Irre' (Frankfurt/M.1983), die Zustände der 'Abweichung' auch sprachlich 'abbildbar' zu machen suchen.

(67) Stern, Klint [s.Anm.49], S.266 u.ö.

(68) Ebd.,S.236ff.

(69) Die Bedeutung und Tiefenwirkung 'szenischer Bilder' kann hier ebensowenig behandelt werden wie Fragen der besonderen Erkenntnisform von Metaphern.

(70) S. dazu den Beitrag von Andreas Fritsch in diesem Band.

(71) Lauter Gespräche [s.Anm.12], S.77.

(72) Ebd.

(73) Ebd.

(74) Haben Kaninchen einen Gott ? Horst Stern über Richard Adams: 'Unten am Fluß'. In: Der Spiegel. Nr.28/1975, S.117-118.

(75) Horst Stern: Kopfliebe [Hautzenburg 1994], o.S.

Martina Schweitzer

Sprach-Leib und Natur-Körper

Über die Leib-Seele-Thematik in Horst Sterns 'Mann aus Apulien'

1 Rezeption

'In Achselhöhlen und Leibesfurchen' lautet 1987 der Titel einer Rezension von Horst Sterns erstem Roman (1) in der Baseler Zeitung(2). Diese und andere Überschriften (z.b. 'Hat Friedrich wirklich Hodensack und Glied mit Reichsapfel und Szepter verglichen?'(3)) verweisen etwas sensationalistisch auf eine Thematik, die diesen Roman wie keine andere prägt: die spezifische Körperbezogenheit des Denkens und Erzählens des 'Mannes aus Apulien'. Die Vergänglichkeit seines Körpers stellt zugleich Ausgangspunkt und Ziel von Friedrichs Erzählen dar. Sie strukturiert nicht nur den historischen und anekdotischen Gehalt des Romans - wenn z.b. der Kaiser seinen sich im Wasser des Badezubers spiegelnden Körper betrachtet und das Erschrecken angesichts der altersbedingten Veränderungen Anlaß zur Rückbesinnung werden -, sondern auch die zwischen Melancholie und radikalem Zweifel schwankende Stimmung des Erzählers.

Die Körperthematik hat es Stern nicht nur ermöglicht, auf das „überlieferte Skelett aus historischen Fakten das Fleisch und die Sinne, die Gedanke und Träume eines leidenschaftlichen Verstandesmenschen des 13. Jahrhunderts zu applizieren"(4) und so ein lebendiges Bild einer historischen Persönlichkeit zu schaffen. Sie gibt darüber hinaus eine Erzählsituation von unbedingter Intimität vor, die durch immer wiederkehrende Bezüge auf am eigenen Körper beobachtete Veränderungen, unmittelbare physische Reaktionen - oder durch Beobachtungen an Fremd-Körpern (z.B. von Frauen, S. 35f./S. 77ff.; von einem Mönch, S. 33), an Tier- und Insektenleibern (z.B. Stier, S. 28; Gottesanbeterin, S. 432ff) hergestellt wird. Friedrichs Schreiben ist Ausdruck der Konzentration auf den Innenraum eines individuellen Bewußtseins.

Der alternde Körper des Kaisers selbst tritt uns nicht nur dann entgegen, wenn explizit von seinen Befindlichkeiten berichtet wird. Er dominiert stilistisch, in Metaphern und Vergleichen, die Bildwelt des Romans ebenso wie seine Struktur: die den Anekdoten und Gedankengängen zugrundeliegenden Ereignisse haben sich als Körper-Erfahrungen in Friedrichs Physis eingegraben und erwachsen nun in Sprache und Schrift erneut aus ihr. Sie werden erinnert, weil sie manifeste Spuren im Körper hinterlassen haben; sie verdichten sich im Erzählen zu 'Körperbildern', die sich dann in einem zweiten Schritt des Körpers erneut bemächtigen (*Jagdstücke*); sie werden in Form von Tagebuch-Eintragungen wiederum physisch in das Medium Schrift übersetzt (5) und objektiviert, d.h. dem eigenen Körper 'entäußert'. Dem Erzählen liegt demnach die körperliche Wahrnehmung immer zugrunde, doch die Distanz des Beobachters wird zunehmend aufgegeben, in einem narrativen Prozeß, der auf eine Vereinigung von Leib und Geist abzielt, diese aber nicht erreicht.

Die oft unverblümten Schilderungen menschlicher Verhaltensweisen und körperlicher Verrichtungen „wie essen, trinken, koten, harnen, masturbieren und koitieren, zeugen, beten, fluchen, lügen, lästern, irren, spotten, zweifeln oder glauben und was sonst noch alles den Menschen wirklich ausmacht"(6), die Darstellung so relevanter Körpererfahrungen wie „Folter und Vögelei"(7) haben dem Roman Vorwürfe eingetragen, die auf zwei grundlegenden Mißverständnissen beruhen: (a) dem der (zu) 'deftigen', pornographistischen Darstellung und (b) dem der verschlüsselten Autobiographie.

Schwülstige Intimität

Die von Rezensenten angelegentlich als „schwüle Phantasien" beschriebene sinnliche Natur- und Körperwahrnehmung Friedrichs (z.B. die Rede von „speichelnden Zungen der Brandung unter den aufgebundenen Röcken hosenloser Fischerfrauen"(8) oder „innenschenkelweicher Seide leis schnaubender Pferdenüstern"(9)) sind verschiedentlich - und mit mehr oder minderer Schärfe - kritisiert worden. Zuviel ist manchem „über Friedrichs Geschlechts- und Eheleben zu erfahren"(10), zu sehr geht „das Autorenduo mit *saugend-schmiegenden Lippen zwischen flehend angehobenen Schenkeln* oft an die Grenze des Verdaulichen".(11) Dahinter scheint eine Weigerung zu stehen, derlei Körperlichkeiten mit Gedanken eines „Verstandesmenschen" in Verbindung zu bringen, einem Mann, den Koryphäen wie Jacob Burckhardt oder Friedrich Nietzsche als den ersten modernen Menschen auf dem Thron(12) resp. den „ersten Europäer nach meinem Geschmack"(13) bezeichnet haben:

> „Eins freilich ist sicher: die detailliert beschriebenen Liebeserlebnisse stammen samt und sonders von Horst Stern, auch wenn er sich auf die unflätigen Schimpfkanonaden der damaligen Geistlichkeit beziehen kann, die dem Kaiser ein lasterhaftes Leben mit Sarazeninnen und anderen Damen vorwarfen. Ob dabei, wie Friedrich, alias Stern, vor 750 Jahren schon formulierte, *anal beeinflußte Kindheitsträume des Kaisers* die Entjungferung der armen Konstanze von Aragon störten, wäre idealer Stoff für ein ergebnisloses Gelehrtensymposion."(14)

Wer in dessen naturwissenschaftlichen Aspekten die eigentliche Thematik des Romans sehen will - dies läßt sich schließlich besser mit Sterns Ruf als eines anerkannten Wissenschaftsjournalisten und „versierten Tierbuchautors" vereinbaren - dem mißfallen die „ordinäre Sprache", die „erotischen Lautmalereien und Ferkeleien"(15) eines mit „Derbheiten überwürzten Buches."(16) Als die allgemein akzeptierte Affinität zwischen Kaiser und Autor gilt immerhin das von beiden geteilte Interesse an Tieren und Naturbeobachtung - ein Wissensgebiet, auf dem sich beide profiliert haben - und die Gemeinsamkeit eines vernunftorientierten, nicht emotionalisierten Zugangs zu der Materie, auf den Stern selbst oft verwiesen hat.(17) Derart gesetzten Erwartungen können die „sexuellen Erlebnisse Friedrichs und seine antireligiöse Haltung, [die] dem unbedarften Leser in großer Breite und bisweilen in peinlicher Deutlichkeit"(18) vor Augen geführt werden, natürlich nicht gerecht werden.(19)

Auch wer die wahrheitsgetreue (d.h. an historischen Fakten orientierte) Darstellung einer historischen Persönlichkeit als das zentrale Thema des Romans für sich ausgemacht hat und einen pietätvollen Umgang mit Person und Materie erwartet, hat (trotz der im Vorwort ausgesprochenen Warnung) mitunter offenbar Schwierigkeiten mit den - bestenfalls noch als „leichte Geschmackstrübungen" empfundenen - körperlichen Intimitäten: „Zuviel Stern schimmert da zwischen den Zeilen durch [...]"(20), die sexuellen Phantasien eines Friedrich alias Horst Stern hätten da schon als „sparsam angewendetes Gewürz gereicht". Sie werden, wie bereits das Vorwort vorwegnimmt, als „die schamlose Besudelung eines deutschen Kaisers"(21) empfunden. Darüber hinaus erhebt sich angesichts eines Herrschers, der „bei Gesprächen über die Existenz des dreifaltigen Gottes gern auf die eigenen Erektionen kommt"(22) manchem die Frage nach der sogenannten 'historischen Wahrheit':

> „Doch ob Friedrich seine Gedanken abschnittsweise 'Post coitum' aufgenommen hat? Ob er wirklich von lustloser Defloration und so häufig von Koitus und Onanie, von Kot und Urin gesprochen und Hodensack und Glied mit Reichsapfel und Szepter verglichen hat?"(23)

Selbst wer grundsätzlich nichts gegen das Offenlegen sexueller Obsessionen eines „ungestümen Hitzkopfs" einzuwenden hat, wo dies angebracht wäre, reagiert gereizt auf die „verschwulstete Wollust", wenn sie, in Ermangelung eines besseren, als ein quasi-psychologisches Deutungsmodell für die kaiserliche Denkungsart empfunden wird. Wenn Friedrichs Denken und Handeln nur noch aus seinem Bauch heraus als triebhaft zu erklären ist, so nimmt man das übel:

„[Die Phantasie] schießt - manchmal gar zu kräftig. Wenn das Buch ein Manko hat, dann die ach so aktuell modernistisch-aufgeklärte, ungeschminkt-direkte Tendenz des Autors, Allzuvieles im gespaltenen Wesen des Staufers aus einer überbordenden Sinnlichkeit zu erklären".(24)

Dies ist weder mit dem historisch etablierten Bild Friedrichs II., noch - allgemeiner - mit den üblichen idealisierend-verklärenden Vorstellungen von 'großen' historischen Persönlichkeiten, die gelegentlich gerne gehegt werden, zu vereinbaren. Nicht zuletzt auf den Autor Stern selbst, der zum Zeitpunkt des Erscheinens seines Romans im kollektiven medialen Gedächtnis noch als 'Naturschützer', Wissenschaftsjournalist und 'Tierpapst' präsent war, wirft eine als „pathetische Erotik" empfundene Körper-Sprache ein merkwürdiges Licht, in dem man weder Stern noch den Staufer sehen möchte:

„Alles ist so verschwulstet, dass mir jetzt scheint, der *stupor mundi*, der Weltverblüffer, müsse ein rechter Langweiler gewesen sein, der die literarische Spannung nicht halten konnte."(25)

Dieser kurze Überblick über die Rezensenten-Kritik an der spezifischen Präsentation von Körper-Erfahrung (die im übrigen sehr oft im Kontext einer insgesamt positiven Beurteilung des Romans steht), läßt sich polemisch vielleicht auf folgenden Nenner bringen: man interessiert sich zwar für die 'erhabenen' Gedanken, die geistige Innenwelt des Kaisers - was aber in ihm vorgeht, wenn er pinkelt, Stuhlgang oder Geschlechtsverkehr hat, das möchte man denn doch nicht so genau wissen. Hierin manifestiert sich eine dualistische Vorstellung von dem Verhältnis des Geistes zum Körper. Im Alltagsverständnis wird der Mensch in ein Körper- und ein denkendes Wesen zerlegt. Das diese Befindlichkeiten reflektierende menschliche Bewußtsein ist demnach immer auf *zwei* Bereiche bezogen, die als voneinander getrennt erlebt werden: den des Leibes und den der Seele. Während letztere ein Deckbegriff für alle sogenannten abstrakten geistigen Vorgänge des Denkens ist, z.B. der Rationalität (Vernunft), Reflexion, Introspektion, Willensfreiheit, Selbstbewußtsein, Identität, Personalität und Subjektivität, wird der Leib mit empirischen (z.B. medizinisch erfaßbaren) Erfahrungen wie z.B. Schmerz, natürlichen Körperfunktionen, Naturhaftigkeit (Animalität) und Naturwissenschaft in Verbindung gebracht: „Körper oder körperliche Ereignisse sind etwas, was sich in Raum und Zeit befindet"(26)

Geist und Bewußtsein gelten prinzipiell als ein Innenweltphänomen, Körperlichkeit und Natur dagegen sind Außenweltphänomene. Die geistige Intimität, wie sie sich z.B. über den Einblick in das Bewußtsein eines Tagebuchschreibenden zwischen (fiktivem) Autor und Rezipienten herstellt, wird demnach grundsätzlich unterschieden von der körperlichen Intimität eines Liebesaktes bzw. der Reflexion eines Liebesaktes. Die Unterscheidung ist nicht zuletzt eine moralische: körperliches Handeln (oder dessen retrospektive Beschreibung als historischer Tatsache) ist in anderer Weise öffentlich und von daher ein moralisch beurteilbares Tun. Für seine Gedanken allein kann niemand zur Verantwortung gezogen werden. Anders sieht es jedoch mit dem Sprechen oder anderen Formen der Symbolisierung (Öffentlichmachung) aus, denn es „realisiert sich in einem externen Medium, ist also ein Außenweltphänomen, das raum-zeitlich lokalisierbar ist".(27) Eine solche Position ist nicht frei von Widersprüchen: z.B. dem, daß die Veröffentlichung von Privatheit in Form von intimen Gedanken als interessant und bedenkenswert gilt, während die Öffentlichmachung von Vorgängen am *per se* schon öffentlichen, naturhaften Körper als eher peinlich und verbergenswert erlebt werden. Hier zeigt die philosophiegeschichtlich begründbare Dichotomisierung von Geist und Körper nachhaltige, quasi-schizophrene Folgen, in Form einer Entfremdung des Menschen von seiner - körperlichen - Natur: „Die Dominanz wissenschaftlichen Wissens in unserer Welt hat aber bewirkt, daß bis in die trivialsten Alltagsvollzüge und Äußerungen eine schwerwiegende Unkenntnis des Leibes oder ein Verkennen eigener Leiblichkeit herrscht. Der eigene Leib ist einem unheimlich, man ist seiner nicht Herr und weicht deshalb nur allzugern auf äußere Manipulationsmöglichkeiten aus."(28)

Als eine Möglichkeit des Ausweichens läßt sich auch der Versuch verstehen, 'MaAp'(29) als eine verschlüsselte Autobiographie Sterns zu interpretieren.

Ein Mißverständnis

Es drängt sich in einer großen Anzahl von Rezensionen eine besondere Form der Interpretation auf, die Horst Sterns persönliche Biographie ins Zentrum ihrer Betrachtungen rückt. Diese biographistische Interpretationsrichtung hat die Auseinandersetzung der Print- und Bildschirmmedien mit 'MaAp' lange dominiert, indem sie den Blick immer wieder von Friedrich II. auf Person und Leben Sterns zu lenken versuchte. Eine solche Betrachtungsweise mag als medienspezifische Reaktion auf den bekenntnishaften Charakter eines nach subjektivistischen Kriterien gestalteten Text durchgehen. Immerhin bietet sie eine Möglichkeit, sich mit dem angedeuteten Geist-Körper-Unbehagen nicht am eigenen Leibe auseinandersetzen zu müssen, sondern es quasi stellvertretend an Stern zu delegieren. Der voyeuristisch besitzergreifenden Art und Weise, in der Sterns Lebenskrisen vor dem Hintergrund des Romans sensationsgeil dramatisiert wurden (30), liegt zudem jedoch eine einseitig kalkulierende Optik zugrunde, die lediglich auf schnelle Erklärungen aus und an grundsätzlichen Auseinandersetzungen nicht interessiert ist.

Die Publikation von 'MaAp' im Jahre 1986 erregte besonders unter Sterns ehemaligen Kollegen und Mitstreitern einiges Aufsehen. Die allgemeine Fixierung auf den anerkannten Wissenschaftsjournalisten hatte den Blick auf den Schriftsteller verstellt. Sterns 'Übertritt' zur Literatur wurde daher überwiegend als eine enttäuschte Abkehr von alten Idealen, als Rückzug und Resignation interpretiert. Diese Auslegung führte zu einer Doppelstilisierung des Autors in den Medien: zum melancholischen Untergangs-Propheten einerseits (31) und zum abtrünnigen Fahnenflüchtling der Umweltpolitik andererseits, dem man mit moralischen Vorwürfen und Appellen glaubte, begegnen zu müssen.(32) Da wird von Flucht in die Literatur gesprochen und die fehlende Breitenwirkung literarischer Texte über die Naturthematik bemängelt.(33) Der Tierfreund habe seine „literarische Ader entdeckt", sei „auf die Literatur gekommen", heißt es abschätzig an anderer Stelle, habe „den Boden der Sachlichkeit verlassen und den Himmel des Fiktiven betreten"(34) und sich damit, laut einer Aussage des Stern-Weggefährten Hubert Weinzierl, „aus dem Bettelorden der Naturschützer in die Zelle des Grundsätzlichen zurückgezogen".(35) Dort ergötze er sich seitdem „vor seinem irischen Haus an Schilfrosen und Graureihern, hebt im Pub ab und zu ein Guinness und - schreibt Romane".(36)

'MaAp' ist immer wieder zur Klärung der diesen Spekulationen impliziten Frage nach Sterns vermeintlicher Resignation herangezogen worden. Als Anknüpfungspunkt konnte hier die introspektive Erzählsituation des Romans dienen, die sich im Sinne eines paraoptischen Bewußtseinsmodells (nach der Idee eines 'cartesischen Theaters') auslegen läßt. Diese (im Alltagsverständnis etablierten) Vorstellung versteht das reflektierende menschliche Bewußtsein als einen wahrnehmungsanalogen Akt: „Bewußtsein wird zur Wahrnehmung dessen, was im eigenen Geiste vorgeht. Die eigenen mentalen Zustände verdichten sich zu Gegenständen, auf die wir uns richten können, als ob wir sie beobachteten."(37)

Ein Modell, das eine solche Trennung von mentalen Ereignissen und Reflexion dieser Ereignissse vornimmt (38), erleichtert die Vorstellung von einem Austausch (resp. einer Verschiebung) der Objekte dieser Reflexion. Verbunden mit einem Mißverstehen der Formen literarischer Subjektivität, schien das Thema des Romans daher kaum verdeckte, autobiographische Hinweise auf Sterns psycho-physische Verfassung zu bieten. Aufgezeichnet im Bewußtsein des zuendegehenden Lebens, im Ton schwankend zwischen Selbstironie und Selbstzweifel, schildern die Papiere das Leben eines Mannes, der sich zum Zeitpunkt der Niederschrift erschöpft, ausgebrannt und schuldig fühlt. Diese Ausgangssituation wurde auf Stern, der zuletzt mit der

Zeitschrift 'natur' scheinbar gescheitert war, umgemünzt. Die Atmosphäre von Niedergeschlagenheit und persönlichem Scheitern, gepaart mit oft schonungsloser Selbstkritik, hat daher vielfach zu einer Überschätzung des Wirklichkeitscharakters der Ich-Form geführt. Mit diesem Schritt konnte der Roman zugleich zum unmittelbaren Ausdruck einer Lebenskrise (Anlaß der medialen Aufregung) und zu deren Explikation (mediengerechte Klärung) erklärt werden.

Die These von der verschlüsselten Autobiographie hat in der Folge die aberwitzigsten Interpretationen hervorgebracht. So wurde der Roman z.B. als Sterns Versuch einer Selbsttherapie begriffen.(39) Friedrich wurde als das Resultat einer Übereinanderschichtung von historischer Persönlichkeit und Autor-Ego, betrachtet (40), mithilfe derer Stern sich bemüht habe, seine eigene krisenvolle Geschichte aufzuarbeiten. Er habe als Journalist seine wahre Berufung, seine eigentlichen literarischen Talente, über Jahrzehnte hinweg verkannt und wolle nun schreibend die Identitätskrise bewältigen, in die ihn diese Erkenntnis geworfen habe.(41) Auch andere Varianten der Verschlüsselungstheorie gehen davon aus, daß Stern sich geschickt hinter Friedrich II. verstecke (42) und sich mit der Schaffung einer „Horst-Friedrich"-Identität (43) quasi eine neue Existenz gegeben habe.(44) Das Versteckspiel wird entweder als Mimikry (Bescheidenheit) bewertet oder als selbstbewußte Maskierung des „groß geschriebenen Ego des Verfassers"(45) durch ein historisches Sprachrohr angesehen, das den eigenen Ansichten und Überzeugungen die angemessene Gewichtung verleiht:

„Wer dient hier wem? Der Schreiber seinem kaiserlichen Herrn, wie einst der Kanzler Petrus von Vinea, der mit Augen und Kopf dafür büßen mußte; oder ist der Cäsar dem respektgebietend unabhängigen Geist seines Autors für eine umfassende Lebens- und Zeitbilanz gerade gut genug?" (46)

In jedem Fall wird gefolgert: „Deshalb ist Sterns erster Roman auch *seine eigene, müde Altersklage*, unerbittlich zugespitzt auf Endzeit, Krise, Tod."(47) Stern selbst hat sich die Identifizierung mit Friedrich stets entschieden verbeten:

„Auch wer eine Art von Autobiographie des Horst Stern sucht, sollte die Finger davon lassen. Natürlich kann man ein solches Buch nicht schreiben, ohne tief in sich hineinzuhorchen; ein Vergleich zwischen Autor und Held ist dennoch ein fruchtloses Unternehmen, das nur zu Mißdeutungen beider führen könnte."(48)

Sie bedient lediglich eine voyeuristische Neugier auf Privates (49) und übersieht dabei die eigentliche Thematik des Romans: die Auseinandersetzung mit der in der Philosophie als Leib-Seele-Problem diskutierten Frage nach dem Verhältnis des Menschen als *Kulturwesen* (hier: weltlicher Herrscher, Kriegsherr, Vater, Ehemann, Dichter, Naturwissenschaftler etc.) zum Menschen als *Naturwesen* (hier: alternder Mann, Erzeuger, Liebhaber, Körperbewohner etc.). Etwas pointierter ließe sich diese These mit Thomas Nagel (50) benennen: Was bedeutet es für Friedrich II. unter den spezifischen Bedingungen seines Seins er selbst, d.h. ein Mensch zu sein, dessen Beziehung zur Welt sich über drei wesentliche Aspekte der Selbsterfahrung gestaltet: (a) das (animalische) Körper-Sein, welches ihn sich als ein in die Kreisläufe der Natur integriertes Wesen erleben läßt; (b) das subjektive Mensch-Sein (Ich-Sein), welches es ihm auch erlaubt, sich allem Natürlichen überlegen zu fühlen; sowie (c) die historisch-weltpolitische Rolle des Kaiser-Seins, die ihn zum höchsten Wesen auf Erden neben dem Papst, d.h. zum Herrscher über Mensch und Tier, erhebt und ihm bereits zu Lebzeiten das Gefühl vermittelt, Geschichte zu machen:

> „... unter trunkenem Jauchzen in rückwärts gestellte Pferdeohren ICH LEBE unter saugendem Sitzen im Sattel ICH FÜHLE unter pendelndem Beinschlag am Pferderumpf ICH HERRSCHE vom meinem schwingenden Thron aus [...]."(51)

Meine These weist der 'Leiblichkeit', d.h. der Körperwahrnehmung Friedrichs, eine für das Erzählen zentrale Rolle zu, indem sie davon ausgeht, das subjektives Erinnern hier vor allem als 'Körper-Erinnern' präsentiert wird. Als manifestem Schnittpunkt von Subjekt und Geschichte, von subjektivem Erleben und objektivem Ereignis, von Geist und Natur, kommt dem Körper eine für den geschilderten Prozeß des erzählerischen Sich-Selbst-Erschaffens zentrale Bedeutung zu.

2 Die Darstellbarkeit von subjektiver Erfahrung

Die in in den vorigen Abschnitten angeführten typischen Fehlinterpretationen deuten auf zwei Aspekte des Leib-Seele-Problems hin, die zwar in unmittelbarem Zusammenhang stehen, aber dennoch jeweils für sich untersucht werden müssen. Spielt die Kritik an einer penetranten Darstellung von körperlicher Intimität auf die Frage der Körpererfahrungen an und fragten, in welcher Weise sie (a) als mentales- und (b) als leibliches Ereignis zu verstehen sind, thematisiert die autobiographische Interpretation die Frage nach dem Bewußtsein und der Darstellbarkeit von subjektiver Erfahrung. Laut Nagel ist es „das Thema 'Bewußtsein', welches das Leib-Seele-Problem wirklich vertrackt macht".(52) Betrachtet man den Text unter den Gesichtspunkten seiner Entstehung, d.h. bezieht man die Situation Sterns ein, der sich in einen 'fremden' Organismus (und dessen Bewußtsein von sich selbst) einzufühlen versucht, ist man sofort mit der Frage nach den Möglichkeiten konfrontiert, sich ein fremdes Innenleben zu erschließen. Analysiert man den Text nach formalen und textimmanenten Kriterien, begibt man sich zunächst auf das Feld der traditionellen Bewußtseinsphilosophie, die v.a. in Bezug auf die gewählte Form des (fiktiven) Tagebuchs/der Autobiographie relevant wird, um dann (auf narrativer Ebene) festzustellen, daß die Geist-Körper-Dichotomie, die sie mitbegründet hat, für Friedrich keine Gültigkeit besitzt und von seinem Denken außer Kraft gesetzt wird.

Subjektivität versus Historizität

Nagel verweist auf die Unmöglichkeit, von einer Außenperspektive das Verhältnis mentaler Ereignisse und Erlebnisse zu dem Körper, in dem sie stattfinden, zu verstehen (53), geschweige denn, die physikalische Natur eines mentalen Phänomens zu erklären. Der subjektive Charakter von Erfahrung, d.h. bewußter mentaler Zustände, bleibt letztlich jedem fremd, der diese Erfahrung nicht selbst macht. Die Erfahrung, wie es ist, X zu sein, ist an eine spezifische (Innen-)Perspektive gebunden, die von außen allenfalls rekonstruiert, jedoch nicht nach-erlebt werden kann. Diese Annahme wird - in Bezug auf des Mensch-Tier-Verhältnis - auch in dem Roman vertreten: „Da ihre innere Welt ihm immer fremd bleiben wird, kann er sie nicht anders als mit menschlichen Erfahrungen deuten und mit menschlichen Wörtern beschreiben".(54)
Die Verknüpfung von Subjektivität und Perspektive bringt es mit sich, daß eine objektive Zuschreibung von Erlebnissen, wie Stern sie in 'MaAp' unternimmt, mit wirklicher Erkenntnis allenfalls unter den Bedingungen größtmöglicher (biologischer) Ähnlichkeit (z.B. auf einem phylogenetischen Kontinuum wesenhafter Ähnlichkeit) zu dem Objekt der Zuschreibung verbunden sein kann, denn: „Alle Organismen leben in jeweils verschiedenen Wahrnehmungs- und Wirkwelten, mit der Folge, daß *alle Wirklichkeit (zur) subjektiven Erscheinung* werde. [...] Die Weise, in der uns unsere Umgebung zur Umwelt wird, ist imprägniert durch die physiologisch festumrissenen Vermögen unserer biologischen Spezies".(55)
Doch selbst unter den Prämissen einer solchen biologisch-phänomenologisch ausgerichteten Konzeption scheitern Versuche emphatischen Ver-

stehens oft genug daran, daß es keine Sprache gibt, die Vielfalt und Komplexität von Erlebnistatsachen (nicht-subjektive ebenso wie subjektive) angemessen zu beschreiben. Bewußtsein charakterisiert sich durch einen spezifischen Typus von Erlebnissen, der sich wirklicher Erkenntnis und sprachlicher Ausdrucksfähigkeit entzieht (56): „Es gibt Tatsachen, die nicht in der Wahrheit von Gedanken bestehen, die in menschlicher Sprache ausgedrückt werden können".(57) Um mehr als einen rein schematischen Begriff von der spezifischen Erfahrung, wie es ist, X zu sein, zu bekommen, bleibt uns bisher allein die Phantasie, deren Spielraum jedoch dadurch begrenzt ist, daß unsere persönliche Erfahrung uns die grundlegenden Bestandteile für ein imaginatives und emphatisches Denkens liefert: „Gegenwärtig sind wir völlig unausgerüstet, um über den subjektiven Charakter der Erfahrung nachzudenken, ohne uns auf die Phantasie zu verlassen - ohne die Perspektive des Subjektes einzunehmen, das Erlebnisse hat".(58)

Dies - die Phantasie - ist der Weg, den Stern für seinen Roman gewählt hat. Nachdem er ursprünglich nur ein Portrait des Naturwissenschaftlers Friedrich im Sinn gehabt hatte, glaubte er, „über diesen Kaiser nur dann schreiben zu können, wenn ich wirklich etwas Neues, etwas Eigenes, etwas bisher Ungedachtes, Ungeschriebenes auf den Tisch legen konnte".(59) Anders als Ernst Kantorowicz (60), wollte Stern nicht auf einem „hohen historischen Koturn" daherkommen:

> „Dadurch schrieb ich aus ihm heraus und dadurch kam diese Sprache zustande. [...] ich bin auch dem Kaiser in vielen Aspekten sehr nahe. Er ist schon für manche Dinge eine Projektionsfläche für mein eigenes Inneres, und was ich von Tieren immer gesagt habe, findet sich natürlich auch in dem wieder, was er sagte. Da ist ein Kapitel drin, über Tiere, und das ist natürlich durch und durch auch meine eigene Meinung. Daß sie sich mit der seinen, wie ich sie den historischen Akten entnehmen kann, deckt, war für mich ein ungeheurer Glücksfall. Ich mußte den Friedrich nicht vergewaltigen, um meine eigenen Dinge, wie ich sie empfinde, sagen zu können. Insofern war ich sehr glücklich, und das haben natürlich manche Kritiker auch gemerkt".(61)

In seiner Präambel weist Stern/Friedrich die ent-menschlichende, mythologisierende Praxis von Historikern zurück, die historische Persönlichkeiten für „papierene Lebensbilder" vereinnahmen und als „Skelett, ohne Muskeln und Fett, also eigentlich tot" dennoch vollständig meinen erklären zu können. Hier werden aufgrund von Faktenwissen Rückschlüsse gezogen, ohne daß die an eine historisch-lebensweltlich bedingte Perspektive gekoppelte Subjektivität der Wahrnehmung des 'historischen Objekts' überhaupt in Betracht gezogen würde. Hinter dieser Verfahrensweise steht die Vorstellung eines materialen Dualismus, die die Materialität des Leibes strikt von der Nicht-Materialität des Geistes (der Seele) unterscheidet. Geist und Körper sind demnach grundsätzlich wesensverschieden und haben nichts Gemeinsames. Als eine der drei Grundannahmen, die die Diskussion um das Leib-Seele-Problem und die Bewußtseinsphilosophie geprägt haben (62), hat diese Interpretation einen methodologischen Dualismus begründet, der den Geistes- und Naturwissenschaften unterschiedliche explorative Methoden zuordnet.(63) Nach dem Motto: „Den menschlichen Geist verstehen, die Körperwelt erklären wir"(64), wird Verstehen zur Aufgabe der Geisteswissenschaften, das Erklären zu der der Naturwissenschaften gemacht.(65) Doch bedient man sich auch in den Geisteswissenschaften mitunter eines reduktionistischen Begriffs von 'Verstehen', der sich an der naturwissenschaftlichen Objektivierbarkeit von Phänomenen orientiert und z.B. auch mentale Prozesse und bewußte Erfahrung einer solchen Reduktion unterwirft, um sie 'verstehbar' zu machen. Auf diese Weise werden Erklärungen für dem analytischen Verstand nicht zugängliche Phänomene gesucht, die begrifflich an das angepaßt sind, was vertraut und bereits verstanden/erklärt ist.

Der Einfachheit halber - oder auch aus ideologischen Gründen - neigt man nicht zuletzt auch in den Geschichtswissenschaften dazu, voneinander zu kopieren einmal fixierte Bilder unhinterfragt immer weiter zu tradieren:

„Es ödete mich an, wie Historiker einer nach dem anderen immer wieder abschrieben, was irgendwo einer mal über diesen Kaiser als Tierdresseur gesagt hatte. [. . .] Ich wollte eigentlich der Historikerzunft eins ans Bein geben, weil sie auf diesem Gebiet, das nicht ihr eigenes war, nämlich Naturwissenschaften, Tierhaltung, dauernd Dinge abschrieben, einer von dem anderen, ohne sie je zu überprüfen".(66)

So enstand von Friedrich schon zu Lebzeiten ein oft recht simpel schwarz-weiß angelegtes Bild, das von einer entweder dämonisierenden oder glorifizierenden Geschichtsschreibung weitertradiert wurde. Dies stellt ihn als einen grausamen Tyrannen mit zweifelhaften orientalischen Sitten oder als einen politisch vorausschauenden, vor-aufklärerischen Vernunftmenschen (Dichter, Naturforscher), „einen der *cursores* im Fackellauf der Kultur"(67) aus.

Nicht so Stern: er hat einen anderen Zugang gewählt, indem er die Perspektive Friedrichs übernommen hat und quasi aus dessen Bewußtsein heraus erzählt. Daß es ihm dabei um mehr als die bloße Korrektur eines eindimensionalen Geschichtsbild geht, wird bald deutlich:

„Ich will mit Worten, wie mit Flamme und Messer den Firnis gefälliger oder gehässiger Chronistenberichte krakelieren und abheben, einen Firnis, der mein wahres Bild und das, welches ich mir von der Welt mache, verdunkelt. [...]. Mag für die Zwecke dieser Papiere eine Abstinenz von der letzten, radikalsten Wahrheit noch dort tolerierbar sein, wo sie den Autor als politischen Menschen betrifft. Da muß, da soll hier, dem rein privaten Charakter dieser Aufzeichnungen entsprechend, nicht alles auf den Tisch, da richten auch andere mit, denn die Fakten sind zugänglich."(68)

Seine Absicht ist es, „ein durch und durch subjektives Bild dieses Kaisers"(69) zu entwerfen. So ist der Roman auch nicht historisch-chronologisch, sondern thematisch organisiert. Der Gang der Erzählung orientiert sich nicht primär an biographischen Daten, sondern folgt einem individuellen - mitunter sprunghaft-assoziativen, von Sinneseindrücken gelenkten - Lauf der Gedanken Friedrichs. Dies wird im Text selbst reflektiert:

„Einer zeitlichen Ordnung gehe ich, obwohl sie mir wenigstens im Formalen helfen könnte, weit aus dem Weg, weil sie diesen privaten Papieren den Geruch von Akten mitteilen müßte: Leim und Staub, Kanzlistenschweiß und Pedanterie, Stolz auf das Nichtige und Unverständnis für das Eigentliche. Dem konkret Geschichtlichen, das sich nicht immer vermeiden läßt, weil es mich durchzieht und den Geschmack meines Lebens ausmacht wie das Fett im Speck, weiche ich ins Irreale aus."(70)

Dem assoziativen Erzählstil liegt allein eine imaginierte psychologische Struktur zugrunde.(71) In einer Folge von Textstücken eröffnet sich ein Blick in Friedrichs Leben - Kindheitserinnerungen, Berichte, Träume, philosophische Grübeleien, geschrieben fast wie literarische Essays, die auch außerhalb des sie verbindenden Lebenskontextes als literarische Einzelstücke Bestand hätten. Die Kapitelüberschriften lesen sich kaum wie Verweise auf lebensgeschichtliche Zäsuren. Sie wirken vielmehr wie Brechungen des Erzählflusses, wie das Innehalten oder Zuendekommen eines Gedankenganges, bevor sich der nächste eröffnet. Diese Erzählweise entspricht der assoziativ-selektiven Wahrnehmung des eigenen Lebensumfeldes durch ein Einzelbewußtsein. Der natürliche Wahrnehmungsvorgänge imitierende, narrative Prozeß läßt sich als der Versuch eines der historischen Erfassung vorgängigen subjektiven Bewußtseins verstehen, sich auszudrücken und zu erforschen. Dabei beginnen „alte Formulierungen, von denen ich mich seit Jahren entbunden glaubte, [...] wieder in mir zu rumoren und fragen mich nach ihrer Wahrheit."(72) Dieser Erkenntnisprozess bedeutet, „meine äußere Wirkung der inneren Wahrheit unterzuordnen."(73)

Die oft betonte *Hintanstellung von Geschichte und Politik* verweist darauf, daß es hier nicht um „die Abstraktion der Geschichte" (74) geht, sondern um die Suche nach subjektiver Wahrheit und den angemessenen sprachlichen Ausdruck dafür: „Mir aber dient das Schreiben zur Annäherung an die Wahrheit, und auch das ist im Ergebnis noch zweifelhaft genug, denn es schließt Widersprüche ein, Gewichtsverschiebungen und Widerrufungen."(75)
Dennoch will Stern sich Friedrichs „ohne Verbiegung der geschichtlichen Wahrheit" (76) angenommen haben:

> „Es ist schon ein historischer Friedrich, den ich beschreibe. Der äußere Ablauf seines Lebens und die Personenausstattung meines Buches, das alles ist auch bei mir geschichtlich wahr. Meine Charakterisierung Friedrichs als eines äußerst widersprüchlichen Menschen entspricht dem von der Geschichte verbürgten Bild. Es gibt ja kaum einen Kaiser in der Geschichte, der von so großer Widersprüchlichkeit geprägt war wie dieser. Er war von einer unerhörten Liebenswürdigkeit auf der einen Seite und zugleich von einer Grausamkeit, daß es einen frieren macht. [...] Auch seine große Sinnlichkeit habe ich nicht erfunden; sie war wirklich der Skandal des Abendlandes. Die Quellen darüber sind eindeutig. Das sind also alles keine Erfindungen von mir."(77)

Der Roman nimmt sich jedoch einige Freiheiten heraus. Sterns Umgang mit dem literarischen Personal entspricht nicht immer den historischen Gegebenheiten. Zwar handelt es sich bei den geschilderten Personen durchweg um historische Persönlichkeiten, die zu Zeiten Friedrichs gelebt haben, bzw. ihm bekannt waren, doch sind z.B. tatsächliche Begegnungen zwischen Friedrich und Franz von Assisi (S. 214ff/S. 242ff/S. 296ff) oder Albertus Magnus (S. 403ff/S. 419ff/S.432ff) ebensowenig überliefert wie ein längerer Briefwechsel mit Walther von der Vogelweide (S. 374ff/S.391ff). Auch der Zyklus erotischer Gedichte (S. 179ff) stammt nicht wirklich aus der Feder Friedrichs, wenngleich dieser tatsächlich Kanzonen gedichtet hat.(78) Hinzu kommen sprachliche Unstimmigkeiten, die vielfach kritisiert worden sind.(79)
Die Elemente moderner autobiographischer Schreib- und Darstellungsweisen sind von Stern immer wieder als ein wichtiges Moment der 'Subjektivierung' in der Auseinandersetzung mit dem historischen Friedrich bezeichnet worden:

> „Aber wie das zusammengestrickt ist, wie ich Zeitebenen miteinander vermische, Träume mit der Realität vermenge, das ist etwas, was geschichtlich nicht zu belegen ist; denn der Friedrich, der aus meinem

Buch spricht, ist in der Art, wie er spricht und wie er formuliert, gewiß nicht der Friedrich der damaligen Zeit. Nur meine ich, daß die Gedanken, die ich ihn denken lasse, durchaus von ihm so gedacht worden sein könnten."(80)

Diese intendierten Abweichungen von den historischen Gegebenheiten positionieren den Roman in einem kreativen Spannungsfeld zwischen den Polen der Autobiographie-Fiktion, mit den ihr typischen stilistischen Merkmalen sowie der enormen Ausdrucksfreiheit, die sie bietet, und der viel geschlosseneren, durch geschichtliche Fakten stets gebundenen Form des historischen Romans. Wiederholt wird in 'MaAp' die Frage nach dem Verhältnis von persönlicher Geschichte und Geschichtsschreibung (z.B. im Vorwort u. den Kap. *Textkritik I-III*), von Subjektivität und Historizität, thematisiert. Friedrichs Erzählung bewegt sich demnach zugleich in einem recht engen und in einem sehr weiten Rahmen. Letzterer ist Voraussetzung für eigenwillige literarische Ausdrucksformen wie den körperorientierten, explorativen Erzählstil. Die angestrebte wahrheitsgemäße Auseinandersetzung mit dem eigenen Leben ist in ein narratives Umfeld eingebettet, das sich *per se* mit subjektiver Identitätskonstitution befaßt und sich dafür zunächst auf die herkömmliche Unterscheidung von Innen- und Außenperspektive, d.h. von öffentlicher und privater Person, als Ausgangsbasis beruft. Ziel ist jedoch nicht die illustrative Untermauerung eines bereits *a priori* feststehenden (an der öffentlich institutionalisierten Persönlichkeits-Wahrnehmung orientierten) Selbst-Bildes, sondern der Versuch einer (an subjektiven Wahrheiten orientierten) Selbstverortung, einer Bannung von Identität in Sprache und Sprach-Bildern. Einer Identität, die Friedrich zu entgleiten droht - „Taumelt auch mein Flug schon?" (81) - und deren Manifestierbarkeit in der politischen Rolle allein permanent angezweifelt wird.

Das Innere nach außen kehren (Autobiographie-Fiktion)

Für die Darstellbarkeit von subjektiver Erfahrung spielt die Übernahme einer Innenperspektive eine entscheidende Rolle. Eine solche Innenperspektive ergibt sich z.B. aus der literarischen Erschließung von *Subjektivität*, wie Stern sie in 'MaAp' versucht. Als eine *conditio humana* ist Subjektivität v.a. ein erkenntnistheoretisches Problem. Der Begriff bezeichnet „eine Eigenschaft, die allen selbstbewußten Wesen gemein ist"(82) und stellt somit eine perspektivische Möglichkeit dar, die sich jedem unmittelbar erschließt. Jeder Mensch geht davon aus, daß er eine subjektive Innenwelt hat, die sich *qua* Bewußtsein erforschen läßt und die Erleben und Handeln in der Welt entscheidend mitbestimmt. Subjektivität kann daher als der Inbegriff all dessen, was ein Subjekt ausmacht und für dessen Empfinden, Denken und Urteilen prägend ist (psycho-physische Gesamtlage), verstanden werden. Sie bedeutet auch eine grundsätzliche Abhängigkeit aller persönlichen Urteile von der Wahrnehmung des Subjekts.

Die klassisch-idealistische Erkenntnistheorie hat dem Begriff drei Grundprädikate zugeschrieben (83): Subjektivität bedeutet einen Wahrnehmungsmodus, in dem die erkenntnisleitenden Faktoren (a) eine Unmittelbarkeit der Bekanntheit mit sich selbst, (b) Spontaneität und (c) Ichheit (d.h. 'ich' als Verweis auf sich selbst als ein subjektiv Seiendes) sind. Dies setzt die prinzipielle Möglichkeit voraus, daß im Verlauf eines Prozesses kritischer Selbstbefragung „das Ich sich als den Träger seiner eigenen unbewußten Geschichte wiedererkennen kann."(84)

Die hermeneutische Prämisse einer Möglichkeit des Sich-selbst-Verstehens durch radikale Selbsterforschung wird besonders den introspektiven Formen von Literatur, d.h. autobiographischen Textformen wie Tagebüchern, Briefen, Bekenntnisliteratur und autobiographischen Romanen zugrundegelegt. Subjektivität als authentisches Selbstsein (85) findet sich dort in der Thematisierung eines sich seines Selbst- und Situationsverständnisses vergewissernden Ich. Ein schriftlich dargelegter Prozeß des „penser et réfléchir sur sa pensée" (86) ist jedoch immer schon ein bereits fiktionaler, d.h. vom Autor/denkenden Subjekt geformter und gestalteter. Dies bedeutet, daß literarisch gestaltete Subjektivität nicht wirklich in der o.g. Unmittelbarkeit, sondern allenfalls in der Fiktion von Unmittelbarkeit gegeben sein kann.

Der Roman ist darauf angewiesen, sich der „Wahrheit" hinter der kaiserlichen Identität unter den *Bedingungen des 'Als-Ob' der Phantasie* (87) zu nähern. 'Sich-selbst-Verstehen' findet daher in der Form der interpretativen Annäherung von außen (Stern) an ein Einzelbewußtsein statt: Ichheit steht unter dem Vorzeichen imaginativer Vermitteltheit. 'MaAp' thematisiert implizit diese erzählerische Ausgangssituation, die letztlich auf die bewußtseinstheoretische Unterscheidung des Innen vom Außen, des Einblicks von der Beobachtung verweist. Sie wird in Friedrichs Denken hineinverlagert, der, als Autor seiner Papiere, den 'echten' Autor zwar verschwinden läßt, aber dennoch die Bedingungen eines Schreibens über subjektives Erleben per Meta-Kommentierung reflektiert. So bietet der Roman den Rahmen für eine verbindende Dialektik des Innen und Außen, ein Changieren von subjektivistischer Selbsterforschung und objektivierbarer (historischer) Erkenntnis. Sprache und Körpererfahrung gehen dabei eine untrennbare Verbindung ein, die das intime Innere nach außen kehrt. Es wird in die Schrift hinein objektiviert und dem Körper somit ent-äußert. Neben der Möglichkeit einer Fixierung von Identität (innerem Erleben) birgt dies jedoch die Gefahr, des Sich-Nicht-Wiedererkennens, d.h. der Selbst-Entfremdung:

"Beim Rückerinnern sehe ich die Außenwelt meiner Vergangenheit, als hielte der Tod, um eine Flucht vor ihm in die von Leben prallen Jahre meiner frühen und mittleren Jahre zu verhindern, mir seine zum Gitter gespreizte Knochenhand vor das Gesicht, so das Innen vom Außen absperrend. Die Finger der Hand skelettieren mir die erinnerten Bilder der realen Welt, legen sie auf beinernde Horizonte, die nahe sind und jenseitig zugleich. So geht die einst erlebte Augenlust dem Gedächtnis verloren; der im Erinnern das Außen suchende Gedanke prallt ab von dieser Anmahnung des Endes und ihrem Geheiß, sich die Seele aufzuräumen, und stürzt entsetzt nach innen zurück, in die Schlangengrube ruheloser Gedankenknäuel."(88)

Der Versuch einer (literarischen) Annäherung unter den Bedingungen des 'Als-Ob' setzt die Wahl einer *radikal introspektiven Textgattung* voraus. Die Autobiographie als eine „Beschreibung (graphia) des Lebens (bios) eines Einzelmenschen durch diesen selbst (auto)"(89) ist für diesen Zweck sehr gut geeignet. Als ihre Aufgabe gilt traditionell, „den Menschen in seinen Zeitverhältnissen darzustellen und zu zeigen, inwiefern ihm das Ganze widerstrebt, inwiefern es ihn begünstigt, wie er sich eine Welt-und Menschenansicht daraus gebildet und wie er sie, wenn er Künstler, Dichter, Schriftsteller ist, wieder nach außen abgespiegelt." (90)

Die Autobiographie tritt literaturtheoretisch erstens als *die* Zweckform der (strukturierten) Rückschau und des privaten/subjektiven Erinnerns und zweitens als eine Möglichkeit, dem subjektiven Erleben erzählerisch Form zu geben, auf. Beide Bewegungen, der Rückzug in die Intimität der Selbstbefragung, d.h. die Konzentration des Bewußtseins auf mentale Prozesse (Innenwelt) sowie das Heraustreten aus der Unmittelbarkeit der Introspektion in die relativ öffentliche, auf Vermittelbarkeit ausgerichtete Situation des Tagebuchschreibens (das sich an wenigstens einem Leser orientiert, dem Beichtvater Bérard), in die physische und mentale Interaktion mit anwesenden oder gedachten Menschen (*Symposion*), in die Objektivierung der Erinnerungen in die Schrift hinein, sind v.a. in der Tagebuchform als einer Variante der Autobiographie angelegt. Die zunächst gegensätzlichen Bewegungen des Rückzugs und des Öffnens verbinden sich zu einer Dialektik, die eine Rekonstitution des unter dem Gerümpel geschichtlicher und politischer Überlieferung verschütteten Subjekts ermöglicht.

Autobiographisches Schreiben gestattet ein Variieren der Erzähldistanz im Sinne z.B. einer fiktiven Verkürzung (Retrospektion) oder auch ihre Aufhebung in der Introspektion. Erzählendes Ich und erlebendes Ich können dann wie in 'MaAp' (z.B. *Über Chronisten, Textkritik I-III; Mann aus Assisi II*, S. 248-50; der Haschischrausch in *Postscriptum arabicum*, S.363- 366; die *Jagdstücke*; das Sterben, S. 451/52) auf einer imaginierten 'Zeitachse' bis hin zur Deckungsgleichheit (fiktive Unmittelbarkeit) zusammenrücken. Das erzählende Ich, das über ein erlebendes Ich der Vergangenheit berichtet, verschmilzt z.B. in den Traumpassagen (*Symposion/ Jagdstücke*, etc.) mit dem erzählten Ich. Über die Suggestion von der Unmittelbarkeit des Erlebens ergibt sich zugleich eine größtmögliche Nähe des Rezipienten zum Erzähler. Daher ist auch die Identifikationsbereitschaft mit einem Verfasser privater Papiere von vornherein sehr hoch.(91) Zugleich steht der Autobiograph/fiktive Autobiograph mit seinem Bemühen um Selbstverortung dem Rezipienten ungleich näher als der herkömmliche Romanautor: „Der Autobiograph verhält sich also gleichsam seinem Leben gegenüber wie der Leser zu einem Roman: interpretierend, d.h. auf der Suche nach Bedeutung, die erst der uferlosen Fülle der bloßen Lebensfakten gegenüber die Möglichkeiten des Erzählens schafft, indem die Erzählinhalte ausgewählt und damit zugleich der funktionale Zusammenhang eines Ganzen für die Wiedergabe hergestellt wird."(92)

Diese Möglichkeiten der unmittelbaren Annäherung an eine subjektive Innenwelt spielten sicherlich eine Rolle bei Sterns Entscheidung für die fiktive Autobiographie:

„Das stand für mich von vorneherein fest, weil ich deutlich machen wollte, daß ich ein durch und durch subjektives Bild dieses Kaisers entwerfen wollte. Diese Ich-Form erlaubt einen sehr viel direkteren Zugriff auf den Menschen."(93)

Als ein spezifischer *Modus subjektzentrierten Erinnerns* ermöglicht die Autobiographie ein hohes Maß an eigenwilliger Gestaltung, ohne große Rücksicht auf Formzwänge. Da Erleben und Reflexion eines Einzelbewußtseins darin Ausgangspunkt und Zentrum des Darstellungsinteresses sind, ist das Genre für individuelle Erzählstrategien, wie 'MaAp' sie zur Genüge aufweist, von vornherein offen. Der Status privater, ja intimer Papiere ermöglicht die Integration verschiedenster Formen und Stile in einen Textkorpus (94): Zitate aus historischen Dokumenten (95), Gedichte, Briefe, Dialoge, Selbstgespräche und Traumpassagen. Dies bedeutet einen Zuwachs an Ausdrucksmöglichkeiten: „Die Fruchtbarkeit der Autobiographie für die Erzählkunst liegt in ihrer relativ geringen gattungsmäßigen Verfestigung, die immer wieder durch den Wirklichkeitsstoff und seine Bedürfnisse aufgebrochen werden kann".(96)

So trägt der implizite Authentizitätsanspruch der Autobiographie in 'MaAp' dazu bei, vorgegebene Bedingungen des autobiographischen Erzählens zu ästhetischen Sonderstrukturen auszubilden, die neue Erzählmöglichkeiten eröffnen.(97) Das hohe Maß an Subjektivität in der intimen Ausgestaltung der Innenwelt gestattet sogar ein Ineinanderschieben von Autoren- und fiktivem Erzählerbewußtsein, so „daß ich sogar Träume aufschreibe, die

meiner Phantasie entstammen" (98) und diese wie Träume Friedrichs erscheinen lassen kann.
Die *Übergänge von der Autobiographie zur Fiktion* sind generell fliessend.(99) Autobiographisches Schreiben basiert immer auf einer „self-interpretation of the autobiographer" und ist ein Prozeß, dem notwendigerweise eine selektives Auswahlverfahren zugrundeliegt, gesteuert von der Eigenwahrnehmung des Erzählers. Der Begriff der 'fingierten Wirklichkeitsaussage' basiert auf der ontologischen Differenz zwischen der echten Wirklichkeitsaussage z.b. einer historischen Autobiographie und der „Mimesis der Wirklichkeitsaussage"(100) eines Textes, dessen Ziel es ist, Fiktivem den Anschein des Wirklichen zu verleihen. Der autobiographische Roman stellt bereits von seiner Intention her einen Grenzfall fiktionalen Erzählens dar. Wahre und fiktive Aspekte lassen sich darin nicht mit den Mitteln einer literarischen Analyse unterscheiden, es bedarf dazu eines außerliterarischen, historischen Vorwissens.(101) Dies trifft besonders auf Texte wie 'MaAp' zu, deren Umgang z.B. mit historischen Personen von vornherein auf einer nicht exakt bestimmbaren Vermischung aus Fakten und Fiktion basiert. Sterns Roman reflektiert dieses Grundproblem z.B. in dem Vorwort oder in den metatextuellen Passagen. Dadurch stellt sich ein spezifischer Leserbezug her (*pacte autobiographique*) (102), der sich quasi als Dialog des Erzählers mit dem Rezipienten über das Problem der Selbstdarstellung realisiert (s.*Textkritik*).(103) Die Innensicht auf Friedrichs Erleben wird unter Bedingungen öffentlich gemacht, die sie auch von einer Außenperspektive her nachvollziehbar erscheinen läßt. Dies bestätigt nicht nur Nagels These (s. o.S. 218f). Es bedeutet auch, daß die Außenwelt, d.h. die Situation, in die hinein dargestellt wird, stets einen strukturierenden Einfluß auf realistische wie symbolische Repräsentationen ausübt, ebenso wie umgekehrt sich der Blick auf die eigene Realität mit dem Schreiben immer wieder verändert. Es entsteht eine dialektische Spannung zwischen Wahrnehmen und Darstellen, die eine 'saubere' Trennung von Wahrheit und Fiktion erschwert - und sekundär erscheinen läßt:

> „Mir aber dient das Schreiben zur Annäherung an die Wahrheit, und auch das ist im Ergebnis noch zweifelhaft genug, denn es schließt Widersprüche ein, Gewichtsverschiebungen und Widerrufungen. Im Anfang, und im Fortgang immer wieder, ist ein jeder auf die eigene Person bezogene Text der Lüge näher als der Wahrheit."(104)

Steht die fingierte Wirklichkeit in einem echten biographischen Zusammenhang, muß die Erzählstrategie darauf ausgerichtet sein, die fiktiven Gedanken als mögliche/wahrscheinliche Wirklichkeit erscheinen zu lassen.(105) Zu diesem Zweck rekurriert auch Stern, angefangen vom einleitenden Vorwort, immer wieder auf formimmanente Techniken der Authentisierung (z.B. durch selbstreferentielle/metatextuelle Verweise). So kann er den Text in kritischen Situationen, in denen z.b. die Art der Vergegenwärtigung über die Bedingungen des menschlichen Erinnerungsvermögens hinausgeht, mittels Kommentierung des Erzählvorgangs durch den Erzähler vor einem Abrutschen ins Unglaubwürdige bewahren:

> „Natürlich ist mir der Wortlaut dieser Gespräche, wie ich ihn wiedergab, nicht über die mehr als vier Jahrzehnte hinweg im Gedächtnis geblieben, die seither vergangen sind. Ich rekonstruiere vieles anhand der Schriften von al-Gahiz, die sich in meiner Bibliothek befinden. Dieser profane Fußnotensatz, der mir, während ich ihn formuliere, klarmacht, daß ich beim Schreiben einem unbewußten Begründungszwang unterliege, also insgeheim mit Leserschaft rechne, zwingt mir Gedanken auf, die an den Grund dieser Papiere gehen und Klärung verlangen."(106)

Der *Begründungszwang* ist ein konstitutives Merkmal autobiographischen Schreibens, das immer durch die plausiblen Möglichkeiten des Gedächtnisses bzw. das Vorhandensein von Dokumenten und Überlieferungen begrenzt ist.(107) Die Wiedergabe von Erinnerungen ist auch in echten Autobiographien problematisch, da Erlebnishorizont und Erinnerungshorizont in der Regel nicht kongruent sind: je höher der Grad der Vergegenwärtigung lange zurückliegender Wahrnehmungen, Gespräche oder Gedanken, desto stärker die Notwendigkeit einer Legitimierung (Verweis auf sekundäre Quellen, Zeitzeugen etc).(108) Ist der *pacte autobiographique* zwischen Autobiograph und Rezipient jedoch einmal etabliert, wird die Autorität des Erzählers (109), die auf der Überlegenheit des Zeit- und Augenzeugen gegenüber dem Nachkommen, bzw. - auf psychologischer Ebene - der Innenperspektive gegenüber der Außenperspektive basiert, nicht mehr so ohne weiteres in Frage gestellt. Können Authentizität der Eindrücke und Involviertheit in das Geschehen halbwegs glaubhaft belegt werden, ist die Akzeptanz in Bezug auf den Wahrheitsgehalt des Erzählten ungleich höher als bei anderen literarischen Genres üblich.

Die Verwendung autobiographisierender Darstellungsweisen bedeutet für 'MaAp' nicht allein die Möglichkeit einer plausible Integration verschiedener literarischer Formen unter einem thematischen Dach, sondern eine größtmögliche *Konzentration der Perspektive*. Die Konzentration des Blicks auf ein Erzählerbewußtsein bündelt die disparatesten Wahrnehmungen in einem allen gemeinsamen Fixpunkt. Die Subjektivität der Ich-Perspektive wird zum übergeordneten Strukturprinzip des Romans. Dem 'Ich' wird in diesem Modell eine zentrale Rolle zugewiesen. Es ist (selbst unter den Bedingungen des 'Als-Ob') ein Garant für maximale Nähe zum Erzählgegenstand, d.h. der Auseinandersetzung mit der eigenen Identität. Es steht für Glaubwürdigkeit und Authentizität, denn Einblick in eine Innenwelt kann am besten ein Erzähler vermitteln, in dem sich erlebendes (erzähltes) und reflektierendes (erzählendes) Ich verbinden: „Einerseits kann der Erzähler die historische Faktizität des Geschehens behaupten, also auf der Kennzeichnung des Erzählten als Abbildung der objektiven Realität bestehen, zum anderen bietet sich die Gelegenheit subjektiver Wirklichkeitsdarstellung, bei der die geistige Bewältigung durch den Erzähler gegenüber den Erlebnissen im Vordergrund steht. Zwar bezeichnet die Ich-Perspektive keineswegs ein engeres Verhältnis zur außer-fiktionalen Wirklichkeit [...], doch erfüllt sie ihrer Struktur wegen leichter den Schein der Faktizität, [...]."(110)

Der Ich-Erzähler gehört somit potentiell zwei verschiedenen Ebenen an: er durchlebt innere Entwicklungen und analysiert das Geschehen retrospektiv, aus zeitlicher und emotionaler Distanz. Er bewegt sich in einem Spannungsfeld zwischen Objekt-Ich und Erzähl-Ich, ist Erlebender/Erzählter und Materialgestalter zugleich.(111) Als reflektierende Instanz hat Friedrich die Möglichkeit, diese Spannung selbst zu thematisieren (z.B. *Textkritik*) und so die Erzählinhalte immer wieder zu authentisieren. Sein Verhältnis zum eigenen Ich-Erleben als Erzählgegenstand ist somit nicht nur ein perspektivisches, sondern auch ein durch die narrative Vermittlung strukturiertes: es organisiert sich sowohl über eine introspektive als auch eine retrospektive Zeitstruktur, d.h. die Suggestion von unmittelbarer Wiedergabe des Erlebten (Hauptaufgabe des Tagebuchs) und der rückblickenden Reflexion des Erlebten (Hauptaufgabe der Autobiographie) wechseln einander ab (112):

> „So lebe ich, indem ich schreibe, zum zweiten Mal, koste Wörter und Sätze wie Stunden des schon einmal Erlebten, ja ich dehne es mir durch Abschweifung und Ausführlichkeit nach Belieben weit über die Zeit hinaus, die das Beschriebene realiter dauerte. Mehr noch, ich steigere Lust und Leid, indem ich, schreibend, die Glut beider von der Schlacke des Banalen befreie, das unvermeidlich mit ihnen verbunden ist (die Ejaculatio schmatzt, die Träne rotzt). So erlebe ich alles reiner, intensiver als zuvor. Doch sehe ich auch die Gefahr des Blutleeren, die einem solchen Nach-Leben droht: Schreiben als Masturbation vor dem Bild der Erinnerung, ein Akt, der den Schreiber entleert und das Bild besudelt."(113)

Die autobiographische Erinnerung bringt so eine gesteigerte, 'kondensierte' Form des Selbstbewußtseins zum Ausdruck, indem sie die Determination durch die historischen Umstände und die dadurch eingeschränkten Möglichkeiten des Subjekts ebenso realisiert wie den Aspekt der Erlebnisintensivierung durch Reflexion und sprachliche Gestaltung.

Sich-Selbst-Gegenübergestellt-Sein (Bewußtsein)

Was die autobiographische Form besonders attraktiv macht, ist die Privilegiertheit und Exklusivität des Einblicks in ein 'fremdes' Bewußtsein, die sie verspricht. Ihre Leser „sind auf Privates aus, Intimes, wenn es zu haben ist".(114) Autobiographien beschreiben Selbst- und Weltverständnisse, die im wesentlichen privater Natur sind. Insbesondere die Auseinandersetzung mit der eigenen Identität - besonders wenn dabei in Bereiche des Ich vorgedrungen wird, die in der Öffentlichkeit nach wie vor als tabuisiert gelten, (z.b. sogenannte sexuelle Obsessionen oder Perversionen) und die daher vielfach bereits im eigenen Kopf 'zensiert' werden - ist nur über Introspektionsberichte zugänglich. Auch in diesem Kontext stößt man sofort wieder auf eine dualistische Vorstellung von der menschlichen Konstitution, die von einer Innenwelt/Außenwelt-, einer Privat/Öffentlich-Dichotomie determiniert ist. Denn darauf ist die Annahme eines intimen Inneren, das, sonst verborgen unter der Maske der öffentlichen Persönlichkeit, in radikaler Erkenntnisarbeit (z.B. Tagebuch) ans Licht gebracht werden kann, aufgebaut: „[...] eine Annahme, die für alle subjektivistischen Autoren eine unwiderstehliche Anziehungskraft hat: ein der gesellschaftlichen Existenz weitgehend entzogenes und am Grunde des öffentlichen Teils der Persönlichkeit vorhandenes, latent gesellschaftsfeindliches, intimes Ich, das in besonderen Zuständen, zum Beispiel bei der literarischen Erzeugung, im Rausch, im Wahnsinn, in Zufallsmomenten, aufbrechen kann."(115)

Der Erkenntnisprozeß ähnelt dann dem der *psychoanalytischen Arbeit* insofern, als eine Dimension des (systematisch) bewußten, Verschütteten, Verborgenen vorausgesetzt wird, die es zu erschließen und für eine 'ganzheitliche' (Widersprüche integrierende) Identität fruchtbar zu machen gilt. Über eine gezielte Konzentration auf den Innenraum des Bewußtseins (*qua* Reflexion, Introspektion) können, so die These, die dem reflektierenden Bewußtsein nicht *ad hoc* zugänglichen mentalen Prozesse bzw. gezielt im Dunkelbereich des Intimen belassene Befindlichkeiten in das öffentliche oder das Selbst-Bild einer Persönlichkeit integriert werden. Dem Bereich des Geistes, der reflektierend in sich hineinschaut, steht hier wieder der des Körpers als der bloß äußeren, räumlichen Definition eines Menschen gegenüber. Reflexion und Subjektivität als wichtige Merkmale des Geistes folgen demnach Prinzipien eigener Natur, die in der herkömmlichen (cartesischen) Interpretation des Leib-Seele-Verhältnisses als dem Universum des Körperlichen ausgegliedert gedacht werden. Im reflektiven Bewußtsein ist der Mensch sich selbst gegenübergestellt.(116)

Als Modi der Auseinandersetzung mit Identität und Selbstverortung lassen sich die als 'Reflexion', 'Introspektion' oder 'Subjektivität' bezeichneten Wahrnehmungsprozesse unter dem Begriff 'Bewußtsein' zusammenfassen. In ihrer heutigen Bedeutung, die auch der Leib-Seele-Thematik in 'MaAp' zugrundeliegt, gehen sie auf den Beginn der neuzeitlichen Philosophie zurück. Die durch Descartes eingeleitete Wendung zum Subjekt, hat - mit der Lehre, daß das Bewußtsein etwas primär Gegebenes, alles andere lediglich Inhalt, Form oder Schöpfung des Bewußtseins sei - die Bewußtseinsphilosophie und die dualistische A-priori-Lösung auf den Weg gebracht. Der menschliche Geist wird mit dem Bewußtsein identifiziert und als wesensverschieden von allem Körperlichen erklärt, da dem Körper kein Bewußtsein zukomme: „Der Geist hat also immer Bewußtsein und der Körper nie, so daß beide wesensverschieden sein müssen."(117) Bewußtsein wird stets als individuelles Bewußtsein gedacht, das ein jeder Mensch für sich allein hat und das „in einer Art inneren Repräsentationsraum Vorgänge der äußeren Natur spiegelt."(118) Damit ist die Unterscheidung einer Innen- von einer Außenwelt etabliert, aus der sich als Konsequenz die dualistische Konzeption des Leib-Seele-Verhältnisses ergibt.

Bewußtseinsphilosophische Bestimmungen des menschlichen Geistes haben die dualistische Gegenüberstellung von Leib und Geist immer argumentativ gestützt und das individuelle Bewußtsein als Ort der Erkenntnis ins Zentrum ihrer Betrachtungen gestellt. Dieses ist unmittelbar gegeben und funktioniert als paraoptisches Bewußtseinsmodell nach dem Prinzip des Guckkasten-Theaters: Schaut man 'bewußt' in sich hinein, erschließt sich einem die Innenwelt unmittelbar und in ihrer Ganzheit. Anders formuliert: das Bewußtsein operiert wie ein Zuschauer, der das Geschehen auf der Bühne genau beobachtet und im Zweifelsfall Zusammenhänge erkennt und durchschaut, denen die Akteure (scheinbar) unwissend-naiv ausgeliefert sind. Von den Wahrnehmungen des Bewußtseins läßt sich dann (z.B. in o.g. Form Mitteilung machen). Sie sind grundsätzlich sprachlich erfaßbar.

Das bewußtseinsphilosophische Paradigma argumentiert v.a. mit den Thesen (a) von der Unfehlbarkeit der Introspektion, (b) von der Privatheit des Geistes, (c) von der Intentionalität des Mentalen und (d) von der Ausgedehntheit/Unausgedehntheit.(119) Einige Aspekte dieser Thesen finden sich in 'MaAp' wieder und sind dort Teil der Auseinandersetzung um das Leib-Seele-Verhältnis im subjektiven Erleben. Das Introspektionsargument behauptet, das Leib und Seele (Geist) wesensverschieden sind, weil der Geist durch privilegierte, unfehlbare Introspektion erkannt wird, der Körper aber nur durch fehlbare Beobachtung. Der erkenntnisfördernde Sinn der Introspektion ist Friedrich nicht fremd. Er bezeichnet seine Form der Selbstbeobachtung als „bekenntnishaftes Schreiben" und als „Gänge in einen selbstgerichteten Beichtstuhl" (120), die dem Verständnis der eigenen Persönlichkeit ebenso dienen sollen, wie der kritischen Hinterfragung von Handlungen und Motivationen:

„Schreibend führe ich einen Prozeß gegen mich, in dem meine Erinnerungen die Zeugen sind und die Sprachgebilde, zu denen sie mir in diesen Papieren gerinnen, die Richter, die die Zeugen nach der Wahrheit oder doch wenigstens der Wahrscheinlichkeit ihrer Ausssgen befragen."(121)

Diese Schilderung des Vorgangs deutet jedoch darauf hin, daß ihm die introspektive Erkenntnis weder als unfehlbar noch als unmittelbar gewonnen gilt. Vielmehr scheint Bewußtsein hier als eine Art komplexe Meta-Tätigkeit des Geistes verstanden zu werden, die sich von einfacher strukturierten Geistestätigkeiten (Empfindungen, Gefühle, assoziative Erinnerungen, Körperwahrnehmungen etc.) unterscheidet. Es erscheint als eine spezifische mentale Aktivität oder Fähigkeit (die ihren Ausdruck vielleicht in 'Sprachgebilden', im Zweifel oder im objektiven Wissen (122) findet), die quasi als Richter eines inneren Gerichtshofs die Zeugen Erinnerung, Wahrnehmung etc. befragt: „Metaphorisch gesprochen ist das Bewußtsein der Scheinwerfer des Geistes, der nach und nach diverse mentale Phänomene anstrahlen und damit bewußt machen kann."(123)

Das Niederschreiben der Gedankengänge bietet die Möglichkeit, die 'Arbeitsweise' des reflexiven Bewußtseins zu überprüfen:

„Denn so leicht man im Nur-Denken sich selbst betrügen kann, indem man ein Denkziel zwar erreicht, aber den Weg dorthin - die Prämissen - durch Eilen verlor und darum das Ziel nun nicht mehr verifizieren kann, so schwer ist ein Selbstbetrug, wenn man seine Gedankenschritte auf dem Papier macht."(124)

Es verfolgt das Ziel, nicht eine objektive Wahrheit, sondern Identität in Denken und Sprache zu bannen: „Über die Bekenntnisformen wird [...] nicht einfach Vergangenheit reproduziert, sondern die Einheit eines Sinnzusammenhangs der Identität faßlich gemacht."(125) Es ist Teil einer besonderen Praxis der Auseinandersetzung mit dem Ich, die die Erfaßung *all* seiner Aspekte zum Ziel hat, ohne diese bereits im Vorab zu kennen. Denn gegen die Unfehlbarkeit von Introspektion spricht nicht nur die Existenz von verdrängten, nicht- oder halb-bewußten mentalen Vorgängen (d.h. die Annahme von verschiedenen Bewußtseinsgraden), sondern auch der Umstand, daß Erkenntnis begriffsabhängig ist. Introspektive Erkenntnis nur das erfaßt, „wofür Begriffe ausgebildet worden sind."(126) Die Exploration der eigenen Identität ist für Friedrich daher auch ein Gang ins Ungewisse. Die introspektive Selbsterkenntnis unterliegt derselben prinzipiellen Irrtumsmöglichkeit wie andere Erkenntnis auch.

Das Tagebuchschreiben stellt eine monologische Situation dar, die introspektive Erkenntnis nicht nur auf die Perspektive der 1. Person, sondern auch auf das Geistige reduziert. Friedrich bricht diese doppelte Reduktion auf, indem er mit anderen Figuren in Dialog tritt (z.B. die *Puer Apuliae*- oder *Mann aus Assisi*-Kapitel; *Symposion*). In diesen Situationen wird seine Perspektive durch die Interpretationen und Zuschreibungen anderer Charaktere scheinbar relativiert wird. Die Autorität des Erzählers nimmt hier in dem Maße ab, wie sich seine Entfernung von sich selbst als dem Objekt der Erzählung vergrößert. Die Dialogszenen bringen zusätzliche fiktionale Elemente in den Roman, denn es ist nicht klar, ob es sich wirklich immer um einen Perspektivenwechsel handelt. Die Positionen der Gesprächspartner können ebenso gut auf geschichtlich überlieferten Fakten oder Aussagen beruhen wie auch unterschiedliche Facetten des eigenen Denkens, ein 'richterliches Abwägen der Zeugenaussagen' illustrieren. Und auch dem Körper wird Bewußtsein zugeschrieben - als ein Bewußtsein von Körperfunktionen:

> „Vom Frühstück, einem Gerstenbrei mit Honig, darf dann nichts Unverdautes zurückgeblieben sein. Man erkennt das am sichersten an der Geruchlosigkeit oder am Ausbleiben des Aufstoßens, an der Nachgiebigkeit des Leibes und an der Eßlust."(127)

In Bezug auf seine Körpererfahrungen und -funktionen beobachtet Friedrich sich geradezu akribisch genau. Insbesondere die Krankheiten und körperlichen Auflösungserscheinungen beschäftigen ihn, wobei sich die (in bezug auf mentale Wahrnehmungsprozesse) privilegierte Perspektive introspektiver Erkenntnis mit einer fast naturwissenschaftlichen Selbstbeobachtung und -beschreibung überschneidet:

> „Mit Ekel und Unruhe registriere ich bei mir einen inneren Zwang zur Beschäftigung mit den eigenen Exkrementen. Die Rückkehr der Infantilität ist die Ankunft der Senilität. Längst schon ist auch mein Gehirn infiziert. Die Gedanken, die auf meinen Gängen in die Würdelosigkeit immer dabei sind, bewahren noch lange Zeit danach, wie eine beschmutzte Hand, die Ausdünstungen der inneren Auflösung in Form einer dann mein Denken beherrschenden Beschäftigung mit Anamnese, Diagnose und Therapie meiner Krankheit."(128)

Die These von der Privatheit des Geistes hängt mit dem Introspektionsargument zusammen, indem der Geist als privat, der Körper hingegen als öffentlich erklärt wird. Auf diese Gegensätzlichkeit wird in 'MaAp' regelmäßig verwiesen, wenn z.B. der politische Funktionsträger dem Tagebuchschreibenden kontrastiv gegenübergestellt wird:

„Ich, Friedrich, bin des Kaisers müde. Es fällt mir immer schwerer, mich auf die mörderischen Geschäfte des Staates zu konzentrieren, die den Menschen in mir zu verdunkeln drohen wie die Moskitowolken in den Sümpfen um Grosseto das Kerzenlicht."(129)

Insbesondere das Denken Friedrichs über seine Beziehungen zu Frauen als zu (a) politischen 'Vernunftehe-Frauen' und Zeugerinnen von Thronfolgern (z.B. *Ein Staatsakt*) oder (b) morganatischen Ehefrauen und Geliebte (z.B. *Bianca Lancia*) sind von dem Muster öffentlich/privat geprägt. Es ist u.a. die sich in diesen Verhältnissen äußernde Dichotomie, die Friedrich zerreißt: das Erleben einer harmonischen Einheit von Leib und Seele, z.B. in Liebesnächten mit Bianca Lancia (S. 77 u. 79), steht in scharfem Kontrast zu politisch motivierten Begattungssituationen (S. 35/36), in denen der Körper intime Verrichtungen ausführt, während die Gedanken anderswo sind. Die privat/öffentlich-Dichotomie in 'MaAp', die letztlich schon der autobiographischen Form zugrundeliegt, stützt die dualistische A-priori-Argumentation. Mit der Möglichkeit einer Entkräftung z.B. durch die Erkenntnis, daß eine „epistemische Privatheit des Mentalen [. . .] eine Fiktion [ist], weil der menschliche Geist sozial konstituiert ist", setzt sich der Roman nicht auseinander. Mentale Phänomene sind insofern privat, als nur eine Person sie haben kann. Öffentlich werden sie, soweit sie kommunizierbar sind, nur in der zwischen rein subjektivem Empfinden und objektivierender Sprache vermittelnden Darstellung des Tagebuchs. Dies stützt das Argument von dem Privileg der Introspektion.

Die These von der Intentionalität des Mentalen unterscheidet zwischen der Intentionalität mentaler Phänomene und der Nicht-Intentionalität körperlicher Zustände. Natürlich ist Friedrichs Entscheidung für die von ihm gewählte spezifische Form der Reflexion (Tagebuch, Hintanstellung von Historischem etc.) eine intentionale. Diese Entscheidung wird jedoch von mentalen Zuständen begleitet, die keineswegs als intentional gelten können, z.B. Verstörung (S. 14), Ekel (S. 17), Zorn (S. 75), Resignation (S. 80) etc. Die Auseinandersetzung mit diesen Zuständen führt zu Erkenntnissen über die eigene existentielle Befindlichkeit, ohne daß sie sich gezielt für einen Erkenntnisgewinn einsetzten (heraufbeschwören) ließen. Inhaltlich spielen sie für den Verlauf der Introspektion eine ebenso tragende Rolle wie formal für den Gang der Erzählung, da diese keiner chronologischen Struktur folgt, sondern der psychologischen Ordnung des erzählenden Bewußtseins.

Einen besonderen Niederschlag findet im Roman *das Argument der Unausgedehntheit/Ausgedehntheit*, welches besagt, daß der Geist per se unausgedehnt und der Körper ausgedehnt sei, so daß beide wesensverschieden sein müssen: „Die Außenwelt wird durch ausgedehnte materielle Körper (res extensa) konstituiert, deren Größe und Relationen den Gegenstandsbereich von Geometrie und Physik ausmachen, die Innenwelt durch das nicht-ausgedehnte immaterielle Bewußtsein (res cogitans), dessen Analyse Gegenstand der Metaphysik ist."(130)

Diese These von einer Dichotomie der Ausgedehntheit/Unausgedehntheit, die einer modernen Auffassung des Materiellen so nicht mehr selbstverständlich entspricht (131), wird z.B. in *Postscriptum arabicum* (S. 357-373) oder den *Jagdstücken I-III* (S. 412ff; S. 426ff; S. 441ff) von Friedrich metaphorisch bebildert/ausgestaltet. Indem beispielsweise im Haschischrausch das Gehirn Friedrichs sich zu einer Kugel weitet - „bis ich fühlte, wie es sechsmal den Raum berührte: in der Mitte einer jeden der vier Wände, im Scheitelpunkt der Decke, von wo das steinerne Antlitz Gottes starrte, und im Lotpunkt unter seinem offenen Mund auf dem Fußboden"(132) - , auf deren Außenhaut sich die Frauen seines Lebens ausstrecken, wird die Unterscheidung durch räumliche Ausdehnung in dem Sinne aufgehoben, daß auch mentalen Phänomenen ein Platz in der Körperwelt zugesprochen wird. Hier wird explizit von Ausdehnung gesprochen, die ein Dünn- und Durchsichtigwerden der Haut als der Grenze zwischen (a) physischen Hirn und mentalen Prozessen sowie (b) zwischen Ich-Körper (Friedrich) und Fremd-Körpern/Natur (Vogel-Frauen) bewirkt und so zu größerer Durchlässigkeit führt. Die (phantastische) Hirn-Kugel paßt sich in die (realistische) kubische Form der Marabout-Klause ein, und in ihr sitzt der Marabout als Verkörperung des die Welt wahrnehmenden, erkennenden Bewußtseins. Der Rausch bewirkt ein grenzensprengendes Denken:

„Und indem mein Denken das Quadrat auch noch aus der räumlichen Vertikalen in die ihm gemäßere horizontale Fläche zurückgeholt hatte, war der dreidimensionale Kreis in ihm, der als Kugel mein Gehirn war und mein sich in der Fessel des Raumes vergeblich um vermehrte Dehnung bemühendes Denken endlich frei."(133)

Aus einer bloß rauschhaften Bewußtseinserweiterung läßt sich jedoch nur ein trügerischer Gewinn ziehen: „Du bist nur in einem Garten angekommen, Rudschero, in dem das Kraut der geistig Schwachen wuchert."(134) Ganz andere Dimensionen nimmt jedoch die in den *Jagdstücken* beschriebene Ausdehnung des Bewußtseins an. Hier überschreitet das Denken gewohnte Körper-Grenzen, es gibt keine - und sei es noch so dünne - Haut mehr zwischen innen und außen, Geist und Natur. Friedrich verwandelt sich nacheinander in einen Hirsch, der von seinem, Friedrichs, eigenen Jagdspieß durchbohrt wird, in einen Reiher, der von Friedrichs Falken gejagt wird, und in den staufischen Adler. Zugleich sieht er seinen Leib zu Körperlandschaften gewandelt, ist schmerzhaft an ganze Länder gepflockt, während er

Verwandlungen sind jedoch nie total: Friedrich wird nicht zu einem Tier, mit dessen andersgeartetem Erleben und Wahrnehmen. Er wechselt den Körper, behält jedoch sein Bewußtsein bei. Er wird quasi zu einem „Gedankentier", das zwar tierhaft z.B. den durch den Jagdspieß zugefügten Schmerz erlebt, jedoch weiterhin mit menschlichem Bewußtsein beobachtet und reflektiert:

> „Es ist, als griffe meine Seele mit blinden Tastwerkzeugen aus mir heraus in die Welt, hoffend, für mich auch solche Wesenheiten noch deuten zu können, die sich der Deutung durch den Verstand entziehen."(135)

In diesen Phantasien kulminiert die sich durch den ganzen Roman hindurchziehende Leib-Seele-Thematik. Was bis dahin v.a. in philosophischen Reflexionen oder akribischen Naturbeobachtungen als Dichotomie zum Ausdruck gebracht wurde, erfährt in diesen Bildern eine kathartische Auflösung. 'MaAp' ist über weite Strecken ein Roman über das Bewußtsein als den Vermittler zwischen Leib und Seele. Die unterschiedlichen Aspekte der dualistischen Auffassung werden aufgegriffen und meist nicht im Sinne einer Trennung der Bereiche, sondern in dem einer Zusammenführung, Harmonisierung entwickelt. Ihre fulminante Auflösung - nicht im Sinne einer Negierung, sondern als Akzeptanz unterschiedlicher Erkenntnisweisen - erfahren sie erst in diesen abschließenden Kapiteln, die auch Friedrichs Leben beschließen.

Mit Leib und Seele Friedrich

Stern selbst hat seinen Roman „ein Buch über das Altwerden" genannt. (136) Friedrichs Gedanken kreisen jedoch nicht nostalgisch um Fortgang und Ende seines Lebens. Er beschäftigt sich mit der Möglichkeit, sein Erleben der Doppelstruktur des eigenen Ich als zugleich transzendentalem Subjekt und Objekt möglicher Erfahrung in Worte zu fassen, die es ihm gestatten, jenseits der politischen Bestimmung einen Ort in seiner Welt zu finden. Das Mensch-Sein als Hier-und-Jetzt zu erleben, bevor der Strom der Vergänglichkeit ihn mit sich fortreißt und er nur noch als Objekt der Geschichtsschreibung fortbesteht. Das Ringen um eine Bannung von Identität ist immer von (der Sehnsucht nach) Ich-Verlust bedroht:

> „Die Gedanken, die müde um Alter und Tod kreisen, taumeln alsbald, wie welke Blätter in eine dunkle Zisterne, gewichtslos in mich hinein. Und erst während ich diese Metapher niederschreibe, wird mir, erhellt

Und erst während ich diese Metapher niederschreibe, wird mir, erhellt von ihr, Klarheit: ich möchte, jenen Blättern gleich, in mir abhanden kommen."(137)

Es orientiert sich v.a. an zwei Fragestellungen: dem Verhältnis von Körper und Seele (d.h. auch dem Verhältnis von Natur-Leib und Sprach-Leib) und dem Platz des Menschen im 'Haushalt der Natur' (d.h. dem Verhältnis von Naturwesen und Kulturwesen). Dies geht über den Drang zur Benennung und intellektuellen Zergliederung (vgl. S. 380) weit hinaus. Letztlich betrifft es ein Verständnis davon, was es heißt ein Mensch zu sein - und damit auch die Frage danach, was überhaupt ein gutes Leben ist. Seele steht heute als Synonym für Geist, Bewußtsein, subjektives Erleben. Welchen Raum nehmen Körper und Körpererleben als mentales Phänomen im subjektiven Erleben eines Individuums ein?

Friedrichs Erforschung seines Selbst- und Weltverständnisses setzt ein mit der Wahrnehmung der eigenen Vergänglichkeit: „Als ich mich über den Badezuber beugte, blickte mich das Alter an."(138) Aus der Beobachtung von Anzeichen körperlichen Verfalls sprechen Irritation und Ekel, der eigene Leib wird wie ein Fremdkörper seziert:

> „Mein Leib ist schwerer geworden, um nicht zu schreiben: mein Bauch dicker. Die Muskeln, die ihn, weil lange Übung sie festigte, noch flach zu halten vermögen, ermüden rascher, und so lasse ich mich beim Vorausreiten, oder wo sonst ich allein bin, immer häufiger gehen. Doch bezahle ich die Erleichterung mit einem leisen Ekel, den ich beim Anblick des Vorfalls meiner Eingeweide in den Fettsack der Bauchdecke nicht unterdrücken kann. Am ärgerlichsten ist eine Zunahme des Brustfleisches, die ich an einem weibischen Mitschwappen im Rhythmus meiner Schritte registriere, sobald ich eine Treppe hinabsteige."(139)

Er macht die Erfahrung, daß ihm sein Körper fremd geworden ist: „Bis zu meinem vierzigsten Jahr hat mich mein Körper nie sehr beschäftigt."(140) Die bisherige Anteilnahme am Leiblichen war überwiegend rationaler Natur und fand auf der Ebene der Beobachtung körperlicher Funktionen statt. Wie alles Natürliche und Körperliche (z.B. Tiere), ist auch der eigene Leib etwas, das sich naturwissenschaftlich erklären läßt. Das Ausgeliefertsein an körperliche Vorgänge wird zugunsten einer objektivierenden Betrachtungsweise weitgehend ausgeblendet. Wichtiger als das Erleben erscheint das Fragen nach den (wissenschaftlichen) Ursachen hinter den sichtbaren Dingen, das Verstehen im Sinne eines Benennenkönnens. Über die Funktionsweisen des Körpers hat Friedrich durch akribische Selbstbeobachtung zwar einige

Kenntnisse erworben, jedoch kein Wissen, daß diese in Bezug zu der subjektiven Erfahrungsebene gesetzt hätte. Im Vertrauen in die Erkenntnisse einer medizinisch-naturwissenschaftlichen Beschäftigung mit dem Körper wurde dieser beobachtet wie auch Tiere oder andere natürliche Phänomene beobachtet wurden:

> „Ich sah sie an wie interessante Maschinen, und ich hoffte, sie zu beherrschen wie diese, nämlich durch ein sezierendes, die Funktionen bloßlegendes Zerlegen in ihre Teile - in die körperlichen mit dem Messer, in die seelischen mit Gedanken."(141)

In seiner Suche nach der Wahrheit hinter den Erscheinungen verläßt Friedrich sich jedoch nicht auf die wissenschaftlichen Autoritäten seiner Zeit (Aristoteles, Albertus Magnus, Michael Scotus, Lionardo Fibonacci, Avicenna etc.). Er schreibt nicht, wie es die gängige Praxis war, von ihnen ab, sondern machte Experimente, betreibt eigene Recherchen, hinterfragte und kritisierte, wo er durch eigene Beobachtungen zu abweichenden Erkenntnissen gekommen war. Dahinter steht ein Interesse, die einmal gewonnenen Erkenntnisse in eine artgerechte und arterhaltene, nicht emotionsgeleitete Praxis des Umgangs mit allem Natürlichen umzusetzen. Dies gilt ebenso für den Gewässerschutz (142) wie für die Einstellung zu Tieren - oder zu dem eigenen Körper:

> „Ich zähle mich zu jenen, die versuchen, die Tiere aus sich selbst heraus zu verstehen; die ihnen geben, was dem Tier zukommt: Schutz und Nahrung, und von ihnen fernhalten, was für den Menschen ist: das gesprächige Wort, das Gedanken ausdrückt; und Gedanken, die auf Menschen passen."(143)

Die Basis seines wissenschaftlichen Erkenntnisdrangs sind Neugier, Offenheit des Denkens, akribische Beobachtung, empirische Erfahrungen - auch am eigenen Körper (vgl. S. 153) und v.a. ein Vertrauen in die eigenen Sinneswahrnehmung (vgl. S. 38): „Ich glaube nur, was ich mit meinen Sinnen erfahren kann". Erkenntnisleitend ist die Wahrnehmung alles Natürlichen als per se nicht-zweckgebundenen Lebensformen eigenen Rechts:

> „Es interessiert mich allein der Löwe als Löwe. Sein Wesen ist uns, wie das Wesen aller Dinge, unbekannt und wird es bleiben, weil wir die Einzelheiten seines Seins, deren Summe erst sein Wesen ausmacht, nicht kennen und niemals ganz kennen werden, denn zwar sind sie erkennbar, aber sie sind auch unausschöpflich."(144)

Diese Herangehensweise liegt z.B. dem wissenschaftlichen Werk *De arte venandi cum avibus* zugrunde. Doch hat diese Art des Denkens Grenzen: Besonders den Experimenten am eigenen Leib liegen subjektive Sinneserfahrungen zwar zugrunde, doch dienen sie v.a. dem Erwerb eines objektivierbaren empirischen Wissens (in Abgrenzung z.B. vom aristotelischen spekulativen Denken). Es ist jedoch offenbar viel schwieriger, sie in ein komplexes Bild vom eigenem Selbst und Sein zu integrieren. Indem Friedrich die Dinge benennt, erhält er ein rationales Teilwissen, kann aber kein komplexes Bild entwerfen: denn in der Beobachterperspektive hält er in der Regel an der Illusion fest, daß die Selbst-Erfahrung des Beobachters aus der Beoachtungssituation auszuklammern sei.

Dennoch ist Friedrich die Erfahrung nicht fremd, daß menschliche Intelligenz zum großen Teil 'Körperintelligenz' ist, d.h. daß er als leibliches Wesen seine Beziehungen zur Welt überwiegend durch körperliche Handlungen aufbaut.(145) Dies läßt sich nicht mit seiner Praxis des Zerlegens der phänomenalen Welt in Fragenkataloge (S. 46ff) und Einzelbeobachtungen, mit seiner von der Lust am Wissen getriebenen Weltbetrachtung vereinbaren. So lösen seine Forschungen in Friedrich immer wieder Zweifel aus:

> „Ich weiß, daß meine einfachen, auf Beobachtung beruhenden Erfahrungen aus der Sicht der Wissenschaft dilettantisch sind, da sie kein ganzes Bild vom Weltgefüge ergeben. Sie sind wie die vielen bunten Steine eines byzantinischen Mosaiks: Erst die Loslösung des Blicks von den Einzelheiten, das Zurücktreten von ihnen, das dem reflektierenden Denken entspricht, vermittelt das Bild."(146)

Die wissenshungrige *Benennung der Außenwelt-Phänomene* führt zu einem rein intellektuellen Verhältnis dazu, in dem sich eine für Selbsterkenntnis fruchtbare Verbindung zwischen Innenwelt (Körpererfahrung) und äußerer Natur verliert. Friedrichs Haltung ist tendenziell eine Beobachterhaltung, die die Gefahr in sich birgt, ein wissenschaftliches Wissen über sich und die Welt von einem Selbstverständnis von sich selbst zu trennen:

> „Indem ich fortan und bis heute alles und jedes zu benennen versuchte und dadurch zu immer neuer Wissensaneignung getrieben wurde, so daß ich bald glaubte, nichts mehr im Namenlosen, im Dunklen, im Geheimnisvollen lassen zu müssen, liebte ich bald auch alles, was ich liebte - Menschen, Tiere, Pflanzen - nur noch intellektuell."(147)

Diese Haltung legt eine dualistische Unterscheidung von Innen- und Außenwelt nahe, die die Gefahr in sich birgt, Körpererfahrung und Naturerfahrung künstlich auseinanderzudividieren, die Brücken zwischen Welt und Selbst-in-der-Welt-Sein abzubrechen: das Ich wird dann zu einer externen

Entität, zu einem sich selbst und die eigene Erfahrung nicht mehr reflektierenden Beobachter, der sich als ein Nicht-Integrierter erlebt. Allein die politische (Selbst-)Stilisierung zum Weltenherrscher und Quasi-Gott (vgl. S. 237) trägt Friedrich eine Identität an, die sich um die Regeln und Gesetzmäßigkeiten, die für Normalsterbliche gelten, nicht zu scheren braucht.

Aus der Erkenntnis der Gefahren einer reinen *Beobachterperspektive* heraus hat der intime Umgang mit der Natur für Friedrich eine besondere Bedeutung gewonnen: Er begibt sich in sie als einem Ort, der es ihm erlaubt, Macht und Ruhm zu relativieren und vor einem Ausgeliefertsein an die eigene Hybris zu bewahren:

> „Es ist überdies wichtig für Menschen, die ihrer hohen Geburt oder einer herausragenden Begabung wegen ihresgleichen so häufig nicht haben, sich im nahen Umgang mit der Natur das Maß zu holen, das ihnen ihre Besonderheit relativiert." (148)

Mit der Entscheidung, seine Gedanken in privaten Aufzeichnungen niederzulegen, fügt Friedrich seinem praktischen Umgang mit der Natur einen wichtigen Aspekt hinzu: den der Reflexion, die das unmittelbare Erleben - das nie in diesem Maße Bestandteil der wissenschaftlichen Arbeiten sein konnte - zu einem für ihn selbst erfahrbaren Gesamtbild fügt. Hier geht es nicht um eine Beobachtersituation, die objektive Verhältnisse voraussetzt (Elfenbeinturm), sondern um das Ich, das sich als solches im Prozeß der Wissensbildung weiß, d.h. erlebt, erfährt, erkennt. Es handelt sich quasi um eine neue Variante praktischer Rationalität: Friedrich setzt sich der Erfahrung aus, was es bedeutet, im bewußten Erleben eine subjektive Erste-Person-Perspektive auf die Welt einzunehmen. Indem er an eine subjektive Innenperspektive gebundene Bewußtseinszustände aktiviert, übernimmt er als Individuum die Verantwortung für sein eigenes Leben.

In der Erfahrung des Selbstbewußtseins, tritt Friedrich sich selbst als Beobachter gegenüber: „Bewußtsein ist die Erfahrung unserer selbst und unserer Welt. Diese Erfahrung stellt uns als Beobachter uns selbst und unseren Wahrnehmungen gegenüber. Die Erfahrung jeden Augenblicks muß mit früheren Erfahrungen in Beziehung gebracht werden, so daß sie Erinnerung und Gedächtnis voraussetzt. Und sie muß mitteilbar sein, dem Selbst und anderen. Die Mannigfaltigkeit der Erfahrungen steht schließlich in einer einheitlichen Relation zu allen unseren Erfahrungen und setzt somit die Erfahrung eines sich selbst stets als identisch verstehenden Ich voraus."(149)

Dieses Selbstbewußtsein ist eine Voraussetzung für die Erfahrung von Subjektivität. An die Stelle der Bemühung um wissenschaftliche Objektivität tritt in den privaten Papieren die Suche nach subjektiven Wahrheiten, nach Erkenntnissen, die auf präziser (Selbst-)Beobachtung basieren. Die übliche

Distanz des Forschers zum beforschten Objekt (150) wird aufgegeben für die Darstellung von subjektivem Empfinden. Darüber hinaus wird dem privaten Schreiben hier die spezifische Bedeutung einer Möglichkeit der Ich-Konstitution beigemessen: (151)

> „Beginnt aber das Schreiben eines bekenntnishaften Textes erst, wenn das Leben, das er reflektiert sich dem Ende zuneigt, wie wohl meines, so muß das Geschriebene sich auf eine andere Weise als die metamorphe der Schmetterlinge der Wahrheit der Endgestalt nähern. [...]. So sehe ich den Sinn meines Schreibens: Die Entledigung von Haut um Haut bis zum Erscheinen des letzten, des wahren Leibes. Und am Rande meines Weges, versteckt in den Landschaften dieser Papiere, werden meine alten Häute liegen, [...]."(152)

Leitthema des fiktiven Friedrich sind die Vergänglichkeit seines Körpers und der Versuch einer Verankerung dessen, was er unter Seele versteht, in den steinernen Geschichtsbildern der Überlieferung (vgl. S. 401ff). Antrieb dagegen ist ein Zweifel, der vor nichts und niemandem Halt macht. Die Erfahrung von Krankheit und Tod zeigen ihm, „daß es für ein sich selbst empfindendes Ich keine andere Weise des In-der-Welt-Seins gibt als durch den Leib."(153) Er beginnt, die relevanten Lebens-Ereignisse und Erfahrungen den Spuren des Alters an seinem Körper zuzuschreiben: als sichtbare und spürbare Evidenzen, als Körper-Spuren, haben sie sich in seinen Leib eingeschrieben:

> „Letzthin beobachte ich mich dabei, wie ich die Freuden und Feste meines Lebens, seine Lasten und Laster den an mir sichtbar gewordenen Zeichen des Verfalls und der Verderbtheit zuordne. Wann immer ich, und dies von Jahr zu Jahr zwanghafter, die deprimierenden Höhlungen und Klüfte meines Gesichts und die mich deformierenden Schwellungen und Schlaffheiten meines Leibes studiere, fallen mir, als nähme ich die eigene Todesstunde mit ihren Erinnerungskatarakten vorweg, die herausragenden Ereignisse meines Lebens und die Menschen ein, die an ihnen mitwirkten; und jedes und jeder hat an und auf mir seinen sichtbaren Ort."(154)

Friedrichs Zweifel sind alters- und lebensgeschichtlich bedingt: sie beziehen sich im Alter nicht mehr allein auf überkommene Lehrmeinungen und wissenschaftliche Autoritäten, sondern an seiner eigenen Selbst- und Weltwahrnehmung, die sich mit und gegen die zeitgenössischen Interpretationen der Welt und seiner Rolle darin etabliert hat. Sein Zweifel bezieht sich auf eigene Interpretations- und Verhaltensweisen (z.B. Todesurteile, S. 84 ff oder Sohn Heinrich, S. 196ff), d.h. auf die eigene Identität im Spannungsfeld politischer und privater Interessen. In Umgang und Erleben der eigenen Macht, intellektuell wie politisch (vgl. S. 73; 237), scheint das Ich sich seiner selbst entfremdet zu haben und flüchtig geworden zu sein. In dem Bemühen um Selbst-Reflexion sieht sich Friedrich, legt man hier das traditionelle Introspektionsmodell zugrunde, gelegentlich des Objektes seiner Erkenntnis beraubt. Selbst vor dem Sinn einer gezielten Rückbesinnung, die mit „dem Niedersitzen in ein abgestandenes Badewasser, das nicht mehr wärmt, sondern eher frösteln macht"(155) verglichen wird, machen Friedrichs Zweifel nicht Halt:

> „Schreibe ich dies alles wirklich nur um des Schreibens willen, das heißt, um herausragende Ereignisse meiner privaten Vita aus der Vergangenheit in die Gegenwart zurückzuholen mit dem einzigen Zweck, sie nachzukosten? Das wäre zu wenig und die Zeit nicht wert, die ich dieser Papiere wegen in Gedankenferne von meinen Amtspflichten verbringe. Es wäre wohl doch nur eine Art kontinuierlichen geistigen Rülpsens, das den Geschmack des gegessenen Lebens immer wieder in den Mund zurückholt."(156)

Unbezweifelbar bleibt ihm zuletzt nur die Tatsache des Zweifelns als einer Art des kreativen Denkens, welches nicht nur in philosophischen Gedanken zur Leib-Seele-Thematik, sondern auch in der Aktivierung von Innenansichten und rauschhaften Bewußtseinszuständen seinen Ausdruck findet, so daß Friedrich sich über ein cartesisches *cogito ergo sum* seines Vertrauen in die Vernunft bis zuletzt immer wieder selbst versichert. In der schriftlichen Reflexion gelingt es Friedrich, einen dialektischen Bogen zu schlagen zwischen zwei existentiellen Fragestellungen: der (a) nach dem Verhältnis von Leib und Seele (wer bin ich) und der (b) nach Verhältnis des Menschen zur Natur, die ihn umgibt (wo ist mein Ort). Als eine weitere Fragestellung ergibt sich daraus die (c) nach dem Verhältnis einer wissenschaftlichen Betrachtungsweise der Dinge zu einer subjektivistischen Perspektive.

Auf dem Hintergrund der Erfahrung einer Krankheit zum Tode bekommt die Frage nach der *Vergänglichkeit von Körper und Seele*, die Frage, wer ich eigentlich bin und was von mir - nach dem Tode - bestehen bleibt, eine neue Relevanz. Am eigenen Leib lassen sich Existenz und Ort der Seele nicht mehr über wissenschaftliche Experimente (vgl. S. 136) erforschen: die Suche nach dem physischen Ort der Seele - jenseits des mentalen Ortes im Ich, in der Identität - ist nur mental zu lösen, über Erfahrungen am eigenen Körper, in der Zeit, die noch verbleibt. So zieht sich die Überlegung, was denn die Seele sei und worin sie sich äußere, durch Friedrichs Papiere hindurch.

Er orientiert sich dabei an den Philosophen der Antike, die das Thema zwar reflektiert, nie jedoch eine Leib-Seele-Theorie in diesem Sinne aufgestellt haben.(157) Auch Friedrich bewegt sich daher nicht im Rahmen einer Theorie. Sein Denken in dieser Sache orientiert sich jedoch weitgehend an der aristotelischen Unterscheidung eines vegetativen, eines sensitiven und eines rationalen Seelenvermögens (vgl. S. 22ff).(158) Auf dem Hintergrund seiner hylemorphistischen Theorie betont Aristoteles die Einheit von Leib und Seele. Für Friedrichs Denken sind drei der aristotelischen Erkenntnisschritte von Bedeutung: (1) Die Kenntnis der Seele ist wichtig, um die belebte Natur zu verstehen; (2) es gibt verschiedene Seelenfunktionen, - z.B. Erkennen, Wahrnehmen, Meinen, Begehren, Wollen, Streben, Ortsbewegung, Wachstum, Reife, Dahinschwinden - und da die Seele nicht sichtbar ist, muß man sich an den Äußerungen der Seele und deren Begleiterscheinungen orientieren, um sie zu erkennen; (3) Seele ist identisch mit Leben. Unklar ist es, in welchem Verhältnis die Seele zum Körper steht: „Wenn die Seele Teile hat, was hält die Seele dann zusammen? Gewiß nicht der Körper, denn es scheint im Gegenteil die Seele den Körper zusammenzuhalten."(159) Als sicher erscheint Aristoteles jedoch, daß alle Seelenfunktionen bis auf die Geistige physiologisch an den Körper gebunden sind: „Das Denken verhält sich zum Körperlichen wie das Konkave zum Konvexen."(160) Sowohl Platon als auch Aristoteles gehen in ihren Überlegungen zum Leib-Seele-Verhältnis von einer harmonischen Einheit aus: Seele und Körper fügen sich zu einem Ganzen zusammen.

Für Friedrich ist *die Frage nach der Seele* v.a. deshalb von Bedeutung, weil ihre Beantwortung ihm zugleich etwas über seinen Ort in der Welt, d.h. über die Bedingungen seiner Existenz als Mensch im Naturgefüge, sagen kann: wie läßt sich das, was das Geistige des Menschen, seine subjektive Erfahrungswelt, bedeutet gedanklich und sprachlich erfassen und zu einem (Selbst-) Bild formen? Was bedeutet es für die Stellung des „Gedankentiers" im Naturhaushalt? Tier und Mensch sind sich in allen Naturdingen sehr nahe, wie die aristotelische Graduierung der Seelen belegt:

> „Das Denken durch den Geist, das ist die Seele des Menschen, doch in ihm, und nur in ihm, ist sie dreifach: der Keim hat, indem er Nahrung aufnimmt, die Seele der Pflanzen, der Embryo, der die enge Welt des Mutterleibs abtastet, die Seele der Tiere, und der ans Licht gebrachte Mensch, in den der Geist einzieht, die Seele der Vernunft."(161)

Er teilt die verschiedenen Stadien der seelischen Entwicklung mit Pflanze und Tier. Er unterscheidet sich jedoch durch seine mentalen Funktionen, die es ihm z.B. gestatten, selbstreflexiv zu denken. Friedrich erkennt die Seele als eine Art angeeignete soziale Kompetenz, die nicht vererbbar ist, „ein ursprünglich Äußeres [...] ein von außen Eingetretenes, das Bildung heißen mag oder Erziehung, Herkunft, Familie oder bloß schlechter Umgang"(S. 23). Sie ist zugleich flüchtig, weil sie sich einem nicht selbstverständlich erschließt, und stabil, weil sie in Einheit mit einem Körper existiert:

> „Ich glaube mit Averroes und dem von ihm revitalisierten Aristoteles, daß die einheitliche Vernunft des Menschengeschlechts, die uns von den Tieren unterscheidet, unsere Seele ist und daß diese verständige Seele, die teilhat am intellectus universalis als dem ewigen Geist, in allen Menschen nur Eine ist, so daß ein individuelles Fortleben des Bewußtseins nach dem Tod entfällt, weil das, was an der menschlichen Seele individuell, eigen-artig ist, leiblich bedingt ist, also sterblich. [. . .] Die Seele des Menschen, gottgegeben, himmlisch oder wie immer, hat ihren Sitz zuhöchst in unserem Körper, denn dort wohnt die Vernunft, die aus dem Denken kommt."(162)

Die Seele erfaßt als Geistiges die Gesamtheit aller mentalen Fähigkeiten des Individuums. D.h. sie kann ebenso zu einem sezierenden Blick auf die Natur befähigen, die diese in ihren kleinen Einzelfunktionen erkennen und erklären will, wie auch zu der Gesamtschau, die „das Betrachten von Landschaften über den naiven ästhetischen Genuß hinaus ins Geistige zu heben vermag, dorthin, wo im Zusammenfallen von Schauen und Denken vollkommenes seelisches Glück geschieht."(163) Friedrich sind beide Blickweisen zwar bekannt, doch bereitet ihm das Zusammenschauen Schwierigkeiten, weil es eine integrative Sichtweise darstellt, die dazu zwingt, die Beobachterposition zu verlassen. Die Gesamtschau hat etwas Beängstigendes, da im Schauen der Selbst-Verlust droht:

> „Die Gesamtschau halte ich nicht lange aus. Der Blick findet in ihr keinen Halt, er taumelt selig, wie trunken. Das ist mir nicht angenehm. Geduld habe ich nur mit dem von nahe gesehenen Detail, bei dem sich etwas denken läßt."(164)

Statt rauschhaftem Sehen also die Orientierung am „groß gesehenen Kleinen" (vgl. S. 156), das zu naturwissenschaftlichen Erkenntnissen verhelfen, aber auch „seelische Defizite in meiner Anschauung der Natur" (S. 267) bedeuten kann. Dem korrespondiert Friedrichs Schwanken zwischen dem Wunsch, die Natur qua Wissen über sie zu beherrschen und der Sehnsucht, als naturhaftes Wesen, als das er sich immer auch empfunden hat, in ihr aufzugehen. Das Geistige, manifestiert in einem starken Wissensdrang, hat dabei jedoch offenbar immer im Wege gestanden:

> „Immer schon habe ich das eigenständige Sein alles Geistigen zu reduzieren versucht auf Ablauf und Zusammenwirken der ihm vorgegebenen, mit Zahl, Gewicht und Maß benennbaren naturhaften Seinsweisen, habe ich den Wald nicht vor Bäumen, das Tier nicht vor Tieren gesehen, kam mir im Logos der Mythos, im Denken der Glaube abhanden."(165)

Nicht zuletzt davon handelt die Auseinandersetzungen zwischen Friedrich und Walther von der Vogelweide (S. 374ff): Daß Menschen unabhängig von ihrem objektiv 'meßbaren' Verhalten in einer Welt selbstproduzierter Bedeutungen, also in einer subjektiven Welt jenseits rationaler Motive und Überzeugungen leben und handeln, verschließt sich einer kurzsichtig (natur-)wissenschaftlichen Weltsicht, dem Ideal aller Empiriker. Der Streit mit Franz von Assisi bezieht sich dagegen auf unterschiedliche metaphysische Positionen: Assisi vertritt ein religiös-anthropomorphes Naturverständnis, das zwischen Leib und Geist nicht unterscheidet und dem alles Natürliche als Teil der Schöpfung lieb und bewahrenswert ist:

> „Du kennst auch die Bibel nicht. Sie macht keinen Unterschied zwischen Leib und Seele, beide sind ihr Eines und gleich viel. Erst die Philosophen, denen Du anhängst, spalteten das Sein des Menschen auf. Und nun hat er in ihren Köpfen, und auch in Deinem, zur Seele noch einen von ihr getrennt zu sehenden Leib, um den sich in ihren Spekulationen über sein Leben nach dem Tode ihr Denken dreht."(166)

Es ist eine naive und an wissenschaftlichen Erkenntnissen nicht weiter interessierte Position, die Friedrich zwar verspottete, ihm jedoch auch Zweifel an seinem selbstherrlicheren Umgang mit der Natur eingaben und im Rückblick den damaligen Standpunkt überdenken ließen: „Wir beide, er und ich, nahmen die Tiere, einfach gesagt, für voll. Bei ihm wurde daraus: das brüderliche Tier; bei mir: das autonome."(167)

Der Leib wurde stets eher als eine Angelegenheit der Naturwissenschaften verstanden, die Seele als eine der Philosphie, da sie sich nur über das Denken beschreiben, nicht jedoch mit naturwissenschaftlichen Methoden erforschen läßt. Der Körper ist jedoch die biologische Grundlage aller mentalen Zustände, die auch eine Reflexion des Körpers und der menschlichen Existenz erst ermöglichen: "Der Leib ist Ausgang und begleitende Stimme allen Handelns, erster und letzter Halt von Identität, Fundament selbst abstraktester Tätigkeit."(168) Dennoch läßt sich die Suche nach einem 'richtigen' Selbst- und Situationsverständnis nicht dadurch vorantreiben, daß man sich wissenschaftliche Kenntnisse von Körper, Natur, psychologischen oder kognitiven Prozessen verschafft. Sie könnten die Sehnsucht nach einer

Integration des Ich (als historisch erzeugte, sozio-kulturell stilisierte und funktional differenzierte Instanz) in die Natur nicht erfüllen. Als biologisches Wesen ist der Mensch zwar immer Bestandteil der Natur, doch der Aspekt des Geistigen stellt in aus ihr heraus und macht ihn zum Anderen. Diese dualistische Unterscheidung ist in Friedrichs Denken und Umgang mit der Natur bereits angelegt (s. S 174). Friedrich thematisiert das Leib-Seele-Problem jedoch weniger als Verhältnis zum eigenen Leib, dessen Bedürfnisse und Reaktionsweisen ihm sehr wohl bekannt sind, sondern als Verhältnis des Geistes als Gesamtheit mentaler Fähigkeiten (einschließlich mentaler Körpererfahrungen) zu der naturwissenschaftlich erschließbaren Körperwelt.

Friedrich kennt Leiberfahrung als physiologische wie auch als mentale Phänomene im Umgang mit der Natur: „Noch bevor ich wußte, worauf das hinauswollte, fühlte ich unter der Wirkung einer zunehmenden Hinwendung meiner Blicke und Gedanken zur Natur ein Gefühl von Harmonie in mir aufsteigen, wohlig wie körperliche Wärme."(169) Wie kann der Identitäts-Aspekt des Herrschens, des „quasi Göttlichen" in der Welt mit dem des Unterworfenseins unter natürliche Prozesse, wie z.b. das Altern oder Sterben, zusammengesehen werden? Zumal die Reflexion beider Positionen zu gegensätzlichen Erfahrungen führt, wie die Dialoge des 'Nächtlichen Symposions' eindringlich vor Augen führen: in seiner Machtausübung war Friedrich grausam, hat Menschen und Völkern Schmerz und Tod gebracht. Auch als dem Natürlichen geistig Überlegener hat er Schuld auf sich geladen, indem er z.B. Tiere für seine Zwecke (Jagdgelüste) instrumentalisierte. Nun, zum Lebensende macht „ein körperlicher Widerwille [. . .] sich gegen die krankhaft anmutenden Ausschweifungen der Seele bemerkbar", verwandelt sich die Hybris zu Gefühlen von Schuld und Reue.

„[Tiere] sprengen die Käfige und Gehege, die mein aristotelisch beeinflußtes Denken ihnen zwischen Pflanze und Mensch anwies, indem es ihnen eine nur dumpf fühlende Seele zubilligte, die von keiner Verstandestätigkeit erhellt ist. Und nun, freigesetzt durch mein Fieber, fliegen sie durch die verhangenen Himmel meiner Träume, klettern im Dickicht meiner Gedanken, schwimmen im Blut meiner Taten und wühlen sich im Schlamm meiner Sünden."(170)

Friedrich hat ein Verlangen nach dem Gefühl harmonischen Einvernehmens mit der Natur, nach Aufgehobensein darin, als Gleicher unter Gleichen. Indem er der Natur die Form des Kreises als die allem zugrundeliegende forma boni eingibt, gelingt ihm ein Empfinden für die harmonische Zusammenschau von Einzelwahrnehmungen:

> „Und während ich nach diesem und jenem blickte, auf dieses und jenes lauschte, an manchem roch und von anderem kostete, schließlich noch etliches unter die Haut meiner Finger nahm, entstand in meinem Innern aus den Erscheinungen, Formen und Gestalten der Natur ein einheitliches Bild."(171)

Doch weder die Natur seiner Krankheit noch seine mentale Verfassung gestatten eine dauerhafte, versöhnende Wahrnehmung seines Verhältnisses zur Natur. In den ultimativen Körper-Naturphantasien der 'Jagdstücke' sieht Friedrich sich jeweils die Stelle der Kreaturen einnehmen, denen er Leid zugefügt hat. Ohne Schonung erlebt er den Waidschmerz des von ihm gejagten Hirsches und Reihers, des bei der Jagd getöteten Falken nach. Diese Erfahrung potenziert sich noch durch die Beobachtung des Leides durch den Leidzufügenden, denn Friedrich ist immer auch als Herr Friedrich mit im Bild: als der Beute Hinterherhetzender, als Beobachtender, dessen Gesicht sich den beherrschten Gebieten aufgeprägt hat, schließlich als selbst sterbender, schmerzhaft an sein Reich gepfählter Herrscher. Erleidet er in den ersten beiden Bildern den Schmerz der Tiere, kommt im letzten Bild noch der der von ihm gefolterten und getöteten Menschen hinzu. Mit dieser quälenden Traumleib-Phantasie geht Friedrich ins Sterben, den Körper den schmerzhaften natürlichen Zerstörungsprozessen ausgesetzt, der mentale Sprach-Leib letztlich unversöhnt mit der Natur.

Mit der 'Anschauung der eigenen Natur' in den privaten Papieren schafft Friedrich sich ein weiteres Mal:"Schöpfung ein zweites Mal". Die Entscheidung für die Ich-Perspektive hängt mit der Einsicht zusammen, daß Erlebnistatsachen nur einer bestimmten Perspektive zugänglich sind und daher der wahre Charakter von Erlebnissen kaum in der Funktionsweise eines Organismus entdeckt werden kann. Friedrich sieht in der Körperlichkeit des Menschen allgemein, und besonders in dem reflexiven Bezug auf den eigenen Körper die Möglichkeit, einzelne biographische Lebensfakten zu einem abgerundeten Selbstverständnis zu verbinden. Schreiben wird hier zu einer physischen Ent-Äußerung des Leibs in die Schrift. Das Ich manifestiert sich in der Erfahrung und schriftlichen Fixierung eines Sprachleibs „von großer Klarheit und Schönheit" (vgl. S, 281). Der Gedanke der Nicht-Objektivierbarkeit und Nicht-Erfahrbarkeit eines transzendentalen Subjekts wird durch die Praxis eines schriftlichen Monologs bzw. eines Dialogs, in den verschiedene Aspekte des Bewußtseins miteinander treten (vgl. 'Symposion', 'Mann aus Assisi (II)' etc.), widerlegt: „Ein Gegenüber von (privater) 'Innenwelt' und (öffentlicher) 'Außenwelt', wie es der cartesische Dualismus besagt, wird aufgelöst, indem man die 'Innenwelt' durch die Organisationsformen des 'äußeren' Handelns bzw. durch Handlungsdispositionen darstellt."(172)

Der Vorgang des Erzählens ist zugleich einen Akt der nachträglichen Sinngebung in der Konsequenz des gelebten Lebens. Friedrichs Bewußtsein bietet den einzigen Zugang zum Universum des Romans. Die Beschränkung auf seinen Erlebnis- und Gedankenhorizont bedeutet zugleich eine perspektivische Verengung und eine ästhetische Öffnung. Die schriftliche Fixierung der Erlebnisse erfolgt teils aus aktueller Betroffenheit, teils aus zeitlichem und emotionalen Abstand heraus. Sie ist inspiriert von einem Abbau des Bezugs zur faktischen Realität (Historie), zugunsten einer Konzentration auf Bewußtseinsinhalte und Gefühlsregungen (Introspektion), die in eine ästhetische Selbstobjektivierung des eigenen Ich, die progressive Darstellung einer Bewußtseinsentwicklung und der Suche nach der wahren Identität jenseits des gesellschaftlichen Rangs mündet. Diese Suche ist an eine Beobachtung und Erforschung körperlicher Wahrnehmungen und Veränderungen gebunden. Die Wahrheitsfindung vollzieht sich in einem sukzessiven Verfahren schließlich aus der Reflexion verstreuter und erst von Friedrich selbst in Zusammenhang gebrachter Einzelheiten. Autobiographisches Schreiben wird hier zu einem Mittel der Selbsterkenntnis, indem Friedrich die versammelten Mosaiksteine seiner Existenz in einem interpretativen Verfahren zu einem ganzen Bild zusammenfügt. Ausgangspunkt und Leitbild für diese Suche nach subjektiver Wahrheit ist das mentale Bild vom eigenen Körper und seinen 'Sensationen': „And though the figure thus revealed is not noble or impressive or shown in a very heroic attitude, it is for these very reasons extremely like a real human being."(173)

Anmerkungen

(1)   Horst Stern: Mann aus Apulien . München: Kindler 1986. Alle Zitate werden dieser Ausgabe entnommen.
(2)   Franziska Augstein: In Achselhöhlen und Leibesfurchen. In: Baseler Zeitung , Nr. 284. 4. Dezember 1987.
(3)   Werner Aschemann: Horst Stern: Nase voll vom Naturschutz. In: Kölner Express. 30. Oktober 1986. S.20.
(4)   Pressemitteilung Sterns. Brief vom 24. April 1986, München. [Presseordner des Kindler-Verlages].
(5)   Siehe Aleida Assmanna: Exkarnation - Gedanken zur Grenze zwischen Körper und Schrift. In: Jörg Huber/Alois Martin Müller (Hrsg.): Raum und Verfahren: Interventionen . Museum für Gestaltung Zürich/Basel/Frankfurt/.M 1993, S.133-155
(6)   Stern, Mann [Anm. 1], S.8.
(7)   Augstein, In Achselhöhlen und Leibesfurchen [Anm. 2].

(8) Stern, Mann [Anm. 1], S.45.
(9) Stern, Mann [Anm. 1], S.83.
(10) Hartmut Zimmermann: Sterns Bemerkungen über den Staufer Friedrich II. In: Braunschweiger Zeitung , 5. November 1986.
(11) Christian Weymayr: Seine Majestät Horst II. In: Berliner Tageszeitung , 6. Februar 1987.
(12) Vgl. Jacob Burckhardt, Jacob. Zitiert in Stern, Mann [Anm. 1], S.456.
(13) Friedrich Nietzsche: Jenseits von Gut und Böse. Fünftes Hauptstück, § 200. In: ders.: Jenseits von Gut und Böse und Andere Schriften [1885]. Köln 1994, S.115.
(14) J. Lehmann: Was Horst Stern an Kaisers Statt schreibt und denkt. In: natur. Heft 10/1986, S.112-113; hier S.113.
(15) Friedrich, Thomas: Sterns Friedrich. In: ultimo. 14. März 1987, S.22.
(16) Christine Schaich: Friedrich ist halt doch schon lange tot. [Zeitungsartikel, Quelle nicht bekannt - Presseordner des Kindler-Verlages].
(17) Vgl. Horst Stern, zitiert in: Ulli Pfau (Hrsg.): Das Horst Stern Lesebuch. München 1992, S.8: Bei mir geht die Tierliebe durch den Kopf. Siehe auch: Horst Stern zu 'Mann aus Apulien'. Interview mit buch aktuell. In: buch aktuell. 3/1986, S. 84-85; hier: S.84: „Friedrich hatte mit Sicherheit, genauso wie ich, niemals ein 'Eiapopeia'-Verhältnis zu Tieren. Der Zugang zu ihnen ging bei ihm nur über den Intellekt. Er war brennend interessiert daran, wie Tiere 'funktionieren' und warum sie so funktionieren. Und das nun war bei mir genauso."
(18) Siehe An.: Vielseitiger Herrscher und Poet dazu. In: Donau-Kurier. 28. August 1987.
(19) Vgl. Zimmermann, Sterns Bemerkungen [Anm. 10]: „Wenig Raum nehmen die Darstellungen ein, die Friedrichs Verhältnis zu Tieren berühren. Das ist bedauerlich, denn gerade hier hätte das Gespann Stern/Friedrich II. auf Grund der Erfahrung in diesen Dingen wohl mehr anbieten können [...]".
(20) Friedrich, Sterns Friedrich [Anm. 15].
(21) Stern, Mann [Anm. 1], S.7.
(22) Siehe cs.: Verschwulstete Wollust. In: Baseler Zeitung. 17. Juli 1987.
(23) Eberhard Horst: Die privaten Papiere des Staufers. In: Die Welt. 13. Sept. 1986.
(24) Rolf Waldvogel: Das Raubinsekt auf dem Kaiserthron. [Quelle nicht bekannt - Photokopie aus dem Presseordner des Kindler-Verlages].
(25) Siehe cs. :Verschwulstete Wollust [Anm. 22.]
(26) Heiner Hastedt: Das Leib-Seele-Problem. Zwischen Naturwissenschaft des Geistes und kultureller Eindimensionalität. Frankfurt/M. 1988, S.60.
(27) Sybille Krämer: 'Bewußtsein' als theoretische Fiktion und als Prinzip des Personenverstehens. In: dies. (Hrsg): Bewußtsein. Philosophische Beiträge. Frankfurt/M. 1996, S.36-53; hier: S.41.
(28) Gernot Böhme: Natürlich Natur. Über Natur im Zeitalter ihrer technischen Reproduzierbarkeit. Frankfurt/Main 1992, S.18.
(29) Im Folgenden als Abkürzung für Mann aus Apulien verwendet [Anm. 1]
(30) Siehe z.B.: Stern mit Tarnkappe. In: Stern. 18. September 1986; Weymayr, Seine Majestät Horst II. [Anm. 11]; Horst Stern - Deutschlands beliebtester Fernseh-Tierschützer todkrank. In: Echo der Frau. 10. August 1988.
(31) Siehe z.B. Ursula Weiner: Herr Stern, warum haben Sie sich zurückgezogen? In: HÖRZU. 18. November 1989. S.13-16.

(32) Pfau, Das Horst Stern Lesebuch [Anm. 17], S.11.
(33) Vgl. Manfred Kriener. In: Das Erste: Zeitschrift der ARD. 10/1992, S.48-49; hier: S.49. Dazu siehe auch: Jürgen Schreiber: Nachrichten von einem anderen Stern - Bemerkungen über einen Schriftsteller, der Ökologe war. In: Stuttgarter Zeitung, Sonntagsbeilage, 7. Oktober 1989.
(34) Ditta Rudle: Vergöttert und Gebannt. In: Wochenpresse, Nr. 36/2. September 1986. S.46.
(35) Hubert Weinzierl: Mut zur Emotion. In: natur, 10/1992. S.14.
(36) Siehe BRIGITTE, 1/1993. 21. Dezember 1992. S.108.
(37) Krämer, 'Bewußtsein' [Anm. 27], S.39.
(38) Zum Problem des infiniten Regresses siehe Gottfreid Wilhelm Leibniz.: Hauptschriften zur Grundlegung der Philosophie. Hamburg 1966, S.94.
(39) Siehe Schreiber, Nachrichten [Anm. 33].
(40) Siehe auch: Elisabeth Emmerich: Der Staufer Friedrich redet. In: Augsburger Allgemeine. 8. November 1986; Albert von Schirnding: Kaiserliches Spiegel-Ich. In: Süddeutsche Zeitung. 21./22. Februar 1987.
(41) Siehe Schreiber, Nachrichten [Anm. 33].
(42) Siehe Rudle, Vergöttert und Gebannt [Anm. 34], S.46.
(43) Emmerich, Der Staufer Friedrich redet. [Anm. 40]. Siehe auch Weymayr, Seine Majestät Horst II. [Anm. 11].
(44) Die Tagebücher sagen, dieser Meinung zufolge, „wohl mehr über die Krisen im Leben des Horst Stern aus, als daß sie Erhellendes über Friedrich II. mitzuteilen vermögen". (Siehe Friedrich, 'Sterns Friedrich' [Anm.15].
(45) Schirnding, Kaiserliches Spiegel-Ich [Anm. 40].
(46) Schirnding, Kaiserliches Spiegel-Ich [Anm. 40.]
(47) Schreiber, Nachrichten [Anm. 33]. Hervorhebung v. mir.
(48) Stern, Horst: zitiert in: buch aktuell [Anm. 17], S.85.
(49) Dazu auch Stern, Mann [Anm. 1], S.75.
(50) Thomas Nagel: Wie ist es, eine Fledermaus zu sein? In: Manfred Frank (Hrsg.): Analytische Theorien des Selbstbewußtseins. Frankfurt/M. 1994, S.135-152.
(51) Stern, Mann [Anm. 1], S.82/83.
(52) Nagel, Wie ist es [Anm. 50], S.135.
(53) Ebd.
(54) Stern, Mann [Anm. 1], S.72.
(55) Krämer, 'Bewußtsein' [Anm. 27], S.42.
(56) Vgl. Martin Carrier/Jürgen Mittelstraß: Geist, Gehirn, Verhalten. Das Leib-Seele-Problem und die Philosophie der Psychologie. Berlin/New York 1989, S.197f.
(57) Nagel, Wie ist es [Anm. 50], S.142.
(58) Nagel, Wie ist es [Anm. 50], S.150/151.
(59) Unveröffentl. Auszug aus einem Interview mit Horst Stern 1997.
(60) Ernst Kantorowicz: Kaiser Friedrich der Zweite. Düsseldorf/München 1927 [Photomechanischer Nachdruck 1964].
(61) Interview [Anm. 59].
(62) Hastedt, Das Leib-Seele-Problem [Anm. 26], S.10ff.
(63) Vgl. Wilhelm Dilthey: Die Entstehung der Hermeneutik [1900]. In: ders.: Gesammelte Schriften. Bd. 5, hrsg. von Georg Misch: Abhandlungen zur Grundlegung der Geisteswissenschaften. 7.Aufl. Stuttgart/Göttingen 1982.

(64) Hastedt, Das Leib-Seele-Problem [Anm. 26], S.23.
(65) Karl Otto Apel: Die Erklären-Verstehen-Kontroverse in transzendentalpragmatischer Sicht. Frankfurt/M. 1979.
(66) Lauter Geschichten. Redigierte Auszüge aus einem Interview mit Horst Stern. In: Horst Stern: Das Gewicht einer Feder. Hrsg. v. Ludwig Fischer. München 1997 [im Druck], S.33-79; hier S.74.
(67) Francesco Gabrieli: Friedrich II. und die Kultur des Islam. In: Gunther Wolf (Hrsg.): Stupor Mundi. Zur Geschichte Friedrichs II. von Hohenstaufen. 2. neubearb. Aufl. Darmstadt 1982, S.76-94; hier: S.91.
(68) Stern, Mann [Anm. 1], S.98/99. Hervorhebung von mir.
(69) Barbara Miller: 'Ich habe nicht alles über Bord geworfen' - SZ-Interview mit Horst Stern. In: Süddeutsche Zeitung, 17.10.1986.
(70) Stern, Mann [Anm. 1], S.270.
(71) Eva Dufresne Fauconneau: Das Problem des Ich-Romans im 20. Jahrhundert. Frankfurt/Main 1985, S.20.
(72) Stern, Mann [Anm. 1], S.269.
(73) Stern, Mann [Anm. 1], S.270.
(74) Klaus Modick: Adler und Kranich, von Falken gejagt. Horst Stern und sein 'Mann aus Apulien'. In: Die Zeit, 7. November 1986, S.4.
(75) Stern, Mann [Anm. 1], S.248.
(76) Stern, Pressemitteilung [Anm. 4].
(77) Stern, in: buch aktuell [Anm. 17], S.85.
(78) Dazu z.B. Joachim Schulze: Hat Friedrich II. die Lieder seines Vaters Heinrich VI. gekannt?. In: Germanisch-Romanische Monatsschrift. Heft 37/1987. S.376-385.
(79) Friedrich verwendet mitunter modernes Vokabular wie „atomare Wolke" (S.45), „aufgeklärt" (S.160), „Frauenbewegung" (S.349) oder „Kommunismus" (S. 223) etc. Dazu z.B. Horst, Die privaten Papiere [Anm. 23].
(80) Siehe: Horst Stern. Interview mit buch aktuell [Anm. 17].
(81) Stern, Mann [Anm. 1], S.13.
(82) Manfred Frank: Subjekt, Person, Individuum. In: Manfred Frank/Anselm Haverkamp (Hrsg.): Individualität. Poetik und Hermeneutik, Bd. 13. München 1988, S.3-20; hier: S.4.
(83) Vgl. Frank, Subjekt, Person, Individuum [Anm. 82], S.4.
(84) Frank, Subjekt, Person, Individuum [Anm. 82], S.11.
(85) Lionel Trilling: Das Ende der Aufrichtigkeit. München 1979, S 91.
(86) René Descartes. Par André Bridoux (éd.): Œuvres et lettres. Paris 1953, S. 1359.
(87) Vgl. Nagel, Wie ist es [Anm. 50], S.150ff
(88) Stern, Mann [Anm. 1], S.261.
(89) Definition G. Mischs, in: Georg Misch: Geschichte der Autobiographie. Bd. I,1.: Das Altertum. Frankfurt/M. ^{3}1950, S.7.
(90) Johann Wolfgang von Goethe: Aus meinem Leben. Dichtung und Wahrheit. In: Peter Sprengel (Hrsg.): Johann Wolfgang von Goethe - Sämtliche Werke. Bd. 16. München 1985, S.11.
(91) Siehe Fauconneau, Das Problem [Anm. 71], S.14.
(92) Klaus-Detlef Müller: Autobiographie und Roman. Studien zur literarischen Autobiographie der Goethezeit. Tübimgen 1976, S.63.

(93) Stern, Interview mit Miller [Anm. 69].
(94) Misch, Geschichte [Anm. 89], S.6.
(95) Stern hat nicht nur Passagen aus Friedrich II. Buch 'De arte venandi cum avibus' in seinen Roman integriert, sondern z.b. auch Verse Walther von der Vogelweides, Texte aus den Sizilianischen Quaestionen (Fragen Friedrich II. an den spanischen Philosophen Ibn Sab' în Abd Oul-Haqq) und aus dem Liber particularis von Michael Scottus (Fragen Friedrichs an M. Scottus). Siehe Stern, Mann [Anm. 1], S.46-55. Dazu vgl. Martin Grabmann: Kaiser Friedrich II. und sein Verhältnis zur aristotelischen und arabischen Philosophie [1936]. In: Wolf, Stupor Mundi [Anm. 67], S.32-75; Toni Meissner: Klints Vermächtnis - Zum siebzigsten Geburtstag von Horst Stern. [Manuskript des Bayerischen Rundfunks].
(96) Müller, Autobiographie [Anm. 92], S.73.
(97) Müller, Autobiographie [Anm. 92], S.73.
(98) Dieter Struss: Horst Sterns große Verwandlung: Von der Journalistik zur Belletristik. Ein Interview mit Horst Stern. Süddeutscher Rundfunk, 1986.
(99) Vgl. Michaela Holdenried: Im Spiegel ein anderer - Erfahrungskrise und Subjektdiskurs im modernen autobiographischen Roman. Heidelberg 1991; Müller, [Anm. 92]; Jürgen Schlaeger: Das Ich als beschriebenes Blatt - Selbstverschriftlichung und Erinnerungsarbeit. In: Anselm Haverkamp/Renate Lachmann (Hrsg.): Memoria - Vergessen und Erinnern. München 1993, S.315-337; Joachim Kronsbein: Autobiographisches Erzählen. Die narrativen Strukturen der Autobiographie. München, 1984; Fauconneau, Das Problem [Anm. 71..]
(100) Käthe Hamburger: Die Logik der Dichtung. Stuttgart 1968.
(101) Pascal Lejeune: Le pacte autobiographique. In: Poétique 4/1973. S.137-162; hier: S.137.
(102) Lejeune, Le pacte[Anm. 101], S.137.
(103) Stern, Mann [Anm. 1], S.97-100.
(104) Stern, Mann [Anm. 1], S.248.
(105) Siehe Stern im Interview mit Miller, [Anm. 69].
(106) Stern, Mann [Anm. 1], S.110/111.
(107) Müller, Autobiographie [Anm. 92], S.71.
(108) Siehe z.B. Stern, Mann [Anm. 1], S.131: „Angeregt worden waren diese Gedanken von einer geometrischen Zeichnung, die mir der Mathematiker Lionardo Fibonacci im Anschluß an unser erstes Zusammentreffen, 1226 in Pisa, zu Händen von M. Scotus geschickt hatte [...]. Die Zeichnung - sie fand sich neulich im Hofarchiv von Foggia wieder -[...]".
(109) Fauconneau, Das Problem [Anm. 71], S.17.
(110) Fauconneau, Das Problem [Anm. 71], S.12.
(111) Siehe Fauconneau, Das Problem [Anm. 71], S.19.
(112) Fauconneau, Das Problem [Anm. 71], S.20.
(113) Stern, Mann [Anm. 1], S.100.
(114) Stern, Mann [Anm. 1], S.75.
(115) Gunter Gebauer/ Christoph Wulf: Von der Nachahmung zur Konstitution des schöpferischen Subjekts. In: dies.: Mimesis. Kunst - Kultur - Gesellschaft. Reinbek 1992, S.219-303; hier S.291.
(116) Vgl. O. Creutzfeld, zitiert in Carrier/Mittelstraß, Geist [Anm. 56], S.285.
(117) Hastedt, Das Leib-Seele-Problem [Anm. 26], S.24.

(118) Hastedt, Das Leib-Seele-Problem [Anm. 26], S.21.
(119) Vgl. Hastedt, Das Leib-Seele-Problem [Anm. 26], S.24ff.
(120) Stern, Mann [Anm. 1], S.271.
(121) Stern, Mann [Anm. 1], S.114.
(122) Vgl. Lauter Geschichten [Anm. 66], S.61: „[...] da war mein Wissen immer der Richter [...]".
(123) Hastedt, Das Leib-Seele-Problem [Anm. 26], S.24.
(124) Stern, Mann [Anm. 1], S.278.
(125) Alois Hahn: Identität und Selbstthematisierung. In: Alois Hahn/VolkerKapp, (Hrsg.): Selbstthematisierung und Selbstzeugnis; Bekenntnis und Geständnis. Frankfurt/M. 1987, S.17.
(126) Hastedt, Das Leib-Seele-Problem [Anm. 26], S 25.
(127) Stern, Mann [Anm. 1], S.18
(128) Stern, Mann [Anm. 1], S.437/438.
(129) Stern, Mann [Anm. 1], S.80.
(130) Carrier/Mittelstraß, Geist [Anm. 56], S 17.
(131) Hastedt, Das Leib-Seele-Problem [Anm. 26], S 32.
(132) Stern, Mann [Anm, 1], S.361f.
(133) Stern, Mann [Anm. 1], S.363/364.
(134) Stern, Mann [Anm. 1], S.362.
(135) Stern, Mann [Anm. 1], S.412.
(136) Stern, Interview [Anm. 59], S.91.
(137) Stern, Mann [Anm. 1], S.80.
(138) Stern, Mann [Anm. 1], S.14.
(139) Stern, Mann [Anm. 1], S.17/18.
(140) Stern, Mann [Anm. 1], S.15.
(141) Stern, Mann [Anm. 1], S.67.
(142) Nicole Schmid: Horst Stern - Ich hab' mein Soll erfüllt. Interview mit Horst Stern. In: Neue Frau, 3. Februar 1987, S. 20-21; hier: S. 20: „Zum Beispiel war es bei Strafe des Handabhackens verboten, daß man Flüsse mit Färbereiabfällen vergiftet. Solche Dinge hat er schon 1235 festgelegt."
(143) Stern, Mann [Anm. 1], S.65.
(144) Stern, Mann [Anm. 1], S.334.
(145) Vgl. Thomas Metzinger: Wenn die Seele verlorengeht. Der Fortschritt in den Neurowissenschaften erfordert eine neue Bewußtseinskultur. In: Die Zeit , Nr. 45/1. November 1996, S.46.
(146) Stern, Mann [Anm. 1], S.59.
(147) Stern, Mann [Anm. 1], S.380.
(148) Stern, Mann [Anm. 1], S.39.
(149) Otto Creutzfeldt: Bewußtsein und Selbstbewußtsein als neurophysiologisches Problem der Philosophie. In: Reproduktion des Menschen. Beiträge zu einer interdisziplinären Anthropologie. Frankfurt/M./Berlin/Wien: Schriften der Carl-Friedrich-von-Siemens-Stiftung 1981, S.29-44; hier S.33.
(150) Vgl. Horst Stern: Was ist an der Naturwissenschaft noch natürlich? In: ders.: Mut zum Widerspruch. Reden und Aufsätze. München 1974, S.66-87.
(151) Schlaeger, Das Ich [Anm. 99], S.323.

(152) Stern, Mann [Anm.1], S.249/50.
(153) Hartmut Böhme: Natur und Subjekt. Frankfurt/Main 1988, S.62.
(154) Stern, Mann [Anm. 1], S.171/172.
(155) Stern, Mann [Anm. 1], S.167.
(156) Stern, Mann [Anm. 1], S.111.
(157) Vgl. Carrier/Mittelstraß, Geist [Anm. 56],S.14.
(158) Aristoteles: Über die Seele. In der Übersetzung von W.Theiler. Darmstadt 1979.
(159) Zitiert in Carrier/Mittelstraß, Geist [Anm. 56], S.13.
(160) I. Düring.: Aristoteles. Darstellung und Interpretation seines Denkens. Heidelberg 1966, S.573.
(161) Stern, Mann [Anm. 1], S.22/23.
(162) Stern, Mann [Anm. 1], S.137.
(163) Stern, Horst: Im Strom der Zeit. In: Die Zeit , Nr. 7/7. Februar 1997, S.76.
(164) Stern, Mann [Anm. 1], S.155.
(165) Stern, Mann [Anm. 1], S.380.
(166) Stern, Mann [Anm. 1], S.343.
(167) Stern, Mann [Anm. 1], S.439.
(168) Böhme, Natur [Anm. 153], S.61.
(169) Stern, Mann [Anm. 1], S.381.
(170) Stern, Mann [Anm. 1], S.438.
(171) Stern, Mann [Anm. 1], S.381.
(172) Carrier/Mittelstraß, Geist [Anm. 56], S.283.
(173) Virgionia Woolf: The New Biography. In: dies.: Granite and Rainbow. Ed. by L. Woolf. London 1958, S.149-155; hier: S.154.

Andreas Fritsch

Vergils 'Arkadien'-Motiv in Horst Sterns 'Klint'

In seinem dritten literarischen Werk 'Klint - Stationen einer Verwirrung' überrascht Horst Stern den Leser nach etwa der Hälfte des Buches mit einer geradezu surrealen Mischung aus griechischer Mythologie und realem Geschehen. Kentauren und griechische Götter tummeln sich da plötzlich in der Szenerie und treiben die absonderlichsten Dinge, von der Sodomie bis hin zum Mord. Eigentümlicher Höhepunkt ist ein Ritt Klints auf dem Rücken einer Kentaurin durch eine wahnhaft, wie im Drogenrausch verzerrte Welt, die sich aus seinen Alpträumen und Erkenntnissen gleichermaßen zusammensetzt. Was hat es mit diesen Passagen des Romans auf sich?

Stern läßt Klint diese 'Reise' nach Arkadien mit Interesse für die Vergilsche Dichtung begründen und gibt dem Leser zahlreiche Hinweise auf das Leben des Römers sowie auf Sinn und Inhalt seines Werkes, ja entführt ihn sogar in den 'Kopf des Vergil', in dem letzterer ein Gespräch mit dem Triumvir Oktavian führt. Ich werde versuchen zu erläutern, daß der 'Arkadien'-Teil des Buches und seine eigenwilligen Szenen mehr als nur eine Traumsequenz sind, die den 'geistigen Verfall' Klints illustrieren. Denn gleichzeitig setzt sich Horst Stern in diesem Teil intensiv mit einigen (altphilologischen) Theorien zur Vergilschen Arkadien-Dichtung auseinander, macht sie zum Thema und strukturiert z.T. nach ihren Ansätzen die Geschehnisse um seine Romanfigur Klint. Die Hinweise für eine solche Auseinandersetzung gibt Stern an einigen Stellen des Romans selbst, man braucht also nur den Spuren des Autors zu folgen. Horst Stern selbst sucht freilich die strukturierende und thematische Bedeutung der Antike-Belehnung für seinen Roman herunterzuspielen. Während einer Gesprächsrunde an der Universität Hamburg zu seinen Texten antwortete Horst Stern auf die Frage nach Bedeutung und Funktion der Arkadien- und Vergil-Thematik ebenso knapp wie spontan: „Ich hatte einfach das Gefühl, der Text brauchte etwas mehr Pfiff". An anderer Stelle gab er aber zu verstehen, daß die über große Partien des Romans grundlegende Bedeutung des Vergil-Komplexes sich aus für ihn substantiellen 'historischen Analogien' herleitet: „Ich bin darauf gekommen, weil ich viel Vergil gelesen und zu meiner großen Verblüffung entdeckt habe, daß damals zu Vergils Zeiten, unter Octavian, dem späteren Augustus, die Perversion der modernen Landwirtschaft schon anfing. [...] Ich habe einfach Materialien aus der Antike, die zutage lagen und die sich mir als verblüffende Parallelen zur Neuzeit anboten, als Spielmaterial in diesem Buch benutzt."(1)

1 Arkadien - Snell und Stern

Zu Beginn des 'Rom'-Abschnittes des Romans wird der Leser auf eine Auseinandersetzung mit der Vergilschen 'Arkadien'-Thematik vorbereitet, indem Klint allem künftig Geschriebenen den Satz „In Vergils Arkadien fließt Mythisches und empirisch Gegebenes ineinander, und in einer für die griechische Dichtung höchst anstößigen Weise treffen sich hier Götter und moderner Mensch" des Altphilologen Bruno Snell als Motto voransetzen will (S.105).(2) Der Leser ist also gewarnt, und tatsächlich läßt Stern schon bald diverse griechische 'göttliche Prominenz' zu seinem Klint herabsteigen. Außerdem wird als zweite thematische Dimension die Auseinandersetzung mit der „ökologischen Realität der Vergilschen Landschaftsbilder" (S.104) angesprochen.

Das Augenmerk soll jedoch auf das Snell-Zitat gelenkt werden. Es stammt aus einem Text Snells, der sich mit Arkadien als 'geistiger Landschaft' beschäftigt, in dem er diesen fiktiven Ort als ein stilistisches Novum Vergils einstuft und ihm bestimmte formale und inhaltliche Eigenheiten zuschreibt.(3) Diese Eigenheiten sind es meiner Meinung nach, an denen sich Stern bei der Konstruktion des Arkadienteils weitgehend orientiert. Das bedarf einiger Erläuterung.

Zunächst einmal: Was sind das für Eigenheiten, die Snell ausmacht, was ist das 'Neue' an ihnen ? Doch vorweg einige Sätze zu dem fiktiven Land Arkadien in der 'Bukolik' des römischen Dichters Vergil: Arkadien ist ein Land der Hirten, in dem sich seine Bewohner vor allem mit Dichtung, Gesang und Philosophie beschäftigen und mit vielem, nur nicht einem Hirtenleben im realen Sinne in Verbindung gebracht werden dürfen. Nach Snell ist ein wichtiges Merkmal der 'Arkadier', daß sie nicht scharf und präzise denken oder formulieren und schon gar nicht in komplexeren gesellschaftlichen Bezugssystemen leben, sondern eher Zustände wahrnehmen, ja erfühlen. Möglich wird dies durch eine gesteigerte Sensibilität ihrer Umwelt gegenüber, die auf die 'künstlerische Seele' der Bewohner und ihre harmonischen Beziehung zum (idealisierten) Leben auf dem Land zurückzuführen ist. Eine angestrebte Dauerhaftigkeit dieses Zustandes beschreibt Vergil immer wieder als 'goldenes Zeitalter', das von Harmonie und einer Art intensiver Nächstenliebe gekennzeichnet ist.

Dieses Merkmal Arkadiens bzw. seiner Bewohner führt Snell auf ein Defizit in Vergils Leben zurück: Er suchte das Vertraute, innig Erfühlte und Friedliche in seiner Dichtung, denn in der Realität blieben ihm solche Erfahrungen verwehrt, da er zur Zeit der römischen Bürgerkriege lebte. Die völlig ungetrübte Idylle bietet das Leben in Arkadien allerdings nicht, denn es sorgen höchst weltliche Probleme (vom Liebesleid bis hin zu zeitgenössischen Vorgängen wie der Vertreibung der Landbewohner von ihrer Scholle) für Turbulenzen. Solche 'Störungen' durchleidet der stark sensibilisierte Arkadier in inniger Verbindung mit seiner Umgebung, was Mitmenschen, Tiere und sogar Pflanzen mit einschließt.(4)

In solchen Krisenmomenten läßt Vergil an einigen Stellen die Götter 'herabsteigen' und den Sterblichen mit Rat und Tat zur Seite stehen - auf 'anstößige Weise' (nach Snell) deshalb, weil derartige Begegnungen in griechischer Dichtung unbekannt waren. Als Römer brauchte Vergil keine Rücksicht auf religiöse Hemmschwellen nehmen und konnte die Götterfiguren als Symbole für bestimmte Charakterzüge oder Tugenden frei nutzen. Snell sieht in den Abläufen der arkadischen Erzählungen Vergil sein typisches Handlungsmuster: Vom paradiesähnlichen Zustand über die Störung (oder Verwirrung) zum Versuch der Lösung, die wieder Harmonie schafft. Die in diesem Prozeß beteiligten Bewohner Arkadiens haben bestimmte Charakteristika, die sie auszeichnen. Für heutige Leser vielleicht ein wenig überschwenglich, kommt Snell letztlich zum Schluß, die „Dichterseele" der Arkadier sei „dichterisch-träumend", „umfassend-liebend" und „empfindend-leidend".(5)

Über Vergil sagt Snell weiter, daß dieser offensichtlich Arkadien als literarischen Rückzugsort nutzte, zumal er als sehr introvertiert und (als Sohn eines wohlhabenden Landbesitzers) der bäuerlichen Welt verbunden galt.(6)

Welche Parallelen gibt es nun zwischen den von Snell vertretenen Thesen über die 'Arkadien'-Thematik und Sterns 'Klint'? Neben offensichtlichen Parallelen, wie der Szenerie der griechischen Götter, die in die 'reale' Welt (d.h. die von Klint geschriebene irreale) treten, fallen einige Merkmale an Klint auf, die ihn mit den Bewohnern Arkadiens vergleichbar machen. Deren extreme Sensibilität finden wir bei Klint als „linksgewendete Haut" (die er schon in Madrid-Teil kommentiert, S. 64/65) oder sein „spanisches Kribbeln" wieder, das ihn so empfindlich macht, daß er im Hause der Kentauren sich von 'Neutrinos' durchdrungen fühlt (S.224). Dadurch erhält er ein Gefühl für das Wesen der Kentauren (nämlich deren Ursprung aus Genlaboren), das später Gewißheit werden soll. Aus dieser Sensibilität erwächst auch seine Fähigkeit, sich mit der Natur besonders eng verbunden zu fühlen und ihr Leid angesichts der Mißachtung durch den Menschen zu teilen, wie es im Tal der Chimären am deutlichsten geschieht. Schon im Madrid-Teil hört er einen Ginko-Baum schreien und spürt dessen Leid angesichts der um ihn zerfallenden Umwelt (S.55). Deutlicher Ausdruck der Identifikation Klints mit der Natur ist auch, daß er Bäume wie Personen anredet, sie beim 'Namen' nennt und beispielsweise dem Olivenbaum im Haus der Kentauren „zart" wie ein Liebender über die „dicken Körperadern" streicht (S.218).

Außerdem findet Klint im 'Tal der Chimären' bei der 'Pferdfrau' Melanippe eine Art liebender Geborgenheit (S.246), als das Leiden der Natur ihn fast zur Verzweiflung treibt. Der 'gemeinsame Nenner' dieser Beziehung ist das

Leid der beiden angesichts der Naturzerstörung und ihres isolierten Daseins (Melanippe als 'Genchimäre', Klint als zurückgezogener 'Sonderling') - sozusagen eine solidarische Liebe. Bezeichnenderweise heißt Melanippe Klint direkt im Anschluß daran in Arkadien willkommen und sagt, nun habe er das „blaue Blut Vergils" (S.248).

Daher läßt sich behaupten, daß der von ihm selbst geschriebene Klint genau die drei 'Merkmale der Seele' hat, die Vergil nach Snell seinen Hirten gab: Er ist „dichterisch-träumend", „umfassend-liebend" und „empfindend-leidend". Allerdings sind die 'Störungen' des einstigen 'goldenen Zeitalters' bei Klint entsprechend aktueller als die Vergilschen: Statt Landvertreibung und Kommerzialisierung der Landwirtschaft haben Umweltverschmutzung und -zerstörung sowie technischer Fortschritt - etwa die Gentechnik - das Verhältnis des Menschen zur Natur aus dem Lot gebracht.

Eine weitere Parallele zwischen dem Vergilschen Arkadien und dem des Klint ist die Funktion dieser Sphäre für den Autor (gemeint ist der 'reale' Klint, nicht der 'erschriebene'): Beide ziehen sich aus der Realität in die arkadische Welt zurück. Und genau wie bei Vergil ist dieser Ort ein fiktiver, ein erschriebener, also ein 'lyrischer' Ort.

2 „Schreibstrang I und II"

Um den Stellenwert des Arkadienteils beurteilen zu können, ist es nötig, die verschiedenen Erzählebenen oder -stränge des Romans zu unterscheiden und ihre Verknüpfung miteinander darzustellen.

Die erste offensichtliche Trennung in verschiedene Ebenen besteht zwischen der des 'extradiegetischen' Erzählers, der zufällig über die Spuren Klints 'stolpert', recherchiert und uns anschließend die Papiere des 'intradiegetischen' Erzählers präsentiert, in denen dieser dann seine eigene Geschichte schreibt.(7)

Der berichtende Erzähler übernimmt im Roman ganz bestimmte Aufgaben. Zum einen bestimmt er die verschiedenen Stationen Klints, indem er die Übergänge zwischen den Örtlichkeiten in Ronco, Madrid und Rom durch Einschübe kennzeichnet. Doch bedeutender ist seine Funktion als Kommentator des Seelenzustands von Klint, indem er Schritt für Schritt den Grad seiner Verwirrung erörtert und zusammenfaßt. Er teilt uns z.B. mit, daß Klint zwischen Madrid und Rom „zwischen journalistischer Kreativität und wiederholter Innenbesichtigung mit den schwärzesten Ergebnissen" schwankte (S.91), oder daß er sich „mit der Einbildung einer Flucht nach Griechenland in eine Arbeit hineinsteigerte, mit der er sich die Freiheit erschrieb, statt sie in der Realität zu suchen"(S.213).

Es sind die Einschätzungen des Erzählers, die in Verbindung mit seinen gesammelten Gesprächen und Interviews mit Zeitzeugen (etwa mit dem Jesuiten oder den Ärtzten) es außerdem ermöglichen, die erträumten und erlebten Geschehnisse Klints voneinander zu trennen - auf der zweiten und dritten Ebene. Außerdem erlauben die Kommentare den objektiven Blick auf Klints Handlungen, erst dadurch entstehen überhaupt die 'Stationen' der Verwirrung. Ohne die Kommentare wären die (fließenden) Übergänge der einzelnen Stadien Klints wohl schwerer zu erkennen bzw. für Stern darzustellen gewesen.

Klint selbst läßt Stern nur an einigen wenigen Stellen darauf hinweisen, ob Aufzeichnungen realen Geschehnissen entsprechen oder erfunden sind. Eine solche Stelle ist die, in der Klint in Madrid zum ersten mal die Astronomin trifft. Erst nachdem der Leser Pilar bereits als Person kennengelernt hat, weil Klint von einem Gespräch mit ihr berichtet, wird er wenige Seiten später darüber ins Bild gesetzt, daß dieses Treffen fiktiv war und dem 'Schreibstrang II' entsprach (S.42).

Es gibt solche Stellen, an denen es Klint dem Leser ermöglicht, zwischen seiner Realität und seinem 'erschriebenen' Leben des 'Stranges II' zu unterscheiden, nur bis zum Ende des Madrid-Teils. Später, in den Rom-Passagen, enthalten die Texte zwar noch Brechungen, die Grenzen zwischen authentischem und phantasiertem Erleben und werden aber nicht mehr so klar gezogen wie im Falle der Figur Pilar Sorges.

Im Arkadienteil fehlt der Bezug zur Realität dann völlig: Der Erzähler informiert uns darüber, daß Klint Rom gar nicht verlassen habe und daß nun ausschließlich fiktive Texte folgen. Daraus ergibt sich eine Gewichtung in der Darstellung dieser beiden Erlebnis-Dimensionen Klints im Buch: Im ersten (Madrid) Abschnitt des Romans ist der fiktive Teil klar abgegrenzt und seine Traumwelt im wesentlichen auf die Pilar-Ruiz-Klint Konstellation beschränkt. Im Rom-Abschnitt verschwimmen Realität und Traum bereits stärker, und wir können nur mit Sicherheit sagen, daß Klint beruflich in Rom war, tatsächlich im Krankenhaus lag, später in den Mord an Melania verwickelt wurde, ins Gefängnis mußte und mit dem Untersuchungsrichter den Bauernhof in der Nähe des Tatortes besuchte.

Der Arkadienteil besteht dann nur noch aus Texten der Traumwelt Klints, und erst nachdem er diese Notate abgeschlossen hat, setzt die zweite (reale) Ebene wieder ein. Damit wird der Abschnitt zum End- bzw. Höhepunkt einer schrittweisen Entwicklung, die sich durch den ganzen Roman zieht. Diese Entwicklung ist auch deshalb von Bedeutung, weil Klint sich auf dem 'Weg nach Arkadien' qualitativ verändert, sozusagen erst die 'Reife' für diesen Schritt erwirbt: Er wird extrem sensibel für seine Umwelt (die „linksgewendete Haut"), identifiziert sich mit den Figuren in Boschens 'Garten der Lüste'(8) und macht sich in der fiktiven Dreiecksgeschichte in Madrid auf die Suche nach dem 'Göttlichen' im Leben, indem er Pilar und Ruiz auf verschiedenen Wegen (Wissenschaft und Glaube bzw. Liebe) danach suchen läßt.

Außerdem macht sich Klint auf die Suche nach der Liebe, allerdings interpretiert er zunächst seine Sehnsucht nach Geborgenheit und Verständnis als Lust. Sein (folgerichtiges) Scheitern bei der Hure im gleichnamigen Abschnitt steigert die Verwirrung zunächst sogar noch. Nur langsam entdeckt er die 'Art und Weise' der Liebe, die ihm fehlt, und nimmt sie deutlicher an Melania im Rom-Teil wahr, indem er dort erstmals eine seltsame, wissende Vertrautheit findet: „Sie sah mich aus Augen an, die reines Mitgefühl verströmten, und erschrocken dachte ich, daß sie auf eine mir noch verborgene Weise Einblick hatte in mein papierenes Leben und daß sie mir den Blick auf ihr Fleisch zum geschwisterlichen Geschenk machte [...]"(S.108). Erst im Tal der Chimären hat die Suche nach einer arkadischen Liebe, im Sinne von Nächstenliebe, Erfolg.

Begreifen wir den Arkadien-Teil als Bestandteil einer komplexen Entwicklunglinie durch den Roman hindurch, so stellt sich als nächstes die Frage, was genau in dem erschriebenen Arkadien mit Klint vor sich geht, inwiefern also die Entwicklung dort weitergeht.

3 Reisen nach Arkadien

Eine erste oberflächliche Antwort auf diese Frage ist offensichtlich: Klint hat sich aus seiner 'Realität', also der von Stern durch den Erzähler kenntlich gemachten, 'herausgeschrieben'. Er befindet sich in einer Traumwelt, in einer wilden Mischung aus seinen Ängsten und Sehnsüchten und dem Interesse an der Rezeption Vergils, das in einer erdachten historischen Szene kulminiert.

Wichtiger ist aber, daß auch der 'geschriebene' Klint in Arkadien Entwicklungszyklen durchläuft, genau wie der 'reale' Klint, der sich schon durch den ganzen Roman langsam in eine Traumwelt geschrieben hat.

Klints erster Schritt führt ihn in das 'klassische' Arkadien Vergilscher Prägung: Es kommt zum erneuten Treffen mit den Kentauren und Hermes. War bei Vergil dieses Aufeinandertreffen von Sterblichen und Göttern noch 'anstößig', da es überhaupt stattfand, geht Stern einen Schritt weiter. Er konfrontiert die Götterfiguren mit banalen Gegebenheiten des 20. Jahrhunderts: „Objekte neuzeitlicher touristischer Begierde" werden die Kentauren hier, sind „unsterblich und in Staatsdiensten", ja Berufsbeamte auf Lebenszeit gar (S.226/227). Schließlich findet sogar ein Wettstreit um das Privileg statt, Klint durch Arkadien tragen zu dürfen - ein Seitenhieb auf die Sangeskunst-Wettbewerbe der Arkadier bei Vergil? All das sind jedoch nur Andeutungen, die später zur Gewißheit werden und den göttlichen Habitus der Kentauren demontieren: Sie sind lediglich Ergebnis eines gewagten Genexperiments. Thematisch ist die Gentechnik schon im Rom-Teil, im „Haus der mythologisch verbrämten perversen Lüste", dem Pferdebordell, aufgetaucht. Allerdings besteht meiner Meinung nach ein entscheidender Unterschied in der Darstellung des Themas im Rom-Teil und im Arkadien-Teil: In Rom schlägt Stern über die Sodomie den Bogen zur Gentechnik, indem er Glauko das Sperma der sodomitisch veranlagten Freier an eine Samenbank verkaufen läßt. Dort wird mit dem Material experimentiert, auch Kreuzungen mit tierischen Genen werden erprobt. Stern belegt das Thema an dieser Stelle noch mit einem Tabu, bezeichnet es als „faule geistige Blähung", die mit Fortschritt verwechselt wird (S.161-163). Doch im folgenden erklärt er, wenn auch stark überzeichnet, wie Verdrängungsmechanismen die Menschen dazu bringen, sich Rechtfertigungen für derartiges Tun zu schaffen. So zum Beispiel läßt er einen Richter auftreten, der durch den Akt der Sodomie die These von der Gleicheit der Rechte von Mensch und Kreatur 'prüfen' will (S.168). Stellt die Perversion in die Dienste der Wissenschaft, dann wird sie akzeptiert werden, lautet das Credo.

Wichtig im Vergleich zur Darstellung des Themas im phantasierten Arkadien, genauer gesagt: im 'Tal der Chimären' scheint mir das noch Erklärend-Sachliche des Glauko-Abenteuers im Rom-Teil: Während dort noch argumentiert wird, läßt Stern Klint im Tal der Chimären die tiefen Beweggründe, das 'Warum' der Unsinnigkeit dieser menschlichen Experimente spüren, fern von den Versuchen, etwas in Sprache zu fassen, was erfühlt werden muß.

Nackt nähert er sich der 'Mutter Erde', aus deren verschiedenartig kombinierten Genen alles Leben entspringt. Auf dieser Wahrnehmungsebene sind alle Wesen, ob Pflanze, Tier oder Mensch, gleich. Auch die Fortpflanzung haben sie gemeinsam, ist sie doch letztlich nur die Weitergabe der spezifischen Genkombination der vier immergleichen Aminosäuren. So erlebt Klint am eigenen Leib, daß die geschundenen Haut der Welt zugleich seine eigene ist. Genau in dieser Situation, in der er das Leid der Erde mitfühlt und die Gründe seiner Verwirrung klar erkennt, findet er für einen kurzen Moment 'Erlösung' in der Liebe Melanippes. Die ist bezeichnenderweise eine 'Genchimäre', in gewisser Weise also eine Leidensgenossin, da ihr ebenfalls von der modernen Gesellschaft übel mitgespielt wurde. Denn sie wurde durch ein Experiment erschaffen, von dem sie erfährt, dadurch ihren 'göttlichen Habitus' verliert und stattdessen zu einer Kreatur zwischen Mensch und Tier gemacht wird.

Es erinnert mich dieses 'Erlebens-Motiv' an den Text 'Die ermüdete Wahrheit', den Stern in der Zeitschrift 'natur' veröffentlicht hat.(9) Dort berichtet er von seinen Recherchen über die Legebatterie-Haltung von Hühnern und den nicht endenwollenden Kreislauf von Gutachten und Gegengutachten der Wissenschaft. Dem Geplänkel um Eierqualität, Nahrung, Bewegungsbedarf und Verhaltensweisen des Huhns kann Stern letztlich nur entgegenhalten: „Ein Huhn gehört nicht in den Käfig." Die Natur hat das einfach nicht so vorgesehen.(10)

Genauso läßt es Stern seinem Klint ergehen, der eine einfache Wahrheit, an der er sich sein Leben lang ermüdet hat, fühlt: Die Manipulation der Gene ist schlicht wider der Natur.

Eine zweite 'Entwicklungsstufe' Klints in Arkadien ist seine Reise in den 'Kopf des Vergil'. Auf den ersten Blick scheint sie ein Bruch im Erzählfluß zu sein, denn plötzlich tritt Klint als zentrale Figur in den Hintergrund, und stattdessen läßt Stern Vergil mit Oktavian und danach mit seinem Gönner Maecenas längere Gespräche führen. Wichtig für diese Szene scheint mir das vorhergehende Gespräch zwischen Hermes und Klint über Vergil. Die beiden führen eine Diskussion darüber, ob das Arkadien Vergils bzw. seine Dichtung bloße Hirtenromantik sei (der Standpunkt Hermes') oder ein literarischer bzw. ein geistiger Ort, Symbol für eine andere, bessere Welt (so Klint). Hermes' Kritik, die Poeme Vergils gingen „an der Wahrheit vorbei", kontert Klint mit dem Hinweis, für den Römer sei Arkadien gleichbedeutend mit den „heiter hochgezogenen Mundwinkel eines sanftlippigen Lächelns" gewesen (S.249). Diese Diskussion stammt aus der Altphilologie und hat durch die Jahrhunderte die Vergil Rezeption immer wieder beeinflußt.(11)

Den Streit um eine Dichtung ohne offensichtlichen Bezug zur Realität läßt Stern Hermes auf die Spitze treiben, indem der kritisiert, Vergil habe die Misere der römischen Bauern in Kunst umgelogen (S.252). Diese bestünde zum einen in der Proletarisierung der Bauern, die auf fremden Land zu Lohnsklaven werden, zum anderen dem Wandel der Landwirtschaft von der Lebensweise zum Geschäft von Investoren, die nur Gewinn machen wollten. Dahinter steht die sozialgeschichtliche These vom Beginn der Naturausbeutung, die einen solchen Prozeß der 'Kapitalisierung der Landwirtschaft' als Beginn der Naturzerstörung großen Stils ansetzt. Denn mit dieser Entwicklung werde die Natur zur Ware, und der Bauer arbeite jetzt nach Gesichtspunkten der Gewinnmaximierung und nicht mehr der Nachhaltigkeit. Damit ordnet Stern Vergil einer Zeit zu, in der ein für den weiteren Verlauf der Menschheitsgeschichte bedeutender Umbruch stattgefunden hat.

Die Szenen zwischen Vergil, Oktavian und Maecenas setzen diese Diskussion der Altphilologie dann in ein Gespräch um, in dem Vergils Gewissensbisse deutlich werden, nachdem er sich als Dichter an Oktavian 'verkauft' hat, um seine Ländereien zurückzuerhalten.

Mit diesen Szenen wird der 'Arkadien-Mythos', in seiner von Snell unterstellten Bedeutung als Rückzugsort für den Dichter, von Stern demontiert. Durch finanzielle Abhängigkeiten und den Vertrag mit Oktavian wird Vergil selbst dieses 'Exil' genommen. Der nächste Schritt im Arkadien-Teil ist dann Klints Bruch mit seinem eigenen 'Arkadien' als literarischem Konstrukt, wodurch wiederum Parallelen zur Figur Vergils hergestellt werden. Denn auch Klint gelingt es nicht, sein geschriebenes Arkadien als eine von der Außenwelt abgekapselte Traumwelt zu erhalten: Im völligen Unverständnis gegenüber der Vergilschen Dichtung wollen die Menschen, nachdem sie schon mit den geklonten Kentauren eine Art von 'göttlichen' Bastard erschaffen haben, auch noch Arkadien als reale Landschaft formen. Symbolisch verläßt dann sogar Pan, aufs Lächerlichste zum Hintergrundmusiker karikiert, als letzter 'echter' Gott die seltsame Baustelle, die Klint während der 'PR-Busfahrt' präsentiert wird.

Damit ist ein Schlußstrich gezogen. Sowohl Klint als auch Vergil sind in ihren träumerischen Dichtungen wieder von ihrer jeweiligen Realität eingeholt worden. Klint beendet seine geschriebenen Ausflüge, und der Erzähler informiert uns (z.T. mit Hilfe der Aufzeichnungen Klints) darüber, daß der 'Verwirrte' sich in der Realität nicht mehr zurecht findet und immer weiter zurückzieht. Klint kann sich nun nicht einmal mehr „fühlen, wenn er [denkt]" (S. 299).

Schließlich findet er in der Grotte bei Triest, die er aufsucht, den Tod in meditativer Erstarrung, da ihn der journalistische Vergleich der Bewegungen der Erde mit der menschlichen Haut fasziniert: Die Erde „schauert".

4 Weiterungen

Abschließend gebe ich nur einen Hinweis darauf, daß Horst Stern mit seiner Arkadien-Thematik im 'Klint' seiner Vorliebe für historisch-mythologische Themen, die schon im 'Mann aus Apulien' und der 'Jagdnovelle' zu finden waren, auch in seinem (vorerst) letzten Roman erneut großen Raum gibt. Allerdings scheint die Verbindung zwischen diesem Thema und dem Rest der Geschichte glaubhafter und souveräner gelungen, als etwa in der 'Jagdnovelle'. Dort wirkt der 'Diana-Mythos' um die Geliebte des Indsutriellen Joop stets etwas gekünstelt, erscheint als symbolisierende 'Aufhöhung' und nicht als integrales Moment der Erzählung. In 'Klint' ist das anders. Dessen Leidensweg ist mit großen Einfühlungsvermögen und einer bildhaften, faszinierenden Sprache nachgezeichnet - offensichtlich sogar so gelungen, daß Stern von fachkundiger psychologischer Seite mehrfach dafür gelobt wurde, sein 'Klint' könne geradezu eine medizinisch-klinische Studie über einen Schizophrenie-Erkrankten sein.

Daß in der Geschichte dieser 'Verwirrung' sozusagen 'nebenbei' ein über zweitausend Jahre altes literarisches Konzept eine originelle Variation erfährt, ist zwar nur ein Aspekt des Buches - aber meiner Meinung nach ein bedeutender.

Anmerkungen

(1) Lauter Geschichten. Redigierte Auszüge aus einem Interview mit Horst Stern. In: Horst Stern: Das Gewicht einer Feder. Hrsg. v. Ludwig Fischer. München 1997 [im Druck], S.33-79; hier S.79.
(2) Alle Seitenangaben beziehen sich auf die Erstausgabe (München 1993).
(3) Bruno Snell: Arkadien - die Entdeckung einer geistigen Landschaft. In: Hans Oppermann (Hrsg.): Wege zu Vergil. Drei Jahrzehnte Begegnungen in Dichtung und Wissenschaft. Darmstadt 1966, S.338-367; hier S.340.
(4) So rufen z.B. Fichten und andere Bäume sowie Quellen nach Tityrus - der in die Stadt gehen muß, um die Rückgabe seines Landes zu erbitten -, weil er als Teil der Landschaft fehlt.
(5) Snell, Arkadien [s.Anm.3], S.359.
(6) Ebd.,S.351f.
(7) Die Begriffe spielen an auf Gerard Genette: Die Erzählung. München 1994, S.162ff.
(8) Das Bild von Bosch muß an dieser Stelle als Symbolträger für alles ökologische Leid der Welt, von der Überbevölkerung bis zum Artenschwund, herhalten. Eine solche Interpretation des Bildes, als Szenario des Weges der Menschheit vom Paradies zur Apokalypse vor einem ökologischen Hintergrund, gibt es schon länger. Vgl. Peter S.Beagle: Der Garten der Lüste. Unsere Welt in modernen Malereien des Hieronymus Bosch. Köln 1983, S.51-58.
(9) Horst Stern: Die ermüdete Wahrheit. In: Natur. Nr.11/1983 (auch in: Ulli Pfau (Hrsg.): Das Horst Stern Lesebuch. München 1992, S.185-188).
(10) Vgl. des Beitrag von Josef Beller in diesem Band.
(11) Vgl. die Anmerkungen zu Vergils Bukolik von Harry S.Schnur in Vergil: Hirtengedichte. Stuttgart 1988, S.67-76.

Hans Bibelriether

Wild - Wald - Wildnis
oder: Horst Stern und der deutsche Wald

Während des 'Dritten Reiches' und unverändert im Nachkriegsdeutschland hatten im deutschen Wald die Jäger das Sagen. Unterstützt wurden die Jagdverbände von allzu vielen Förstern, bei denen die Jagdleidenschaft die forstlichen Berufsaufgaben in den Hintergrund drängte. Das Bundesjagdgesetz war, auf dem Reichsjagdgesetz aufbauend, das erste Gesetz überhaupt, das in der Bundesrepublik Deutschland schon im Jahr 1949 in Kraft trat. Das Resultat beschrieb der Chef der bayerischen Staatsforstverwaltung, Max Wölfle, 1963 so: „Es steht fest, daß auf sehr großen Waldflächen eine geregelte Forstwirtschaft wegen des Auftretens unvorstellbarer Wildschäden nicht mehr möglich ist."(1) Auf riesigen Flächen wurden Bäume vom Rotwild geschält. Natürliche Verjüngung vor allem seltener Baumarten wie der Weißtanne war weithin nicht mehr möglich. Die Versuche einer Minderheit verantwortungsbewußter Förstern, diese Situation zu verbessern, wurden von Jägerseite öffentlich erfolgreich niedergemacht. 1968 wurde Wölfle, der unermüdlich versuchte, wenigstens im bayerischen Staatswald mit seinen 800.000 Hektaren eine Reduktion der Rehwildbestände durchzusetzen, in der 'Münchner Abendzeitung' auf der Titelseite, unterlegt mit einem schwarzen Kreuz, als „Eichmann der Jagd" bezeichnet. Viele Streiter für eine Reduktion der Schalenwildbestände kapitulierten. Der Münchner Waldbauprofessor Köstler sah im Bau „kilometerlanger Zäune" den einzigen Ausweg.(2)

In dieser Situation wurde 1969 vom Bayerischen Landtag die Errichtung des ersten Nationalparks in Deutschland, des Nationalparks Bayerischer Wald, beschlossen. Gelegen ist er in einem relativ ursprünglichen Waldgebiet, das geprägt wird von Fichten-Tannen-Buchen-Mischwäldern und erst seit etwa 150 Jahren intensiver forstlich genutzt. Dort zwischen Rachel und Lusen wurde die gleiche Situation wie in den übrigen Forsten aufgedeckt: Von Rehen völlig verbissene Tannen-Naturverjüngung, 3.000 Hektar vom Rotwild geschälter Bestände von 13.000 Hektar Nationalparkfläche. Die Mitarbeiter des 1969 eingerichteten Nationalparkamtes versuchten, vor Ort die Öffentlichkeit auf diese Misere aufmerksam zu machen. Zäune konnten für einen Nationalpark keine Lösung sein. Ein 'Wildschadenpfad' wurde angelegt - der später nicht mehr als solcher benutzt werden durfte -, und alle wichtigen Besucher, vor allem auch Journalisten, wurden mit der Misere konfrontiert. Diesen Pfad besuchte im Winter 1969/70 auch Horst Stern. Er verabschiedete sich mit den Worten, er würde nachdenken, ob dies nicht ein Thema für einen Fernsehfilm sei. Dies war die Geburtsstunde des Sternschen Films 'Bemerkungen über den Rothirsch'. Gesendet wurde dieser Film an Heiligen Abend 1971. Er rief begeisterte Zustimmung und wilde Empörung hervor. Im Vorspann stellte Horst Stern fest: „Der deutsche Wald ist krank bis auf den Tod".(3) Der Film wurde im April 1972 auf Einladung des Landwirtschaftsausschusses während des Höhepunkts der bundesweiten Diskussion im deutschen Bundestag vorgeführt - ein einmaliges Ereignis -, führte zu Morddrohungen gegen den Autor und zu Sympathieerklärungen zahlreicher Forstwissenschaftler der drei forstlichen Fakultäten Westdeutschlands.

Im Rückblick betrachtet war dieser Film entscheidender Wendepunkt und Auslöser für das Ende der Dominanz der Jäger im Wald, die ein ganzes Jahrhundert, seit Kaisers Zeiten über Hermann Göring, Eugen Gerstenmeier bis hin zu Franz Josef Strauß und Walter Scheel, angedauert hatte. Immer mehr Forstleute, die sich dem Druck und den Angriffen militanter Jäger hatten beugen müssen, gewannen neuen Mut, leisteten öffentlich Widerstand und setzten die Zielsetzung 'Wald vor Wild' in den Wäldern durch. Sätze von Horst Stern wie „Doch wenn riesige Erholungsräume wie unsere Alpen oder der Bayerische Wald durch feudalistische Wildansammlungen an den Rand des Ruins gebracht werden, dann ist es an der Zeit, über Privilegien einiger weniger auf Kosten der Allgemeinheit öffentlich zu reden" (4), wurden gehört und befolgt.

Die naturnahe Forstwirtschaft hatte endlich eine Chance. Wälder konnten sich wieder natürlich verjüngen, ohne daß seltenere Baumarten verschwanden. Heute sind die Millionenausgaben für Wildzäune Vergangenheit. Der Einfluß der Jägerlobby hat sich auf ein tragbares Maß reduziert. Horst Stern und später mit ihm weitere seiner Medienkollegen veränderten die öffentliche Meinung nachhaltig weg von einem einseitigen 'Bambi'-Kult, hin zu einem wachsenden Engagement für einen gesunden Wald.

Der Besuch Sterns im Nationalpark, den er von da an alljährlich mindestens einmal wiederholte, um zu beobachten, was in den Nationalpark-Wäldern geschah, hatte zwei weitere Folgen: Horst Stern war der erste Journalist, der sich ein tatsächlich umfassendes Wissen über den Wald als natürliche Lebensgemeinschaft und als Produktionsstätte des einzigen nachhaltig produzierten Rohstoffes, des Holzes, aneignete. Und er beschäftigte sich intensiv mit der Zielsetzung von Nationalparken, für die traditionelle Naturschutzvorstellungen - nämlich das einseitige Festhalten von Zuständen in der Kulturlandschaft, das Beharren auf dem klassischen Artenschutz - nicht gelten. 1974 schrieb Stern in der ersten Ausgabe der von ihm mitbegründeten und herausgegebenen Zeitschrift 'Nationalpark': „Der Naturschützer in mir hat im Bayerischen Wald eine geistige Heimat, in die es nicht nur mich zurücktreibt, wenn unsereiner Fragen hat, die nur die Natur selbst beantworten kann, nach dem Studium und Experiment", und er forderte in aller Konsequenz: „Der Naturschutz muß vom Bürger erwarten, daß er 115 Jahre nach Darwin endlich aufhört, sich als das Maß aller Dinge zu begreifen, als omnipotenter Herr über Leben und Tod der Tiere und Pflanzen. Sie haben, wie er, ein Naturrecht auf Verwirklichung ihres Lebens. Sie haben es auch, wenn es dem Menschen nicht den geringsten seelischen oder materiellen Nutzen bringt. Sie haben es selbst dann, wenn zur Verwirklichung dieses animalischen und vegetativen Lebensrechtes notfalls die totale Aussperrung des Menschen aus den letzten intakten Naturräumen gehört."(5)

Zahlreiche seiner Aufsätze und Reden aus den siebziger Jahren erwiesen sich bald als Meilensteine auf dem Weg zum Umdenken, zu einer Umorientierung in der Wald- und Wildbehandlung und im Naturschutz. Dieser Umschwung wäre ohne sie nicht oder zumindest nicht so rasch erfolgt.

Niemand hat in den letzten Jahrzehnten die Vorstellungen über Wald, Wild und Naturschutz nachhaltiger beeinflußt als Horst Stern mit Vorträgen und Aufsätzen wie 'Mut zur Emotion' (1974) (6), 'Naturschutz gegen Menschen' (1974) (7), 'Offener Brief an den Jäger Walter Scheel' (1975) (8), 'Auch 1985 noch ein Veilchen' (1977) (9), 'Rettet das Wild vor der Liebe!' (1978) (10), 'Waldeslust gestern, heute, morgen' (1979) (11), 'Ein Trinkspruch wie eine Säge' (1980) (12), 'Staatsbankrott im Naturhaushalt' (1983).(13)

Sein Einfluß, die Auswirkungen seiner Arbeiten auf die Wildfrage, die Waldfrage und die Nationalparkfrage lassen sich nicht voneinander trennen. Sie sind eng miteinander verknüpft. Die Auseinandersetzungen und Angriffe von Jägerseite Anfang der siebziger Jahre führten zum Schulterschluß einiger Professoren, des Forstpolitikers Richard Plochmann, des Waldbauers Peter Burschel, des Holzkundlers Horst Schulz und des Wildbiologen Wolfgang Schröder. Zum Freundeskreis zählt auch der Verfasser dieses Beitrages, seit 1969 verantwortlich für den Aufbau des Nationalparks Bayerischer Wald. Alljährliche gemeinsame Studienreisen in natürliche und naturnahe Waldgebiete Süd- und Südosteuropas folgten. Horst Stern entschloß sich, auf einen zweiteiligen Fernsehfilm über den Wald zu verzichten, den er für seine berühmte Serie 'Sterns Stunde' drehen sollte. Er meinte, die ganze Thematik ließe sich besser in einem gemeinsamen Buch darstellen. 'Rettet den Wald' erschien 1979, wurde in einer Auflage von über 150.000 Exemplaren verkauft und hat breiten Bevölkerungsschichten ein neues Wissen und ein neues Waldverständnis vermittelt. Seine glänzende, unübertroffene, einleitende Analyse beginnt mit dem Satz: „Wald ist mehr als die Summe der Bäume."(14) Horst Stern hat die Vorstellungen und das Denken über den Wald in der Öffentlichkeit verändert.

Parallel zur Diskussion um Wild, Wald und Forstwirtschaft verlief die Diskussion im und über den Naturschutz in Deutschland, ausgelöst durch den Nationalpark Bayerischer Wald, in eine neue Richtung. Die Dimensionen und die Andersartigkeit des Naturwaldes wurden im Nationalpark immer deutlicher sichtbar. Horst Stern sprach von „Wäldern, in denen man sich das verlorengegangene Naturmaß zurückholen kann." Die in Grafenau am Nationalpark Bayerischer Wald gegründete Zeitschrift 'Nationalpark' war, wenn man so will, eine Vorläuferin der von ihm später gegründeten und herausgegebenen Zeitschrift 'natur'. In ihr trat er nachdrücklich für die Einstellung von Holznutzung und Waldpflege im Nationalpark ein. Zum zehnjährigen Jubiläum schrieb er im Leitartikel 'Ein Trinkspruch wie eine Säge': „Laßt uns endlich ehrlich miteinander umgehen. Laßt uns nicht von Naturschutz reden, wenn Holz gemeint ist." und „Eines Tages muß ganz Schluß sein mit der Sägerei, denn der beste Waldbaufachmann ist der Wald. Ich meine, darauf könnten sich alle verständigen. Täten wir es, wäre der seit Jahren andauerne leidige Streit ums Holzmachen im Nationalpark bald zu Ende. Darauf, nur darauf, hebe ich zum Jubelfest der Zehnjahrfeier mein Glas."(15)

Sterns außerordentliches öffentliches Ansehen, seine Wirkungsmöglichkeiten über seine Fernseharbeit, seine persönlichen Kontakte zum für den Nationalpark verantwortlichen bayerischen Landwirtschaftsminister Eisenmann waren mitentscheidend, daß in der zweiten Zehnjahresplanung für den Nationalpark eine massive Reduktion der Holznutzung erreicht wurde. Damit war der Weg frei für einen Nationalpark internationalen Zuschnitts, der den Schutz der natürlich ablaufenden Prozesse zum Ziel hat, in dem Natur Natur sein darf und der dann zum Beispiel und Modellfall für weitere neu gegründete Nationalparks in Deutschland und Europa gemacht wurde.

Horst Stern, dies wird im Rückblick uneingeschränkt sichtbar, hat in einem Zeitraum von nur gut zehn Jahren entscheidend dazu beigetragen, daß im öffentlichen Bewußtsein heute Wald vor Wild steht, daß uneingeschränkt anerkannt wird, nur naturnahe Wirtschaftswälder können die wirtschaftlichen Anforderungen nachhaltig optimal erfüllen, und daß parallel dazu in Nationalparken nach den der Natur innewohnenden Gesetzen heute natürliche Wälder wieder entstehen, wachsen und vergehen können.

Damit wurde eine neue Dimension für den Naturschutz erschlossen und ein bis dahin in unserem Land nicht gekanntes Erlebnis natürlicher Wälder für viele naturliebende Mitbürger möglich.

Ich habe mich oft gefragt: Worin liegt die Überzeugungskraft Horst Sterns begründet? Ist er im privaten Freundeskreis doch ein eher schweigsamer, nicht selten zögernd wirkender Gesprächspartner, der manchmal erst nach einem guten Glas Rotwein so richtig auftaut. Was befähigt ihn dazu, ein so erfolgreicher Mahner zu sein, der selbst in unserer von Bildern und Worten sintflutartig überschwemmten Zeit aufzurütteln vermag?

Die Präzision seines Ausdrucks, die bildhafte Sprache, die nicht zu überbietende Fähigkeit, fast literarisch verdichtet sein Anliegen auf den Punkt zu bringen, in gedanklichen Assoziationen und in Worten, die provozieren, anrühren, unter die Haut gehen, bergen, so meine ich, vor allem das Geheimnis seines Erfolgs. Er stellt an sich selbst den höchsten Anspruch und arbeitet wohl härter und intensiver an jedem einzelnen Satz als viele andere, die ihm im Umgang mit der Sprache auch nicht annähernd das Wasser reichen können. Und er ist dann oftmals mit sich selbst noch nicht einmal zufrieden!

„Wald lehrt uns Menschlichkeit, er zeigt dem Wissenden, daß nicht nur das Gesunde, sondern auch das Kranke dem Gesamtorganismus einer Gesellschaft unverzichtbare Dienste leistet.
Der im Kern kranke Baum nährt eine Unzahl von Lebewesen, die aus sterbender Biomasse der Blätter, Zweige, Rümpfe neuen Waldboden machen.
Der nur gesunde, nur auf Mehrung seiner materiellen Güter bedachte Mensch wird von denkenswerten Gedanken verlassen. Der nur gesunde, der reine Renditewald verliert die Vielfalt der Arten."
(Text am 'Seelensteig' im Nationalpark Bayerischer Wald, 1995)

Anmerkungen

(1) M. Wölfle: Wildstandsmeldung, Wildstand und Wildschaden. In: Der deutsche Jäger. Nr. 23/1963.
(2) J.N. Koestler: Wald, Mensch, Kultur. Hamburg und Berlin 1967.
(3) Sterns Stunden: Bemerkungen über eine Urlaubslandschaft. Bemerkungen über den Rothirsch. München 1989, S.105.
(4) Ebd., S.178.
(5) Nationalpark 1/1974.
(6) [Bund Naturschutz in Bayern e.V.(Hrsg.)]: Mut zur Emotion. Rede von Horst Stern anläßlich der Verleihung des Bayerischen Naturschutzpreises 1973. [München 1973] o.S.; auch in: Kosmos. Jg.70/1974, Nr.12, S.366-372.
(7) In: Mut zum Widerspruch. Reden und Aufsätze. München 1974, S.87-100.
(8) In: Ulli Pfau (Hrsg.): Das Horst Stern Lesebuch. München 1992, S.103-115.
(9) In: Ebd.,S.116-122.
(10) In: Nationalpark. Sonderbeilage 1978 (jetzt auch in: Horst Stern: Das Gewicht einer Feder. Hrsg. v. Ludwig Fischer. München 1997 [im Druck], S.204-228.
(11) In: Pfau, Lesebuch [s.Anm.], S.132-150.
(12) In: Nationapark 3/1980, S.4-5
(13) In: Natur 2/1983.

(14) Horst Stern u.a.: Rettet den Wald. München 1979. Vortext. Vgl. auch Horst Stern: Wald ist mehr als die Summe der Bäume. In: Nationalpark. 4/1979, o.S.
(15) Stern, Ein Trinkspruch [s.Anm.12].

weiterin:
F. Bauer: Rotwild in der Landschaft von morgen. Podiumsdiskussion an der Forstl. Fakultät der Universität Göttingen. Allgem. Forstzeitschrift vom 8.7.72
Hans Bibelriether, Diskussionen in Bonn zu Sterns Fernsehfilm 'Bemerkungen über den Rothirsch'. Allgem. Forstzeitschrift Nr. 18/1972
G. Sperber: Grüne Umwelt - Wald und Schalenwildhege. In: Sonderdruck Vorarlberger Waldverein o.O.1972.

Berndt Heydemann

Ein Schriftsteller und sein politischer Einfluß auf den Natur- und Umweltschutz - Ein Zuruf -

Er winkte stets gelassen ab, wenn es um die Bewertung seines politischen Einflusses und seiner politischen Erfolge ging, die er für den Naturschutz erzielte: Horst Stern. Warum eigentlich winkte er ab? Warum denn war er immer unzufrieden mit dem, was er für die Natur in der politischen Realität - im Tages-Geschäft und im Jahrzehnt-Geschäft - erreichen konnte? Wieso ignorierte er jene Erfolge, die er hinsichtlich des Umdenkens in der Gesellschaft mitbewirken konnte? An welchen Maßstäben orientierte er sich, wenn er meinte, er könne das emotionale und rationale Verhältnis dieser Gesellschaft zur Natur doch nicht ändern?

Weil Horst Stern eine nur stückweise Verbesserung der ökologischen Verhaltensweisen des Menschen als Maßstab der Effektivitäts-Bewertung - insbesondere für sich selbst - nicht gelten läßt. Er will den Fortschritt des menschlichen Fühlens, Denkens und Tuns am Umfang der realen Entlastung der Natur - einer Entlastung, die nicht nur mikroskopisch sichtbar sein sollte - bemessen; er will eine Absage hören von wenigstens den wichtigsten Politikern aus allen Lagern gegenüber den empörenden Raubzügen des Menschen gegen die Natur und diese Absage dann auch vollzogen sehen. Natürlich vor allem im eigenen Land und nicht nur in Nationalparks in Afrika.

Wer Horst Stern jahrzehntelang begleiten konnte, weiß, was er in der Politik in Wirklichkeit aber schon ändern konnte. Seine Fernsehsendungen prägten die Leitgedanken des öko-politischen Denkens im deutschsprachigen Raum. Die ökologischen Rahmenbedingungen der Selbstorganisation der Natur, genauso wie in der mikroskopischen Präzision der lebensbestimmenden Fein-Netzwerke ('Spinne am seidenen Faden'), brachte er auf unnachahmlich einprägsame Weise in das tägliche Leben der Menschen ein. Mit faszinierender Sprache und mit im Langzeit-Gedächtnis des Menschen leicht verankerbaren Beispielen bewirkte er, daß die von ihm immer wieder benannten Kernpunkte des Lebens von der Politik in neuartiger Weise ernstgenommen werden mußten.

Das galt auch für seine Vorträge, beispielsweise auf großen Naturschutztagen oder zur Eröffnung von umweltbezogenen, bedeutsamen Ausstellungen. Immer waren bei diesen Vorträgen Politiker dabei, die ihm auf den Mund schauten, denen er aber niemals zum Munde redete. Die größte politische Bedeutung hatten seine Editorials in der von ihm gegründeten und als

Herausgeber sowie auch lange als Chefredakteur betreuten Zeitschrift 'natur'. Unschätzbar, aber den meisten unbekannt geblieben, ist sein Mitwirken am 'Aktionsprogramm Ökologie', einem politischen Konzept, das von vielen namhaften Ökologen der Bundesrepublik und einer dazugehörigen Steuerungsgruppe in dreijähriger Arbeit für die Bundesregierung in Bonn (1979 bis 1983) geschaffen wurde; es war ein Auftrag der sozial-liberalen Bundesregierung unter Helmut Schmidt und Dietrich Genscher unter besonderer Mitwirkung des damals für den Umweltschutz zuständigen Bundesinnenministers Gerhart Baum (FDP). Natürlich blieb hier ein Stück politischen Erfolgs auf der Strecke, denn die nachfolgende Bundesregierung unter Helmut Kohl erwähnte dieses in den Umweltbriefen der Bundesregierung 1983 abgedruckte Konzept später nicht mehr.

Mir liegt aber daran, die einzelnen Bereiche des politischen Einflusses von Horst Stern noch einmal nacheinander deutlicher zu beleuchten.

1. Was ist politischer Einfluß auf Naturschutz, an dem das Wirken von Horst Stern gemessen werden kann?

Wenn Politik so viel ist, wie das auf den Staat und die im Staat tätige Gesellschaft bezogene Denken und Handeln, läßt sich der Einfluß von Parteien, Verbänden und anderen gesellschaftlichen Gruppierungen sowie von Einzelpersonen auf das politische System, seine Orientierungen und Entwicklungen an neu erkennbaren Denkprozessen und Handlungsvorgängen beurteilen und bewerten.

Natürlich hat auch Horst Stern an solchen politischen Einfluß bei seinen Arbeiten immer gedacht - und sich dadurch vor vielen anderen Schriftstellern und Journalisten des Umweltschutzes ausgezeichnet. In der Null-Nummer der Zeitschrift 'natur' (Sept. 1980) schreibt er:

> „Überhaupt Politik. Wir werden Politiker nicht a priori für dumm oder korrupt oder - beifallsträchtiger noch - gleich für beides halten, sondern für lernbedürftig und auch lernwillig in den sie überfordernden Fragen des Haushalts der Natur. [...]
> Politik ist heute überwiegend Wirtschaftspolitik. Wir werden darum das massenweise Vorkommen des Spezies "Ökonom" nicht als Unkraut auf unserer ökologischen Spielwiese diffamieren, sondern als Chance begreifen, mit ihren Vertretern über den ihnen vertrauten Weg einer Nutzen-Kosten-Analyse auch im Bereich des Natur- und Landschaftsverbrauchs in ein vernünftiges Gespräch zu kommen."(1)

Horst Stern hat nach klaren Vorgaben auch mit vielen seiner 26 Fernsehfilme, seiner 15 eigenen Bücher und der 5 unter seinem Mitwirken entstandenen Bücher sowie seiner zahlreichen Ansprachen Einfluß auf Politik genommen, und dies mit größerem Erfolg, als die meisten Einzelkämpfer und auch gesellschaftlichen Gruppen ihn je erreichen konnten. Warum holten sich die Naturschutzverbände und ökologisch orientierten Bürgerinitiativen auch sonst, nachhaltig bittend, seine individuelle Unterstützung - so viel der Bitten kamen an, daß er schließlich fast überall absagen mußte. Körper, Kreislauf und Kopf konnten und können natürlich nur Bruchteile von dem schaffen und tun, was Menschen von ihm tagtäglich wollten.

2. Maßstäbe zur Bewertung des politischen Einflusses

Natürlich gibt es keine wissenschaftlichen Messungen über den politischen Einfluß von Schriftstellern. Aber ein ständiger Beobachter der Szene der Politik im allgemeinen und der Umweltpolitik im besonderen konnte bis heute erkennen, was Meinungen und Kritiken von Horst Stern in den Kreisen der Politiker, insbesondere der Umweltpolitiker, bewirkten.

Natürlich bewegte man sich im Bundeskanzleramt, beispielsweise zum Artenschutz, nachdem Horst Stern darüber besonders viel geschrieben und gesendet hatte, indem eine Zwei-Stunden-Sitzung mit der Anhörung von Wissenschaftlern zum Rückgang der Vogelarten in Deutschland veranstaltet wurde, von Bundeskanzler Kohl persönlich geleitet. Zwar bezog man sich nicht auf Horst Stern, sondern auf neue wissenschaftliche Ergebnisse. Aber was bewirken diese schon alleine?

Natürlich bewegte man sich auch in den Bundesministerien, wie zum Beispiel im Bundesinnenministerium, als Gerhart Baum es leitete, indem das schon erwähnte 'Aktionsprogramm Ökologie' geschaffen wurde, in dessen zehnköpfige Steuerungsgruppe Horst Stern berufen wurde. Schon vorher hatte es kaum ein umweltpolitisches Hauptthema gegeben, zu dem sich Horst Stern nicht wissenschaftlich-sachkundig und zugleich politisch-analytisch, schriftstellerisch brillant und zugleich lösungsorientiert einmischte. Jede seiner öffentlichen Wortmeldungen - in jedem Publikationsmedium - wurde beachtet, weil sie kaum eine Wiederholung brachte, weil man immer den frischen Herzschlag und den neuen Gedankengang darin erkennen konnte. Schon an jeder neuen Überschrift, ohne daß man den Text bereits gelesen hatte, konnte man die Brisanz und Treffsicherheit erahnen.

3. Das Besondere am politischen Einfluß von Horst Stern

Die politische Persönlichkeit von Horst Stern fand bis heute keine Parallele. Sie wird geprägt von einer Mischung aus:
- fast schon selbstaufopfernder Vertiefung in die Sache unter besonders konsequenter Selektion und Konzentration in den Einzelbereichen des jeweiligen Themas;
- kontinuierlicher Entwicklung von Netzen, zu denen Einzelthemen im Laufe der Zeit verflochten wurden - wenn man nach 'Löchern' dieses über Jahrzehnte gewebten Teppichs eines Naturschutz-Maschenwerks suchte, fand man sie kaum;
- ständiger Neuentdeckungen zunächst entfernt scheinender, inhaltlicher Zusammenhänge zwischen Sachproblemen einerseits und den Ausreden und dem Auseinanderreden ('diskutieren' im negativen Wortsinn) der Politik andererseits;
- treffsicherer Wahl von meist bildhaften Vergleichen, die Neigung des menschlichen Gehirns richtig einschätzend, mit Hilfe von einprägsamen Bildern leichter zu lernen, zu verstehen und dauerhaft zu behalten;
- dem Mut zum Andersdenken - aber nicht als 'Masche' und opportunistisch entwickeltes Planziel oder gar aus einer ökonomischen Überlegung, sondern aufgrund gründlicher Recherchen in Verbindung mit einem vortrefflichen, immer wieder erneuerten Fachwissen.

Wegen der unnachahmlichen, weil für die meisten Menschen viel zu anstrengenden Lebensführung und Berufstätigkeit (dies ist in Organisation und Inhalt fast ein- und dasselbe bei Horst Stern) findet er auch weit und breit keine ernsthafte Nachahmung. Er ist für unsere politische Gesellschaft - nur über sein Verhältnis zu dieser schreibe ich hier - ein unverzichtbares, faszinierendes Unikat.

4. Der politische Einfluß der Filme von Horst Stern

Das Besondere an Horst Sterns 26 Fernsehfilmen war und ist, daß sie von der Politik ernstgenommen wurden. Ernstgenommen vor allem, weil die Filme in der Gesellschaft Wirkung zeigten, weil sie langanhaltende Fehleinschätzungen des Menschen gegenüber der Natur, die alle betrafen, korrigierten (wie z.B. die unsinnige Feststellung: "Der Wald kann mehr aushalten als der Mensch"); weil die Leistungen der 'subhumanen' Organismen in faszinierender und zugleich richtiger Weise von ihm dargestellt wurden; weil sie das entsetzliche Ausnutzen von Tieren mit vorher nicht gesehenen, glaubwürdigen Bildern belegten (z.B. die Massentierhaltung). Die Filme von Horst Stern hatten und haben den Vorzug, daß sich die besondere Auswahl seiner Bildfolgen unvergeßbar in das

Gedächtnis vieler Politiker einprägte. Freilich, weitere Filme müßten folgen, frühere Filme müßten wiederholt werden. Natürlich muß sich bei einer gegenüber dem Schicksal der Natur gleichgültigen staatlichen Politik eine dauerhafte, geistig anspruchsvolle Gegenpolitik wenigstens einzelner Persönlichkeiten wieder in der Gesellschaft formieren - auch über das Filmschaffen, denn mit bloßen Dokumentationen des üblichen Naturfilms nach dem Muster 'Wie imponierend ist doch der tropische Regenwald!' ist es nicht getan.

5. Der politische Einfluß der Vorträge von Horst Stern

Vorträge von Horst Stern sind immer wieder eine Auszeichnung für die Einladenden gewesen - im Hinblick auf den enormen Vorbereitungsaufwand für diese Vorträge, auf die geistige Energieleistung während des Vortrags (der oft spontane Abweichungen und Anreicherungen des Manuskripts bot), auch im Hinblick auf das innere Engagement und die Bereitschaft, sich auf die verschiedenen Hörerkreise einzustellen. Unmittelbare politische Reaktionen erzeugten die Vorträge natürlich nur, wenn politische 'Größen' selbst im Saal saßen. Horst Stern trug ihnen nicht nur die Kritik zur Sache vor, sondern übermittelte auch immer wieder neue, durchdachte Begründungen und konkrete Forderungen.

Politisch am wirksamsten waren aber seine Vorträge, wenn sie dann in gedruckter Form vorlagen, nicht selten in Zeitschriften mit hohen Auflagen. Dann wurden die Vorträge zu Artikeln und Essays mit bleibender Wirkung, weil man sich immer wieder auf sie beziehen konnte und das häufige Zitieren der gedruckten Reden Horst Sterns dem Übergehen und Vergessen entgegenwirkte.

Im Grunde war und ist Horst Stern auch immer ein Politiker gewesen, ausgestattet mit einem besonderen politischen 'Instinkt' für die Essentials von dauerhafter Bedeutung. Dieser 'Instinkt' zeigt sich darin, herausfinden zu können
- wo sich eine besondere politische Problematik abzeichnet;
- weshalb bestimmte politische Problemlagen überhaupt entstehen;
- welche Haupt-Akteure hinter welchen politischen Trends, Vorhaben und Konflikten oder Abwehrverhalten stehen;
- aufgrund welcher historischen Entwicklungen sich bestimmte umweltpolitische Probleme bilden konnten;
- wie die kritisierten Probleme sich lösen lassen und wie dies an Beispielen verdeutlicht werden kann.

Diese Essentials seines 'politischen Instinkts' waren die Grundlage, an der die politische Formulierungskraft von Horst Stern ansetzte.

Für diese Formulierungskraft einige Beispiele: Im SPIEGEL-Essay 'Auch 1985 noch ein Veilchen' schrieb Stern u.a.: "Es gilt heute der Leitsatz, daß der Bürger zwar das gesetzlich verbriefte Recht auf den Genuß der Natur, nicht aber Anspruch auf die Erhaltung eines Naturzustandes habe, der ihm diesen Genuß ermögliche."(2) In diesem einen Satz ist die ganze Widersprüchlichkeit, ja Widersinnigkeit staatlich geregelten Umgangs mit Natur auf den Punkt gebracht.

In einem Vortrag vor der Delegierten-Versammlung des BUND Bayern 1976 benannte Stern die politische Rolle derer, die sich für den Naturschutz einsetzen:

> "Ein Naturschützer diagnostiziert an sich leicht das 'Herbert Gruhl-Syndrom', dies gewisse Feigenblatt-Gefühl, den politischen Machern jeglicher Couleur die Scham bedecken zu helfen. Man zeigt uns gerne vor, umarmt uns auch dann und wann öffentlich und setzt uns als Beiräte an die Katzentische der Macht. Das letzte Wort freilich hat man selber."

Zuvor erläuterte Horst Stern ironisch, die 'Süddeutsche Zeitung' zitierend: "Es hat ein Fraktionsvorsitzender im Bundestag in Bonn über seinen CDU-Fraktionskollegen Herbert Gruhl gesagt, seine Partei müßte ihn erfinden, wenn es ihn nicht gäbe; ansonsten aber verstünde man diesen Parteifreund nicht".(3)

Zur Eröffnung der Ausstellung 'Jugend und Umwelt' im Deutschen Museum in München sagte Stern in seiner Rede 'Bitter und zornig', indem er das in den ausgestellten Bildern ausgedrückte Entsetzen der Jugendlichen über den Zustand der Umwelt zu deuten versuchte:

> „Die Zeit nach dem Zweiten Weltkrieg wird in die Geschichte eingehen als der Dreißigjährige Krieg des Menschen gegen die Natur. Ich fürchte, wir haben ihn gewonnen. [...] unsere Natur- und Umweltschutzgesetze sind mit ihren exkulpierenden Vorbehalten und Einschränkungen in diesem Krieg nichts anderes als von guter Absicht getragene Rotkreuz-Unternehmungen. Ein Kriegsbann sind sie nicht.
> [...]
> Was aber noch schlimmer ist als die Karies, die in dem Gebiß wütet, mit dem wir den Kuchen 'Natur' fraßen und dennoch glaubten, ihn behalten zu können, das ist die kaputte Psyche vieler Menschen.
> [...]
> Längst fehlt auch mir der Mut, im eigenen Namen, mit Leidenschaft und Überzeugung das Unsagbare öffentlich zu sagen, das Logische zu fordern und das Natürliche zu fragen. Wir alle haben gesellschaftliche

Rollen zu spielen, und ein jeder spielt die, die ihm Beruf und Stellung auferlegen. Ein Ausbrechen ist unerwünscht. Da gehen die Augenbrauen hoch. Das schadet dem eigenen Fortkommen, der Firma, der Partei. Man tut, was man halt tut in eigenen Kreisen. Man denkt, was die Mehrheit denkt. [...] Unser Gewissen - das Gewissen öffentlich Tätiger - verkommt zur Privatsache. So, nur so, macht Gewissen Feige aus uns."(4)

Das waren die Formulierungen, die auf den Gesichtern der Angesprochenen Ernst aufkommen ließen. Von diesen umweltpolitischen Gleichnissen sprach man lange in politischen Spitzenkreisen.

6. Der politische Einfluß der Bücher von Horst Stern

Das Buch 'Mut zum Widerspruch' (1974) versammelt Reden und Aufsätze zum Natur- und Umweltschutz, zur Wissenschaft, zum Mensch-Tier-Verhältnis und zum öffentlichen Bewußtsein von 'Natur'. Stern publizierte die Texte, weil er im gedruckten Wort seine Anliegen 'nuancierter' vortragen konnte als im Fernsehen, das ihn so bekannt gemacht hatte. Wieviele Politiker mögen dieses Buch gelesen haben, um sich Mut zu machen, wirklich einmal von der Sache her zu widersprechen oder widersprechen zu lernen und dabei die hemmende Furcht vor den möglichen Folgen zu überwinden, in den gegnerischen und sogar den eigenen Reihen langfristig sozial ausgeschlossen zu werden? Stern empfand die Furcht vor dem Widerspruch als ein selbstverantwortetes Hemmnis gegen geistige Unabhängigkeit und Entwicklung.

Von großer Wirkung war auch sein Buch 'Tierversuche in der Pharmaforschung' (1979). Die Originaltexte der Fernsehfilme und ergänzende Materialien wurden darin abgedruckt und Dokumente der kontroversen Rezeption veröffentlicht. Stern hat für die Einschränkung und Abschaffung von Tierversuchen viele politische Anstöße gegeben. Heute, zwanzig Jahre später, ist das Thema längst noch nicht erledigt, aber Horst Stern war - wie fast immer - einer der ersten, die es wirklich fundiert und mit der gebotenen Differenzierung behandelten.

Großen gesellschaftlichen Eindruck hinterließen auch die von Stern und mehreren Mitautoren verfaßten, opulent ausgestatteten Bücher 'Rettet die Vögel' (1978) und 'Rettet den Wald'(1979), in denen sich Sterns zwingende Argumentationen zum Arten- und Biotopschutz mit seinem Sinn für wirksame Buchgestaltung trafen. Die Bücher haben den deutschen Naturschutz-Verbänden mehrere tausend neue Mitglieder zugeführt.

Es war kein Zufall, daß er seinen Anspruch an die wirkungsträchtige Bild-Dokumentation in Verbindung mit dem fundierten Text dann im Anschluß an diese Bücher in der von ihm erstmals 1980 mit 340.000 Exemplaren einer Null-Nummer getesteten Zeitschrift 'natur' noch konsequenter umsetzte.

7. Horst Stern und seine politische Wirkung als Herausgeber und Chefredakteur der Zeitschrift 'natur (von 1980 bis 1984)

Die über vierzig Editorials, die Horst Stern als Chefredakteur der Zeitschrift 'natur' zwischen Mitte 1981 und Ende 1984 schrieb, sind die faszinierendsten Zehn-Minuten-Reden zur Umweltpolitik, die jede 'Aktuellen Stunde' des Bundestages einschläfernd wirken lassen. Auf knappstem Raum entwickelt Stern eine Spannung und eine Genauigkeit des Angriffs auf Vorfälle und Mißstände, wie sie bis heute selten geblieben sind. Ich habe jedenfalls keine Editorials dieser Art danach wieder gelesen. Sie treffen auch heute noch, machen betroffen, auch wenn die Anlässe für viele der zum Teil sarkastischen Zeilen längst vergangen sind. Die Herausgeber-Texte ergäben zusammen ein brisantes Buch von zweihundert Seiten mit dem Titel 'Sterns Bemerkungen über den Menschen (Homo politicus und Homo oeconomicus)'.

Auch hier einige Hinweise und Beispiele für Sterns Unerschrockenheit, seine Treffsicherheit, seine Wachsamkeit.

'Grüner Mut'
Was passierte, als ein Verbandsvorsitzender (Hubert Weinzierl, Bundesvorsitzender des BUND) den damaligen bayerischen Ministerpräsidenten Franz Josef Strauß (CSU) einen "Mittäter" am Waldsterben nannte? Präzise führt Stern die zum Teil scheinheiligen und zynischen, zum Teil rabiaten Aktionen und Reaktionen der Politiker auf.(5)

'Schwierigkeiten beim Atmen'
Eine Analyse zum Hin und Her von Politikern in ihrer Haltung zur Ausgestaltung und Weiterentwicklung eines anspruchsvollen Umweltrechts, in diesem Fall eine Kritik an Holger Börner (SPD), dem ehemaliger Ministerpräsidenten von Hessen, weil er beispielsweise das Verbandsklagerecht für Naturschutzverbände - nach Meinung von Horst Stern - wieder "kassieren" wollte. Börner habe gestöhnt: "Auf jeder Baggerschaufel sitzt ein Jurist" - und Stern konfrontiert diesen Ausspruch mit der regierungsamtlichen Abwiegelei beim Waldsterben wie mit dem Desinteresse an Asbest-Geschädigten.(6)

'Zeit zum Leben'
Zur Frage, wieviel Milliarden (oder Billionen) Dollar weltweit für Rüstung ausgegeben werden - im Vergleich zum Hungertod von Millionen von

Kindern in der Welt: "[...]zu Ende kommen muß der Skandal, daß höchste Politiker, die Milliarden-Etats verwalten, den Hungertod von Millionen von Kindern in der Dritten Welt quasi zur Privatsache der Bürger erklären, indem sie sie um Almosen zur Linderung dieser Not bitten."(7)

'Das Ende der Verdrängung'
Zum Problem der produktionssteigernden Chemie in der Landwirtschaft, zum hinausgeworfenen Geld für die subventionierte landwirtschaftliche Überproduktion und der Rolle der agrarpolitischen Funktionäre in diesem Zusammenhang: "[...] nehmt den Bauern die Subventionen nicht weg, sondern gebt sie ihnen für eine artenreiche, lebendige Kulturlandschaft - das ist für die Industriegesellschaft wichtiger als eine krankmachende Überernährung".(8)

'Die neuen Raumpfleger'
Zur Rolle von 'Space Shuttle' und anderen Raumfahrzeugen und deren Weiterentwicklung sowie zur der Beurteilung, daß man damit „die Verschmutzung der Erde überwachen" könne: "Wie schön. Da werden wir nun aus dem Weltall endlich mit Sicherheit erfahren, was wir bislang ja nur dumpf ahnen konnten: daß die Regenwälder der Tropen schwinden, die Wüsten wachsen, die Meere verdrecken, die Ströme stinken, die Bäume sterben. [...] Manchmal ist wissenschaftlicher Fortschritt - oder was als solcher den Menschen verkauft wird - so albern, daß man ihn nur albernd erträgt."(9)

Nahezu alle Problem-Themen und die Kommentare oder Antworten dazu in den Editorials von Horst Stern haben heute noch ihre volle politische Relevanz. Das wiederholte Lesen dieser Editorials reißt Menschen aus der Dumpfheit ihrer intellektuellen Anpassung an die umweltpolitische Gleichgültigkeit unserer Zeit.

Die Wirkung von Horst Sterns Herausgeber-Worten in der Zeitschrift 'natur' war unter anderem an den Briefen und Telefonaten ablesbar, die nach dem Erscheinen z.B. von Regierungs- und Ministeriums-Spitzen, von Firmenchefs, von Verbandsvorsitzenden jedweder Art manchmal wie ein Sturzbach bis zu ihm vordrangen. Aber Horst Sterns Worte waren vor ihrem Abdruck mehrmals bis in die Tiefe gesichtet und gewichtet und, wo nötig, vor unrichtiger Verallgemeinerung vorsichtig, aber doch präzise relativiert. Aber da, wo Horst Stern die Verallgemeinerung wollte, weil er sie nach vielen Diskussionen und langer eigener Beschäftigung mit der Sache für treffend ansah, schrieb er sie auch 'ohne wenn und aber' nieder.

Natürlich verließ ihn dabei wohl niemals der Gedanke, er werde womöglich große Gruppen von Menschen gegen sich stellen, die nicht schnell genug verstanden, sondern eher den Ausdruck ihrer Aggression als geeignete Antwort sahen. Mehr als bei vielen anderen Schriftstellern und Journalisten beruht

Horst Sterns Erfolg nicht nur auf der überlegten Beschreibung der Sachlage, sondern auch auf Namensnennung und Beurteilung von Roß und Reiter.

Es gibt keinen an den Belangen der Natur orientierten Schriftsteller - der Terminus 'Umwelt-Journalist' trifft auf Horst Stern nicht zu -, der in so großer inhaltlicher Breite und Geschlossenheit die richtigen Umweltthemen einer Epoche, nicht nur die in einem kleinen Zeitabschnitt gültigen, aufzugreifen verstand. Man hat Mühe, darunter Problemkreise zu finden, die heute nicht mehr aktuell sind. Und noch mehr Mühe muß man aufwenden, um Bereiche zu entdecken, zu denen man heute andere Fragen stellen würde und auch andere Antworten zu geben hätte. Zudem muß man die Editorials im Zusammenhang mit Sterns Funktion als Chefredakteur sehen: Was er nicht selbst wenigstens in Stichworten anriß und markierte, das übernahmen von ihm angeregte Redakteure im Hauptteil der Zeitschrift. Stern hatte einen hochkarätigen wissenschaftlichen Beirat an 'natur' gebunden, und in dem ersten Jahrgängen kamen Wissenschaftler auch selbst zu Wort.

Die gesellschaftliche Wirkung von Horst Stern journalistischer Tätigkeit liegt nicht nur in der Kritik an der Gleichgültigkeit der Politik gegenüber der Natur und Umwelt und an der "Kriegführung", die wir gegen die Natur zulassen. Seine Leistungen und Wirkungen liegen auch in den treffenden, auf langer Beobachtung beruhenden, feinsinnigen Analysen der Verhaltensformen in Politik, Wirtschaft und der gesamten Gesellschaft angesichts der Grundfragen unserer Abhängigkeit von der natürlichen Umwelt und deren Bedrohungen.

Ein Musterbeispiel in dieser Hinsicht war sein Edtorial 'Schmäh und Schmarrn' in 'natur'. Es ging dabei um den Bau des Donaukraftwerks bei Hainburg nahe Wien, für den dort der letzte große Donau-Auwald in Österreich geopfert werden sollte. Hinter der Staumauer wollte man das gestaute Wasser dann als Naturschutzgebiet ausweisen. Stern:

> "Die Zerstörung der Natur, ihre anschließende Kosmetisierung und schließlich großherzige Ausweisung als Naturschutzgebiet, das ist [...], als risse man den Kölner Dom nieder und stellte die Trümmer unter Denkmalschutz. [...]
> Dieser Schmäh ist keine Wiener Spezialität. Auch bei uns kommt die Naturzerstörung im Gewand der Naturliebe daher. [...]
> Industriebosse und Politgrößen, die montags bis freitags an der Verschmutzung von Luft und Wasser mitwirken oder sie geschehen lassen, verkleiden sich zum Wochenende als Hermann Löns und ziehen natur- selig in ihre Jagdreviere, eine Kugel im Lauf, eine Träne im Auge für, frei nach Ortega, das liebliche Tier, dem sie den Tod bringen müssen.
> Ich habe im Laufe der Jahre in vielen Sitzungen gesessen, in denen der Verhandlungsgegenstand die Zerstörung von Natur war durch

Straßenbau oder Wasserbau, Flurbereinigung oder Industrie. Selten oder nie vergaßen deren Vertreter, wenn Naturschützer oder Presse anwesend waren, die eigene Naturliebe, ausgewiesen durch Zugehörigkeit zu Wander-, Heimat- oder Alpenverein, Fischerei oder Jagd, ins Feld zu führen als Beweis für ihr Verständnis in Sachen Naturschutz. Stets war und ist die beschönigende Rede von 'Einbettung' eines oft genug die Pflanzen und Tiere mordenden technischen Projekts in die Landschaft, von 'größtmöglicher Schonung' der Natur, von 'Ersatzvornahme', von der Schaffung von 'Ausgleichsräumen'. Hört man ihnen zu, läßt sich glauben, es könne der Natur gar nichts Besseres geschehen, als daß die Macher sich endlich ihrer Not annehmen, und oft genug sagen sie ja auch, daß hinterher alles viel besser sein werde als zuvor. Dr.-Ing. Gott."(10)

Und dann kritisiert Horst Stern im selben Vorwort, daß immer von "Herausforderung", die es zu bestehen gelte, die Rede sei, wenn infolge von Gleichgültigkeit vorher die Zerstörung der Natur hingenommen werde:

"Als in München unlängst der Umwelt-Kongreß der einladenden Bundesregierung eröffnet wurde, schickte Bundeskanzler Kohl den Vertretern von 31 teilnehmenden Nationen ein Grußtelegramm. Die 'sehr schwerwiegenden Wald- und Gewässerschäden in vielen Regionen Europas' seien 'eine der großen Herausforderungen unserer Zeit'. Die Einsicht, daß nachwachsenden Generationen die natürlichen Lebensgrundlagen erhalten werden müßten, verbinde die Völker in Ost und West.
Zum Wiener Schmäh gesellte sich der Münchner Schmarrn: Diese Einsicht verbindet nicht einmal die Minister an Kohls Kabinettstisch, jedenfalls handeln sie nicht danach. [...]
So bleibt uns die große Herausforderung Waldsterben noch einige Zeit erhalten, und wir können uns ihr immer wieder aufs neue stellen, schließlich war dies der erste internationale Umwelt-Kongreß seiner speziellen Art, es lassen sich in 30 Ländern noch 30 weitere, verteilt auf 60 Jahre abhalten".(11)

Welcher Journalist, der heute über ökologische Fragen schreibt, wagt noch solche gezielten Angriffe - und verfügt dabei über einen so geschliffenen Sarkasmus der Formulierung?
Horst Stern nahm sich aber auch so große Interessenorganisationen wie den Sportverband vor, an den sich - im Gegensatz zum Naturschutz - kaum ein Politiker heranwagte. Und natürlich ist solche Kritik von außen für jede gesellschaftliche Gruppierung und ihre Entwicklung dringend nötig. In seinem

Editorial 'Die Hinterbliebenen' widmete er sich der Reaktion des Deutschen Sportverbands auf kritische Mahnungen hin, die im Entwurf des 'Aktionsprogramms Ökologie', verfaßt und 1983 vorgelegt von fünzig deutschen Ökologen im Auftrag der Bundesregierung, formuliert worden waren. Die Kritik des Sportverbands betraf die Vorhaltungen des Aktionsprogramms gegenüber der Bautätigkeit für Sportstätten in der freien Landschaft und die Verlärmung der Natur durch bestimmte Sportveranstaltungen. Stern:

> "Gleich ging die Erregung hoch, höher, als die Herren springen können. Insbesondere der Veteran Willi Weyer legte die Latte, an der er den Sport gemessen haben will, auf eine neue Rekordmarke: Sportliche Anlagen, so ließ er erlauten, hätten den sozialen Status von Kindergärten! Womit er sagen will: Die Ökologen und die Richter mögen endlich aufhören, dem Sport am Turnzeug zu flicken. Schließlich, so Weyer, waren und sind Sportler schon von Hause aus Natur- und Umweltschützer. [...]
> Was ist wohl umweltschützerisch an 22 Mann, die kicken, während ein paar Zehntausend Bier- und Colatrinker den Menschen ganzer Stadtteile [...] die Wochenenden zerschreien und die Zufahrtsstraßen zu den Stadien mit Autoabgasen verbleien? Was ist Umweltschutz an einer Skipistenraserei, der zuliebe man ganze Bergwälder aufreißt und die Hänge der sommerlichen Erosion durch Starkregen und Muren preisgibt? Was ist umweltschützerisch an Reitern, die Wanderwege unter die Eisenhufe ihrer Pferde nehmen und unpassierbar machen? Was ist Naturschutz an einem Wassersport, der das Einfahren und Ankern in Schilfgürteln oder Vogelschutzgebieten für romantisch hält?"(12)

Was Horst Stern auszeichnet, war und ist seine Furchtlosigkeit gegenüber politischen Größen jeder Couleur. Er kritisierte den damalige Bundeskanzler Helmut Schmidt, weil der den von allen Ökologen und vielen Ökonomen als wirtschaftlich und ökologisch unsinnig eingestuften Ausbau des Rhein-Main-Donau-Kanals unterstützte, obwohl einige Minister seines Kabinetts dagegen waren - Ende des Widerspruchs. 'Basta' hieß die Überschrift des Editorials zu dieser politischen Einstellung.(13) Ein andermal war Josef Ertl als Bundesforstminister der Angegriffene, mit seiner Patentlösung für die Gesundheit der Wälder: Atomkraftwerke.

Horst Stern ging aber auch mit einem überzogenen Journalismus ins Gericht, zum Beispiel bei dem ZDF-Film von Bernward Wember 'Vergiftet oder arbeitslos?' (21.7.1982), der einen unsachgemäßen Angriff gegen die Agrarchemie vorbringe. Die Kritik an der durch den Film ausgelösten Diskussion veröffentlichte Stern unter dem Titel 'Chemie - dalli, dalli' und dem weiteren Slogan "Die Angst des Journalisten um seine story".(14) Horst

Stern verurteilte die journalistische und politische Übertreibung ('Inflation grüner Vokabeln'): "Dem richtigen Ziel schadet das falsche Argument. Von den Landnutzern leicht zu widerlegen, hat es den oft gehörten Ruf zur Folge: 'Seht her, so übertreiben sie, diese Naturschützer!'"(15)

Eine ironische Betrachtung widmete Stern den Energie-Aussagen des Shell-Konzerns (Shell: „Sparsamkeit - ja sogar Verzicht" seien „in ihre Energieperspektiven eingebaut"). Die Firma Shell ging nämlich bei ihrer Politik davon aus, daß sich die Bundesbürger für eine Inkaufnahme materieller Einbußen entscheiden könnten. Stern:

> "Das 'verblüffende Energie-Fazit' ihrer Forschung sei: 'Selbst auf dem Wachstumswege werden wir im Jahr 2000 nicht mehr End-Energie verbrauchen als heute'.
> Da kann man verstehen, daß zur gleichen Zeit, als dies Inserat durch den deutschen Blätterwald rauschte, Politiker wie Gerhard Stoltenberg, nach deren noch gar nicht so alten Prognosen ohne Atomstrom im Jahr 2000 die Lichter in der Bundesrepublik Deutschland auszugehen hatten, nun auf auf den von den Kohlekraftwerken verursachten sauren Schwefelregen und die Liebe der Deutschen zu ihrem durch ihn gefährdeten deutschen Wald setzen."(16)

In vier Jahren politischer Einflußnahmen auf die Umweltpolitik im deutschsprachigen Raum durch die Zeitschrift 'natur' hat Horst Stern mit seinen Herausgeberworten ein umweltpolitisches Lehrbuch in satirischer Sprache hinterlassen. Viele Umweltpolitiker hätten sich gewünscht, in Debatten so denken und reden zu können. Die meisten hätten allerdings, selbst bei vorhandenem Können im Sinne Horst Sterns, dies Können nicht angewendet, weil ihnen ein weiteres Können gefehlt hätte: der Mut zum sachlich gebotenen Widerspruch ohne Rücksicht auf das eigene politische Fortkommen. Und auch der Mut zur Einsamkeit hätte ihnen gefehlt. Denn konsequente und permanente Kritik, verbunden mit konstruktiven Vorschlägen und aufmerksamer Beobachtung des Handelns dieser Gesellschaft, bringt Einsamkeit und auch weniger als ein für das Leben - selbst eines Anerkennungs-Asketen - notwendiges Maß an Dank.

So fällt es einem bis heute treuen Leser und Abonnenten der Zeitschrift 'natur' (und zugleich einem hauptberuflichen und heute nebenberuflichen Umweltpolitiker) denn schwer, Sterns letztes Editorial im Dezemberheft 1984 noch einmal zu lesen, ohne tief berührt zu sein. Es trägt den Titel: 'Ein Herz für Satire und ein Lebewohl'. Horst Stern kritisiert darin einen "herbstbunten Unterhaltungsabend" in der ARD zu dem Thema 'Das Sterben unseres schönen Waldes'. Stern stellt der „ins Programm gehievte[n] Wald-Show" die Nachricht gegenüber, daß die für ihren kritischen Geist gerühmte Zeitschrift 'Scheidewege' ihr Erscheinen bis auf ein Heft im Jahr habe reduzieren müssen.

"Was das eine mit dem anderen zu tun habe? Nichts, natürlich nichts. Oder doch? Zynisch ließe sich sagen: Die Fernseh-Nation ist dabei, ihr Denken an der Garderobe des Ohnsorg-Theaters abzugeben, um sich namensgerecht unterhalten zu können.
Aber das kennt man ja, dies unterhaltungsfeindliche, kulturkritische, misanthropische Gegreine der Intellektuellen. Gehen ihre Produkte nicht am Markt, ist nicht das Produkt, sondern der Mensch schlecht, der es partout nicht kaufen will. Der Zeitgeist kopuliert lieber mit der auf Fröhlichkeit gestimmten Masse. Und was kommt dabei heraus? Na klar doch: Helmut Kohl.
Ach, wenn's doch so einfach wäre! Das Prinzip Hoffnung hätte alle vier Jahre eine neue Chance. Es hat sie nicht. Am Wald, den die Unterhaltungsmacher nach seiner Versauerung nun retten werden, indem sie ihn versüßen mit Schnulzengeklimper und Prominentengeplapper aus den seelenverwandten Bereichen Show und Politik, am Wald ist abzulesen, daß sich Schuld an alle politischen Fahnen heften läßt, seit über dreißig Jahren, in denen wir Krieg führen gegen die Natur. Daß Politiker heute fast durchweg sagen, sie wüßten von der Waldbedrohung erst seit zwei, drei Jahren, ist indessen weniger ihre individuelle Schuld als die der Gesamtgesellschaft.
Sie hat den Wald von jeher mehr besungen als bedacht."(17)

Viele vermissen die Editorials von Horst Stern in der Zeitschrift 'natur', die er ab 1985 nicht mehr schrieb, noch heute. Nie hat es wieder eine so gute Begleitung von Umweltpolitik gegeben. Bedauerlich auch, daß es kaum einen Politiker gab, der Horst Stern dafür Dank wußte. Der Schriftsteller Horst Stern hat mit seinen Texten und seiner Redaktionsarbeit mehr geleistet für den Natur- und Umweltschutz als die meisten hauptberuflich tätigen Umweltpolitiker in ihrem Leben. Horst Stern glaubt dieses selbst nicht so recht. Das unterscheidet ihn von den meisten Politikern.

8. Der politische Einfluß der Mitwirkung von Horst Stern am 'Aktionsprogramm Ökologie' der Bundesregierung (1979 bis 1983)

Das 'Aktionsprogramm Ökologie' wurde von vielen namhaften deutschen Wissenschaftlern verfaßt, die in ihrem jeweiligen Fachgebiet (Biologie, Chemie, Forstwissenschaft, Agrarwissenschaft, Agrarpolitik, Ökonomie, Verkehrspolitik, Jura, Verwaltungswissenschaft usw.) ökologische Fragen bearbeitet hatten und aus ihrem Bereich die Probleme und Lösungsvorschläge zu vier Hauptgebieten von Natur- und Umweltpolitik zusammentrugen. Diese Hauptgebiete waren: 'Arten- und Biotopschutz', 'Landwirtschaft und Ökologie', 'Ökonomie und Ökologie' sowie 'Raumordnung und Ökologie'. Die Erörterungen der Arbeitsgruppen wurden durch eine Steuerungsgruppe von zehn Fachleuten unter dem Vorsitz von Prof. Dr. Bick (Universität Bonn) koordiniert. Ihr gehörte Horst Stern von 1979 bis 1983 an. Berufen wurde die Steuerungsgruppe vom Bundesminister des Innern. Zum ersten Mal wurde seinerzeit im Westdeutschland der sozial-liberalen Koalitionsregierung unter Helmut Schmidt von fast fünfzig unabhängigen Fachleuten in über dreijähriger Arbeit ein ökologisches Konzeptpapier von 125 Seiten entworfen, das auf wissenschaftlicher Basis ein politisches 'Aktionsprogramm Ökologie' für die achtziger und neunziger Jahre darstellen sollte.

Aus mehreren tausend Seiten von Entwürfen und Anhörungsprotokollen wurden 250 zukünftige umweltpolitische Forderungsprofile zu den vier Hauptgebieten der eingesetzten Arbeitskreise formuliert und dazu 250 ausführliche Begründungen geschrieben. Man sagt, es habe bis heute nie wieder ein so umfassendes, durchdachtes und zukunftsweisendes Umweltprogramm gegeben. Seine Aktualität ist ungebrochen.

Horst Stern wirkte nicht nur in der Steuerungsgruppe und im Arbeitskreis 'Arten- und Biotopschutz' aktiv mit. Er war eine mitreißende Kraft in dieser Steuerungsgruppe. Immer wieder schaffte er Bewegung, wenn wegen der großen Widerstände aus manchen Ministerien und von vielen Wirtschaftsverbänden Resignation aufkam. Er wirkte aber auch heilsam und anregend, wenn aufgrund der Diskrepanzen zwischen Haupt- und Nebenproblemen oder zwischen Präzision und notwendiger Vereinfachung wieder der Mut, der in der Zielsetzung des ganzen Unternehmens enthalten war, bei der Niederschrift abhanden kam. Immer wieder wies er auf die Mißstände in unserer Gesellschaft und auf den Kern des Auftrags hin, der manchmal manchen verlorenzugehen drohte.

In unendlich vielen Gesprächen brachte er mit gedanklicher Präzision, sprachlicher Härte und großer psychischer Kraft das jeweilige Problem wieder auf den Punkt. Aus der schriftstellerischen und besonders auch aus der journalistischen Tätigkeit gewohnt, auf Zeitabläufe und Effektivität zu achten, war Horst Stern für die Steuerungs-und Arbeitsgruppe, denen ich beiden ebenfalls angehören konnte, eine Art Dauermotor, besonders in kritischen Phasen.

Die politische Wirkung erzielte das Programm vor allem durch Publikationen wesentlicher Teile in seiner Zeitschrift 'natur', die seinerzeit mehrere hunderttausend Leser hatte. Man erlebte, wie wichtig ein konsequenter Geist, frei von jeder politischen Abhängigkeit, für politische Programme ist, die niemand nach dem Munde reden dürfen - auch nicht dem Auftraggeber.

Horst Stern hat in diesen drei Jahren in Bonn Umweltpolitik und Umweltpolitik-Geschichte mitgeschrieben. Leider hatte dann der nachfolgende Bundesminister des Innern, Alois Zimmermann (CSU), nicht mehr den Mut, das parteiunabhängige 'Aktionsprogramm Ökologie' in mehr als einer kleinen Auflage zu drucken.(18) In seinem Vorwort zu dieser Publikation weist Zimmermann darauf hin, daß "der Bericht in voller Unabhängigkeit und in alleiniger Verantwortung der Projektgruppe erstellt worden ist; er ist als wissenschaftliche Politikberatung zu bewerten".

Diese Politikberatung verblieb weitgehend in der Schublade, aber die Zeitschrift 'natur' strahlte viel davon aus, dank Horst Stern.

Anmerkungen

(1) Zwischen Bomben und Busen. In: Natur. (Nullnummer). Sept.1980, S.3-4; hier S.4 (auch in Ulli Pfau (Hrsg.): Das Horst Stern Lesebuch. München 1992, S.174-178).
(2) Auch 1985 noch ein Veilchen. In: Der Spiegel. Nr.5/1977, S.130-131; hier S.131 (auch in Pfau, Lesebuch [s.vorst.Anm.], S.116-122).
(3) Vom sogenannten guten Ruf der Naturschützer. In: Natur und Umwelt. 3/1976, S.10-17; hier S.10 (jetzt in: Horst Stern: Das Gewicht einer Feder. Hrsg. v. Ludwig Fischer. München 1997 [im Druck], S.187-203).
(4) Bitter und zornig. In: Kultur und Technik. Nr.2/1977, S.3-10; hier S.3 u. 10.
(5) Grüner Mut. In: Natur. Nr.8/1982, S.5.
(6) Schwierigkeiten beim Atmen. In: Natur. Nr. 5/1982, S.5-6.
(7) Zeit zum Leben. In: Natur. Nr.1/1982, S.4-5.
(8) Das Ende der Verdrängung. In: Natur. Nr.8/1981, S.5.
(9) Die neuen Raumpfleger. In: Natur. Nr.12/1981, S.5-6.
(10) Schmäh und Schmarrn. In: Natur. Nr.8/1984, S.5.
(11) Ebd.
(12) Die Hinterbliebenen. In: Natur. Nr. 7/1984, S.5.
(13) Basta. In: Natur. Nr.11/1981, S.5 (jetzt in Stern, Gewicht [s.Anm.3], S.230f).
(14) Chemie - dalli dalli. In: Natur. Nr.10/1982, S.6-8.
(15) Inflation grüner Vokabeln. In: Natur. Nr.6/1982, S.5.
(16) Weiterdenken, Shell. In: Natur. Nr.7/1982, S.5-6.
(17) Ein Herz für Satire und ein Lebewohl. In: Natur. Nr.12/1984, S.5.
(18) Argumente und Forderungen für eine ökologisch ausgerichtete Umweltvorsorgepolitik. In: Umweltbrief. Hrsg.v. Bundesministern des Innern. 28.10.1983.

Rudolf L. Schreiber

Lehrjahre bei Horst Stern

Am Nachmittag des 6. Mai 1976 hatte ich meine Sternstunde. Vermittelt durch Gerhard Thielcke, damals Vorstandsmitglied des Bundes für Umwelt und Naturschutz in Baden-Württemberg, traf ich Horst Stern in der Kantine des Süddeutschen Rundfunks in Stuttgart. Geplant war ein kurzes Gespräch über seine Mitarbeit für einen Bildband über die Vogelwelt in Deutschland. Kein gewöhnliches Vogelbuch, sondern ein Naturschutzbuch, mit dem wir am Beispiel bedrohter Vogelarten und ihrer Lebensräume die Gefährdung unserer Welt einer breiten Öffentlichkeit vor Augen führen wollten. Dieses erste Gespräch und sein Einfluß auf die Konzeption des Buches markierten den Beginn einer nunmehr über zwanzig Jahre währenden Freundschaft und Zusammenarbeit, die mich in meiner Arbeit entscheidend geprägt haben: Horst Stern wurde mein Meister. Ich ging in die Lehre.

Das Buch war besprochen, neue Ziele abgesteckt, und ich war beruflich runderneuert. In den wenigen Stunden unseres ersten Gesprächs hatte er mir klargemacht, daß auf Seiten des Naturschutzes jemand gebraucht werden werde, der etwas von Wirtschaftswerbung versteht. Jemand, der die Anliegen des Naturschutzes glaubwürdig und in der Sprache der Wirtschaft vertreten konnte. Stern hielt schon zum damaligen Zeitpunkt, lange bevor das Thema in die Medien spülte, den Abbau der Fronten zwischen den vermeintlich feindlichen Lagern Ökologie und Ökonomie für unbedingt notwendig. Nach seiner Ansicht kam es darauf an, die Wirtschaft davon zu überzeugen, daß sie die Probleme des Naturschutzes - und dieser wiederum die der Wirtschaft -, mitdenken müsse.

Stern hatte mich überzeugt, doch er wußte nicht, was er damit angerichtet hatte. Zu jener Zeit verstand man unter Ökologie noch 'Wie kommt die Biene auf die Blüte?', und in der Wirtschaft war Ökologie noch kein Thema. Von Horst Sterns improvisierter Motivationsrede übers Kantinenessen hinweg geistig gedopt, begab ich mich auf Spurensuche zwischen den Monokulturen Wirtschaft und Naturschutz und wurde so zum belächelten Grenzgänger.

Die anfängliche Häme der einstigen Weggefährten aus der Wirtschaftswerbung war gut zu ertragen, denn durch die Zusammenarbeit und Freundschaft mit Horst Stern wuchsen gute Konzepte, und aus dem Starttitel 'Rettet die Vögel' entwickelte sich die erfolgreiche Bestsellerreihe 'Rettet die ...'.

Horst Stern bezog mich sehr bald ein in seine Arbeit für den Nationalpark Bayerischer Wald und übertrug mir die Aufgabe, einem mehr fachlich orientierten Manuskript ein populäres Kleid zu geben und ein daraus entstehendes Buch als Rückgrat einer Kampagne zu konzipieren. So erschien 1979 das Standardwerk 'Rettet den Wald', ein Jahr später der Bildband 'Rettet die Wildtiere' und 1983 'Rettet die Frösche'. Mit einer Gesamtauflage von über 800.000 Exemplaren entwickelten sich die vier Titel im Laufe der Jahre zu einer sehr erfolgreichen Reihe im Buchhandel und waren damit sicher ein Beitrag zur damals drängenden und notwendigen Aufklärung der Bevölkerung über unser Anliegen.

In der Zeit des Bücherschmiedens habe ich als Herausgeber sehr viel von Horst Stern gelernt, habe aber auch erfahren müssen, daß es leichter ist, einen Sack Flöhe zu hüten, als ein paar Autoren unter einen Hut zu bringen. Streitbare Charaktere wie Frederic Vester, Gerhard Thielcke, Wolfgang Schröder oder Hans Bibelriether und weitere unter einem Buchdeckel koexistieren zu lassen, bedarf einer akzeptierten Autorität. Die war und ist Horst Stern. Seine Gründlichkeit in der Recherche, sein Hinterfragen, seine Suche nach der Wahrheit und seine Anforderungen an die Klarheit der Sprache haben manchen verzweifeln lassen und auch mir manche schlaflose Nacht bereitet. Es kam häufig vor, daß ich Absprachen mit Autoren getroffen hatte, die Horst Stern dann von kompetenter Warte aus anders beurteilte, und dann wurde ich wieder als 'Lehrling' auf den Weg geschickt. Zugegeben, alle Beteiligten - vielleicht ich am meisten - haben manchmal gelitten, aber auch viel gelacht. Spätestens hier könnte ich ins Anekdotenerzählen verfallen.

Die Jahre der gemeinsamen Bucharbeit waren aus meiner Sicht auch die Jahre seines Abschieds vom Fernsehen. Horst Stern wollte zurück zur Sprache, ohne die Einschränkungen des TV-Sekunden-Taktes. Immer die Zeitklappe der Regie vor Augen, ohne auf ausreichende Zusammenhänge eingehen zu können, das hatte er satt, und so war er Ende der siebziger Jahre empfänglich für ein interessantes Angebot. Adolf Theobald, damals im Management des Ringier-Verlags in Zürich, konnte ihn davon überzeugen, Herausgeber einer neuen Zeitschrift zu werden: 'Horst Sterns Umweltmagazin'. Horst Stern sah die Herausforderung und nutzte die Chance, mit einem nach seiner Vorstellung gemachten Blatt dem Thema 'Natur' den gesellschaftlichen Stellenwert zu geben, den es seiner Meinung nach verdiente: gleichberechtigt neben den großen Themen der Zeit - Wirtschaft, Politik und Gesellschaft - zu stehen. Das Magazin wurde ein Erfolg, und wer heute die ersten Jahrgänge durchblättert, der weiß auch, warum. Hier wurde dem Leser das Thema Ökologie sachkundig, verständlich und ansprechend nahegebracht. 'Bambi' wurde verbannt, das 'Reh' bekam seinen Platz. Nie zuvor wurde im deutschsprachigen Raum so einsichtig und spannend vermittelt, was als Grundkenntnis zum Verständnis des Lebens, zum Gemeinwissen eines jeden gehören sollte.

Horst Stern leitete die Redaktion begabter Journalisten und Illustratoren mit strenger, manchmal sehr strenger Hand. Trotzdem habe ich in all den Jahren keinen seiner Wegbegleiter getroffen, der die hohe Schule des Journalismus unter seiner Leitung bereut hätte.

In jenen Tagen hatte ich die Aufgabe, mit Horst Stern für das Projekt 'natur' zu werben und durch Öffentlichkeitsarbeit die Themen breiten Leserkreisen nahezubringen. Wir alle sahen in 'natur' eine wichtige Zeitschrift für den Naturschutz und glaubten an eine marktfähige Position im Blätterwald der Zeitschriften zwischen den Themen 'Busen und Bomben', wie er es in dem programmatischen Herausgeberwort der Nullnummer selbst formuliert hatte. Als später der Verlag von Stern verlangte, seine Maßstäbe doch etwas zugunsten größerer Marktgängigkeit zu verändern, endeten für ihn vier Jahre, in denen er dem Heft seine Prägung gab. Es kamen die Jahre des Rückzugs aus der Öffentlichkeit. Er nahm sich Zeit für sich und seine literarische Arbeit.

In den folgenden Jahren hatten wir weniger beruflich, doch viel mehr privat miteinander zu tun. Ich konnte ihm bei seiner Arbeit in dieser Zeit nicht helfen, nur manchmal mit ihm 'den besten Rotwein seines Lebens' trinken. In all den Jahren war sein Einfluß auf meine Beratungsgruppe Pro Natur groß. Er ließ meine Arbeit nicht aus den Augen. Er wollte immer wissen, was ich mache, und war häufig verärgert. „So nicht, sondern ...", hieß es dann. Sterns Realismus und mein Optimismus schienen manchmal unvereinbar und ergaben letztlich doch eine Sichtweise, die auch Pro Natur zu neuen Ufern geführt hat. Seit über zwanzig Jahren versuchen wir nun Unternehmen, Organisationen und Ministerien davon zu überzeugen, daß nur das ökologisch Richtige auch langfristig das ökonomisch Richtige ist, und daß Ökologie und Ökonomie, wie anfangs erwähnt, nur vermeintliche Antipoden sind. Wir haben einige Firmen auf den Pfad der Erkenntnis gebracht, ihnen zu Markterfolg verholfen. Wir haben Dank und Anerkennung geerntet. Trotzdem schwimmen wir noch immer gegen den Strom, gegen etablierte Denkhaltungen, gegen Vorurteile und mangelnde Einsicht in die komplexen Zusammenhänge.

War zu Beginn meines Weges mit Horst Stern Ökologie noch kein Thema, so muß ich feststellen, daß sie zumindest in der Wirtschaft heute wieder keines mehr ist. Die harte Gewinnorientierung der großen Aktiengesellschaften und ihre zunehmende Konzentration auf die Globalisierung der Märkte haben die vor Jahren sich zart entwickelnden Keimlinge einer ökologischen Wirtschaftsweise verdrängt. Der augenblickliche Trend gefährdet unsere soziale Marktwirtschaft, ja unsere Lebensgrundlagen noch weit mehr als vor zwanzig Jahren. Keine Frage, unsere Wirtschaft ist hinter den Wissensstand der Forstwirtschaft vor zweihundert Jahren zurückgefallen. Denn die, so kann man in unserem Waldbuch nachlesen, mußte nach einer Phase des Raubbaus am Forst lernen, daß man nur soviel herausschlagen kann, wie nachwächst. Diese Erkenntnis war dann die Geburtsstunde einer nachhaltigen Forstwirtschaft und damit nachhaltiger Wirtschaftsweise. In der Wirtschaft sind wir heute von dieser Einsicht weit entfernt. Unser Wirtschaftssystem betreibt Kahlschlag am Mittelstand und den Mitarbeitern, produziert zunehmend Arbeitslose und merkt nicht, daß es damit die Grundlage seiner eigenen Existenzfähigkeit vernichtet. Die UNO-Konferenz von Rio de Janeiro 1992 liegt lange zurück. Und was hat es mit der 'Agenda 21' auf sich? Von einer wirklich nachhaltig planenden und agierenden Wirtschaft sind wir so weit entfernt wie das Marsmobil 'Rover' von uns. Wann endlich raffen wir uns auf zu einem Wirtschaften nach menschlichem Maß im Einklang mit der Natur? Die Frage bleibt offen. Der SPD-Spitzenpolitiker Gerhard Schröder kann in der Öffentlichkeit augenscheinlich damit punkten, daß er das Thema Ökologie auspfeift. Hatte sich Horst Stern nicht schon vor 25 Jahren mit Schröders Vorbild, dem heutigen Altkanzler und Ökologie-Ignoranten Helmut Schmidt, angelegt? Nichts als Stillstand und Verrat an guten Einsichten.

Dennoch: Ich möchte mit Horst Stern noch gerne weiterwirken und meinen Teil dazu beitragen, daß trotz der heutigen Lage aus Einsichten noch Aussichten werden können. Schließlich hat er mir einmal eine Widmung in ein gemeinsam herausgegebenes Buch geschrieben: „Für Rudolf, ohne den vieles, was mir etwas bedeutet, nicht realisiert worden wäre." Das verpflichtet.

Anhang

Biographische Daten

1922	Geboren am 24. Oktober in Stettin.
1928 - 1932	Besuch der Grundschule in Gollnow.
1932 - 1936	Besuch des humanistischen Gymnasiums in Gollnow.
1936	Umzug der Familie nach Berlin, Besuch einer Oberrealschule.
1938	Schulabgang mit Mittlerer Reife; Beginn einer Banklehre.
1939	Zu Kriegsbeginn zum Reichsarbeitsdienst eingezogen.
1940	Ausbildung zum Fallschirmjäger, Einsätze in Frankreich und Nordafrika.
1942	In Nordafrika in Gefangenschaft gekommen.
1942 - 1945	Kriegsgefangenschaft in Camp Breckinridge/Kent., Fernstudium in angelsächsischem Recht und angelsächsischer Literatur an der University of Chicago.
1946	Eheschließung mit Annelies, geb. Bettin (aus der Ehe gehen die Söhne Rainer und Stefan hervor).
1947 - 1950	Gerichtsdolmetscher am Militärgericht Ludwigsburg.
1950 - 1955	Lokalredakteur bei den 'Stuttgarter Nachrichten', außerdem Berichte über Tiere in der Wochenendbeilage der 'Stuttgarter Nachrichten'.
1955	Wechsel zum Delius-Klasing Verlag, Bielefeld.
1957	Im Franckh Verlag veröffentlicht Stern mit Wolfgang Bechtle den Band 'Lauter Viechereien. Geschichten von Tieren mit Familienanschluß'.
1959 - 1967	Chefredakteur und Herausgeber des Reisemagazin 'Unterwegs'.
1963 - 1968	Chefredakteur der VW-Zeitschrift 'Gute Fahrt'.
1965 - 1973	Chefredakteur und Herausgeber der Segel-Zeitschrift 'Die Yacht'.
1960 - 1965	Vom 1. April 1960 bis zum 9. Juli 1965 werden in 36 Folgen Sterns Schulfunk-Sendungen beim SDR ausgestrahlt.
1961	Im Franckh Verlag erscheint 'So verdient man sich die Sporen. Reiten lernen, wie es selten im Buche steht'.
1965	Im Franckh Verlag erscheint 'In Tierkunde eine Eins. Die Buchausgabe der Funkvorträge'.
1967	Im Franckh Verlag erscheint: 'Gesang der Regenwürmer und andere Kuriosa' (13 Funkvorträge).
1968	Veröffentlichungen in der Zeitschrift 'Kosmos'.

1969 - 1979	Produktion von 26 Fernsehfilmen in der Sendereihe 'Sterns Stunde' (SDR) in der Zeit vom 13.01.1970 - 21.01.1979.
1970	Umzug nach Nonnenhorn am Bodensee; Mitbegründer der Zeitschrift 'Nationalpark' für den Nationalpark Bayerischer Wald.
1971	Verleihung der Goldenen Kamera an Horst Stern; Erhalt des Preises 'Goldener Bildschirm' als Auszeichnung für die Sendereihe 'Sterns Stunde'; Sonderpreis des Adolf-Grimme-Preises, verliehen vom Stifterverband der Deutschen Industrie; im Kindler Verlag erscheinen die Bücher 'Sterns Bemerkungen über Hunde', 'Sterns Bemerkungen über Bienen' und 'Sterns Bemerkungen über Pferde'.
1972	Gründung der 'Gruppe Ökologie' gemeinsam mit den Verhaltensforschern Konrad Lorenz, Irenäus Eibl-Eibesfeld, Otto Koenig und Paul Leyhausen sowie mit Bernhard Grzimek, Heinz Sielmann u.a.
1972 - 1979	Tätigkeit als ehrenamtlicher Naturschutzbeauftragter des Landkreises Lindau am Bodensee.
1973	Verleihung des Bayrischen Naturschutzpreises an Konrad Lorenz und Horst Stern; Umzug auf den Hof Hohenegg bei Harbatshofen, Gemeinde Grünenbach, im Allgäu; Tätigkeit als Nebenerwerbslandwirt (Schafzucht); im Franckh Verlag erscheint 'Tiere und Landschaften'.
1973 - 1977	Vom 26. Februar 1973 bis zum 25. Juli 1977 produziert Stern für die NDR-Sendung 'Panorama' 10 Kurzfilme zu ökologischen Themen.
1974	Verleihung der Wilhelm-Bölsche-Medaille in Gold der Kosmos-Gesellschaft der Naturfreunde; die Universität Stuttgart-Hohenheim verleiht Stern die Würde eines Doktors der Sozialwissenschaften ehrenhalber (Dr. rer. soc. h.c.); Erhalt der Ludwig-Thoma-Medaille der Stadt München; im Kindler Verlag erscheint 'Mut zum Widerspruch. Reden und Aufsätze'.
1975	Verleihung des Bodensee-Literaturpreises der Stadt Überlingen; im Bertelsmann Verlag erscheint 'Leben am seidenen Faden. Die rätselvolle Welt der Spinnen' (verfaßt zusammen mit Ernst Kullmann).

Biographische Daten 297

1975 - 1979	Beiratsmitglied im Naturschutzbeirat der Regierung von Schwaben (Augsburg); im Juni 1979 Rückzug aus dem Beirat wegen Querelen um eine Teilaufhebung der Landschaftsschutzverordnung; Stellvertretendes Mitglied im Naturschutzbeirat der Bayerischen Staatsregierung.
1976	Erhalt des Fernsehpreises des Verbandes der deutschen Kritiker; Die Sendereihe 'Sterns Viertelstunde' wird vom 16.5. bis 17.10. über den Landfunk des SDR ausgestrahlt.
1978	Erscheinen des Buches 'Rettet die Vögel, wir brauchen sie' im Herbig Verlag. Hrsg. Rudolf L. Schreiber, Autoren: Horst Stern, Gerhard Thielcke, Frederic Vester.
1978 - 1984	Mitglied im Gemeinderat der Gemeinde Grünenbach.
1979	Verleihung des Autorenpreises der Deutschen Umwelthilfe an das Autorenteam des Buches 'Rettet die Vögel'; Stern, Hans Bibelriether et al. veröffentlichen das Buch 'Rettet den Wald'; der zweite Teil des Films „Die Stellvertreter - Tiere in der Pharmaforschung" wird mit dem Sonderpreis des Stifterverbandes für die Deutsche Wissenschaft ausgezeichnet; bei Kindler erscheint 'Tierversuche in der Pharmaforschung. Originaltexte der Fernsehfilme und neue Materialien - kontrovers diskutiert'.
1979 - 1982	Mitglied in der Wissenschaftskommission 'Aktionsprogramm Ökologie' der SPD-Regierung in Bonn.
1980	Veröffentlichung des Buches 'Rettet die Wildtiere'. Hrsg. Rudolf L.Schreiber, Autoren: Horst Stern, Wolfgang Schröder, Frederic Vester und Wolfgang Dietzen.
1980 - 1984	Herausgeber und Chefredakteur der Zeitschrift 'natur' im Schweizer Verlag Ringier.
1981	Am 3. Juni wird Stern die Alexander-von-Humboldt-Medaille in Gold der Hamburger FVS-Stiftung an der Universität Bonn verliehen.
1982	Umzug nach München.
1986	Im Kindler Verlag erscheint 'Mann aus Apulien'.
1989	Im Kindler Verlag erscheint 'Die Jagdnovelle'; im Droemer-Knaur Verlag erscheinen 'Bemerkungen über das Tier im Handel/Bemerkungen über das Hausschwein' und 'Bemerkungen über eine Urlaubslandschaft/Bemerkungen über den Rothirsch'.

1993	Übersiedlung nach Irland; im Albrecht Knaus Verlag erscheint 'Klint'.
1994	Bei der Edition Toni Pongratz in Hautzenburg bei Passau erscheint der Gedichtband 'Kopfliebe'.
1995 - 1997	Vom 24. März 1995 an erscheint vierzehntägig eine Stern-Kolumne in dem Wochenblatt 'Die Woche'.

Bibliographie der Arbeiten Horst Sterns

Erarbeitet von Martina Schweitzer

Diese Bibliographie sucht alle Arbeiten Horst Sterns in den und für die verschiedenen Medien zu erfassen. Absolute Vollständigkeit ließ sich aber nicht erreichen. Die Manuskripte und Texte Sterns, von ihm selbst zum guten Teil als 'Tages- und Broterwerbsarbeiten' betrachtet, sind nie gezielt gesammelt und archiviert worden. Heute sind sie über die deutsche Medienlandschaft der letzten vierzig Jahre verstreut. Auf manche sind wir nur durch Zufall gestoßen, andere müssen als verloren gelten - z.B. frühe Gedichte - , wieder andere, auf deren Existenz es Hinweise gibt, waren nicht zu ermitteln. Von den gesichert nachgewiesenen Publikationen konnten nicht alle eingesehen werden; von einigen existieren nicht einmal mehr Archivexemplare. Ebensowenig konnten bisher alle verschiedenen Ausgaben einzelner Bücher erfaßt werden, und auch im Bereich der Reden, der Vor- und Nachworte und der 'Begleittexte' stehen Komplettierungen noch aus. Stand: April 1997

Die vorliegende Fassung der Bibliographie benennt die frühen journalistischen Arbeiten Sterns, insbesondere für die 'Stuttgarter Nachrichten', sowie die Zeitungs- und Zeitschriftentexte aus seinen Herausgeber- bzw. Chefredakteurs-Tätigkeiten nur en bloc. Gleiches gilt auch für die aktuellen Kolumnen in der 'Woche'. Die verschiedenen Druckfassungen bzw. Nachdrucke der einzelnen Reden, Rundfunkbeiträge, Aufsätze, Essays usw. sind, soweit möglich, vollständig aufgeführt. Der Nachweis erfolgt mit Hilfe der Nummerierung, die einige Zahlenblöcke für spätere Ergänzungen ausläßt. Die einzelnen Auflagen der Buchveröffentlichungen sind nicht aufgeführt, wohl aber geänderte Titel und Taschenbuchausgaben.

Die Jahreszahlen geben das Druckjahr an. Jahreszahlen in eckigen Klammern nennen das Entstehungsjahr oder das Sendejahr.

<u>Abkürzungen:</u>
D = Druck   DF = Druckfassung   H= Heft
MS = Manuskript   ND = Nachdruck   Nr = Nummer
NT = Neuer Titel   R = Reproduktion   TB = Taschenbuch

Wir danken folgenden Institutionen, Unternehmen und Personen für die Unterstützung bei der Beschaffung von Textvorlagen, Daten und Nachweisen:
Süddeutscher Rundfunk - Historisches Archiv und Fernsehen, Redaktion Kultur & Gesellschaft; Norddeutscher Rundfunk, Archiv; Spiegel-TV, Dokumentation; Verlag Gruner & Jahr, Archiv; Frau Wellenbrink, Verlag Delius Klasing, Bielefeld; Der Spiegel, Archiv; Die Woche, Dokumentation; Die Zeit, Dokumentation; Berliner Zeitung, Archiv; Deutsche Verlagsanstalt, Stuttgart; Franckh'sche Verlagshandlung, Stuttgart; Nationalpark Bayerischer Wald, Verwaltung; BUND Bayern, Verwaltung; Große Kreisstadt Überlingen, Kulturamt; Stiftung FVS, Hamburg; Wildbiologische Gesellschaft e.V., München; Herrn Beisel, Verlag C.H.Beck, München; Verlag Droemer & Knaur, München.

A. Buchveröffentlichungen Horst Sterns:

(1) 1961. *So verdient man sich die Sporen. Reiten lernen, wie es selten im Buche steht.*
Stuttgart: Franckh'sche Verlagshandlung
[1997 überarbeitete Neuauflage m. farbigen Abbildungen]

(2) 1965. *In Tierkunde eine Eins. Die Buchausgabe der Funkvorträge.*
Stuttgart: Franckh'sche Verlagshandlung
[a] NT ab Juli 1970: *Mit den Tieren per Du. Horst Stern gibt in Tierkunde eine Eins.*
Stuttgart: Franckh-Kosmos
[In (2) die DF von: (654) S. 38-46; (655) S. 47-57; (657) S. 9-19; (659) S. 28-37; (659) S. 20-27; (660) S. 135-141; (661) S. 101-111; (662) S. 142-152; (663) S. 121-134; (664) S. 112-120; (668) S. 67-78; (669) S. 58-66; (670) S. 91-100; (671) S. 79-90; (672) S. 165-174; (674) S. 153-164; (677) S. 175-185]
[ND von (674) in (775), S. 26-38]

(3) 1967. *Gesang der Regenwürmer und andere Kuriosa, erzählt streng nach der Natur. 13 neue Funkvorträge.*
Stuttgart: Franckh'sche Verlagshandlung
[a] NT ab Juli 1970: *Mit der Natur per Du. Horst Stern erzählt vom Gesang der Regenwürmer und andere Kuriosa.*
Stuttgart: Franckh-Kosmos
[Darin die DF von: (656) S. 132-143; (665) S. 7-21; (666) S. 60-71; (676) S. 101-114; (678) S. 33-47; (679) S. 72-84; (680) S.22-32; (681) S. 85-100; (682) S. 172-182; (683) S. 144-157; (684) S. 158-171; (685) S. 115-131]

(4) 1971. *Sterns Bemerkungen über Hunde.*
München: Kindler
[a] 1974 ND als TB: *Bemerkungen über Hunde.*
Reinbek: Rowohlt

(5) 1971. *Sterns Bemerkungen über Bienen.*
München: Kindler
[a] 1974 ND als TB: *Bemerkungen über Bienen.*
Reinbek: Rowohlt
[DF von (712)]

(6) 1971. *Sterns Bemerkungen über Pferde.*
München: Kindler

[a] 1974 ND als TB: *Bemerkungen über Pferde.*
Reinbek: Rowohlt
[DF von (710)]

(7) 1973. ***Stern für Leser: Tiere und Landschaften.***
Stuttgart: Franckh'sche Verlagshandlung
[Darin die DF von: (654) S. 64-72; (657) S. 36-45; (658) S. 55-63; (659) S. 46-54; (660) S. 134-141; (661) S. 114-123; (662) S. 142-149; (664) S. 124-133; (665) S. 191-200; (668) S. 82-91; (669) S. 73-81; (671) S. 105-113; (672) S. 170-80; (674) S. 181-190; (676) S. 231-258; (678) S.210-217; (680) S. 201-209; (681) S. 265-271; (682) S. 160-169]
[ND von (25) S. 16-19; (28) S. 265-271; (29) S. 259-264; (30-34) S. 231-258]
[a] 1974 ND als Lizenzausg.: *Ein Roter, doch ein Sanfter*
Frankfurt/M: Büchergilde Frankfurt

(8) 1974. ***Mut zum Widerspruch. Reden und Aufsätze.***
München: Kindler
[a] 1976 ND als TB: *Mut zum Widerspruch.*
Reinbek: Rowohlt
[D der Reden: (120) S. 49-62; (121) S. 77-86; (123) S. 11-28; (124) S. 87-100; (125) S. 101-116]
[ND von: (36) S. 29-32; (38) S. 3-38; (40) S. 71-76; (46) S. 63-70; (47) S. 77-86; (122) S. 63-70]

(9) 1979. ***Tierversuche in der Pharmaforschung. Originaltexte der Fernsehfilme und neue Materialien - kontrovers diskutiert.***
München: Kindler Verlag
[a] 1981 ND als TB: *Tierversuche.*
Reinbek: Rowohlt
[DF von (730-732)]

(10) 1986. ***Mann aus Apulien.***
München: Kindler Verlag
[a] 1988 ND als TB bei: Droemer-Knaur, München

(11) 1989. ***Jagdnovelle.***
München: Kindler Verlag
[a] 1991 ND als TB bei: Droemer-Knaur, München

(12) 1989. ***Bemerkungen über das Tier im Handel/Bemerkungen über das Hausschwein.***
München: Droemer-Knaur
[DF von (716)S. 95-169/DF von (721) S. 7-89]

(13) 1989. *Bemerkungen über eine Urlaubslandschaft/Bemerkungen über den Rothirsch.*
München: Droemer-Knaur
[DF von (719) S. 103-178/DF von (724) S. 7-97]

(14) 1993. *Klint.*
München: Verlag Albrecht Knaus
[a] Vorabdruck in 87 Folgen in der Berliner Zeitung vom 9.12.1992 (1. Folge) bis zum 24.03.1993 (87. Folge)
[b] 1995 ND als TB bei: Goldmann, München

(15) 1994. *Kopfliebe.*
Gedichte. Mit einer farbigen Graphik von Ernst Fuchs. 800 numerierte und vom Autor signierte Exemplare.o.O.
[Hautzenburg bei Passau]: Edition Toni Pongratz (Reihe Literarisch-Graphische Blätter)

B. Horst Stern als Co-Autor und Mitherausgeber:

(16) 1957. Stern, Horst/Bechtle, Wolfgang.
Lauter Viechereien. Geschichten von Tieren mit Familienanschluß.
Stuttgart: Franckh'sche Verlagshandlung

(17) 1975. Stern, Horst/Kullmann, Ernst.
Leben am seidenen Faden. Die rätselvolle Welt der Spinnen.
Gütersloh/München: Bertelsmann
(Text Horst Stern/Photos u. fachl. Beratung Ernst Kullmann)
[a] 1981 unveränderter ND bei Kindler, München

(18) 1978. Schreiber, Rudolf L. (Hrsg.)/Stern, Horst/Thielcke, Gerhard/ Vester, Frederic.
Rettet die Vögel, wir brauchen sie.
München/Berlin: Herbig
[Darin: (65) S. 30-35; (66) S. 40-43; (67) S. 50-53; (68) S. 68-71; (69) S. 86-89; (70) S. 106-109; (71) S. 126-129; (72) S. 148-151; (73) S. 170-173; (74) S. 185-189]
[ND von (65) in (775), S.123-131]

(19) 1979. Stern, Horst/Biebelriether, Hans et al.
Rettet den Wald.
München: Kindler
[a] 1983 ND als TB: *Rettet den Wald.*
München: Heyne.
Darin: Stern, Horst. „Vorwort zur Taschenbuchausgabe". S. 7-11. Und:
„Waldeslust - gestern, heute, morgen". S. 17-32.
[ND des letztgenannten Textes in (775) S. 132-150]
[b] 1989 ND als Edition des Deutschen Bücherbundes Stuttgart

(20) 1980. Schreiber, Rudolf L. (Hrsg.)/Stern, Horst/Schröder, Wolfgang/ Vester, Frederic/Dietzen, Wolfgang.
Rettet die Wildtiere.
Stuttgart: Pro Natur Verlag
[Horst Stern in beratender Funktion, kein eigener Textbeitrag]

C. Literarische Einzeltexte:

(21) 1946. „*Der Zweifler*". In: Horizont. Jg. 1945/46. Nr. 21/15. September 1946. S. 23

(22) 1949. „*Obergefreiter Kluncke*". In: Der Ruf - Unabhängige Blätter für unabhängige Leser. 4. Jg. Nr. 6/15. März 1949. S. 12-14

(23) 1992. Stern, Horst. Umfrage/10 Wörter: *"Das Magma"*. In: Die Zeit. Nr. 1/1992. S. 39

(24) 1995. „*NachtiGalliges*". In: Süddeutsche Zeitung - Magazin. Nr. 12/24. März 1995. S. 34

D. Essays, Aufsätze, größere Zeitschriften- und Zeitungsbeiträge:

(25) 1957. „*Hausgenosse Kleiber*". In: Kosmos, Jg. 53. Nr. 9/1957. S. 435-437
[ND in: (7) S. 16-19]

(26) 1957. „>Ach, Sie sind Tierfreund?<". In: (16). S. 9-19
[ND in (775) S. 17-25]

(27) 1967. „Der deutsche Wald kann mehr als rauschen". In: (3). S. 48-59
[ND in (775) S. 39-48]

(28) 1968. „Bemerkungen zur See". In: Kosmos, Jg. 64. Nr. 4/1968. S. 152-156
[ND in: (7) S. 265-271]

(29) 1968. „Malpais - Notizen von der Vulkaninsel Lanzarote". In: Kosmos, Jg. 64. Nr. 5/1968. S. 177-183
[ND unter dem Titel „Lanzarote - Land aus Asche". In: (7) S.259-264.
ND unter diesem Titel auch in: (775) S. 49-55]

(30) 1968. „Zurück aus der Eiszeit (1)". In: Kosmos, Jg. 64. Nr. 7/1968. S. 286-294
[ND siehe unter (34)]

(31) 1968. „Eis für Whisky - 1600 Jahre alt: Zurück aus der Eiszeit (2)". In: Kosmos, Jg. 64. Nr. 8/1968. S. 330-336
[ND siehe unter (34)]

(32) 1968. „Gentlemen ohne Taille - Zurück aus der Eiszeit (3)". In: Kosmos, Jg. 64. Nr. 9/1968. S. 374-381
[ND siehe unter (34)]

(33) 1968. „Alles lebt vom Krill - Zurück aus der Eiszeit (4)". In: Kosmos, Jg. 64. Nr. 10/1968. S. 417-423
[ND siehe unter (34)]

(34) 1968. „>... denn ich habe den Albatros gesehen!< - Zurück aus der Eiszeit (5)". In: Kosmos, Jg. 64. Nr. 11/1968. S. 462-468
[ND der gesamten „Eiszeit"-Folge unter dem Titel „Zurück aus der Eiszeit" in: (7) S. 231-258]

(35) 1971. „Das hält ja kein Pferd aus! Springreiten - ist das noch Sport?". In: Stern, Nr. 16/1971. S. 96-102
[ND in: (7) S. 57-64]

(36) 1971. *„Ich drehe nicht nach Lehrbuch"*. In: Deutsche Zeitung - Christ und Welt , Nr. 19/ 7. Mai 1971. S. 25
[ND in leicht veränderter Form in: (8) S. 29-32]

(37) 1971. *„Bemerkungen über Hunde"*. In: Deutsche Zeitung - Christ und Welt , Nr. 31/ 30. Juli 1971. S. 25

(38) 1973. *„Verlogene Paradiese. Über westdeutsche >Safari<- Parks und Wildgatter"*. In: Der Spiegel, Nr. 20/1973. S. 153-159
[ND in: (8) S. 3-38]

(39) 1973. *„Wie natürlich ist die Natur? Jugend forscht"*. In: Die Zeit, Nr. 21/1973. S. 62

(40) 1973. *„Ende der Bescheidenheit - Auch im Naturschutz"*. In: Das Parlament. Jg. 23, Nr.36, 8. September 1973. S.1
[ND in: (8) S. 71-76]

(41) 1973. *„Sterns Reitstunde (1)"*. In: Welt am Sonntag, Nr. 36/9. September 1973. S. 29-34

(42) 1973. *„Sterns Reitstunde (2) - Keine Qualen beim Traben"*. In: Welt am Sonntag, Nr. 37/16. September 1973.S.36

(43) 1973. *„Sterns Reitstunde (3) - Wenn beim Reiten die Lunte brennt"*. In: Welt am Sonntag, Nr. 38/23. September 1973. S. 34

(44) 1974. *„Waldeslust 1974"*. In: Zeitschrift Nationalpark, Nr. 1/1974. S. 4-5

(45) 1974. *„Menschenfeinde?"*. In: Zeitschrift Nationalpark , Nr. 3/1974. S. 4-6

(46) 1974. *„Die sogenannte heile Welt"*. In: Kosmos, Jg. 70. Nr. 6/1974. S. 180-186
[Dankesrede zum Erhalt der Bölsche-Medaille, siehe (122). ND in: (8) S. 63-70. ND in (775) S.95-102]

(47) 1974. *„Mut zur Emotion"*. In: Kosmos, Jg. 70. Nr. 12/1974. S. 366-372

[Rede zur Verleihung des Bayerischen Naturschutzpreises, am 17. November 1973, siehe (121). ND in: (8) S. 77-86]

(48) 1974. *"Streit um des Kaisers Vogel - Zur Kontroverse zwischen Ornithologen und Falknern um die Ursachen des Wanderfalken-Rückgangs"*. In: Stern, X/1974. S. xy
[ND in (8) S. 54-65]

(49) 1974. *"Die Tiere fressen wieder. Horst Stern über >Grzimeks Buch der Verhaltensforschung"*. In: Der Spiegel, Nr.41/1974. S. 200

(50) 1975. *"Wir an Sie"*. In: Zeitschrift Nationalpark, Nr. 4/1975. S. 4-5

(51) 1975. *"Offener Brief an den Jäger Walter Scheel"*. In: Zeitmagazin Nr. 9/1975. S. 10-18
("Echo zu >Offener Brief an den Jäger Walter Scheel<". In: Zeitmagazin, 13/1975. S. 3)
[ND in: (775) S. 103-115]

(52) 1975. *"Steinwürfe in den Lorenz-Strom"*. In: Kosmos, Jg. 71. Nr. 11/1975. S. 464-469

(53) 1975. *"Spinnen für Anfänger"*. In: Kosmos, Jg. 71. Nr. 12/1975. S. 485-490
[Zwei Kapitel aus *Leben am Seidenen Faden*: 'Spinnen für Anfänger' und 'Reiseziel Schwarze Witwe']

(54) 1975. *"Haben Kaninchen einen Gott? Horst Stern über Richard Adams: >Unten am Fluß<"*. In: Der Spiegel, Nr. 28/1975. S.117-118

(55) 1975. *"Der Mensch, die Tiere und das Böse: Bemerkungen über die inkompetenten Kritiker des Verhaltensforschers Konrad Lorenz"*. In: Deutsche Zeitung -Christ und Welt, Nr.3/8. August 1975. S. 9/10

(56) 1975. *"Film: Das verkannte Un-Tier. Horst Stern über den Hollywood-Schocker >Der weiße Hai<"*. In: Der Spiegel, Nr. 51/1975. S. 118-120

(57) 1976. *"Naturschutz und Tierschutz in dieser Zeit"*. Sonderbei-

trag. In: Meyers Enzyklopädischem Lexikon. Bd.16. Mannheim/Wien/Zürich: Bibliographisches Institut, Lexikonverlag. S. 823-827

(58) 1976. *„Der Bürger als Waldbesitzer. Ansichten eines inkompetenten Waldgängers"*. In: Zeitschrift Nationalpark. (Sonderbeilage). S. 1-8
[D der Rede siehe (126)]

(59) 1976. *„Arbeitsplätze"*. In: Zeitschrift Nationalpark, Nr. 2/1976. S. 4-5

(60) 1976. *„Vom sogenannten guten Ruf der Naturschützer"*. In: Natur & Umwelt (Organ des Bundes Naturschutz). Nr. 3/1976. S. 10-15
[D der Rede siehe (127)]

(61) 1977. *„Bitter und Zornig"*. In: Kultur & Technik (Zeitschrift des Deutschen Museums München). Nr. 2/1977. S. 3-10
[D der Rede siehe (128)]

(62) 1977. *„Auch 1985 noch ein Veilchen"*. In: **Der Spiegel**, Nr. 5/24.Januar 1977. S. 130-131
[ND in: (775) S. 116-122]

(63) 1977. *„Grüner Wald in roten Zahlen"*. In: Zeitschrift Nationalpark , Nr. 2/1977. S. 6-7

(64) 1977. *„Rehe ohne Raum"*. In: Geo, Nr. 3/1977. S. 40-56

(65) 1978. *„Ordnung gegen Natur"*. In: (18). S. 30-35.
[ND in: (775) S. 123-131]

(66) 1978. *„Lebensraum Stadt"*. In:(18). S. 40-43

(67) 1978. *„Lebensraum Wald"*. In: (18). S. 50-53

(68) 1978. *„Lebensraum Wiesen, Weiden, Felder und Buschland"*. In: (18). S. 68-71

(69) 1978. *„Lebensraum Bäche und Flüsse"*. In: (18). S. 86-89

(70) 1978. *„Lebensraum Seen und Teiche".* In: (18). S. 106-109

(71) 1978. *„Lebensraum Moor und Heide".* In: (18). S. 126-129

(72) 1978. *„Lebensraum Küste und Meer".* In: (18). S. 148-151

(73) 1978. *„Lebensraum Gebirge".* In:(18). S. 170-173

(74) 1978. *„Lebensraum Dörfer, Hof und Garten".* In: (18). S. 185-189

(75) 1978. *„Echte und falsche Liebe zum Wildtier".* In: Süddeutsche Zeitung, Nr. 47/25.-26. Februar 1978 (SZ am Wochenende). S. 105
[Eröffnungsrede zu einer Tagung der Evangelischen Akademie Tutzing, siehe (129). ND in: (76)]

(76) 1978. *„Rettet das Wild vor der Liebe".* In: Zeitschrift Nationalpark. (o.S.)
[D der Rede siehe (129). ND der Rede in: (76)]

(77) 1978. *„>Warum regen sich die grünen Typen auf?<. Horst Stern über die Umwelt-Anzeigen der Bundesregierung".* In: Der Spiegel, Nr. 49/1978. S. 126-132

(78) 1978. *„Ich lasse mich nicht zum Tierfeind stempeln".* In: Hörzu. 2. Dezember 1978. S. 18-22

(79) 1979. *„Waldeslust gestern, heute, morgen".* In: (19). S. 17-32
[ND in: (775) S. 132-150]

(80) 1979. *„Es fing so harmlos an ...".* In: Zeitschrift Nationalpark, Nr. 1/1979. S. 4-5

(81) 1979. *„Wald ist mehr als die Summe der Bäume".* In: Zeitschrift Nationalpark, Nr. 4/1979. S. 4-6

(82) 1979. *„Der Häßliche Weinberg".* In: Geo , Nr. 10/1979. S. 130-156

(83) 1979. *„>Sehr geehrter Herr Bundeskanzler ...<".* In: Geo, Nr. 12/1979. S. 156-158
[ND in: (775) S. 166-173]

(84) 1980. *„Ein Trinkspruch wie eine Säge"*. In: Zeitschrift Nationalpark, Nr. 3/1980. S. 4-5

(85) 1980. *„Die Milch-Athleten"*. In: Geo, Nr. 10/1980. S. 42-60

(86) 1980. *„Familienkrach der Verhaltensforscher. Das geänderte Lorenz-Modell und seine Folgen für die Hühnerhaltung"*. In: Der Spiegel, Nr. 32/1980. S. 50-58
(Reaktion von Konrad Lorenz in: Der Spiegel, Nr. 47/1980, S. 251-264: „Tiere sind Gefühlsmenschen".)

(87) 1980. *„Zwischen Bomben und Busen"*. In: Natur, Nullnummer, September 1980. S. 3/4
[ND in: (775) S. 174-178]

(88) 1981. *„Sterns Märchenstunde oder die Erfindung einer wahren Geschichte"*. In: Natur, Nr. 9/1981. S. 44-51
[ND einer Dankesrede zur Verleihung der Alexander-von-Humboldt-Medaille in Gold am 3. Juni 1981, an der Universität Bonn. Siehe (130). Eine leicht gekürzte Fassung.]

(89) 1983. *„Die wahre Wende - Eine alternative Regierungserklärung"*. In: Natur, Nr. 5/1983. S. 51-66.
(Horst Stern hat in diesem Rahmen das Ressort „Umweltpolitik" beschrieben, S. 54-55)
[ND in: (775), unter dem Titel." Die alternative Regierungserklärung - Umweltpolitik". S. 179-184]

(90) 1983. *„Die ermüdete Wahrheit"*. In: Natur, Nr. 11/1983. S. 5
[ND in: (775) S. 185-188]

(91) 1984. *„Die ungehaltene Rede"*. In: Natur, Nr. 1/1984. S. 30-32
[ND in: (775) S. 189-197]

(92) 1989. *„Sintra - diesseits von Eden"*. In: Geo, Nr.5/1989. S. 14-34
[ND in: (775) S. 231-248]

(93) 1990. *„Das füg auch keinem Pferde zu - Vom Elend der Springreiterei"*. In: Frankfurter Allgemeine Zeitung, Nr. 185/11. August 1990 (Rubrik: Bilder und Zeiten, ohne Seitenangabe)
[ND in: (775) S. 270-280]

(94) 1990. *„Das unerlöste Land - Der Wahrheit Mitteleuropas auf der Spur: Triest, eine Stadt für Detektive des Intellekts"*. In: Frankfurter Allgemeine Zeitung, Nr. 215/15. September 1990 (Rubrik: Bilder und Zeiten, ohne Seitenangabe)
[ND in: (775) S.281-296]

(95) 1990. *„Das Gebirge der Seele - Naturschutz als Menschenschutz"*. In: Frankfurter Allgemeine Zeitung, Nr. 286/8. Dezember 1990 (Rubrik: Bilder und Zeiten, ohne Seitenangabe)
[ND in: (775) S. 297-304]

(96) 1991. *„Baum oder Zahl - Konjunktur gegen die Natur: Die gefälschten Bilanzen der Wachstumsideologen zeigen, warum die vielbeschworene >Versöhnung zwischen Ökonomie und Ökologie< blanker Mumpitz ist"*. In: Die Zeit, Nr.26/21. Juni 1991. S. 52
(„Ökologie und Ökonomie": Leserbriefe zu „Baum oder Zahl", in: Zeit, Nr. 29/1991. S. 41)
[ND in: (775) S. 305-316]

(97) 1991. *„Noch ist der Falke nicht gerettet - Angst um die Natur, Angst vor der Natur"*. In: Die Zeit, Nr.29/12. Juli 1991. S. 62
(„Technik gehört zur >Natur< des Menschen: Leserbrief zu >Noch ist der Falke<", in: Zeit, Nr. 35/1991. S. 17)

(98) 1991. *„Frische Fische: Das Fischen mit Treibnetzen auf den Meeren vernichtet ganze Fischgründe"*. In: Die Zeit, Nr. 46/8. November 1991. S. 87

(99) 1995. *„Wozu die Unke?"*. In: Spiegel Special, Nr. 2/1995. S. 26-28

(100) 1995. *„Es fehlte nur der Papst - Über die Umweltheuchelei der Bonner Regierenden"*. In: Spiegel Special, Nr. 11/1995. S. 10
[ND unter dem Titel „Es fehlte nur der Papst. Mit dem Rest-Öl der Brent Spar salbten sich Politiker und Medien zu Umwelt-Heiligen", in: Die Woche, 27/1995, S. 28]

(101) 1996. *„Am Ende ein Amen. Die Vorpommersche Boddenlandschaft"*. In: Die Zeit, Nr.26/21. Juni 1996. S. 68

(102) 1996. *„Der Brocken ist ein Deutscher - Wo Hexen farzen: Nationalpark Hochharz"*. In: Die Zeit, Nr. 33/9. August 1996. S. 56

(103) 1997. *„Im Strom der Zeit. Nationalpark Unteres Odertal"*. In: Die Zeit, Nr. 7/7. Februar 1997. S.76

E. Reden:

(120) [1973]. *„Was ist an den Naturwissenschaften noch natürlich?"*. Rede vor den Preisträgern des Wettbewerbs 'Jugend forscht' in Paderborn, am 3. Mai 1973
[ND in:(8) S. 49-62]

(121) [1973]. *„Mut zur Emotion"*. Rede zur Verleihung des Bayrischen Naturschutzpreises. Gehalten in München, im Studio des Bayerischen Rundfunks, 17. November 1973
[Herausgegeben von: Bund Naturschutz in Bayerne.V.]
[D in: (47). S. 366-372. ND in: (8) S. 77-86]

(122) [1974]. *„Die sogenannte heile Welt"*. Festrede Horst Sterns anläßlich des Erhalts der Wilhelm-Boölsche-Medaille in Gold in Stuttgart
[D in: (46). S. 180-186. ND in: (8) S. 63-70, sowie in: (775) S. 95-102]

(123) [1974]. *„Tiere zwischen Vermenschlichung und Vermassung"*. Vortrag Sterns vor dem 11. Deutschen Tierärzte-Tag (8.-11. April 1974.) in Berlin, anläßlich des 100. Gründungsdatums des deutschen Veterinärrates. Gehalten am 9.04.1974
[D in: (8) S. 11-28]

(124) [1974]. *„Naturschutz gegen Menschen?"*. Rede Sterns vor dem Deutschen Naturschutztag in Berchtesgarden, am 18.04.1974
[D in: (8) S. 87-100]

(125) [1974]. *„Wissenschaft und Journalismus"*. Promotionsrede Sterns anläßlich der Verleihung der Ehrendoktorwürde durch die Universität Hohenheim (Stuttgart), am 22.04.1974.
[D in: (8) S. 101-116. ND in: (775) S.78-94]

(126) [1975]. *"Haben Sie 's nicht 'ne Nummer kleiner, Thomas Mann?"*. Dankesrede anläßlich der Entgegennahme des Bodensee-Literaturpreises der Stadt Überlingen (für publizistische Tätigkeiten im Hinblick auf die Ökologie des Bodensees), am 15. Juni 1975
[MS, keine DF vorhanden]

(127) [1976]. *"Der Bürger als Waldbesitzer. Ansichten eines inkompetenten Waldgängers"*. Rede gehalten am 29. Januar 1976, bei einem Kolloquium der Universität Freiburg/Brsg. zum Thema 'Wald und Wild'.
[D in: (58)]

(128) [1976]. *"Vom sogenannten guten Ruf der Naturschützer"*. Festvortrag bei der Delegiertenversammlung des Bundes Naturschutz in Bayern am 25.04.1976 in Erlangen.
[D in: (60), Nr. 3/1976. S. 10-15]

(129) [1977]. *"Bitter und Zornig"*. Festrede zur Eröffnung der Ausstellung >Jugend und Umwelt< im Deutschen Museum München am 18. August 1977.
[D in: (61), Nr. 2/1977. S. 3-10]

(130) [1978]. *"Echte und falsche Liebe zum Wildtier"*. Einführungsvortrag zu einem Wochenendseminar zum Thema 'Tierliebe und Wildtier' (17.-19.02.1978) der Evangelischen Akademie Tutzing, am 17. Februar 1978.
[D in der Süddeutschen Zeitung , Nr. 47/25.-26. Februar 1978, S. 105, unter dem Titel „*Echte und falsche Liebe zum Wildtier*" (SZ am Wochenende). ND in: (76) unter dem Titel „*Rettet das Wild vor der Liebe*".]

(131) [1981]. *"Sterns Märchenstunde oder die Erfindung einer wahren Geschichte"*. Rede anläßlich der Verleihung der Alexander-von-Humboldt-Medaille in Gold der Hamburger Töpfer-Stiftung FVS an Stern. Universität Bonn, 3. Juni 1981.
[D, in leicht gekürzter Fassung, in: Natur , Nr. 9, September 1981. S. 44-51]

F. Herausgeber-Kolumnen, Glossen, kleinere Zeitungsbeiträge:

(140-200) [1950-1955]. Reportagen und Berichte für die *Stuttgarter Nachrichten*.
[Gerichtsreportagen/Tierreportagen in der Wochenendbeilage]

(201-269) [1959- 1967]. Reisemagazin *Unterwegs*.
[Stern war Chefredakteur/Herausgeber der Zeitschrift *Unterwegs*]

(270-359) [1963-1968]. U.a. Rechtsberatung in der Auto-Zeitschrift *Gute Fahrt*.
[Stern war Chefredakteur der Zeitschrift *Gute Fahrt*]

(360-489) [1965-1973]. „*Ein Wort vom Herausgeber*" zu verschiedenen Themen. In: Die Yacht, Nr. 13/1967. S.1 bis Die Yacht, Nr. 5/1973. S. 2.
In: Die Yacht, Nr. 19/ 1972 diverse Berichte im Olympia-Extra (Segeln).
[Stern war von 1965-67 Chefredakteur der Zeitschrift *Die Yacht*, von 1967-1973 ihr Herausgeber]

(490) 1970. „*Vielen Hunden ginge es besser, wenn es ihnen schlechter ginge*". In: Fernseh-Woche , Nr. 39/26. September 1970. S. 46

(491) 1971. „*Seit ich die Menschen kenne, liebe ich die Tiere*". In: Welt am Sonntag, Nr. 10/7. März 1971. S. 29

(492) 1971. „*Ein gutes Herz nützt keinem armen Hund*". In: Münchner Abendzeitung . 22. Oktober 1971

(493) 1973. „*Lumpige 500 DM*". In: Stuttgarter Zeitung, Nr. 250/27. Oktober 1973. S. 59 (Leserbrief)

(494) 1977. „*Von Schwarzen und Roten Baronen*". In: Die Zeit . 28.Oktober 1977. S. 15 (Leserbrief)

(495) 1978. „*Eine sinnlose Waldwirtschaftskette*". In: Süddeutsche Zeitung, Nr. 184/12.-13. August 1978. S. 87 (Leserbrief)

(496) 1979. *„Ist der deutsche Wald noch zu retten?"*. In: Kölner Stadtanzeiger . 24. November 1979

(497) 1979. *„Tiere sind keine Kinder-Geschenke"*. In: Münchner Abendzeitung. 21. Dezember 1979

(498) 1980. *„Armes, blaues Huhn"*. In: Frankfurter Allgemeine Zeitung, Nr. 183/9. August 1980. S. 7 (Leserbrief)

(499) 1981. *„Von Winzling Oebstli"*. In: Frankfurter Rundschau. Jg. 37, Nr. 126/2. Juni 1981. S. 4

(500-560) [1980-1984]. Vorwort des Herausgebers zu aktuellen Themen in der Zeitschrift *Natur*
[Stern war Herausgeber der *Natur* von 1980-1984]

(561) 1986. *„Wer Tiere liebt, liebt nur sich selbst"*. In: Geo, Nr. 9/1986. S. 40-48
(Abdruck eines Auszugs des Kapitels:"Über das Wesen der Tiere". In: (10). S. 63-74)

(562) 1991. *„Zuhälter an die Leine! Kampfhunde sind von der Unschuld eines Revolvers - oder: Man könnte auf richtig schlimme Gedanken kommen"*. In: Die Zeit, Nr. 24/1991. S.85

(563) 1993. *„Mensch, Ratte!"*. In: Die Zeit, Nr. 7/1993. S. 18

(564-629) [1995-1997]. Sterns Kolumne zu aktuellen Themen in der Wochenzeitschrift *Die Woche*.
[Vom 24. März 1995 bis Dezember 1996 erscheint im Zwei-Wochen-Rhythmus eine Stern Kolumne in Die Woche ; ab 20.02.1997 weiterhin alle zwei Wochen.]

G. Vorworte, Nachworte, Einführungen, Begleittexte:

(630) 1985. Einführung zu der Broschüre: *Wildbiologische Gesellschaft München e.V.* Oberammergau. Juli 1985. S. 1

(631) 1988. „Nachwort 1988". *Nachwort zu: Sterns Stunden - Bemerkungen über das Tier im Handel.* In: (12). S. 90-93

(632) 1988. „Nachwort 1988". *Nachwort zu: Sterns Stunden - Bemerkungen über das Hausschwein.* In: (12).170-171

(633) 1988. „Nachwort 1988". *Nachwort zu: Sterns Stunden - Bemerkungen über eine Urlaubslandschaft.* In: (13). S. 98-101

(634) 1988. „Nachwort 1988". *Nachwort zu: Sterns Stunden - Bemerkungen über den Rothirsch.* In: (13).S. 179-182

(635) 1992. „*Eine Einführung*". In: Leopold, Aldo. 1992. **Am Anfang war die Erde** - mit einer Einführung von Horst Stern. München: von dem Knesebeck Verlag. S. 11-15

(636) 1992. „*Notabene auch der Mensch*". Beitrag zum Faltblatt: **Das Wildtier und wir**. Herausgegeben von der Wildbiologischen Gesellschaft München

(637) 1992. Einführung zu der Pressemappe zur Tagung: **Eine Heimat für den Braunbären in Europa**. Innsbruck, 10. Januar 1992. Herausgegeben von der Wildbiologischen Gesellschaft München, in Zusammenarbeit mit der Stiftung Europäisches Naturerbe, Radolfzell

(638) 1992. Einführung zu der Pressemappe zur Tagung: **Wölfe - Ein Europäisches Schutzkonzept**. Oberammergau, 2.- 5. April 1992. Herausgegeben von der Wildbiologischen Gesellschaft München, in Zusammenarbeit mit der Stiftung Europäisches Naturerbe und dem European Wolf Network

H. Hörfunk-Sendungen:

(SDR 1952-1994)
(650) [1952]. Ein Beitrag in: **Die Angreifer. Ein Kabarett rund um die Politik**. Folge 1.
1. Programm, 21:00-21:45 Uhr.
Süddeutscher Rundfunk, 18.10.1952

(651) [1952]. Ein Beitrag in: **Die Angreifer. Ein Kabarett rund um die Politik. Folge 2.**
1. Programm, 21:00-21:45 Uhr.
Süddeutscher Rundfunk, 15.11.1952

(652) [1953]. Ein Beitrag in: **Die Angreifer. Ein Kabarett rund um die Politik. Folge 3.**
1. Programm, 21:15-21:45 Uhr.
Süddeutscher Rundfunk, 14.02.1953

(653) [1953]. **Vergangenheit hat keine Türen.** Hörspiel nach einer Idee von Rolf Thies.
1. Programm, 17:00-18:00 Uhr.
Süddeutscher Rundfunk, 19.04.1953

(654) [1960]. **Kleine Tierkunde: Der Steinmarder.**
Schulfunk, 2. Programm, 17:00-17:30 Uhr.
Süddeutscher Rundfunk, 1.04.1960.
[DF in: (2) S.38-46, (7) S. 64-72]

(655) [1960]. **Kleine Tierkunde: Der Jagdhund.**
Schulfunk, 2. Programm, 17:00-17:30 Uhr.
Süddeutscher Rundfunk, 9.09.1960
[DF in: (2) S. 47-57]

(656) [1960]. **Kleine Tierkunde: Die Falknerei.**
Schulfunk, 2. Programm, 17:00-17:30 Uhr.
Süddeutscher Rundfunk, 28.10.1960
[DF in: (3) S. 132-143]

(657) [1960]. **Kleine Tierkunde: Die Waldohreule.**
Schulfunk, 2. Programm, 17:00-17:30 Uhr.
Süddeutscher Rundfunk, 2.12.1960
[DF in: (2) S. 9-19, (7) S. 36-45]

(658) [1961]. **Kleine Tierkunde: Der Kolkrabe.**
Schulfunk, 2. Programm, 17:00-17:30 Uhr.
Süddeutscher Rundfunk, 20.01.1961.
[DF in: (2) S. 28-37, (7) S. 55-63]

(659) [1961]. **Kleine Tierkunde: Der Turmfalke.**
Schulfunk, 2. Programm, 17:00-17:30 Uhr.

Süddeutscher Rundfunk, 17.02.1961
[DF in: (2) S. 20-27, (7) S. 46-54]

(660) [1961]. **Vom Verhalten der Tiere: Schwimmen und Tauchen.**
Schulfunk, 2. Programm, 17:00-17:30 Uhr.
Süddeutscher Rundfunk, 29.09.1961
[DF in: (2) S. 135-141, (7) S. 134-141]

(661) [1961]. **Vom Verhalten der Tiere: Fliegen und Schweben.**
Schulfunk, 2.Programm, 17:00-17:30 Uhr.
Süddeutscher Rundfunk, 3.11.1961
[DF in: (2) S. 101-111, (7) S. 114-123]

(662) [1962]. **Vom Verhalten der Tiere: Tarnen und Jagen.**
Schulfunk, 2. Programm, 17:00-17:30 Uhr.
Süddeutscher Rundfunk, 19.01.1962
[DF in: (2) S. 142-152, (7) S. 142-149]

(663) [1962]. **Vom Verhalten der Tiere: Hören und Riechen.**
Schulfunk, 2. Programm, 17:00-17:30 Uhr.
Süddeutscher Rundfunk, 16.03.1962
[DF in: (2) S. 121-134]

(664) [1962]. **Vom Verhalten der Tiere: Wachen und Schlafen.**
Schulfunk, 2. Programm, 17:00-17:30 Uhr.
Süddeutscher Rundfunk, 6.04.1962
[DF in: (2) S. 112-120, (7) S. 124-133]

(665) [1962]. **Das Hochmoor am Hornsee.**
Schulfunk, 1. Programm, 15:00-15:30 Uhr.
Süddeutscher Rundfunk, 17.05.1962
[DF in: (3) S. 7-21, (7) S. 191-200]

(666) [1962]. **Die Neckarquelle bei Schwenningen.**
Schulfunk, 1.Programm, 15:00-15:30 Uhr.
Süddeutscher Rundfunk, 7.06.1962.
[DF in: (3) S. 60-71, (7) S. 218-227]

(667) [1962]. **Im Schönbuch.**
Schulfunk, 1. Programm, 15:00-15:30 Uhr.
Süddeutscher Rundfunk, 12.07.1962

(668) [1963]. **Wie Tiere wohnen: Der Ameisenhaufen.**
Schulfunk, 2. Programm, 17:00-17:30 Uhr.
Süddeutscher Rundfunk, 10.05.1963
[DF in: (2) S. 67-78. (7) S. 82-91]

(669) [1963]. **Wie Tiere wohnen: Der Fuchsbau.**
Schulfunk, 2. Programm, 17:00-17:30 Uhr.
Süddeutscher Rundfunk, 7.06.1963
[DF in: (2) S. 58-66. (7) S. 73-81]

(670) [1963]. **Wie Tiere wohnen: Der Bienenstock.**
Schulfunk, 2. Programm, 17:00-17:30 Uhr.
Süddeutscher Rundfunk, 28.06.1963
[DF in: (2) S. 91-100]

(671) [1963]. **Wie Tiere wohnen: Das Vogelnest.**
Schulfunk, 2. Programm, 17:00-17:30 Uhr.
Süddeutscher Rundfunk, 19.07.1963
[DF in: (2) S. 79-90, (7) S. 105-113]

(672) [1963]. **Tiere im Winter: Der Vogelzug.**
Schulfunk, 2. Programm, 17:00-17:30 Uhr.
Süddeutscher Rundfunk, 20.09.1963
[DF in: (2) S. 165-174, (7) S. 170-180]
[Als R siehe (755)]

(673) [1963]. **Tiere im Winter: Das Winterkleid.**
Schulfunk, 2. Programm, 17:00-17:30 Uhr.
Süddeutscher Rundfunk, 18.10.1963

(674) [1963]. **Tiere im Winter: Der Winterschlaf.**
Schulfunk, 2. Programm, 17:00-17:30 Uhr.
Süddeutscher Rundfunk, 6.12.1963
[DF in: (2) S. 153-164. (7) S. 181-190] [ND in: (775) S. 26-38]
[Als R siehe (755)]

(675) [1964]. **Tiere im Winter: Die Wildfütterung.**
Schulfunk, 2. Programm, 17:00-17:30 Uhr.
Süddeutscher Rundfunk, 17.01.1964

(676) [1964]. **Tiere im Winter: Tiere der Polarregionen.**
Schulfunk, 2. Programm, 17:00-17:30 Uhr.

Süddeutscher Rundfunk, 14.02.1964
[DF in: (3) S. 101-114]

(677) [1964]. **Tiere im Winter: Akklimatisierung der Zootiere.**
Schulfunk, 2. Programm, 17:00-17:30 Uhr.
Süddeutscher Rundfunk, 13.03.1964.
[DF in: (2) S. 175-185]

(678) [1964]. **Lebensräume für Pflanze und Tier: Die Wiese.**
Schulfunk, 2. Programm, 17:00-17:30 Uhr.
Süddeutscher Rundfunk, 17.04.1964
[DF in: (3) S. 33-47, (7) S. 210-217]

(679) [1964]. **Lebensräume für Pflanze und Tier: Der See.**
Schulfunk, 2. Programm, 17:00-17:30 Uhr.
Süddeutscher Rundfunk, 22.05.1964
[DF in: (3) S. 72-84]

(680) [1964]. **Lebensräume für Pflanze und Tier: Die Heide.**
Schulfunk, 2. Programm, 17:00-17:30 Uhr.
Süddeutscher Rundfunk, 19.06. 1964
[DF in: (3) S. 22-32, (7) S. 201-209]

(681) [1964]. **Lebensräume für Pflanze und Tier: Das Meer.**
Schulfunk, 2. Programm, 17:00-17:30 Uhr.
Süddeutscher Rundfunk, 10.07.1964
[DF in (3) S. 85-100, (7) S. 265-271]

(682) [1965]. **Kämpfe im Tierreich: Die Hackordnung der Hühner.**
Schulfunk, 2. Programm, 17:00-17:30 Uhr.
Süddeutscher Rundfunk, 30.04.1965
[DF in: (3) S. 172-182, (7) S. 160-169]

(683) [1965]. **Kämpfe im Tierreich: Ameisenkrieg und Drohnenschlacht.**
Schulfunk, 2. Programm, 17:00-17:30 Uhr.
Süddeutscher Rundfunk, 21.05.1965
[DF in: (3) S. 144-157]

(684) [1965]. **Kämpfe im Tierreich: Streitbare Wasserbewohner.**
Schulfunk, 2. Programm, 17:00-17:30 Uhr.
Süddeutscher Rundfunk, 18.06.1965
[DF in: (3) S. 158-171]

(685)   [1965]. **Kämpfe im Tierrreich: Hirsche zur Brunftzeit.**
        Schulfunk, 2. Programm, 17:00-17:30 Uhr.
        Süddeutscher Rundfunk, 9.07.1965
        [DF in: (3) S. 115-131]

(686)   [1973]. **Bücherbar. Darin: Horst Stern über Plinius.**
        1. Programm, 20:20-22:00 Uhr
        Süddeutscher Rundfunk, 28.10.1973

(687)   [1976]. **Sterns Viertelstunde: Landwirtschaft gegen die Natur? (1).**
        Landfunk, 1.Programm, 8:08-8:25 Uhr.
        Süddeutscher Rundfunk, 16.05.1976

(688)   [1976]. **Sterns Viertelstunde: Was ist Ökologie? (2).**
        Landfunk, 1. Programm, 8:08-8:25 Uhr.
        Süddeutscher Rundfunk, 20.06.1976

(689)   [1976]. **Sterns Viertelstunde: Züchtung, Haltung, Verhaltensforschung (3).**
        Landfunk, 1. Programm, 8:08-8:25 Uhr.
        Süddeutscher Rundfunk, 18.07.1976

(690)   [1976]. **Sterns Viertelstunde: Das Huhn im Käfig (4).**
        Landfunk, 1. Programm, 8:08-8:25 Uhr.
        Süddeutscher Rundfunk, 15.08.1976

(691)   [1976]. **Sterns Viertelstunde: Der Wald (5).**
        Landfunk, 1. Programm, 8:08-8:25 Uhr.
        Süddeutscher Rundfunk, 19.09.1976

(692)   [1976]. **Sterns Viertelstunde: Ökologie und Landwirtschaft (6).**
        Landfunk, 1. Programm, 8:08-8:25 Uhr.
        Süddeutscher Rundfunk, 17.10.1976

(693)   [1980]. **Bücherbar: darin ein Beitrag von Horst Stern**
        In: Bücherbar, 1. Programm, 20:20-22:00 Uhr.
        Süddeutscher Rundfunk, 6.11.1980

(694)   [1984]. **Von den naturschützenden Umweltzerstörern.**
        In: Pop Corner, 3. Programm, 6:00-9:00 Uhr.
        Süddeutscher Rundfunk, 19.08.1984

(695) [1986]. **Beitrag: "Die Allgäuer Landschaft" von Horst Stern.**
In: Variationen eines Themas (Schaufenster) - Allgäu, 3. Programm, 9:05-12:00 Uhr.
Süddeutscher Rundfunk, 19.11.1986

(696) [1989]. **Bücherbar: Horst Stern zu seinem Buch Jagdnovelle und Lesung daraus.**
In: Bücherbar, 1. Programm, 20:05-22:00 Uhr.
Süddeutscher Rundfunk, 15.10.1989

(697) [1994]. **„Herr der Tiere" von Horst Stern.**
In: Schulfunk - Mein Friedrich (2). Autoren aus vier Ländern auf der Suche nach dem Stauferkaiser. Aus Anlaß seines 800. Geburtstags am 26. Dezember 1994. 2. Programm, 8:30-9:00 Uhr.
Süddeutscher Rundfunk, 18.11.1994

I. Fernsehfilme und -beiträge:
(SDR 1970-1979)

(710) [1970]. **Sterns Stunde - Bemerkungen über das Pferd.**
Dauer: 42'50"
Süddeutscher Rundfunk, 13.01.1970.
Archivnummer: 7081259
[DF in siehe (6)]

(711) [1970]. **Sterns Stunde - Bemerkungen über die Kunst, mit Vögeln zu jagen: Der Falke.**
Dauer: 43'07"
Süddeutscher Rundfunk, 31.03.1970.
Archivnummer: 7081291

(712) [1970]. **Sterns Stunde - Bemerkungen über die Biene.**
Dauer: 42'47"
Süddeutscher Rundfunk, 14.07.1970.
Archivnummer: 7081348
[DF in siehe (5)]

(713) [1970]. **Sterns Stunde - Bemerkungen über das Rind.**
Dauer: 43'53"

Süddeutscher Rundfunk, 11.08.1970.
Archivnummer: 7081354

(714)   [1970]. **Sterns Stunde - Bemerkungen über den Jagdhund.**
Dauer: 43'05"
Süddeutscher Rundfunk, 29.09.1970.
Archivnummer: 7081366

(715)   [1970]. **Sterns Stunde - Bemerkungen über die Raubkatze.**
Dauer: 42'55"
Süddeutscher Rundfunk, 29.12.1970.
Archivnummer: 7081392

(716)   [1971]. **Sterns Stunde - Bemerkungen über das Hausschwein/ Bemerkungen über das Schwein.**
Dauer: 39'06"
Süddeutscher Rundfunk: 11.05.1971.
Archivnummer: 7181456
[DF in siehe (12) S. 95-169]

(717)   [1971]. **Sterns Stunde - Bemerkungen über das Haushuhn.**
Dauer: 42'43"
Süddeutscher Rundfunk: 8.06.1971.
Archivnummer: 7181475

(718)   [1971]. **Sterns Stunde - Bemerkungen über den Igel.**
Dauer: 39'50"
Süddeutscher Rundfunk: 29.06.1971.
Archivnummer: 7181483

(719)   [1971]. **Sterns Stunde - Bemerkungen über den Rothirsch.**
Dauer: 42'56"
Süddeutscher Rundfunk, 24.12.1971.
Archivnummer: 7181565
[DF in siehe (13) S.103-178]

(720)   [1973]. **Sterns Stunde - Bemerkungen über das Pferd im Zirkus.**
Dauer: 42'48"
Süddeutscher Rundfunk, 17.04.1973.
Archivnummer: 7381786

(721) [1973]. **Sterns Stunde - Bemerkungen über das Tier im Handel.**
Dauer: 42'57"
Süddeutscher Rundfunk, 29.05.1973.
Archivnummer: 7381801
[DF in siehe (12) S. 7-89]

(722) [1973]. **Sterns Stunde - Bemerkungen über den Storch.**
Dauer: 42'12"
Süddeutscher Rundfunk, 10.07.1973.
Archivnummer: 7381807

(723) [1973]. **Sterns Stunde - Bemerkungen über den Schmetterling.**
Dauer: 56'16"
Süddeutscher Rundfunk, 26.12.1973.
Archivnummer: 7381894

(724) [1974]. **Sterns Stunde - Bemerkungen über eine Urlaubslandschaft.**
Dauer: 57'48"
Süddeutscher Rundfunk, 12.04.1974.
Archivnummer: 7481921
[DF in siehe (13) S. 7-97]

(725) [1975]. **Sterns Stunde - Bemerkungen über die Spinne (1): Leben am seidenen Faden** [SOTI: Stern's Stunde: Life on a Silken Thread].
Dauer: 42'46"
Süddeutscher Rundfunk, 28.12.1975.
Archivnummer: 7582270
[DF siehe unter (726)]

(726) [1975]. **Sterns Stunde - Bemerkungen über die Spinne (2): Leben am seidenen Faden** [SOTI: Stern's Stunde: Life on a Silken Thread].
Dauer: 41'14"
Süddeutscher Rundfunk, 30.12.1975.
Archivnummer: 7582281
[DF von (725) u. (726), siehe (17)]

(727) [1976]. **Sterns Stunde - Bemerkungen über den Hund als Ware.**
Dauer: 42'46"
Süddeutscher Rundfunk, 27.01.1976.
Archivnummer: 7682261

(728)   [1976]. **Sterns Stunde - Bemerkungen über das Tier im Zoo (1)**.
        Dauer: 43'54"
        Süddeutscher Rundfunk, 13.06.1976.
        Archivnummer: 7671291

(729)   [1976]. **Sterns Stunde - Bemerkungen über das Tier im Zoo (2)**.
        Dauer: 42'37"
        Süddeutscher Rundfunk, 15.06.1976.
        Archivnummer: 7671292

(730)   [1978]. **Sterns Stunde - Die Stellvertreter. Tiere in der Pharmaforschung (1): Der Leib.**
        Dauer: 43'20"
        Süddeutscher Rundfunk, 22.10.1978.
        Archivnummer: 7883070
        [DF siehe unter (732)]

(731)   [1978]. **Sterns Stunde - Die Stellvertreter. Tiere in der Pharmaforschung (2): Die Seele.**
        Dauer: 42'33"
        Süddeutscher Rundfunk, 26.10.1978.
        Archivnummer: 7883071
        [DF siehe unter (732)]

(732)   [1978]. **Sterns Stunde - Die Stellvertreter. Tiere in der Pharmaforschung (3): Das Gesetz.**
        Dauer: 47'32"
        Süddeutscher Rundfunk, 27.10.1978.
        Archivnummer: 7883072
        [DF von (730-732) siehe (9)]

(733)   [1979]. **Sterns Stunde - Bemerkungen über Gemsen**.
        Dauer: 42'30"
        Süddeutscher Rundfunk, 21.01.1979.
        Archivnummer 7983162

(NDR 1973-1977)

(734)   [1973]. **Orkanschäden.** In: Panorama. Dauer: 6'33"
        Norddeutscher Rundfunk, 26.02.1973

(735) [1973]. **Eine Stadt will wachsen.** In: Panorama. Dauer: 8'39"
Norddeutscher Rundfunk, 4.06.1973

(736) [1975]. **Deutscher Saustall.** In: Panorama. Dauer: 3'54"
Norddeutscher Rundfunk, 14.04.1975

(737) [1977]. **Ökologie contra Ökonomie.** In: Panorama. Dauer: 8'15"
Norddeutscher Rundfunk, 17.01.1977

(738) [1977]. **Asseler Sand.** In: Panorama. Dauer: 8'14"
Norddeutscher Rundfunk, 14.02.1977

(739) [1977]. **Verbandsklagerecht.** In: Panorama. Dauer: 7'12"
Norddeutscher Rundfunk, 21.03.1977

(740) [1977]. **Die Katastrophe des deutschen Waldes.** In: Panorama. Dauer: 8'20"
Norddeutscher Rundfunk, 25.04.1977

(741) [1977]. **Donauried.** In: Panorama. Dauer: 8'31"
Norddeutscher Rundfunk, 23.05.1977

(742) [1977]. **Sozialbrache.** In: Panorama. Dauer: 8'00"
Norddeutscher Rundfunk, 27.06.1977

(743) [1977]. **Wem gehört das Bodenseeufer?** In: Panorama. Dauer: 9'59"
Norddeutscher Rundfunk, 25.07.1977

J. Videos:

(750) *Bemerkungen über Spinnen, Teil 1*. Videocassette; ca. 45 Min.
Stuttgart: Franckh-Kosmos

(751) *Bemerkungen über Spinnen, Teil 2*. Videocassette; ca. 45 Min.
Stuttgart: Franckh-Kosmos

(752) *Bemerkungen über das Pferd*. Laufzeit ca. 45 Min.
Stuttgart: Franckh-Kosmos

(753) *Bemerkungen über das Pferd im Zirkus*. Laufzeit ca. 45 Min.
Stuttgart: Franckh-Kosmos

K. Plattenaufnahmen:

(755) 1969. **Vom Winterschlaf der Tiere/Über den Vogelzug.**
30 cm ø, 33 1/3 U/min.
Stuttgart, Kosmos-Verlag, Franckh'sche Verlagshandlung
[R von: (674) und (672). Seit 1971 vergriffen.]

L. Interviews und Portraits: (Printmedien)

(760) 1973. Kluge, Manfred. *„Horst Stern: Der Mensch darf die Natur nicht länger verschandeln. Mit unbequemen Tierfilmen schockierte er die Öffentlichkeit, jetzt wird der engagierte Journalist auch im Umweltschutz tätig".*
In: TV Hören und Sehen, Nr. 15/14. April 1973. S. 20

(761) 1973. von Halstenberg, Armin. *„Ich bin kein sogenannter Tierfreund".* In: KölnerStadtanzeiger, Nr. 94/21. April 1973.
[Interview mit Horst Stern]

(762) 1973. Millauer, Liselotte. *„Tiere werden aus Liebe krank gemacht".* Interview mit Horst Stern. In: Bild am Sonntag, Nr. 21/27. Mai 1973. S. 20

(763) 1974. Gerhard Krug. *„>Hühner sind ganz arme Schweine<. Gespräch mit Horst Stern".* In: Deutsche Zeitung - Christ und Welt, Nr. 6/8. Februar 1974. S. 23

(764) 1977. Sittner, Gernot. *„Wie man vom Pferd wieder herunter kommt - Der unbequeme Weg des Horst Stern: Die Geschichte eines Mannes, der zum Tierpapst hätte werden können, der aber seinen Ehrgeiz nicht der Fernsehpopularität opfern will".* In: Süddeutsche Zeitung, Nr. 111/14.-15. Mai 1977. S. 3

(765) 1978. *„>Scheiß auf die Vögel<. Über mangelnden Erfolg sind sich die Naturschützer Horst Stern, Bernhard Grzimek und Heinz Sielmann einig - über ihre Mitarbeit bei den Grünen nicht".* In: Stern, Nr. 30/20. Juli 1978. S. 92-98

(766) 1986. Miller, Barbara. „>*Ich habe nicht alles über Bord geworfen<*. SZ-Interview mit Horst Stern über sein kürzlich erschienenes Buch *Mann aus Apulien*". In: Süddeutsche Zeitung. 17. Oktober 1986

(767) 1987. Schmidt, Nicole. „*Horst Stern - Ich hab mein Soll erfüllt*". Interview. In: **Neue Frau**. 3. Februar 1987. S. 20/21

(768) 1989. Schreiber, Jürgen. „*Nachrichten von einem anderen Stern. Bemerkungen über einen Schriftsteller, der Ökologe war*". In: Stuttgarter Zeitung - Sonntagsbeilage, Nr. 232/7. Oktober 1989. S. 49

(769) 1990. Domizlaff, Svante. „*Springreiten ist auch ohne Gewalt möglich*". Interview mit Horst Stern. In: Sports, Nr. 10/1990. S. 18-22

(770) 1992. Kriener, Manfred. .„*Im Dickicht der Wahrheit. Umweltschützer Horst Stern: wie der Mensch die Schweine zur Sau macht*". In: Das Erste. ARD-Zeitschrift , Nr. 10/1992. S. 48-49

(771) 1992. Karpf, Walter. „*Ein Mann hat aufgegeben*". In: Hörzu, 9. Oktober 1992. S. 16-18

(772) 1992. Von Fallois, Immo. .„*Gegen Starrheit und Stumpfheit*". In: Die Welt. 19. Oktober 1992. S. 11

(773) 1992. Kriener, Manfred. „*Ein glänzender Verlierer. Horst Stern, der Lehrmeister in Sachen Natur, wird heute 70 Jahre alt*". In: taz , Nr. 3842/24. Oktober 1992. S. 7

(774) 1992. Mönninger, Michael. 1992. „*Imponiergesten des Unterlegenen. Der Naturkämpfer: Zum 70. Geburtstag des Journalisten und Schriftstellers Horst Stern*". In: Frankfurter Allgemeine Zeitung, Nr. 248/24. Oktober 1992. S. 29

(775) 1992. Pfau, Ulli. 1992. ***Das Horst Stern Lesebuch***. München: dtv
darin ND von: (26) S. 17-25, (674) aus (2) S. 26-38, (27) S. 39-48, (29) aus (7) S. 49-55, (35) S. 57-64, (8) S. 101-116, (8) S. 63-70, (51) S. 103-115, (62) S. 116-122, (65) S. 123-131, (79) S. 132-150, (83) S. 166-173, (87) S. 174-178, (89) S. 179-184, (90) S. 185-188, (91) S. 189-197, (92) S. 231-248, (93) S. 270-280, (94) S. 281-296, (95) S.

297-306, (96) S. 305-316] [ND in Auszügen: (4) S. 56, (13) S.65-77, (9) S. 151-165, (10) S. 198-290), (11) S. 249-269]

(776) 1992. Pfau, Ulli. *„Horst Stern - >Die Wahrheit ist ganz einfach<."* In: [775]. S. 7-15

(777) 1993. *„Horst Stern".* In: Brigitte, Nr. 1/1993. S. 108

(778) 1993. Bitala, Michael. *„Die Hochrechnung meiner Angst".* In: Süddeutsche Zeitung. Nr. 27/3. Februar 1993. S. 16. [Kurzinterview mit Stern]

(779) 1993. Geißler, Cornelia. *„Unsere Wirklichkeit hat etwas Rattenhaftes".* Interview mit Horst Stern. In: Berliner Zeitung, Nr.31/6. Februar 1993. S. 63

(780) 1993. Luyken, Reiner. *„Schwimmer gegen den Strom".* In: Die Zeit, Nr. 10/5. März 1993. S. 100

(781) 1993. Modick, Klaus. *„Zustand des Grimms und der Rache".* In: Süddeutsche Zeitung, Nr. 119/26. Mai 1993. S. 15

(782) 1993. Paul, Sabine. *„Natur ist so selten wie Wahrheit".* In: taz , Nr. 4040/ 23. Juni 1993. S. 13 [Interview mit Horst Stern]

(783) 1994. Goebel, Wilfried. *„Heinz Sielmanns Art ist mir zu selbstherrlich".* In: Münchner Abendzeitung, Nr. 19/ 25.Januar 1994

(784) 1994. Rosenboom, Hilke. *„Der Versteinerte".* In: Stern, Nr. 5/1994. S. 74-78

(785) 1995. Bauer, Stefan. *„Warner, Spötter, Literat".* In: Gong, Nr. 26/23. Juni 1995. S. 6

(786) 1995. Meyer-Burg, Angela *„Geh noch mal los und sag auch was".* In: Hörzu, , Nr. 28/7. Juli 1995. S. 116-118 [Interview mit Stern]

(787) 1996. Gorkow, Alexander. *„Kampfansage an die Bäume".* In: Süddeutsche Zeitung. Nr. 66/19. März 1996. S. 29. [Kurzinterview mit Stern]

(Fernsehen)

(800) [1988]. *Im Gespräch - Viktor von Oertzen im Gespräch mit Horst Stern.*
Dauer: 44'29"
Süddeutscher Rundfunk, 23.12.1988.
Archivnummer: 8888759

(801) [1991]. *Vier unter uns - Porträts zur Fernsehgeschichte: Horst Stern - Die ermüdete Wahrheit.*
Dauer: 43'40"
Süddeutscher Rundfunk, 6.10.1991.
Archivnummer: 9101001

(802) [1992]. *Horst Stern - Die ermüdete Wahrheit.*
ARD, 17.10. 1992. 1. Pr. 14.15 - 15.00

(803) [1993]. *Spiegel TV-Interview mit Horst Stern (1).* Von Sandra Maischberger.
Dauer: 36'49"
VOX, 23.04.1993

(804) [1993]. *Spiegel TV-Interview mit Horst Stern (2).* Von Sandra Maischberger.
Dauer: 37'00"
VOX, 30.04.1993

(Rundfunk)

(815) [1971]. - *Südfunk aktuell* - darin: Verleihung der Goldenen Kamera an Horst Stern
SDR-Hörfunk, 14.01.1971. 1. Pr. 12.03 - 12.30

(816) [1979]. - *Südfunk aktuell* - darin: Gespräch mit Horst Stern zu der Aktion und dem Buch 'Rettet den Wald'
SDR-Hörfunk, 5.11.1979. 1. Pr. 17.08 - 18.55

(817) [1986]. - *Von Zehn bis Zwölf (Leute)* - Gespräch mit Horst Stern
SDR-Hörfunk, 13.10.1986. 3. Pr. 10.00 - 12.00

(818) [1989]. - *Von Zehn bis Zwölf (Leute)* - Sterns Stunden: Horst Stern
SDR-Hörfunk, 19.10.1989, 3. Pr. 10:00-12:00

(819) [1986]. **Horst Sterns große Verwandlung: Von der Journalistik zur Belletristik.** Interview, geführt von Dieter Struss.
1986
[unvollständige Angaben]

(820) [1992]. **Klints Vermächtnis. Zum siebzigsten Geburtstag von Horst Stern.** Von Toni Meissner.
Bayrischer Rundfunk. 1992
[unvollständige Angaben]

Über die Autorinnen und Autoren

Josef Beller, geb.1962. Studium der Biologie in Marburg und Hamburg. Seit 1992 Mitarbeiter des Instituts für angeandte Biologie in Freiburg/NE in den Bereichen Naturschutz, Landschaftsökologie und Erwachsenenbildung.

Hans Bibelriether, Dr.rer.pol., geb.1933. Studium der Biologie in Würzburg und der Forstwissenschaft in München. Seit 1969 Leiter des Nationalparkamtes bzw. seit 1978 Leiter der Nationalparkverwaltung Bayerischer Wald. Seit 1996 Präsident der 'Föderation der Natur- und Nationalparke Europas - Sektion Deutschland'. Zahlreiche Veröffentlichungen zu den Themen Wald, Naturschutz und Nationalparke.

Ludwig Fischer, Dr.phil., geb.1939. Professor für Neuere deutsche Literatur an der Universität Hamburg. Zahlreiche Veröffentlichungen zur deutschen Nachkriegsliteratur, zur Kulturgeschichte und Kulturtheorie, zur Massenliteratur und zum Film sowie zur Regionalgeschichte Nordfrieslands.

Andreas Fritsch, geb.1968. Studium der Politikwissenschaft, Germanistik und Geschichte in Hamburg. Mitarbeiter der Zeitschrift 'Die Yacht'.

Ariane Heimbach, geb.1965. Studium der Germanistik und der Romanistik in Hamburg. Mitarbeiterin von 'CineGraph'. Filmkritiken und Übersetzungen; Aufsätze zur Geschichte und Ästhetik des Tierfilms.

Berndt Heydemann, Dr.rer.nat., geb.1930. Professor am Ökologie-Zentrum der Universität Kiel. 1988-1993 Minister für Natur, Umwelt und Landesentwicklung des Landes Schleswig-Holstein. Mitglied verschiedener Sachverständigenausschüsse und Beiräte auf mehreren politischen Ebenen. Zahlreiche Veröffentlichungen zur Biologie, Ökologie und Küstenforschung.

Knut Hickethier, Dr.phil., geb.1945. Professor für Neuere deutsche Literatur und Medienwissenschaft an der Universität Hamburg. Zahlreiche Veröffentlichungen zur Populärliteratur, zum Sachbuch, zu Rundfunk und Fernsehen, zum Film. U.a. Mitherausgeber der Zeitschrift 'Ästhetik und Kommunikation'.

Klaas Jarchow, geb.1956. Studium der Germanistik in Hamburg. Veröffentlichungen und Radiosendungen zur Kulturpolitik und regionalen Literatur. Seit 1996 Leiter des Rogner & Bernhard Verlags in Hamburg.

Horst Ohde, Dr.phil., geb.1935. Dozent für Neuere deutsche Literatur an der Universität Hamburg. Zahlreiche Veröffentlichungen zur Nachkriegsliteratur und zur Radio-Literatur.

Bernhard Pörksen, geb.1969. Studium der Germanistik, Journalistik und Biologie in Hamburg. Seit 1996 Mitarbeiter u.a. des 'Sonntagsblatts'. Veröffentlichungen zur Medien- und Kulturkritik, zum Konstruktivismus.

Rudolf L.Schreiber, geb.1940. Unternehmensberater und Publizist. Geschäftsführender Gesellschafter der Beratungsgruppe Pro Natur und des Pro Natur-Verlages in Frankfurt/M. Gründungsvorstand des Bundes für Umwelt und Naturschutz Deutschland.

Martina Schweitzer, geb.1965. Studium der Theologie, Anglistik, Romanistik und Germanistik in Hamburg. Freie Übersetzerin und Lektorin.

Beiträge zur Medienästhetik und Mediengeschichte

hrsg. von Knut Hickethier (Universität Hamburg, Literaturwissenschaftliches Seminar)

Knut Hickethier (Hrsg.)
Aspekte der Fernsehanalyse
Methoden und Modelle
Bislang wird die Analyse des Fernsehens vor allem mit Kategorien beschrieben, die aus der Filmanalyse stammen. Die Programmcharakter wie die neuen Veränderungen des Fernsehens lassen sich damit jedoch nur unzureichend erfassen. Methoden und Modelle einer neuen analytischen Auseinandersetzung mit dem Fernsehen als Programmzusammenhang und einzelner Programmbereiche und -aspekte werden vorgestellt und erprobt. Der Band versammelt Untersuchungen zur Analyse des Programmflusses (Knut Hickethier), des Fernsehdokumentarischen (Heinz-B. Heller), der Serie (Irmela Schneider), der Fernsehunterhaltung (Eggo Müller), der Fernsehshows (Hans J. Wulff), der Fernsehnachrichten (Peter Ludes), zur computergestützten Fernseh- und Filmanalyse (Helmut Korte), zum Medienproduktverbund (Werner Faulstich), zum "Gebrauchsfernsehen" und zur Videokunst (Heidemarie Schumacher), zum Beschleunigungsfernsehen (Jörg Adolph), zur Redundanz im Programm (Heidi Klippel und Hartmut Winkler), zu den individuellen Rezeptionsformen des Fernsehens (Uwe Hasebrink und Friedrich Krotz) und zur Programmgeschichte (Joan Bleicher). Der Band versteht sich als ein aktueller Beitrag zur Diskussion der Film- und Fernsehanalyse und richtet sich vor allem an Lehrende und Lernende der Medienwissenschaft.
Bd. 1, 1994, 240 S., 38,80 DM, br.,
ISBN 3-8258-2106-4

Birgit Peulings; Rainer Maria Jacobs-Peulings (Hrsg.)
Das Ende der Euphorie
Das deutsche Fernsehspiel nach der Einigung
Anfang der neunziger Jahre war von den großen Chancen des Fernsehens im vereinten Deutschland, von seinen Möglichkeiten der Erneuerung die Rede. Von einem "neudeutschen Fernsehspiel", von einem Gewinn für die Medienästhetik aus dem Zusammengehen der historisch getrennt entstandenen Fernsehspieldramaturgien (West) und der Fernsehdramatik (Ost) wurde gesprochen. Was ist daraus geworden, wie sehen die Perspektiven aus? Die Bestandsaufnahme und eine Beschreibung der zukünftigen Probleme wird von Fernsehabteilungsleitern (Gunther Witte, Hans Prescher) und Fernsehspieldramaturgen (Annedore von Donop, Birgit Mehler), von Kritikern und Medienwissenschaftlern aus den alten und neuen Bundesländern geliefert.
Dabei werden Fragen der Genredramaturgien (Birgit Peulings), der Bildästhetik (Rainer Maria Jacobs-Peulings), der Stereotypen (Ina Merkel), der dokumentarisch-fiktionalen Mischformen (Anke Schneckenberg), der Wahrnehmungsdifferenzen (Rolf Geserick, Wolfgang Mühl-Benninghaus) und der Funktionen des medialen Erzählens im Ost-West-Zusammenhang (Knut Hickethier) erörtert.
Bd. 2, 1996, 184 S., 38,80 DM, br.,
ISBN 3-8258-2107-2

Knut Hickethier; Joan Bleicher (Hrsg.)
Trailer, Teaser, Appetizer
Zu Ästhetik und Design der Programmverbindungen im Fernsehen
Zu Unrecht wurden die Programmverbindungen bislang von der Medienwirtschaft als "marginale Texte" bezeichnet. In einem zunehmend umkämpften Fernsehmarkt, der von gleichartigen Programmangeboten geprägt ist, kommt ihnen bei der Profilierung der Programme und bei der Bildung der Corporate Identity einer Sendeanstalt eine zentrale Rolle zu. Zudem fungieren die Zwischenwelten des Programms als Interpunktionszeichen, die Orientierung im Programmfluß vermitteln. Ihre innovative Gestalt macht sie zu Katalysatoren und Kondensatoren der Fernsehästhetik. Anlaß genug, sich aus programmtheoretischer Perspektive mit den wichtigsten Komponenten des Fernsehdesigns zu beschäftigen, die sich in den neunziger Jahren bei den kommerziellen Anbietern einen eigenständigen Programmanteil von bis zu 5 % gesichert haben. In diesem Band geht es zum einen um grundsätzliche Fragestellungen des Fernsehdesigns und eine fernsehhistorische Aufarbeitung der Entwicklung des Corporate Design in den öffentlich-rechtlichen und privaten Programmen. Zum anderen findet eine detaillierte Auseinandersetzung mit Formen und Funktionen der Programmverbindungen statt.
Bd. 3, Herbst 1997, 264 S., 34,80 DM, br.,
ISBN 3-8258-3238-4

Konstanze Görres-Ohde; Andreas Stuhlmann (Hrsg.)
Reflektionen in Texten – Bilder vom Menschen
Für Horst Ohde
Die Repräsentation, die Selbst-Verwirklichung des Menschen in den verschiedenen Medien, ihre Einbettung in den Kontext unserer Alltagswelt, die Rolle und der Stellwert der "Kultur" in unserer Kultur, dies sind seit mehr als 25 Jahren Anliegen von Horst Ohdes Arbeit inner- und außerhalb der Hamburger Universität. Zugleich sind dies auch die Leitfäden, denen unserer Texte folgen, die wir anläßlich seines 60. Geburtstags in diesem Band versammelt haben. "Bilder vom Menschen" heißt dabei wiederum zweierlei: Reflexionen und Entwürfe der conditio humana in der Moderne und

LIT Verlag Münster – Hamburg – London
Bestellungen über: Dieckstr. 73 48145 Münster Tel.: 0251 – 23 50 91 Fax: 0251 – 23 19 72

Facetten des Menschen Horst Ohde als "Zeitzeuge" seit wahrhaft schon 60 Jahren. Den Medien, ob Buch, Bild oder Film, wächst die Aufgabe eines Instruments zu, mit dem die Kultur als der Raum individueller geistiger Freiheit verteidigt werden muß.
Bd. 5, Herbst 1997, 128 S., 34,80 DM, br.,
ISBN 3-8258-3464-6

Telekommunikation und Multimedia
herausgegeben von Prof. Dr. Klaus Backhaus,
Prof. Dr. Heinz Lothar Grob,
Prof. Dr. Wolfram-Manfred Lippe und
Prof. Dr. Gerhard W. Wittkämper

Klaus Backhaus; Markus Voeth
Stadtinformationssysteme
Ergebnisse einer Akzeptanzuntersuchung bei Privathaushalten
Kommunalen Informations- und Kommunikationssystemen, sogenannten Stadtinformationssystemen, kommt zukünftig eine besondere Bedeutung für den kommunalen Wirtschaftsstandort zu. Daher befinden sich solche Systeme augenblicklich in praktisch jeder größeren Stadt Deutschlands im Aufbau.
Obwohl der Erfolg von Stadtinformationssystemen wesentlich von der Akzeptanz der Privathaushalte abhängt, liegen bislang keine Informationen über die Präferenzen, Einstellungen und Anforderungen aus Sicht von Privathaushalten vor.
Backhaus und Voeth versuchen, dieses Informationsdefizit abzubauen, indem sie die Akzeptanz von Stadtinformationssystemen bei Privathaushalten auf Basis einer Befragung von 3.500 Haushalten analysieren.
Bd. 1, 1997, 136 S., 19,80 DM, br.,
ISBN 3-8258-3296-1

Guido Schröder
Die Ökonomie des Fernsehens – eine mikroökonomische Analyse
Mit einem Vorwort von Hans-Jürgen Ewers
Bd. 2, Herbst 1997, 136 S., 29,80 DM, br.,
ISBN 3-8258-3387-0

Kommunikationsökologie
hrsg. von Barbara Mettler-v. Meibom (Universität Gesamthochschule Essen) und Claus Eurich (Universität Dortmund)

Barbara Mettler-v. Meibom
Einsamkeit in der Mediengesellschaft
Keine Angst verbindet sich stärker mit der neuen Medienwelt als die Angst vor wachsender Einsamkeit. Zugleich ist das Thema Einsamkeit ein Tabu. Daß das Tabu dennoch durchbrochen werden kann, sogar innerhalb einer derart spröden Einrichtung wie einer Universität, bezeugen die Ergebnisse eines Lehrforschungsprojekts an der UGH Essen. Hier wurde den Fragen nachgegangen: Was ist Einsamkeit, wie ist sie zu begreifen, zu bewerten und zu behandeln? Und bieten Fernsehen und telefonische Kontaktdienste Wege aus der Einsamkeit? Das Buch gibt dazu sowohl systematische als auch empirische Antworten.
Bd. 1, 1996, 248 S., 38,80 DM, br.,
ISBN 3-8258-3053-5

Katja Weinig
Wie Technik Kommunikation verändert
Das Beispiel Videokonferenz
Informations- und Kommunikations-Medien gewinnen in der Berufswelt und auch im Privatleben mehr und mehr an Bedeutung. Welche Auswirkungen diese Entwicklung für die zwischenmenschliche Kommunikation hat, zeigt die vorliegende Studie. Am Beispiel von Videoferenzen werden konkrete Unterschiede zwischen unvermittelten face-to-face- und technisch vermittelten Gesprächen aufgezeigt – mit teilweise überraschenden Ergebnissen. Es wird deutlich, daß neue Medien keine "neutralen Vehikel" zur Übermittlung von Botschaften sind, sondern von nicht zu unterschätzender Bedeutung für die kommunikativen und sozialen Netzwerke unserer Gesellschaft.
Bd. 2, 1996, 280 S., 38,80 DM, br.,
ISBN 3-8258-3054-3

Tanja Busse
Mythos in Musikvideos
Weltbilder und Inhalte von MTV und VIVA
Tanja Busse beschreibt Musikvideos als Illustrationen populärer Musik, in denen Kunst und Werbung verschmolzen sind. Ihre kommerzielle Bedeutung verpflichtet die Musiker zur Visualisierung ihrer Lieder. Musikvideos bieten Identifikationsmöglichkeiten mit den Stars und den dargestellten Gefühlen und Stimmungen. Ihre Sprache ist symbolhaft und teilweise regressiv. Der Gesamtheit der Musikvideos liegt trotz ihrer Vielfalt und Unterschiede ein mythisches Weltbild zugrunde. Die Autorin definiert Mythos als eine unbewußte selbstverständliche Grundlage des Empfindens, die nicht hinterfragt werden darf und dementsprechend verbindlich ist. Der Mythos erklärt die Welt, gibt Werte und Ziele vor. In den neuen Mythen der Popkultur tauchen alte mythische Motive der Menschheit wieder auf.
Bd. 3, 1996, 192 S., 28,80 DM, br.,
ISBN 3-8258-3117-5

LIT Verlag Münster – Hamburg – London
Bestellungen über: Dieckstr. 73 48145 Münster Tel.: 0251 – 23 50 91 Fax: 0251 – 23 19 72

Medien & Politik
herausgegeben von Hans J. Kleinsteuber in Zusammenarbeit mit der Arbeitsstelle Medien und Politik an der Universität Hamburg

Volkert Wiesner
Rundfunkpolitik und kulturelle Identität in Canada
Bd. 1, 1991, 392 S., 48,80 DM, br.,
ISBN 3–89473–071–4

Barbara Thomaß
Arbeit im kommerziellen Fernsehen
Bd. 2, 1994, 152 S., 34,80 DM, br.,
ISBN 3–89473–758–1

Torsten Rossmann
Rundfunkpolitik in Dänemark
Eine Analyse kleinstaatlicher Entwicklung im gemeinsamen europäischen Fernsehmarkt
Bd. 3, 1994, 300 S., 58,80 DM, br.,
ISBN 3–89473–893–6

Arnold Kulbatzki
Medienpolitik im europäischen Binnenmarkt: Public Service Broadcasting in der Konkurrenz
Bd. 4, Herbst 1997, 160 S., 34,80 DM, br.,
ISBN 3–8258–2064–5

Ulla Mikota
Das Nord-Süd-Verhältnis in der Gewerkschaftspresse
Ausgewählte Aspekte der Dritte Welt-Berichterstattung von sechs gewerkschaftlichen Mitgliederzeitschriften im Zeitraum von 1960–1988
Bd. 5, 1994, 248 S., 38,80 DM, br.,
ISBN 3–8258–2065–3

Ingrid M. Schleicher
Televisa S. A. in Mexiko
Genese und jüngste Entwicklung eines kommerziellen Fernsehunternehmens im Spannungsfeld zwischen Rundfunkpolitik und Konzerninteressen
Bd. 6, 1995, 360 S., 58,80 DM, br.,
ISBN 3–8258–2319–9

Hendrik Groth
Das Argentinische Tageblatt
Sprachrohr der demokratischen Deutschen und der deutsch-jüdischen Emigration
Das seit über 100 Jahren in Buenos Aires erscheinende "Argentinische Tageblatt" ist eine in Deutschland wenig bekannte Zeitung. Das Blatt bezog in der Zeit der Weimarer Republik und der nationalsozialistischen Diktatur in Deutschland pointiert Position zugunsten der Republik und der nach 1933 entrechteten Juden. Der antinationalsozialistische Kampf der 45.000 nach Argentinien geflohenen deutschen Juden, die sich mit den demokratischen Auslandsdeutschen um das "Argentinische Tageblatt" scharrten, schildert der vorliegende Band. Zunächst wird die Einwanderungsgeschichte Argentiniens skizziert und die Flucht der deutschsprachigen Juden in Südamerikas zweitgrößtes Land beschrieben. Dank der jüdischen Emigration steigert die Zeitung, ihre Zielscheibe von NS-Angriffen wird, ihre Auflage auf täglich über 40.000 Stück und übersteht so die politischen und wirtschaftlichen Angriffe, hinter denen die deutsche Botschaft steht. Die Patagonien-Affäre stellt einen Höhepunkt der Auseinandersetzung dar, gelingt es den Journalisten des Tageblatts, direkten Einfluß auf die argentinisch-deutschen Beziehungen zu nehmen. Mit Hilfe gefälschter Dokumente suggerieren sie der argentinischen Öffentlichkeit die Gefahr einer drohenden Annexion Patagoniens durch Nazi-Deutschland. Im Anschluß an die deskriptive Analyse der historischen Konfrontation werden die aktuellen Probleme der Zeitung dargestellt, die seit 1981 als Wochenzeitung auf den argentinischen Markt kommt.
Bd. 7, 1996, 248 S., 48,80 DM, br.,
ISBN 3–8258–2883–2

Hans J. Kleinsteuber (Hrsg.)
Informations Highway – Exit Hamburg
Neue Kommunikationstechnologien und ihre gesellschaftliche sowie volkswirtschaftliche Bedeutung sind in aller Munde, die Schlagworte Information Highway und Internet fester Bestandteil unseres alltäglichen Sprachgebrauchs. Was sich hinter den technologischen Innovationen tatsächlich verbirgt und was sie für die Zukunft der Kommunikation bedeuten, bleibt dabei allerdings allzuoft hinter so diffusen Worthülsen wie der "Informationsgesellschaft" verborgen. Dieses Buch wagt einen Blick hinter die Kulissen der neuen virtuellen Welten und dokumentiert am Beispiel der Medienstadt Hamburg die derzeit stattfindenden "Bauarbeiten" an der digitalen Medienzukunft. Hochrangige Vertreter in der Hansestadt beheimateter Verlage und Fernsehsender erläutern aktuelle multimediale Projekte ihrer Unternehmen und ihrer Strategien in einem sich schnell wandelnden Wachstumsmarkt. Ergänzt wird der Band durch Einschätzungen und Erfahrungen aus der Wissenschaft, der öffentlichen Verwaltung und von anderen nichtkommerziellen Akteuren, die sich mit den Potentialen und Problemen der neuen Kommunikationstechnologien auseinandersetzen. Das vorliegende Buch ist das Ergebnis einer gleichnamigen Veranstaltungsreihe, die im Wintersemester 1996/97 im Rahmen des allgemeinen Vorlesungswesens an der Universität

LIT **Verlag Münster–Hamburg–London**
Bestellungen über: Dieckstr. 73 48145 Münster Tel.: 0251 – 23 50 91 Fax: 0251 – 23 19 72

Hamburg stattfindet.
Bd. 8, Herbst 1997, 160 S., 34,80 DM, br.,
ISBN 3–8258–3349–6

Martin Hagen
Elektronische Demokratie
Computernetzwerke und politische Theorie in den USA
Das Internet hat in den USA eine Debatte über die Zukunft des politischen Systems initiiert. Vordergründig geht es dabei um digitale Zugänge zu Parlamentsinformationen, virtuelle Town-Halls oder gar Abstimmungen per Mausklick. Dahinter verbergen sich jedoch differenzierte Ansätze, die die Möglichkeiten politischer Kommunikation und politischer Beteiligung in modernen Demokratien problematisieren. Diese Arbeit systematisiert und vergleicht erstmalig die wichtigsten Konzepte elektronischer Demokratie. Sie eröffnet damit den Zugang zu einer faszinierenden Diskussion, die bis jetzt in Deutschland nur verkürzt und unvollständig rezipiert wurde.
Bd. 9, Herbst 1997, 136 S., 38,80 DM, br.,
ISBN 3–8258–3378–x

Thomas Schiller
NS-Propaganda für den "Arbeitseinsatz"
Lagerzeitungen für Fremdarbeiter im Zweiten Weltkrieg. Entstehung, Funktion, Rezeption und Bibliographie
Bd. 10, Herbst 1997, 408 S., 68,80 DM, br.,
ISBN 3–8258–3411–5

Kommunikationsgeschichte
herausgegeben von Walter Hömberg und Arnulf Kutsch

Christiane Deuse
Die *Leipziger Zeitung*
Geschichte eines Lizenzblattes in der Sowjetischen Besatzungszone (1946/1948)
Kurzlebig war sie, mit niedriger Auflage und kaum über Leipzig hinaus verbreitet – und trotzdem ist diese Lizenzzeitung der Sowjetischen Besatzungszone für die Pressehistoriographie von großer Bedeutung. Denn die *Leipziger Zeitung* war und blieb ein Unikum im Besitz von Stadtverwaltung und SED, gestaltet von engagierten Sozialdemokraten, streng kontrolliert von der Besatzungsmacht. Ihr Schicksal war unmittelbar mit der politischen Entwicklung verbunden und darum schon Anfang 1948 besiegelt. Diese spannende Geschichte zeigt Freiräume und Grenzen publizistischen Handelns im Osten Deutschlands nach dem Kriege.
Bd. 1, Herbst 1997, 544 S., 58,80 DM, br.,
ISBN 3–8258–3155–8

Markus Behmer
Von der Schwierigkeit, gegen Illusionen zu kämpfen
Der Publizist Leopold Schwarzschild – Leben und Werk vom Kaiserreich bis zur Flucht aus Europa im Jahr 1940
Bd. 2, Herbst 1997, 728 S., 88,80 DM, br.,
ISBN 3–8258–3392–5

Peter Ufer
Leipziger Presse 1789 bis 1815
Eine Studie zu Entwicklungstendenzen und Kommunikationsbedingungen des Zeitungs- und Zeitschriftenwesens zwischen Französischer Revolution und den Befreiungskriegen
Die Studie von Peter Ufer dokumentiert erstmals die Erforschung der Entwicklungstendenzen des Leipziger Pressewesens zwischen der Französischen Revolution und den Befreiungskriegen. Der Autor betrachtet die für den Prozeß der sich herausbildenden bürgerlichen Gesellschaft integrierten Presse anhand von Fallstudien. Die Beantwortung folgender Themenkomplexe sind unter anderem von zentraler Bedeutung dieser Arbeit: Die Untersuchung der Pressegattungen Zeitung, mit der Sonderform Intelligenzblatt, sowie die Aufarbeitung der rechtlichen Rahmenbedingungen, die sich insbesondere in der lokalen Zensurstruktur und -praxis nachzeichnen lassen. Zusätzlich werden die Rezeptionschancen der einzelnen Periodika akribisch analysiert.
Bd. 3, Herbst 1997, 310 S., 38,80 DM, br.,
ISBN 3–8258–3164–7

Brigitte J. Hahn
Umerziehung durch Dokumentarfilm?
Ein Instrument amerikanischer Kulturpolitik im Nachkriegsdeutschland (1945–1953)
Der Dokumentarfilm genoß in der Reeducations-Politik der amerikanischen Militärregierung im Nachkriegsdeutschland eine große Bedeutung. Die vorliegende empirische Studie leistet eine erste umfassende und zusammenhängende Darstellung dieses bisher vernachlässigten Aspekts amerikanischer Besatzungspolitik auf der Grundlage noch kaum ausgewerteten Archivmaterials. Die Autorin zeichnet die Filmpolitik detailliert nach und stellt die wichtigsten Filme ausführlich vor. Bei der Analyse des Filmprogramms zeigt sich auch der Relevanzverlust der Vergangenheitsbewältigung gegenüber anderen Zielen der US-Politik.
Bd. 4, Herbst 1997, 600 S., 58,80 DM, br.,
ISBN 3–8258–2820–4

Dorothea Becker
DDR-Filmhistoriographie
Herbst 1997, 336 S., 59,80 DM, br.,
ISBN 3–8258–3393–3